第三帝國興亡史

卷一：希特的崛起、勝利與鞏固

The Rise and Fall of the Third Reich

Book 1. The Rise of Adolf Hitler
Book 2. Triumph and Consolidation

威廉・夏伊勒（William L. Shirer） 著

董樂山等　譯

目次

第二篇　勝利和鞏固

揭開納粹帝國神祕面紗的夏伊勒及其巨著

林博文

《第三帝國興亡史》作者威廉・夏伊勒（William L. Shirer，1904-1993，又譯夏爾）是個光芒四射的文字記者、廣播記者、通俗史家以及言論自由的捍衛者和白色恐怖的對抗者。

在人才輩出的二十世紀西方新聞界與寫作界，夏伊勒是其中巍然傲世的巨人。在他八十九年的生命中，他親眼目睹了希特勒與第三帝國的興起；他從戰雲密布的柏林和維也納，向大西洋彼岸的美國朝野越洋廣播納粹鐵蹄的聲響；在麥卡錫主義橫行的白色恐怖時代，他堅持爲自由、人權和尊嚴而寫作，毫不退縮；在世人渴望知道美麗的萊茵河畔何以會出現一個攪得天下大亂、生靈塗炭的納粹政權之際，他適時推出了震撼全球讀書界的經典巨著：《第三帝國興亡史》。

全世界讀者從這部開山著作中，逐步地、全面地了解優秀的日耳曼民族爲什麼會如此自我毀滅。夏伊勒帶領大家走入納粹的草地、殿堂、碉堡與廢墟。《紐約時報》於一九九三年十二月二十九日大篇幅報導夏伊勒以八十九歲高齡辭世的消息，第一句話就是：「《第三帝國興亡史》作者兼柏林特派員夏伊勒……昨日病逝於波士頓麻薩諸塞總醫院。」

夏伊勒於一九〇四年二月二十三日出生於芝加哥。他的父親是個律師，做過聯邦地區檢察官；

九歲那年，其父因腹膜炎去世，他的母親帶著他和幼弟搬回愛荷華州西達拉匹茲鎮（Cedar Rapids）娘家，夏伊勒即成長於這個中西部的小城，並就讀當地的柯學院（Coe College）。在校時曾當學生報記者，同時亦爲地方報紙《西達拉匹茲共和黨人報》撰寫體育新聞。一九二五年畢業後，好動又富於好奇心的夏伊勒不甘心一輩子就留在盛產玉米的愛荷華州做個莊稼漢，他一心想出海遠行，不想在「又禁酒又充斥基督教基本教義和清教主義以及無能的柯立芝總統當道的美國」待下去。於是，他在芝加哥和紐約轉了一圈後跑到加拿大，即從蒙特婁登上一艘開往歐洲、載滿牛群的貨輪，他以餵牛吃乾草而換取三餐。閒逛了一陣英國、比利時和法國後，落腳巴黎，在《芝加哥論壇報》（*Chicago Tribune*）巴黎分社找到一份核稿工作。求知欲極強的夏伊勒在充滿智慧與生命的塞納河畔，如魚得水，他爲了彌補語文與歐洲史知識的不足，特地到法蘭西學院選課；當時，正有一批美國作家和藝術家留連巴黎，每天泡酒館和咖啡座，交換創作心得，他們是海明威、費茲傑羅、詩人龐德（Ezra Pound）、舞蹈家鄧肯（Isadora Duncan），還有以老大姊自居、身體肥胖而又個性剛烈的「女同志」作家史坦因（Gertrude Stein）。在文學史上，他們被稱爲「失落的一代」（Lost Generation，又譯迷惘的一代，這個名詞據說是史坦因想出來的）。夏伊勒興奮地和他們交朋友，海明威大夏伊勒五歲，《大亨小傳》作者費滋傑羅也只比夏伊勒大八歲，在紅酒和雞尾酒的助興下，大家都有說不完的話題。

夏伊勒於一九二七年正式提升爲《芝加哥論壇報》駐歐洲特派員，當年即參與採訪美國飛行家林白「孤鷹征空」，從紐約長島飛越大西洋降落於法國的新聞。從一九二九年至一九三二年，夏伊勒轉任論壇報中歐分社（維也納）主任，其間曾赴印度和阿富汗採訪，並與日後號稱「印度聖雄」的甘地結為好友。夏伊勒於一九三一年在維也納與奧地利裔攝影家德瑞莎·史迪伯瑞茲（Theresa Stiberitz，暱稱Tess）結婚（生了兩個女兒，一九七〇年離異，夏伊勒後娶一俄文教師）。一九三二年，夏伊勒在阿爾卑斯山滑雪時摔傷，瞎了一隻眼睛。由於美國國內經濟不景氣，影響到報紙廣告和銷路，論壇報撤銷了夏伊勒的職位。他和妻子即搬至西班牙海邊一個小漁村住了一年多，花光了積蓄，寫了幾本不盡理想的書（包括小說），但都未出版。

夏伊勒於一九三四年回到巴黎為《紐約前鋒報》工作，同年八月轉任為環球通訊社柏林分社特派員，環球社老闆是當時的美國報閥之一威廉·倫道夫·赫斯特（William Randolph Hearst）。一九三七年八月，赫斯特突然關掉柏林分社，夏伊勒只好改任赫斯特旗下另一家通訊社國際社的記者，沒想到幾個禮拜後被解僱。這是一則既意外又難堪的消息，夏伊勒其時正躋身美國媒體駐歐第一流特派員的行列，與撰寫內幕新聞出名的約翰·根室（John Gunther）、史安（Vincent Sheean）和女記者朵樂絲·湯普遜（Dorothy Thompson）齊名，而且亦和他所心儀的小說家、第一個獲得諾貝爾文學獎的美國人辛克萊·路易士（Sinclair Lewis）成為知己。

然而，天無絕人之路，就在一九三七年八月二十四日被國際社解僱那天，夏伊勒亦收到一封發自倫敦的電報，但他並沒有馬上拆閱這封電報。先到街上漫無目的、內心茫然地逛了一圈後，回到家裡才拆閱電報。原來是哥倫比亞廣播公司（CBS）的愛德華·莫洛（William Murrow）約他八月二十七日在柏林一家旅館見面吃晚飯。夏伊勒想不通從事廣播的莫洛為什麼會找他。兩人見了面，聊了一陣後，莫洛即邀他加入CBS當駐歐廣播記者，週薪和國際社一樣，一個禮拜一百二十五美元。夏伊勒當場接受，他很需要這份工作，他的妻子已經懷孕，他不能沒有收入。

對夏伊勒來說，投效ＣＢＳ，等於是改變人生跑道，從文字記者變成廣播記者，莫洛的身分是ＣＢＳ歐洲區經理，夏伊勒爲ＣＢＳ歐洲分社首席記者。莫洛菸不離口，夏伊勒則愛抽煙斗，莫洛在二次大戰前夕及期間廣招人才，爲ＣＢＳ開創了黃金時代，他所招聘的好手，在美國廣播史上被稱爲「莫洛的子弟兵」（Murrow's Boys，或稱「莫洛幫」）。比莫洛大四歲的夏伊勒則是第一個加盟的子弟兵，不幸的是，也是第一個和莫洛鬧翻的。「莫洛的子弟兵」亦指艾力克・沙佛萊（Eric Sevareid）、查爾斯・柯林伍（Charles Collingwood）和霍華德・史密斯（Howard Smith）等大將。「莫洛幫」共有十一人，但以夏伊勒、沙佛萊、柯林伍和史密斯等人聲名最著，在廣播史上亦佔有重要一頁。

從此，夏伊勒輪番在維也納、日內瓦、倫敦和柏林播音，把他所親眼看到及親耳聽到的歐洲見聞，越洋廣播給美國聽眾。那時候是個「山雨欲來風滿樓」的時代，夏伊勒的廣播重點當然是納粹德國的整軍經武和沸騰不已的德意志民族主義。一九二九年全球經濟大恐慌，爲希特勒的國家社會主義黨（國社黨，或稱納粹黨）的興起創造了時代背景和奪權動力。國社黨利用合法的選舉和非法的街頭暴力手段，逐步取得政權。一九三三年，本爲奧地利人的「小伍長」希特勒被任命爲德國總理，而導致一九一九年成立的威瑪共和國壽終正寢。整個德國不僅改頭換面，亦徹底脫胎換骨，全歐更面臨狂風席捲。

一九二五年即抵達歐洲的夏伊勒，在第一線目睹了納粹的崛起和第三帝國的建立，他在歷史風暴中近距離觀察時代的巨變。當德軍於一九三八年三月併吞奧地利時，夏伊勒是唯一目擊納粹鐵蹄開進奧京維也納的美國記者。但德國佔領軍禁止他使用電台，莫洛指示他飛往倫敦，向全世界報導這件象徵納粹開始黷武擴張的大事，他自己則趕到維也納坐鎮。就在此時，CBS推出了「歐洲新聞綜合報導」（European round-up）的半小時廣播節目，由柏林、維也納、巴黎、羅馬和倫敦記者作連線報導。這個廣受聽眾歡迎的節目日後擴充爲「CBS世界新聞綜合報導」，早晚各一次，每次十五分鐘，至今未停。

大戰前夕，夏伊勒報導了英、法、德、義四國首腦於一九三八年九月底在德國慕尼黑簽訂協定，捷克被迫割讓蘇台德區領土給德國。以爲〈慕尼黑協定〉會爲歐洲帶來「永久和平」的英國綏靖首相張伯倫，從此揹上歷史惡名。一九三九年九月一日，德軍入侵波蘭，二戰爆發；夏伊勒從柏林報導了德軍以迅雷不及掩耳之勢侵略丹麥、挪威、荷蘭、盧森堡、比利時和法國。法國於一九四〇年六月二十二日和德國簽訂城下之盟，舉手投降，隨德軍進入法國的夏伊勒，率先獨家報導法蘭西的屈辱，在廣播史上被稱爲是一項傑作。

二戰爆發前夕及戰爭初期，夏伊勒一直以「虎穴」柏林爲基地，他在歐洲多年，早已能充分掌握德、法、義三種語言，爲了採訪納粹掌權，他還儘量沖淡帶有奧地利腔的德語。他要想盡辦法逃過無所不在的納粹宣傳部的新聞檢查。他旁聽了無數次希勒特的煽動性演說，他也觀看了納粹宣傳部發動的無數次場面壯觀的集會和大遊行。但是，當莫洛在倫敦向美國聽眾現場轉播德機轟炸的實況時，夏伊勒在新聞檢查的柏林卻不能向美國聽眾報導英國飛機空襲柏林的消息。一九四〇年夏天，納粹宣傳部不斷向夏伊勒施加壓力，要求他多多報導德國官方發布的戰爭新聞；同年十二月，夏伊勒不得不離德返美，當時他從一條管道中獲悉納粹秘密警察（蓋世太保）正準備抓他。夏伊勒離德時把他多年來所寫的日記和筆記攜帶出境，這些材料幫助他撰寫一九四一年出版的《柏林日記》，這本書總結了他在一九三四年至一九四一年的德國經驗。直至一九四五年盟軍在紐倫堡審判納粹戰犯，夏伊勒才有機會重返德國採訪。

二戰結束後，夏伊勒在廣播界的名聲如日中天，CBS特別為他開闢一個每週日下午半小時的新聞及評論節目，收聽率極高。好發議論的夏爾常在節目中以自由派觀點針砭時局，批評杜魯門總統所推動的土耳其與希臘政策，即抵制蘇聯擴張的「杜魯門主義」。夏伊勒亦在節目中抨擊腐敗無能而又陷於內戰的蔣介石政府。那是冷戰剛開始的年代，許多保守派人士（包括兩黨）對夏伊勒的觀點與論調諸多不滿，而一向重利潤而輕專業的CBS大老闆威廉·裴利（William S. Paley）亦對夏伊勒頗有微詞。一九四七年三月，夏伊勒廣播節目的贊助廠商威廉斯（J. B. Williams）因不滿夏伊勒的政治立場而撤退，當時主管公關的CBS副總裁、老友莫洛為他安排不同時段播音，在交涉過程中發生誤會，而裴利又認為夏伊勒對CBS已無用處，於是夏伊勒在極度憤懣下離開他已效勞十年的CBS。夏伊勒與莫洛的友誼亦因此中斷，莫洛於五〇年代麥卡錫主義猖狂時代，曾挺身而出在電視上痛責威斯康辛州共和黨參議員麥卡錫假藉反共之名胡亂誣陷忠良。這些往事，好萊塢曾於二〇〇五年拍成電影《晚安，祝好運》（Good Night, and Good Luck）。一九六一年甘迺迪總統任命莫洛出任新聞總署署長，一九六五年四月二十七日莫洛死於肺癌，終年五十七歲。莫洛臨終前一年曾和夏伊勒聚餐長談，回憶往事，但個性鯁直而又固執的夏伊勒並未諒解莫洛，儘管莫洛的妻子是夏伊勒大女兒的乾媽。

夏伊勒離開CBS後，閉門寫書之外，常到各大學演講，但收入有限，又要撫養兩個女兒，生計頗為困難。而他又因政治立場的關係，被列入「黑名單」，廣播公司和報社都不敢聘請他。然而，勤奮的夏伊勒並不氣餒，五〇年代初聯邦政府公開大批擄獲自德國的文件和日記，夏伊勒花大量時間閱讀這批重要檔案，並埋首撰寫納粹興衰史。他和Simon and Schuster出版公司簽約的原書名為《希特勒惡夢帝國》（*Hitler's Nightmare Empire*），後來改成《第三帝國興亡史》。因材料過多，夏伊勒拉長寫作時間，一九六〇年十月十七日正式出版，初版首刷一萬二千五百本（原定五千本）。

黑底封面並印有納粹標誌的《第三帝國興亡史》，一出書即轟動全球，出版第一年精裝本賣了百萬冊，平裝本亦賣了百萬冊，到了二十一世紀仍持續印刷，依然暢銷。筆者於一九七六年六月三十日在紐約著名的Strand書店，以三元伍角美元買到一九六〇年版的第二十五刷精裝本，當天並在扉頁上寫道：「多年前曾在台灣讀過中譯本。」這本書於一九六一年獲國家書卷獎；《讀者文摘》於一九六二年濃縮連載；一九六八年ABC廣播公司根據此書改編成電視紀錄片；亦有一家出版社以畫冊形式出書。這本書為夏伊勒帶來了榮耀與財富，但精明的夏伊勒也有「失算」的時候，他為了避免繳納高額所得稅，在合約中規定出版公司每年付他二萬五千美元即可。他沒想到的是，出版公司坐享他的數百萬美元收入，而不需付他半分利息。夏伊勒後半輩子都在懊惱自己打錯算盤，一直想辦法改變。

《第三帝國興亡史》能夠成為美國近代出版史上最耀眼的奇蹟之一並非偶然，而是可讀性太高。原書雖厚達一千二百四十五頁，卻讓讀者開卷之後欲罷不能。夏伊勒綜合他在德國的親身經歷和文字資料，再加上生動的筆觸，把第三帝國寫活了。他寫希特勒的煽動本能和領袖素質、戈林元帥的奢華、宣傳部長戈培爾的蠻橫、納粹黨副黨魁黑斯的精神不穩、黨衛軍軍頭希姆萊的陰鷙和外交部長里賓特洛甫的平庸，以及其他納粹領導層的面相，都在夏伊勒筆下栩栩如生。參讀希特勒的女祕書特勞德爾・容格（Traudl Junge）在回憶錄中對納粹高層人物的描寫，更可證實夏伊勒所述不僅眞實可信，且具敏銳的洞察力。

曾因祕密反對希特勒而遭絞刑處死的德國貴族毛奇（Count Helmuth James von Moltke）的遺孀佛蕾雅（Freya von Moltke），於二〇一〇年一月一日以九十八歲高齡病逝於佛蒙特州，《紐約時報》一月十日的報導又提到了夏伊勒的《第三帝國興亡史》。訃聞引述夏伊勒的話說，毛奇所組織的祕密集團，「爲反抗希特勒提供了思想上、精神上、倫理上、哲學上以及在一定程度上的政治理念。」

夏伊勒於一九七七年曾對《紐約書評》雜誌說，如他未在五〇年代被列入黑名單，也許他就永遠沒有機會寫《第三帝國興亡史》了。夏伊勒也寫過小說、傳記和三冊回憶錄，但他的傳世經典無疑是這本一千多頁的納粹史巨著。

西方俗諺說，新聞是歷史的初稿。夏伊勒不僅寫過和播過初稿，他也完成了納粹帝國史的定稿。

二〇一〇年一月十三日凌晨於紐約

前言

在第三帝國短促的生命的前半期，我曾在那裡生活和工作過，親眼看到希特勒怎樣鞏固他作爲這一偉大而又茫然不知所從的民族其獨裁者的權力，後來又怎樣引導這一民族走向戰爭和征服。但是，如果不是在第二次世界大戰結束的時候發生了一件歷史上絕無僅有的事情，這種個人經歷還不會誘使我嘗試寫這本書。

這件絕無僅有的事情，就是繳獲了德國政府及其所有各部門的大多數機密檔案，其中包括外交部、陸海軍、國家社會黨以及海因里希・希姆萊（Heinrich Himmler）的祕密警察的機密檔案。我相信，這樣大批的珍貴材料落入當代歷史學家手中的事情，過去是從來沒有發生過的。在此以前，一個大國，即使被戰敗了，它的政府被革命推翻了，像德國和俄國在一九一八年所遇到的情況那樣，它的檔案也總是由它自己保管，只有那些對後來的統治集團有利的文件，最後才會公布。

一九四五年春，第三帝國迅速崩潰，因此人們不僅繳獲了它的大量祕密文件，而且也繳獲了其他許多非常寶貴的材料，諸如私人日記、極度祕密的發言記錄、會議報告和通信，甚至還有納粹領導人電話中談話的記錄，這是赫爾曼・戈林（Hermann Goering）在航空部設立的一個特別機構所竊聽收錄的。

例如，弗朗茲·哈爾德（Franz Halder）將軍寫日記一直沒有斷過，他用格貝爾斯伯格式速記法（Gabersberger shorthand）不僅記下了逐日的事件，而且也記下了當天每小時的發展。要瞭解一九三九年八月十四日到一九四二年九月二十四日之間這一段時期的確切情況，這就是一個很難得的材料來源。當時他擔任陸軍參謀總長一職，同希特勒和納粹德國其他領導人每天都有聯繫。他的日記是德國人日記中提供情況最多的一部日記。但是也有其他日記具有極大價值，包括宣傳部長、希特勒在黨內的親密同事約瑟夫·戈培爾（Joseph Goebbels）博士的日記和國防軍最高統帥部（Oberkommaando der Wehrmacht，簡稱OKW）作戰局局長阿爾弗雷德·約德爾（Afred Jodl）將軍的日記。還有最高統帥部自己的和海軍總司令部的日記。比如，在科堡（Coburg）附近的坦巴赫城堡（Schloss Tambach）繳獲的六萬卷德國海軍檔案，就幾乎包括了從一九四五年四月繳獲之日起一直回溯到一八六八年現代化德國海軍建立之時止的全部德國海軍的信號、艦隻的航海日誌、個人日記、備忘錄等等。

德國外交部四百八十五噸檔案藏在哈爾茲（Harz）山脈的各個古堡和礦井裡，在奉柏林的命令正要燒毀的時候，爲美國第一軍團所繳獲。這批檔案不僅包括第三帝國時期，而且還包括威瑪共和國時期，並一直追溯到俾斯麥的第二帝國創建的時候。戰後許多年來，成噸的納粹文件被封存在維吉尼亞州亞歷山大（Alexandria）的一個美國陸軍大倉庫裡，美國政府沒有什麼興趣要想打開木箱，看看裡面可能有些什麼有歷史價值的東西。最後到一九五五年，在這些文件被繳獲後十年，由於美國歷史學會的建議和一些私人基金會的資助，藏在亞歷山大的文件才被啓封，數目少得可憐的一批學者，在人手和工具缺少的情況下，趁政府迫不及待地要把這些文件送還給德國之前，進行了翻閱和攝影的工作。結果證明這是一次豐富的收穫。

其他的一些文件也是如此，例如希特勒大本營每天研究和討論軍事形勢的五十一次「元首會議」部分速記記錄，以及這個納粹戰爭元兇在戰時同他黨內老夥伴和祕書們飯後酒餘談話的比較完整的記錄。前者是美軍第一〇一空運師一名諜報軍官在貝希特斯加登（Berchtesgaden）從一些焚毀的希特勒文件餘燼中搶救出來的，後者是在馬丁·鮑曼（Martin Bormann）的文件中找到的。

紐倫堡舉行納粹主要戰犯審訊的時候，曾經匆匆忙忙集中了數十萬件繳獲的納粹文件作爲證據。我在採訪那次審訊的前半期時，曾經收集了成捆的油印副本和後來出版的四十二卷證詞和文件，還有許多重要文件的十卷英譯本。關於紐倫堡後來又舉行的十二次審訊所出版的十五卷材料中，也有一些其他文件是很有價值的，雖然有許多文件和證詞被節略了。

除了這些前所未有的豐富文件以外，最後還有德國軍官和黨政官員的詳盡提審記錄以及他們後來在戰後各次審訊時起誓畫押的證詞，其中所提供的材料，我相信是以前歷次戰爭結束後從來沒有從同樣的這類來源得到過的。

當然，我沒有全部讀遍這些數量驚人的文獻——這是單獨一個人力所不及的事情。不過，我努力翻閱了其中相當大的一部分，只是由於缺乏適當的索引而不免進度緩慢，這是在這樣一片豐富的園地中任何一個工作者在所難免的事情。

我們在納粹時期駐在德國的人，不論是新聞記者還是外交官，對於第三帝國堂皇的外表後面發生的事情，所知道的眞實情況，可謂微乎其微。一個極權主義的獨裁政權，就本質上來說，必然是在極度祕密的情況下進行活動的。它也知道如何保守這種祕密，以防外人的窺探。把第三帝國內部所發生的赤裸裸的，怵目驚心的、往往是令人作嘔的事實——希特勒的上臺、德國國會縱火案、對羅姆（Ernst Röhm）的血腥整肅、德奧合併、張伯倫在慕尼黑的投降，捷克斯洛伐克的佔領，對波蘭、斯堪地納維亞、西方、巴爾幹各國和俄國的進攻，納粹佔領下和集中營中的恐怖，消滅猶太人的暴行等等——一一記錄下來或做一番描述並不困難。但是祕密做出的重大決定、陰謀詭計、背信棄義、其動機成因、主要角色在幕後起的作用、他們所造成的恐怖以及他們製造這種恐怖的伎倆——所有這一切，還有許多其他情況，在德國祕密文件出現之前，大部分是我們所無法獲悉的。

有些人可能認爲，現在要想寫一部第三帝國史，爲時尚嫌過早，這樣一個任務應該留給後代的作家去完成，因爲時間會使他們具有歷史的眼光。我到法國去從事一些研究工作的時候，發現這種看法在那裡特別流行。有人對我說，歷史學家能寫的材料最近不應超過拿破崙時代。這種看法是頗有它的道理的。大多數歷史學家往往等了五十年或者一百年，甚至百年以上，才敢著手寫作一個國家、一個帝國、一個時代的歷史。但是，這主要是因爲要經過這麼長的時間才能得到有關的文件，使他們掌握所需要的確鑿材料。雖然時間使他們具有了歷史的眼光，但是由於他們對他們所要寫的時代的生活和氣氛、對他們所要寫的歷史人物必然缺乏親身的瞭解，總不免有所欠缺。

在第三帝國這個具體問題上，絕無僅有的是，幾乎所有的文件材料都在它覆亡的時候公諸於世，而且由於所有活了下來的領導人——不論是軍人還是文官——的證詞，而更加豐富充實了（有些證詞還是在就刑前提供的）。有了這樣迅速獲得的如此無可比擬的材料來源，而我的心中對於納粹德國的生活，對於統治這個國家的人們，特別是阿道夫·希特勒的表現、行爲和本性又記憶猶新，刻骨難忘，因此我決定，無論如何要做一番嘗試，把第三帝國的興亡史記載下來。

史學家修昔底德斯在其《伯羅奔尼撒戰爭史》這部歷史巨著中曾說：

> 我經歷了整個戰爭，當時的年齡已經能夠理解事態的發展，同時爲了瞭解其確切的眞相，我傾注全力地研究。

要瞭解希特勒德國的確切的眞相，我發現是極其困難的，而且是不一定能夠做得到的。固然由於有了大批文件材料而能夠比二十年以前能做到的更接近於瞭解眞相，但是這些材料浩如煙海，也往往會使人感到迷亂。何況在一切凡人提供的記錄和證詞中，必然會有令人難以弄清楚的矛盾。

毫無疑問，本書不時摻雜著我本人的偏見，這是我個人的經歷和人生觀所必然產生的。我在原則上憎惡極權主義的獨裁政權，而對於這個獨裁政權尤其感到憎惡，因爲我曾經經歷過、親眼看到過它對人類精神所做的醜惡的進攻。儘管如此，我在本書中還是努力保持嚴格的客觀態度，讓事實自己說話，並註明每一事實的出處。本書所列舉的任何事件、場面或引語，無一出諸筆者的想像，全部根據文件、目擊者的證詞或者我個人的觀察。有五六處地方，由於事實闕如，不免有所猜測，但是也做了坦率聲明。

對於我的看法，不少人將會提出異議，我對此毫無懷疑。這是不可避免的事情，因爲沒有一個人的見解是絕對不會錯誤的。爲了使本書的敘述更加清楚和有深度，我冒昧提出的一些看法，不過是我盡力根據事實和根據我的瞭解和經驗得出的東西而已。

希特勒也許是屬於亞歷山大、凱撒、拿破崙這一傳統的大冒險家兼征服者中最後的一個，第三帝國也許是走上以前法蘭西、羅馬帝國、馬其頓所走過的道路的帝國中最後的一個。至少由於氫彈的突然發明，由於彈道導彈和能夠擊中月球的火箭的突然發明，那一階段的歷史已經閉幕了。

在我們這個新時代，不斷有新的可怕殺人玩意兒補充原有的殺人玩意兒，大規模的侵略戰爭如果爆發的話，那麼第一場這樣的戰爭一定是一個自取滅亡的瘋子按一下電鈕所發動的。這樣一場戰爭不會歷時很久，也不會再有後繼的戰爭。這種戰爭的結果不會有征服者也不會有征服，而只有燒成焦炭的屍骨堆在一個渺無人跡的星球上。

第一篇

希特勒的崛起

第一章　第三帝國的誕生

第三帝國誕生的前夕，一種病態的緊張氣氛籠罩著柏林。幾乎人人都看得很清楚，威瑪共和國即將壽終正寢。一年多以來，它一直在迅速崩潰之中。庫特・馮・施萊歇爾將軍（Kurt von Schleicher），像他的前任弗朗茲・馮・巴本（Franz von Papen）一樣，一點也不喜歡共和國，更談不上喜歡共和國的民主了，而且他也像他的前任一樣，未經議會授權，是靠總統命令擔任總理一職的。在執政五十七天之後，他就已到了山窮水盡、走投無路的地步。

一九三三年一月二十八日，星期六，年邁的共和國總統興登堡元帥突然免去了他的職務。當時，德國最大的政黨國家社會黨領袖阿道夫・希特勒要求擔任他原來立誓要加以摧毀的民主共和國的總理一職。

在那個命運攸關的冬天週末，關於未來局勢，首都謠諑紛紜，而照後來情況看來，這些荒誕不經的謠言中最令人吃驚的謠言不是一點沒有根據的。有的謠言說，施萊歇爾同陸軍總司令庫特・馮・漢默斯汀將軍（Kurt von Hammerstein）相勾結，打算在波茨坦衛戍部隊的支持下舉行政變，逮捕總統，建立軍人獨裁政權。有的謠言說納粹黨人要舉行政變。在警察系統中納粹黨的同情者協助下，柏林衝鋒隊要佔領威廉街，那是總統府和大多數政府部門的所在地。也有謠言說要舉行總罷工。一月二十九日，星期日，有十萬名工人湧進了柏林市中心的遊樂公園舉行示威，反對任命希特勒爲總理。他們的領袖之一企圖同漢默斯汀將軍聯繫，如果希特勒被任命來領導新政府，陸軍和有組織的工人就採取聯合行動[1]。以前有過一次，在一九二〇年發生卡普政變時，政府逃出首都以後，曾經發生過總罷工，拯救了共和國。

從星期日到星期一的那一個夜裡，希特勒幾乎通宵不寐，在距離總理府不遠的總理廣場上凱撒霍夫飯店房間中來回踱步[2]。他儘管神經緊張，但是極有自信，深知他的時辰已經來到。將近一個月來，他一直在同巴本和其他保守的右派領袖進行祕密談判。他不得不做出一些妥協。他沒有辦法組織一個清一色的納粹黨政府。不過，他可以擔任一個聯合政府的總理，雖然這個政府的十一名成員中有八名不是納粹黨人，但是他們同意他廢除民主的威瑪政體。現在似乎只有年邁固執的總統還在作梗。就在一月二十六日，即這個命運攸關的週末前兩天，這位老態龍鍾的元帥告訴漢默斯汀將軍，他「絲毫無意任命那個奧地利下士擔任國防部長或國家總理」[3]。

但是，在他的兒子奧斯卡・馮・興登堡少校（Oskar von Hindenburg）、總統國務祕書奧托・馮・梅斯納（Otto von Meissner）、巴本和總統府其他親信的影響下，總統終於軟化了。他年達八十六歲高齡，精力日益衰退。一月二十九日，星期日那天下午，希特勒正在同戈培爾和其他助手喝咖啡吃蛋糕，納粹黨內地位僅次於希特勒的德國國會議長赫爾曼・戈林（Hermann Göring）突然衝進來明確地告訴他們，明天就要任命希特勒爲總理了[4]。

一九三三年一月三十日，星期一，午前不久，希特勒驅車前往總理府晉見興登堡，這次晉見對他本人、對德國、對整個世界來說，後來都證明是一件命運攸關的事情。戈培爾、羅姆和納粹黨的其他頭子在凱撒霍夫飯店的窗口，焦急地翹望著總理府的大門，他們的元首不久就要從這扇大門裡出來。戈培爾記下了這麼一句話：「我們從他臉上可以看出他是否已獲成功。」因爲即使到這個時候，他們還沒有十分把握。戈培爾在他的日記中寫道：「我們內心的各種情緒此起彼伏，有時感到懷疑，有時感到希望，有時歡欣，有時失望。我們過去失望的次數太多了，這使我們不敢眞的相信會發生偉大的奇蹟。」[5]

幾分鐘之後，他們親眼看到了這個奇蹟。那個年方四十三、留著卓別林式的鬍子的人，那個年輕時候在維也納一事無成的流浪漢、第一次世界大戰中無名小卒的人，那個在戰後最初那些黯淡的日子裡在慕尼黑無人聞問的倒楣蛋，那個啤酒館政變中有點滑稽的領袖，那個根本不是德國人而是奧地利人的煽動家，已經宣誓就任德國總理了。他驅車到數百碼以外的凱撒霍夫飯店，馬上就回到他的老夥伴戈培爾、戈林、羅姆以及在這條崎嶇的、多事的取得政權道路上幫助過他的其他褐衫隊員中間。戈培爾的日記上寫著：「他一言不發，我們也一言不發，可是他的眼中滿含著淚水。」[6]

那天晚上，從黃昏直到午夜過後很久，樂極忘形的納粹衝鋒隊員在街頭舉行盛大的火炬遊行，慶祝勝利。他們成千上萬的人，排成整齊的隊形，從動物園出來，經過布蘭登堡門，到威廉街，他們的樂隊在震天的鼓聲伴奏下吹奏著軍樂，他們的嘴裏高唱著新編的〈霍爾斯特・威瑟爾之歌〉（Horst Wessel Song）和其他一些同德國一樣古老的歌曲，他們的長統皮靴在馬路上喀嚓喀嚓踩出了有力的節奏，他們的火炬高舉著，成了一片火海，照亮了夜空，使聚集在人行道上觀看的人們的歡呼聲變得分外熱烈。興登堡站在他府邸的窗臺前，看著下面遊行的人群過去，他的手杖隨著軍隊進行曲的拍子擊著地板，他顯然很高興，終於選了一個能夠按德國傳統方式喚起人民的總理。這位老人，在年老昏聵之中，對於他在那一天放出了什麼樣的兇神惡煞是否有一絲一毫的感覺，這一點是頗可懷疑的。柏林不久就流傳一種很可能是靠不住的傳說，說在遊行進行的途中，他回過頭來對一位老將軍說，「我沒有想到我們逮住了這麼多的俄國俘虜」。

在威廉街另一頭只有一箭之遙的地方，希特勒站在總理府一扇打開的窗戶前，樂極忘形，手舞足蹈，不斷地舉起手臂致納粹黨的敬禮，他時而微笑，時而大笑，高興得眼睛裡又充滿了淚水。有一位外國觀察家那天晚上懷著另一種感情觀看遊行。法國大使弗朗索瓦—龐賽（André François-Poncet）寫道：「火海流過了法國大使館，我懷著沉重的心情和不祥的預感看著它過去。」[7]

戈培爾那天晚上回家已是三點鐘了，雖然很疲勞，但是很快活。他就寢前在日記中寫道：「這幾乎如同夢境一般……如同童話故事一般……新帝國誕生了。十四年的辛勤工作終於得到了勝利的結果。德國革命已經開始了！」[8]

希特勒吹噓說，一九三三年一月三十日誕生的第三帝國將歷經千年而不衰[9]，用納粹的形容詞來說，它常常被稱爲「千秋帝國」。它一共存在了十二年又四個月，但是在這歷史的一瞬之中，它在地球上造成了如火山爆發般的震撼，其強烈程度爲前所未有；把德國人民送上權力的頂峰，那是他們一千多年以來從來沒有達到過的；使他們一度成爲從大西洋到窩瓦河，從北角到地中海的歐洲的主人；接著又在世界大戰結束的時候，把他們投入毀滅和破壞的深淵。這場世界大戰是他們國家殘酷無情地挑起來的，在這場世界大戰期間，他們國家對被征服的各國人民實行了一種恐怖統治，蓄意屠殺生命和摧殘心靈，其程度超過了以前歷代所有的野蠻壓迫。

創建第三帝國的那個人、無情地而且有時常常是以一種異乎尋常的精明狡猾手段統治第三帝國的那個人、把它送上這樣令人目眩的高度後又把它投入這樣可悲下場的那個人，肯定是個有天才的人，哪怕這種天才是邪惡的天才。不錯，他在德國人民——神祕的天意和千年的經歷把他們陶冶成當時那個樣子——身上找到了一種自然的工具，他能夠把它用來實現自己的邪惡目的。然而，如果沒有希特勒，那就幾乎可以肯定絕不會有第三帝國。因爲希特勒有著惡魔般的性格、花崗石般的意志、不可思議的本能、無情的冷酷、傑出的智力、馳騁的奇想以及驚人的判斷人和局勢的本領。只有到最後由於權力和勝利沖昏了頭腦，他才做出了不自量力的事情。

正如著名德國歷史學家邁乃克（Friedrich Meinecke）所說：「這是一個很好的例子，說明在歷史生活中，個人具有突出的和不可估計的力量」[10]。

在有些德國人看來，而且無疑地，在大多數外國人看來，當時情況似乎是，一個江湖騙子在柏林取得了政權。但是對大多數德國人來說，希特勒具有或者不久就會具有一個眞正天生領袖的氣質。在以後的暴風雨般的十二年中，他們要盲目地追隨他，一如他具有出自天授的英明睿斷。

希特勒的出世

這個與眾不同的奧地利農民後裔於一八八九年四月二十日晚上六點半出生於巴伐利亞邊境對面、茵河畔的布勞瑙（Braunau am Inn）小鎮一家名叫波麥客店的小客棧裡。考慮到他的出身和早年的生涯，很難想像有比他更不相稱的人來承繼俾斯麥、霍亨佐倫家族皇帝和興登堡總統的衣缽了。

誕生的地點是在德奧邊境，這一點後來證明是有重要意義的，因爲希特勒早在青年的時候就懷有這樣的思想：這兩個德語民族之間不應當有邊界隔開，他們應該屬於一個國家。他的這種感覺非常強烈而且經久不衰，到他三十五歲蹲在德國一所監牢裡口授那本日後要成爲第三帝國的藍圖的著作時，他的頭幾句話就同他的出生地的象徵性意義有關。《我的奮鬥》是以這幾句話開始的：

> 今天在我看來，命運竟然選擇茵河畔的布勞瑙作爲我的出生地，似乎是一種天意。因爲這個小小的城鎮坐落在兩個日耳曼國家的邊境上，而我們年輕一代的人已把竭盡全力統一兩國作爲我們畢生的工作……在我看來，這個邊境上的小城市成了一項偉大使命的象徵[11]。

阿道夫・希特勒是一個奧地利海關小職員的第三次婚姻中所生的第三個孩子。這個奧地利海關小職員是個私生子，三十九歲以前一直襲用他母親的姓氏施克爾格魯伯（Schicklgruber）。希特勒這個姓在母系和父系祖先方面都出現過。希特勒的外祖母和祖父都姓希特勒，或者音同字不同，因爲這個姓的拼法常常不同，有時拼成希德勒（Hiedler）、有時是休特勒（Huetler, Huettler）、有時是希特勒（Hitler）。阿道夫的母親是他父親的堂甥女，近親結婚，當時還得徵求教會的許可。

這位德國未來元首的父系和母系祖先祖祖輩輩都住在瓦爾德維爾特爾（Waldviertel），這是位於多瑙河和波希米亞－摩拉維亞邊界之間下奧地利的一個縣。在我逗留在維也納的那些歲月裡，我有時路過那裡到布拉格或德國去。這是一個森林茂盛的丘陵地區，有不少農家村莊和小塊的農田。雖然距離維也納只有五十英里左右，它有著一種窮鄉僻壤的景象，就像奧地利生活的主流沒有經過這裡一樣。這裡的居民性格都很執拗，頗像北邊的捷克農民。近親通婚很普遍，希特勒的父母就是，私生子也很多。在母系祖先方面，情況比較穩定。克拉拉・波爾滋爾（Klara Poelzl）一家四代都在希皮塔耳（Spital）村莊第三十七號那塊農田上務農爲生[12]。而希特勒父系祖先方面的情況卻頗爲不同了。我們已經知道，這一家姓氏的拼法經常變化，居處也不固定。希特勒這一家人有一種不能安定下來的氣質，總是要想從這個村莊搬到另外一個村莊，從這個行業改做另外一個行業，不願有緊密的親屬關係，而在同女人的關係上喜歡過一種波希米亞式的生活。

阿道夫的祖父約翰・格奧爾格・希德勒（Johann Georg Hiedler）是個到處打短工的磨坊工人，在下奧地利的各個村子裡串來串去。在一八二四年，第一次結婚後五個月就有了個兒子，不過母子都在產後死了。十八年後，他在杜倫紹爾（Duerenthal）工作的時候，娶了一個四十七歲的農婦，名叫瑪麗亞・安娜・施克爾格魯伯（Maria Anna Shicklgruber），她是施特羅尼斯（Strones）村子的人。在結婚前五年，一八三七年六月七日，瑪麗亞就生了一個私生子，名叫阿洛伊斯（Alois），他就是阿道夫・希特勒的父親。極有可能，阿洛伊斯的父親是約翰・希德勒，雖然我們弄不到確鑿的證據。無論如何，約翰後來娶了這個女人，但是同當時這種情況下的通常習慣相反，他沒有想到在結婚後把這個兒子正式登記。這個孩子一直到長大都叫阿洛伊斯・施克爾格魯伯。

安娜在一八四七年去世，此後三十年約翰・希德勒銷聲匿跡，不知到哪裡去了。後來到八十四歲那一年，他才在瓦爾德維爾特爾的威特臘（Weitra）鎮出現，這時他的姓氏已改爲希特勒，他在三個旁證面前，向一位公證人宣誓，他就是阿洛伊斯・施克爾格魯伯的父親。從可以弄到的記錄來看，這個老人爲什麼隔了這麼多年才採取這個步驟，他爲什麼終於採取了這個步驟，這一點是不清楚的。根據康拉德・海登（Konrad Heiden）的說法，阿洛伊斯後來告訴他的一個朋友說，這樣做是爲了幫助他能夠從他的一個叔父、那個磨坊工人的弟弟那裡弄到一份繼承權，他就是由那個叔父撫養長大的[13]。總而言之，在一八七六年六月六日這麼晚才承認了這個兒子以後，在十一月二十三日那天，多勒斯海姆（Doellersheim）教區牧師在接到了有公證人證明的聲明後，就在洗禮登記冊上劃去了阿洛伊斯・施克爾格魯伯的姓名而改爲阿洛伊斯・希特勒。

從此以後，阿道夫父親的合法姓名就叫阿洛伊斯・希特勒，這個姓氏也就自然地傳給了他的兒子。直到二十世紀三〇年代，才有維也納的好奇記者查閱了教區的檔案，發現了關於希特勒祖先的事實，不去理會老約翰・格奧爾格・希德勒過遲承認私生子這一點，而想要把阿道夫・施克爾格魯伯這個姓名加在納粹領袖的頭上。

阿道夫・希特勒奇怪的一生之中，有過許多次命運的奇怪的轉折，然而卻沒有比他出生前十三年那一次更加奇怪的了。如果這個八十四歲流浪的磨坊工人在他妻子去世快三十年以後沒有突然出現，承認自己是他年已三十九歲的兒子的父親的話，阿道夫・希特勒的姓名就成了阿道夫・施克爾格魯伯。當然，區區姓名是不至於有多大作用的，但是我也聽到一些德國人在猜測，要是希特勒以施克爾格魯伯聞名於世的話，他是不是還會成爲德國的統治者呢。這個姓氏由德國南部人讀起來，聲音是有點滑稽可笑的。我們能夠想像狂熱的德國群眾對施克爾格魯伯這個名字高呼「萬歲」嗎？「施克爾格魯伯萬歲！」（Heil Schicklgruber）？要知道「希特勒萬歲！」（Heil Hitler）不僅在納粹盛大的群眾大會上成爲群眾齊聲呼喊的華格納式、偶像崇拜的口號，而且已成爲第三帝國時代德國人之間相互打招呼時必須採用的形式，甚至在電話中也是這樣，用來代替過去的「Hello」。「施克爾格魯伯萬歲！」？這可眞有點難以想像了。（希特勒本人似乎曾承認這一點。在他年輕的時候，他告訴他少年時代唯一的密友，沒有比他父親改姓更使他高興的了。他對奧古斯特・庫比席克〔August Kubizek〕說，施克爾格魯伯這個姓氏「在他看來非常粗鄙俗氣，且不說累贅拗口了。他又覺得『希德勒』……的聲音太軟了；但是『希特勒』就很好聽，而且也容易記住。見庫比席克：《我所認識的少年希特勒》〔*The Young Hitler I Knew*〕，頁四〇）。

阿洛伊斯的父母即使在婚後顯然也很少居住在一起，因此，未來的阿道夫・希特勒的父親是由他叔父扶養成人的，他叔父雖然是約翰・格奧爾格・希德勒的兄弟，卻有自己的姓氏拼法，他叫約翰・馮・奈波穆克・休特勒（Johann von Nepomuk Huetler）。由於納粹元首從少年時代起就對捷克人形成了刻骨的仇恨（他最後還征服了這個國家），這個教名是値得附帶一提的。約翰・馮・奈波穆克是捷克人民的民族聖徒，有些歷史學家認爲希特勒一家有這個名字，說明他們有捷克血統。

阿洛伊斯起初在希皮塔耳村學作鞋匠，但是他像他父親一樣沒有定性，不久就到維也納去謀發展了。十八歲的時候，他在薩爾斯堡（Salzburg）附近參加了奧地利海關的邊境警察，九年後提升爲海關稅吏，當時就娶了一個海關官員的過繼女兒安娜・格拉斯爾—霍勒（Anna Glasl-Hoerer）爲妻。她給他帶來了一份小嫁妝和社會地位，在前奧匈帝國小官吏中間，這種情況是很平常的。但是這次婚姻並不美滿。她的年齡比他大十四歲，身體又虛弱，一直沒有生育。十六年後兩人就分居了，再隔三年，在一八八三年，她就去世了。

在分居以前，阿洛伊斯（現在已正式姓希特勒了）就與一個年輕的旅館廚娘法蘭西絲卡・馬茨爾斯伯格（Franziska Matzelsberger）同居，她在一八八二年爲他生了一個兒子，名叫阿洛伊斯。在他髮妻去世後一個月，他就同廚娘正式結婚，三個月後，生了一個女兒，名叫安琪拉。第二次婚姻歷時也不久。法蘭西絲卡在一年之內因肺結核去世。六個月後，阿洛伊斯・希特勒第三次，也是最後一次結婚。

不久即將成爲阿道夫・希特勒的母親的新嫁娘名叫克拉拉・波爾茲爾，年方二十五歲，她的丈夫四十八歲。他們相識已經很久了。克拉拉老家也是希特勒這一族的老家希皮塔耳。她的外祖父約翰・馮・奈波穆克・休特勒就是把侄子阿洛伊斯・施克爾格魯伯－希特勒撫養長大的人。因此，阿洛伊斯是克拉拉的堂房舅舅，他們要結婚，必須申請教會批准。

這位海關稅吏在第一個妻子在世時，因爲膝下空虛，就把克拉拉領來當過繼女兒，當時他就存了同她結合的念頭。克拉拉在布勞瑙同施克爾格魯伯夫婦一起生活了好幾年，阿洛伊斯在他髮妻病倒後似乎就打算等她一死就娶克拉拉爲妻。到這個姑娘滿十六歲可以合法結婚的年齡時，就發生了他正式改姓和繼承叔父（克拉拉的外祖父）遺產的事。但是他的妻子在分居後還拖著沒有死，此外，也許因爲阿洛伊斯在這時與廚娘法蘭西絲卡同居，年已二十的克拉拉就離開了他家到維也納去當女傭人了。

四年以後她又回來給她堂舅當家，因爲法蘭西絲卡在她臨死前最後幾個月也搬出了她丈夫的家。阿洛伊斯・希特勒同克拉拉・波爾茲爾在一八八五年一月七日結婚，大約四個月又十天以後就生了頭一個兒子古斯塔夫。古斯塔夫在襁褓中就夭折了，一八八六年生的第二個孩子愛達也是如此。阿道夫是第三次婚姻中的第三個孩子。後來又在一八九四年生了一個弟弟艾德蒙，只活了六歲。第五個也是最後一個孩子寶拉生於一八九六年，壽命比她出名的哥哥還長。

阿道夫的同父異母哥哥阿洛伊斯和姊姊安琪拉（法蘭西絲卡生的兩個孩子）也活著長大了。安琪拉是個漂亮的少婦，嫁給了稅吏拉包爾（Raubal），在拉包爾死後在維也納當管家，如果海登的材料是正確的話，她有一個時期在猶太人辦的施粥站當廚娘[14]。一九二八年希特勒把她接到貝希特斯加登當他的管家，此後一個時期，在納粹圈子裡就常常聽到他們談起她爲希特勒做的他非常愛吃的美味維也納點心和甜食。她於一九三六年離開了他，嫁給德勒斯登的一位建築學教授，希特勒當時已是總理兼獨裁者，對她的離去很不高興，連結婚禮物也不肯送。她是他一家人中唯一在他一生後期來往密切的人，不過還有一個例外，那就是安琪拉的女兒吉莉（Geli Raubal），一個美麗的金髮少婦，我們不久就會看到，希特勒在他一生之中只有同她發生過眞正的愛情。

阿道夫·希特勒一向不喜歡有人向他提起他的同父異母哥哥。阿洛伊斯·馬茨爾斯伯格（後來正式改名爲阿洛伊斯·希特勒）當了飯館跑堂的，他的一生之中有好多年一直在吃官司。根據海登的記載，他在十八歲時因偷竊而被判五個月徒刑，二十歲時又因爲同一罪名被判八個月徒刑。他最後搬到德國住，結果卻又繼續出事。一九二四年，阿道夫·希特勒因爲在慕尼黑進行政變而身陷囹圄，阿洛伊斯·希特勒則在漢堡因爲重婚而被判六個月徒刑。據海登記載，此後他就去英國，居然很快地建立了一個家庭，但是不久又棄家出走[15]。

國家社會黨當權後，阿洛伊斯·希特勒的境況好過了一些。他在柏林郊區開了一家小啤酒店，在戰爭爆發前不久搬到了首都繁華的西區的威登堡廣場。一些納粹官員是座上常客，在戰爭初期食物恐慌的時候，這家啤酒店的供應卻非常充裕。當時我偶爾也曾進去憩足過。阿洛伊斯這時已快六十歲了，身體肥胖，心地單純，脾氣隨和，同他著名的同父異母兄弟在外表上很少有什麼相像之處，事實上，你在德國和奧地利許多小酒店老闆中間，是很難把他分辨出來的。酒店生意很好，不管他過去如何，就當時而論，他的境況顯然很順遂。但只有一件事情叫他擔心，那就是他的兄弟一時生氣或感到厭憎，可能吊銷他的營業執照。在這家小酒店裡，有時就有人在談論，說國家元首兼總理很不喜歡阿洛伊斯，因爲他使人想起希特勒一家微寒的出身。據我所記得的，阿洛伊斯本人是不願加入關於他兄弟的話題，他這麼謹慎自然是明哲保身之道，但是對於我們來說，因爲極力想要瞭解那個當時已開始要征服歐洲的人的背景出身，自然對此很感到失望。

除了在《我的奮鬥》中以外，希特勒很少談到——也很少允許人家在他面前談到——他的家庭出身和早年生活。而在《我的奮鬥》中出現的零星傳記材料不僅常常令人發生誤解，而且許多事情都略而不談。關於他的家庭出身，我們已經知道了一些情況。那麼他的早年生活如何呢？

希特勒的早年生活

他父親五十八歲那年從海關退休的時候，年滿六歲的阿道夫進了林茨（Linz）西南不遠的菲許拉姆（Fischlham）村子的公立學校。那是一八九五年。在此後四、五年中，這個按捺不下心來，靠養老金爲生的人在林茨附近的許多村子裡搬來搬去。到他兒子十五歲的時候，已搬了七個地方，換了五個學校。阿道夫在蘭巴赫（Lambach）附近的本篤派修道院上了兩年學，因爲他父親在那裡附近買了一塊田地。他參加了唱詩班，選了唱歌課，據他自己的記載，他夢想將來當個牧師[16]。最後，退休的海關職員在林茨南郊利昂丁（Leonding）定居下來，一家人在那裡住的是一所樸素的房子和花園。

十一歲的時候，阿道夫被送到林茨去上中學。這需要他父親破費一點錢財，也說明他父親有志讓兒子走自己的道路——當個公務員，但是這卻是他兒子的最不想做的事。希特勒後來回憶說：「當時我才十一歲就不得不第一次違抗（我父親的意願）……我不想當公務員。」[17]

希特勒在《我的奮鬥》一書中以誠懇和詳實的態度記下的個人事實並不多，他在十歲剛出頭的時候頑強地同他冷酷剛愎的父親抗爭則是其中之一。這場鬥爭第一次表現了他堅強不屈的意志，這種意志日後終於使他克服了看來是無法克服的重重障礙和困難而達到了他那樣的成就，而且使反對他的人目瞪口呆的是，這種意志使得德國和歐洲蓋上了一個無法抹去的烙印。

我不要當公務員，不，不。我父親爲了要使我熱愛這個職業，對我講了些他自己一生經歷中的故事，但是這一切努力的結果適得其反。我……一想到坐在一間辦公室裡，被剝奪了自由，不能再自由支配我的時間，不得不把我的一生花在塡寫各種各樣表格上面，心中就感到作嘔……。

有一天，我終於決定要當個畫家，當個藝術家……我的父親聽了吃了一驚，張口結舌說不出話來。

「什麼，畫家？藝術家？」他疑心我發瘋了，也很可能他以爲聽錯了或者理解錯了我的話。但是一等到他弄清楚了以後，特別是他意識到我不是開玩笑以後，他極其堅決地反對這個打算……。

「藝術家？不行！只要我還剩一口氣，我絕不答應！」……我父親絕不改變他的「絕不！」而我卻加強了我的「決心！」[18]。

希特勒後來說，這次衝突的結果是，他在學校裡就不再好好學習了。「我想，我父親發現我在中學裡成績不好以後，就會讓我實現我的夢想，不管他是否願意。」[19]

三十四年以後寫的這一段話，可能有一半是爲他學習成績不好辯解。他在小學裡成績一貫良好。但在林茨中學裡卻壞得異乎尋常，終於在沒有得到應有的證書的情況下，不得不轉學到距林茨相當遠的希太爾（Steyr）州立中學，他在那裡待了不久，沒有畢業就離開了。

希特勒在學業上的失敗，使他後來耿耿於懷，常常嘲笑那些「讀書人」，嘲笑他們的學位、文憑、學究氣。甚至在他臨死前三四年在最高統帥部裡忙於軍事戰略、戰術和指揮上的安排的時候，他也常常抽一個晚上，同他黨內的老夥伴回憶他年輕時候碰到的教師怎樣愚蠢。這個瘋狂的天才這時已是最高統帥，他指揮的大軍部署範圍從窩瓦河到英吉利海峽，但他的這種聊天內容還保存了一部分下來。

想到擔任過我的老師的那些人，我就覺得他們大多數都是有點瘋癲。稱得上是好老師的人是例外。這種人居然有權阻擋一個青年的道路，使人覺得眞是可悲。——一九四二年三月三日[20]。

我回想起教過我書的老師來就很不愉快。他們的外表極其不潔；衣領不整……他們是沒有個人獨立思想、無知之至的無產階級產物，非常合適充當一種腐朽政府制度的支柱，這種制度，謝謝上帝，現在已經成爲過去的事了。——一九四二年四月十二日[21]。

我一想到我上學時的老師，我就覺得他們之中有一半人是不正常的……我們舊奧地利的學生被教導要尊敬老人和婦女。但是對於我們的老師，我們毫不客氣；他們是我們天生的敵人。他們大多數人都有點神經錯亂，不少人後來眞的發了瘋！……我同老師的關係特別不好。我對外文一點也沒有天賦——也許可能有，要不是那個老師是個天生白癡的話。我一看見他就感到憎惡。——一九四二年八月二十九日。[22]

我們的老師都是專制魔王。他們一點也不同情年輕人；他們的唯一目的是要塡塞我們的腦袋，把我們變成像他們那樣的博學人猿。如果有學生顯出一絲一毫獨創性，他們就要無情地折磨他，我所認識的一些模範學生後來在社會上都失敗了。——一九四二年九月七日[23]。

很明顯，希特勒直到臨死的時候還不能原諒也不能忘掉他的老師給了他壞分數。但是他卻能夠把實際情況歪曲到可笑程度。

他的老師在他成了世界名人以後回憶起當時對他的印象，也有簡短的記載。希特勒似乎還喜歡的少數老師中，有一個是教過他科學的西奧多·吉辛格（Theodor Gissinger）。吉辛格後來回憶說：「就我來說，希特勒在林茨中學既沒有留下好印象也沒有留下壞印象。他在班裡肯定不是出類拔萃的。他身材細長挺直，面孔蒼白瘦削，幾乎像是一個生肺病的人，他的眼睛常常睜得大大的，閃閃發光。」[24]

愛德華·休麥（Eduard Huemer）老師，顯然是希特勒上面提到的「天生白癡」，因爲他教的是法文。他在一九二三年到慕尼黑去，爲他以前的學生作證，當時希特勒正因爲啤酒館政變而以叛國罪受審。他雖然讚揚希特勒的志願，說從心底裡祝願他完成他的理想，但是他對當時那個年輕的中學生做了如下的簡短描繪：

> 希特勒肯定是有天資的，雖然只是在某些學科方面，但是他缺乏自制力，說得客氣一些，他好強辯，剛愎自用，自以爲是，脾氣暴躁，不能遵守學校紀律。他也不用功，否則有他這樣的天賦，他就會有好得多的成績[25]。

林茨中學有一位老師對年輕時代的希特勒起了一種強有力的、後來證明是有決定性的影響。他是歷史老師李奧普・波伊契（Leopold Postsch）博士。他的家鄉在南部同南斯拉夫人地區接壤的德語邊疆地區，他在那裡遇到的種族糾紛使他成了一個狂熱的日耳曼民族主義者。他在來林茨之前，曾在馬堡（Marburg）教過書。馬堡後來在第一次世界大戰後劃歸南斯拉夫時改名爲馬里波爾（Maribor）。雖然波伊契博士給他的這個學生的歷史分數只是「中」，他卻是在《我的奮鬥》中受到熱烈讚揚的唯一老師。希特勒非常願意承認受到這個人的教誨。

> 我有幸得到了一位懂得很少人懂得的……去蕪存菁的原則的歷史老師，這對我後來的生涯也許起了決定性的作用……在林茨中學我的教師李奧普・波伊契博士的身上，這個條件得到了眞正理想的滿足。他是個溫和但是嚴格的長者，不僅能夠以其滔滔不絕的口才吸引我們的注意，而且也能夠使我們

聽得出神。即使到今天，我還懷著眞正的感情懷念這位頭髮斑白的人，他的激烈言詞有時能使我們忘記現在，好像變魔術一般把我們帶到了過去的時代，穿過重重的時間之霧，使枯燥的歷史事實變成生動的現實生活。我們坐在那裡，心底常常燃燒著熱情，有時甚至感動得落淚……他利用我們尚在萌芽狀態的民族熱情作爲教育我們的手段，常常喚醒我們的民族榮譽感。

這位老師使歷史成了我最喜愛的課目。

事實的確是這樣，雖然他並無此意，我卻正是在這個時候變成了一個年輕的革命者[26]。

大約三十五年以後，即一九三八年，希特勒總理在強迫奧地利併入第三帝國後到奧地利各地進行勝利的巡視，他特地在克拉根福特（Klagenfurt）停下來探視當時已經退休的老教師。他很高興地發現，這位老先生是在奧地利獨立時期被取締的地下納粹衝鋒隊的隊員。他同這位老先生單獨談了一小時的話，後來告訴黨內同志說，「你們想像不出我得益於這位老人有多麼大。」[27]

阿洛伊斯・希特勒於一九〇三年一月三日因肺出血逝世，享年六十五歲。他在早晨散步時發病，幾分鐘以後就在附近一家酒店裡死在一個鄰居的懷裡。當他的十三歲兒子看到他父親的屍體時，不禁痛哭失聲[28]。

他的母親當時四十二歲，搬到林茨郊外烏爾法爾（Urfahr）一所簡陋的公寓去住，靠不多的積蓄和養老金撫養兩個遺孤阿道夫和寶拉。正如希特勒在他的《我的奮鬥》中所說，她覺得有義務按照丈夫的願望繼續讓他兒子上學——「換句話說，要我學習將來成爲公務員」。不過，雖然年輕的寡婦很溺愛她的兒子，而且他似乎也很愛她，他卻「比以前更加堅定地下定決心不願幹這個行業」。因此，儘管母子之間感情深厚，卻還是存在著矛盾，阿道夫繼續荒廢他的學業。

「接著一場疾病突然幫了我的忙，在幾個星期之內決定了我的前途，結束了永無休止的家庭爭吵。」29

希特勒快滿十六歲的時候得了肺病，不得不停學至少一年。他被送到希皮塔耳故鄉，在他姨母家裡休養一個時期。他的姨母泰瑞莎・施密特（Theresa Schmidt）是一個農家婦女。病好後，他暫時回到希太爾州立中學。他的最後成績單（一九〇五年九月十六日）上的記分是：德語、化學、物理、幾何、幾何是「可」，地理和歷史是「良」，幾何繪圖是「優」。由於能夠從此離開學校，他興奮之餘，終於喝醉了酒，這是他一生之中第一次也是最後一次喝醉了酒。據他後來記憶，一個擠奶姑娘在天明的時候看到他臥倒在希太爾鎮外鄉下大路旁邊，她扶他回到鎮裡，他發誓以後絕不再犯。（一九四二年一月八及九日晚上在最高統帥部裡他回憶過去時講了這個故事。見《希特勒祕密談話錄》〔*Hitler's Secret Conversations*〕，頁一六〇）至少在這件事上，他是遵守他的諾言的，他以後不僅不喝酒吸煙，而且還素食，開始是因爲在維也納和慕尼黑當流浪漢時囊無分文不得不如此，後來卻完全出於自覺。

希特勒常常說此後的兩三年是他一生中最快活的日子。「這些日子是我一生中最快活的日子，好像夢幻一般……。」（《我的奮鬥》頁一八）。希特勒擔任總理後六個月，在一九三三年八月四日寫給他童年時代的友人奧古斯特·庫比席克說：「我很樂意……與你重溫我一生中最美好的年月中那些舊事。」（見庫比席克：《我所認識的少年希特勒》，頁二七三）。雖然他母親勸他——他的親戚催促他——去做工，學一個行業，他卻陶醉在將來成爲藝術家的美夢裡，在多瑙河畔逍遙閒蕩。他永遠忘不了十六歲到十九歲這一段年月裡「懶洋洋的日子」，當「媽媽的心肝寶貝」，享受「空虛的舒服生活」[30]。雖然體弱多病的母親靠微薄收入很難維持生計，年輕的阿道夫卻拒絕出外謀生來幫助母親。用任何正當職業來維持哪怕是他個人的生活，對他來說都是想也不願想的，而且畢生如此。

希特勒覺得快成年的這最後幾年這麼快活，其原因顯然是因爲可以不必工作，這就使他有時間去沉思夢想，白晝在城市街頭或鄉間田野閒蕩，向同伴暢談社會流弊和糾正辦法，夜晚埋頭讀書，或者在林茨或者在維也納歌劇院的後排座位後，站立著出神地諦聽華格納神祕的異教音樂。

一個少年時代的友人後來回憶說他是個面容蒼白、身材瘦弱的少年，平時羞怯怕生，沉默寡言，但是對於不同意他意見的人，有時也會突然發出神經質的怒言。有四年之久，他自以爲深深地愛上了一位漂亮的金髮少女，名叫史蒂芬妮，她同她母親在林茨的蘭德大街散步的時候，他常常愛慕地凝視著她，但是他從來沒有做絲毫努力來同她結識，而像許多其他東西一般，寧願把她保留在他幻想馳騁的夢幻世界裡。他給她寫了許多情詩，雖然從來沒有寄出過（其中一首題爲〈獻給心愛的人的讚歌〉），但是卻硬要讀給他耐心的少年友人庫比席克（庫比席克似乎是希特勒少年時代的唯一友人，他在《我所認識的少年希特勒》一書中，對他這個同伴在十九歲去維也納過流浪生活前四年的情況做了一番很有趣味的敘述。這番描繪不僅塡補了德國元首一生傳記的空隙，而且也糾正了一般人對他早年性格的印象。庫比席克本人的情況與希特勒截然不同。他在林茨有個幸福家庭，承繼父業，成爲一個傢具商，工作孜孜不倦，同時又學習音樂，在維也納音樂學院畢業，成績優異，後來當了指揮家和作曲家，不幸他光明遠大的職業生涯卻被第一次世界大戰所粉碎了）。聽！在這些情詩裡，史蒂芬妮成了《女武神》中的少女，身穿一件隨風飄揚的深藍色天鵝絨長袍，騎著一匹白馬，馳騁在百花盛開的草地上[31]。

希特勒雖然下定決心要當藝術家，最好是畫家，否則至少也要成爲建築家，但是他在十六歲的時候已經熱衷於政治了。當時他對哈布斯堡王朝和哈布斯堡王朝所統治的多民族奧匈帝國境內所有非日耳曼民族已經有了強烈的憎恨，對於凡是日耳曼的一切，都有著同樣強烈的熱愛。十六歲的時候，他已經成了一個至死不改的狂熱日耳曼民族主義者（譯注：英語稱德意志爲日耳曼，同時代表民族、國家、地理概念，本書約定俗成，凡遇民族概念譯爲日耳曼，國家地理概念譯爲德意志，以示區別）。

儘管過了這麼久的閒蕩生活，他似乎很少有一般少年所有的無憂無慮心情。世界大事壓得他透不過氣來。庫比席克後來回憶說：「他處處只看到障礙和敵意……他總是碰到什麼東西同他作對，總是同世界鬧彆扭……我從來沒有看到過他把什麼事情看得很開的……。」[32]

就在這個時候，這個厭惡學校的青年人忽然喜歡起讀書來，參加了林茨成年教育圖書館和博物館學會，大批大批地借閱圖書。據他的少年友人回憶，他總是埋首在書堆裡，其中最喜歡閱讀的是關於德國歷史和德國神話的著作[33]。

林茨只是一個外省城市，不久之後，金碧輝煌的巴洛克式帝國首都維也納就開始向這個雄心勃勃、幻想馳騁的青年招手了。在一九〇六年過了十七歲生日以後，希特勒帶了他母親和別的親戚給他的一些錢，動身到這個大都會去住了兩個月。雖然維也納日後成了他度過他一生中最慘淡歲月的地方，慘到幾乎流落街頭，但是在他第一次到那裡的時候，維也納卻使他目眩神迷。他成天在街頭閒逛，興奮地瞻仰環城路附近的宏偉建築，在博物館、歌劇院、劇場中所看到的景象，使他眼花繚亂，如醉如狂。

他也去打聽了維也納美術學院的入學手續，一年以後，一九〇七年十月，他又回到首都來參加入學考試，這是他要實現畫家夢想的第一個實際步驟。他當時年方十八，充滿希望，但是這個希望馬上化爲泡影。看了維也納美術學院甄選名單上的記載就可知道。

下列諸生考試成績不良，不予錄取……阿道夫·希特勒。籍貫：茵河畔的布勞瑙。生日：一八八九年四月二十日。民族：日耳曼。宗教：天主教。父親職業：公務員。學歷：中學四年。考題：人頭像。評語：試畫成績不夠滿意[34]。

次年希特勒又試了一次，這次他的繪畫太差，根本沒有讓他參加正式考試。對於這個雄心勃勃的青年來說，正如他後來所說，這彷彿是晴天霹靂。因爲他原來有絕對自信，以爲一定會成功的。據他自己在《我的奮鬥》中的記述，他要求院長說明原因。

那位先生告訴我，我所繳的幾張畫肯定地說明我不適合學繪畫，我的才能顯然在建築方面；他說，對我來說，維也納美術學院的繪畫系是肯定不合適的，合適的地方是建築系[35]。

年輕的阿道夫願意同意這一點，但是他又立刻發覺，遺憾的是，他中學沒有畢業，這很可能妨礙他進建築系。

這時，他的母親又患了致命的乳癌，於是他就回到林茨。自從阿道夫離開學校以來，克拉拉・希特勒和她的親戚湊錢供養他有三年之久，結果卻一點成績也沒有。一九〇八年十二月二十一日，林茨開始披上聖誕節的盛裝時，阿道夫的母親溘然長逝了，兩天後她安葬在利昂丁丈夫的墓邊。對於這個十九歲的青年來說：

這是一個可怕的打擊……我敬畏父親，卻愛母親……（她的）去世使我的宏願突然不能實現……貧困和殘酷的現實迫使我作出一個迅速的決定……我面臨著想辦法謀生的問題[36]。

想辦法！他並無一技之長，又一向輕視體力勞動，從來沒有想靠自己的力量賺一分錢。但是他並不氣餒。他向親戚告別，誓言若不得志，決不回鄉。

我手中提著一隻裝替換衣衫的衣箱，心中懷著堅定的意志，動身到維也納去。我也希望從命運手中奪取我父親在五十年以前取得的東西；我也希望「有所成就」——但是絕不當公務員[37]。

「我一生最悲哀的時期」

此後四年（從一九〇九年到一九一三年）對這個從林茨來闖世界的青年來說，是一段極其悲慘和貧困的時期。在哈布斯堡王朝還沒有覆亡，維也納還是擁有五千兩百萬人民的帝國首都，這個歐洲心臟在繁華落盡前的最後幾年，有著一種世界各國首都所沒有的快活氣氛和迷人魅力。不僅在建築、雕塑、音樂方面，而且在人民的無憂無慮、喜歡享樂、愛慕文化、追求風雅的精神生活方面，維也納具有西方任何其他城市所沒有的那種紛華靡麗的巴洛克和洛可可式情調。

維也納位於維也納森林蓊鬱的山腳下，藍色的多瑙河畔，山坡上到處點綴著黃綠色的葡萄園，這是一個富有天然美景的地方，外來的遊客固然爲之心迷神醉，維也納本地人也自以爲得天獨厚。空氣中充滿了音樂，那是當地的天才子弟、歐洲最偉大的音樂家海頓、莫札特、貝多芬、舒伯特高尚優美的音樂，而且在最後那幾年迴光返照的昇平歲月裡，還有維也納自己鍾愛的約翰·史特勞斯那歡樂、迷人的華爾滋圓舞曲。對於這樣幸運和過慣了巴洛克式生活的人們來說，生活就像是一場美夢，因此快活的維也納人都過著紙醉金迷的生活，跳華爾滋，喝葡萄酒，在咖啡館裡談心，在歌場舞榭聽曲看戲，打情罵俏，尋歡作樂，把一生之中大部分時間消磨在享受和夢想之中。

當然，也需要治理一個帝國，維持一支陸軍和海軍，管理交通，進行貿易，從事勞動。但是在維也納，很少有人需要在這些事情上加班工作，甚至用不著全天工作。

當然，也有陰暗的一面。這個城市像所有其他城市一樣，也有窮人，他們營養不良，衣衫襤褸，住在貧民窟裏。但是作爲帝國的首都，而且作爲中歐最大的工業中心，維也納是繁榮的，這種繁榮比較普遍，人人都有一份。下層中產階級人數眾多，在政治上控制了這個城市；工人們不僅在組織工會，而且也在組織自己的強大政黨——社會民主黨。全市人口這時已增加到兩百萬，生活之中有著一種沸騰的景象。民主的勢力正在排擠哈布斯堡王朝悠久的專制勢力，教育和文化已向群眾開放，因此到一九〇九年希特勒到維也納來的時候，一個囊無分文的青年也有機會受高等教育，或者謀得一份相當體面的差使，同其他爲數約一百萬的職工一樣，生活在籠罩著首都居民的文明氣氛中。他的唯一友人，同他一樣微賤和默默無聞的庫比席克不是已經在音樂院中初露頭角了嗎？不過年輕的阿道夫並沒有去實現進建築系的抱負。儘管他沒有中學畢業文憑，他仍有可能進建築系——凡是有特別才能的青年，即使沒有這種證件也能入學。但是從目前所知道的情況來看，他沒有申請入學，也不想學什麼手藝，或者從事任何正常的職業。相反，他寧願幹些雜七雜八的零活——掃雪，拍打地毯，在鐵路西站外面扛行李，有時候幹幾天工地小工的零活。一九〇九年十一月，他到維也納「掌握命運」後不到一年，他不得不放棄在西蒙丹克街租賃的房間，在以後的四年中一直住在只有鋪位的雞毛店裡，或者在多瑙河畔維也納第二十區莫爾德曼街幾乎同樣簡陋的單身宿舍裡棲身，靠光顧施粥站打發饑餓的日子。

難怪在將近二十年後他這麼寫道：

對許多人說來，維也納是個盡情享受的天堂，尋歡作樂的場所，但是對我說來——恕我直言——它卻是我一生最悲哀的時期活生生的記憶。

即使到今天，這個城市在我的心中也只能引起不愉快的想法。對我說來，這個逍遙自在城市的名字所代表的就是五年艱苦貧困的生活。在這五年中我被迫求職餬口，開始當小工，後來當小畫家。收入之微薄，不足以填充我每日轆轆的饑腸[38]。

他說到那些日子時，總不免要提起饑餓。

當時饑餓是我忠實的伴侶，他同我形影不離，有福同享……我的生活就是同這個無情的友人進行的一場長期搏鬥[39]。

但是，饑餓卻從來沒有逼得他設法尋找一個固定的職業。他在《我的奮鬥》中說得很清楚，他有著一種小資產階級入骨的恐懼，深怕又掉到無產者的隊伍中去，體力勞動者的隊伍中去——他後來就利用這種恐懼心理在缺乏領導、薪金低微、無人重視的白領階層的廣大基礎上建立了國家社會黨。這個階層的千百萬人都有這樣一種錯覺，以爲自己在社會地位上比起「工人」來至少略勝一籌。

希特勒固然說過，他至少有一陣子靠當個「小畫家」餬口，但是他在自傳中沒有詳細說明這個工作的情況，只不過說了這麼一句，在一九〇九年和一九一〇年，他的情況略有改善，可以不必再當普通小工了。

他說：「這時，我已開始獨立工作，當個小素描畫家和水彩畫家。」[40]

這句話是有些容易令人誤解的，《我的奮鬥》中許多其他具有傳記性質的段落也是如此。雖然當時認識他的人所提供的材料也並不比他自己更加可靠，但是拼湊起來的情況可以說肯定是比較完整的，也可能比較確實（見約瑟夫・格雷納：《希特勒神話的結束》〔Josef Greiner, *Das Ende des Hitler-Mythos*〕。格雷納在希特勒在維也納的時代同他相識。又見魯道夫・奧爾登：《小卒希特勒》〔Rudolf Olden, *Hitler the Pawn*〕。奧爾登所著書中載有萊因霍德・漢尼契的談話，後者是蘇台德的一個流浪漢，一度曾與希特勒在小客店裡同室居住，販賣他的一些畫片。海登在《元首》〔*Der Führer*〕）一書中也引用了漢尼契的材料，包括希特勒控告這個流浪漢的法院記錄。希特勒控告漢尼契賣了他的一張畫後沒有把收入分給他）。

有一點是相當肯定的，希特勒從來沒有像他的政敵所嘲笑的那樣當過房屋油漆匠。至少沒有材料證明他幹過這個行當。他當時幹過的事是繪製一些拙劣的維也納畫片，內容常常是一些著名的景物，例如聖史蒂芬大教堂、歌劇院、城堡劇場、美泉宮或公園中羅馬時代的遺跡。據他相認的人說，他是從別人作品上臨摹下來的；顯然他沒有寫生的能力。這些畫片是矯揉造作、沒有生氣的，很像一個初學建築的人所畫的粗糙草率的速寫，他有時添上一些人物，也畫得非常拙劣，好像連環畫一樣。我有一次看到希特勒的原作速寫後曾經記下過這麼一些話：「幾個面相。拙劣。有一個幾乎像食屍鬼。」在海登看來，「它們像巍峨莊嚴的宮殿外的小沙包」[41]。

這種可憐的玩意兒，希特勒也許畫了幾百張，賣給小販裝飾牆頭，賣給商人嵌在陳列出售的畫框裡，賣給傢具商把這種畫片釘在廉價的沙發和椅子靠背上，當時在維也納，這是一種流行風氣。希特勒也能夠畫一些比較商業性的東西。他常常爲小鋪子老闆畫海報，給泰迪狐臭粉這種商品做廣告。有一張畫後來也許在聖誕節的時候賺過一些錢，畫的是聖誕老人在叫賣色彩鮮豔的蠟燭，還有一張畫的是聖史蒂芬大教堂的哥德式尖頂，高聳在一堆肥皂上。聖史蒂芬大教堂的尖頂是希特勒從別人的畫上百抄不厭的東西。

希特勒的「藝術」成就僅止於此，但是他至死還認爲自己是個「藝術家」。在維也納這些流浪的年代中，他的外表肯定是波希米亞式的流浪漢。當時認識他的人後來追憶，他穿一件破舊的黑大衣，長至足踝，很像一件土耳其長袍，這是一個匈牙利籍猶太舊衣商送給他的，這個舊衣商也住在那所簡陋的單身宿舍裡，同他頗爲友好。這些人還記得他頭戴一頂油膩發光的黑呢帽，四季不換，他的一頭亂髮，前額斜梳，像他日後那樣，頸後的頭髮亂糟糟的蓋住了骯髒的衣領，因爲他很少理髮修面，兩頰和下頦往往鬍髭叢生。如果日後成了藝術家的漢尼契的話是可信的，希特勒像「一個基督教徒中間很少出現的鬼怪」[42]。

不像同住在一起的一些潦倒的青年人，他毫無青年的惡習。他既不抽煙，也不喝酒。他同女人沒有來往——根據已知情況，不是因爲任何不正常的心理或生理，而完全是因爲他特別怕羞。

希特勒後來在《我的奮鬥》中難得幽默地說：「我相信，當時我認識的人都把我當作一個怪物。」[43]

像他的老師一樣，這些人也記得他炯炯有神的眼光，這是他臉部的突出特點，反映出性格中同這個一身骯髒的流浪漢的貧困生活很不協調的某種東西。他們還記得，這個青年人儘管在體力勞動上極其懶惰，讀起書來卻廢寢忘食，夜以繼日。

當時我用心讀了大量的書。工作之餘全部時間都花在讀書上。這樣在幾年之內我就打下了知識的基礎，到今天我還從這裡吸收營養[44]。

在《我的奮鬥》中，希特勒詳盡地談到了讀書的藝術。

所謂「讀書」，當然，我的意思也許同所謂「知識界」的一般人有所不同。我也認識一些大量「讀書」的人……但是我並不認為他們是「博學」的人。不錯，他們有大量「知識」，但是他們的頭腦不能組織和整理他們所吸收的知識……另外一方面，一個掌握正確讀書藝術的人……從本能上立刻就能辨別出什麼東西是他認為值得永遠記住的，或者因為這些東西符合他的需要，或者因為一般值得知道……讀書的藝術，求知的藝術是：去蕪存菁……只有這樣的讀書才有意義，才有目的性……由此看來，我在維也納的日子特別有意義，特別有價值[45]。

有什麼價值？希特勒的答覆是：從他的讀書中，從他在維也納窮人中間的生活中，他學到了日後需要知道的一切。

維也納過去是，而且現在仍舊是我一生中條件最艱苦的學校，雖然也是最徹底的學校。我剛踏進這個城市時還是一個孩子，離開時卻已成人，性格也變得沉靜嚴肅了。

在這個時期中，我形成了一種世界觀，一種人生哲學，日後成了我一切行動的鞏固基礎。除了我當時打下的基礎之外，我後來很少需要學習什麼東西，也不需要改變什麼東西[46]。

那麼，他在維也納這個慷慨給予他狠狠打擊的學校裡究竟學到了一些什麼？他在那裡的經歷和讀書中究竟學到了一些什麼思想？照他的說法，這些思想一直保持到最後，基本上沒有什麼改變。這些思想大部分是空虛陳腐的思想，有時往往荒唐可笑，而且受到粗暴偏見的影響。在對這些思想稍加考察之後，這一點就是很明顯的事。但是同樣明顯的是，這些思想對這部歷史很重要，正如這些思想對世界曾經是很重要的一樣，因爲這些思想將成爲這個有書呆子氣的流浪漢不久要建立的第三帝國的基礎的一部分。

希特勒的萌芽思想

除了一個例外，這些思想都不是什麼獨創之見，而是從二十世紀初奧地利政治和生活的奔騰大漩渦中原封不動地揀來的東西。這個多瑙河畔的帝國當時由於消化不良正處在奄奄一息的狀態中。好幾世紀以來，在人口中佔少數地位的日耳曼奧地利人統治著一個擁有十多個民族的多語言帝國，把自己的語言和文化強加在它之上。但是從一八四八年以來，他們的控制地位就在削弱之中。他們不能同化少數民族。奧地利不是一個熔爐。十九世紀六〇年代，義大利人分裂了出去，一八六七年，匈牙利人在所謂雙重王室的制度下贏得了與日耳曼人平等的地位。現在，在二十世紀開始的時候，各個斯拉夫民族——捷克人、斯洛伐克人、塞爾維亞人、克羅埃西亞人等等——都要求有平等待遇並且至少要求民族自治。各民族間的激烈爭吵成了奧地利政治鬥爭的中心問題。

不僅如此，也還有社會動盪，而這往往掩蓋了民族衝突。沒有選舉權的下層階級要求享有選舉權，工人們堅決要求有權組織工會和舉行罷工——不僅是爲了要求增加工資和改善工作條件，也是爲了要實現他們的民主政治目標。後來事實也確是如此，在舉行一次總罷工後，成人都普遍享有了選舉權，而奧地利籍的日耳曼人在政治上的統治地位也因此告終，因爲他們在奧匈帝國奧地利這一半中只佔三分之一的人口。

對於這些情況，希特勒這個從林茨來的年輕狂熱的日耳曼—奧地利民族主義者是堅決反對的。在他看來，帝國正在陷到「危險的泥淖」中去。只有日耳曼人這個主宰種族恢復原來的絕對權威才能拯救。非日耳曼人，特別是斯拉夫人，而其中尤其是捷克人，都是劣等民族。必須要由日耳曼人用鐵腕來統治他們。議會必須廢除，所有民主的「胡鬧」必須結束。

雖然希特勒沒有參加政治，但他非常關心地注意著奧地利三大政黨的活動：社會民主黨、基督教民主黨、泛日耳曼民族黨。一種政治上的狡猾見識現在已開始在這個不修邊幅的施粥站常客的心中萌芽，使他能夠極其清晰地看到當代各個政黨的力量與弱點，而在成熟以後，使他成了操弄德國政治的高手。

他同社會民主黨一接觸後，就對該黨有了一種強烈的憎恨。「最使我憎惡的是」，他說：「它對維護日耳曼主義的鬥爭持敵對態度，它對斯拉夫『同志』不要臉地討好賣乖……在幾個月之內，我就得到了在其他情況下可能需要幾十年才能得到的東西：看透了一個假裝成社會美德和兄弟友愛化身的有毒妓女（《我的奮鬥》第二版以及以後各版刪去了「有毒妓女」，改用「毒病」這個名詞）。」[47]

但是他這時已經相當聰明，知道爲了要仔細研究社會民主黨在群眾中間得到成功的原因，必須抑制自己對這個工人階級政黨的反感。他最後認爲他們成功的原因有好幾個，他牢記了這些原因，後來並利用它們來建立德意志國家社會黨。

有一天——他在《我的奮鬥》中寫道——他看到維也納工人舉行群眾示威。「我屏息凝神地看著人群組成的巨龍慢慢地游過去，幾乎有兩小時之久。我最後離開那個地方漫步回家時，心中極感焦慮。」[48]

回家後他開始閱讀社會民主黨的報刊，分析該黨領導人的演講，研究它的組織，思考它的心理和政治手段，估計它的成績。他最後得出社會民主黨獲得成功的三個原因：他們知道如何建立一個群眾運動，任何政黨如果沒有群眾運動就一無用處；他們掌握了在群眾中進行宣傳的藝術；最後一點是，他們知道利用他所說的「精神上和肉體上恐怖」。

這第三個教訓引起了年輕希特勒的好奇心，雖然這肯定是以錯誤的觀察爲基礎的，其中摻雜他個人的大量偏見。十年以後他將充分利用它來實現自己的目標。

我瞭解這個運動——特別對資產階級——所造成的惡劣的精神恐怖，從思想上和心理上來說，資產階級都不是這種進攻的對手；信號一發，只要看來是最危險的敵人，它就以謊言和誹謗發動眞正的大攻擊，一直到被攻擊者的精神不能支持時爲止……這種策略所根據的是對一切人性弱點的精確估計，它的結果能導致必然的勝利，其必然程度幾乎同數學一樣精確……。

我同樣也瞭解肉體恐怖對個人和群眾的重要性……因爲在支持者中間，所取得的勝利似乎代表他們本身事業的正義性，而被擊敗的對手在大多數情況下都對繼續進行抵抗不存任何勝利的希望[49]。

關於希特勒日後要加以發展的納粹策略，再也沒有比這段話分析得更加精確的了。在維也納，有兩個政黨強烈地吸引著成長中的希特勒的注意，他對它們都應用了他正在提高中的狡猾而冷靜的分析能力。他說，他最初擁護由格奧爾格・里特・馮・舒納勒（Georg Ritter von Schönerer）建立的泛日耳曼民族黨，舒納勒也是希特勒老家下奧地利希皮塔耳附近一州的人。泛日耳曼黨當時正在爲日耳曼民族在這個多民族帝國中的統治地位進行最後的奮鬥。雖然希特勒認爲舒納勒是個「深刻的思想家」，而且熱情地擁護他的強烈民族主義、反猶主義、反社會主義、主張同德國合併、反對哈布斯堡王朝和教廷的基本綱領，但他很快就發現了該黨失敗的原因：

這個運動未能充分瞭解社會問題的重要性，使它失去了眞正有戰鬥性的人民群眾；它參加了議會，這就使它喪失了重要的推動力量，而沾上了議會所特有的一切弱點；反對天主教會……又使它喪失了我國民族足以自豪的無數最優秀的分子[50]。

希特勒在維也納時代得到了一個教訓，雖然他日後在德國取得政權時還是把它忘記了，可是他在《我的奮鬥》中竭力強調過，那就是，一個政黨要想反對教會是沒有用的。他在解釋舒納勒的「脫離羅馬」運動爲什麼是個策略錯誤時說：「不管一個宗教派別有多大值得批評的地方，一個政黨在任何時候都不應忽視這樣一個事實：在以往的全部歷史經驗中，一個純粹政治性的黨派要進行宗教改革是從來沒有成功過的。」[51]

不過在希特勒看來，泛日耳曼黨最嚴重的錯誤還是在於它未能喚起群眾，甚至未能瞭解普通人民的心理。從他重複說明他年紀剛過二十一歲就開始在心中出現的思想中，我們可以看到，在他看來，這是一個最嚴重的錯誤。他在建立自己的政治運動時不能犯這個錯誤。

泛日耳曼黨還有一個希特勒不想犯的錯誤。那就是它未能爭取到國內有勢力的、地位確立不移的機構當中至少某些機構的支持——如果不是教會的話，至少也是陸軍，或者內閣，或者國家元首。這個青年明白，除非得到這種支持，否則，任何政治運動都很難——如果不是不可能的話——取得政權。希特勒在一九三三年決定大局的一月裡狡猾地騙取到的，正是這種支持，而且也完全靠這種支持，他和他的國家社會黨才有可能接掌一個偉大國家的統治權。

在希特勒的維也納時代，只有一個政治領袖，除了瞭解在群眾基礎上建黨的必要性之外，也瞭解這一點。那個人就是維也納市長、基督教社會黨的領袖卡爾·呂格爾（Karl Lueger）博士，他成了希特勒的最有影響的政治導師，雖然兩人從來沒有碰過面。希特勒一直把他看成是「歷代最偉大的日耳曼市長……比所有當代所謂的『外交家』都更偉大的政治家……如果呂格爾博士當初活在德國，他就會置身於我國人民偉大的思想家之列」[52]。

呂格爾是維也納下層中產階級的偶像。當然，日後的希特勒同這個身材魁梧、性格率直、態度溫和的人很少有相似之處。不錯，呂格爾在心懷不滿的小資產階級中間進行活動，並且像希特勒後來那樣利用高漲的反猶情緒作爲政治資本，成了當時奧地利最有勢力的政客。但是出身低微、靠了半工半讀才讀到大學畢業的呂格爾，卻是一個在學識上有相當造詣的人。他的敵人，包括猶太人在內，都願意承認，他秉性高尚俠義、慷慨大度。當時在維也納成長的奧地利猶太作家史蒂芬·茨威格（Stefan

Zweig）也證明，呂格爾從來沒有由於他在公開場合的反猶態度而不肯幫助猶太人或者對他們態度不友好。茨威格追述說：「他的市政管理非常公正，甚至是民主的典型……在這個反猶政黨取得勝利的時候，讓曾經心驚膽戰的猶太人繼續過著一樣享有權利和受到尊重的日子。」[53]

這卻不是年輕的希特勒所喜歡的。他認爲呂格爾太大度了，不夠重視猶太人這個種族問題。他對於市長未能擁護泛日耳曼主義感到不滿，對於他的羅馬天主教教權主義和他忠於哈布斯堡王朝的態度是否得當感到懷疑。老皇帝法蘭茲—約瑟夫（Franz-Josef）不是兩次拒絕批准呂格爾當選爲市長嗎？

但是最後希特勒還是不得不承認這個人的天才。這個人知道怎樣贏得群眾的支持，瞭解現代社會問題和宣傳與口才在左右群眾時的重要性。對於呂格爾對付有勢力的教會的手腕，希特勒只有佩服的份兒——「他的政策訂得極其精明狡猾」。最後還有一點，呂格爾「善於利用一切現有手段來爭取地位已確立不移的機構的支持，從這些既有的權力爲他的運動取得最最有利的條件」[54]。

這一段話簡單扼要地總結了希特勒日後用來組織自己的政黨和引導它在德國取得政權的思想和手段。他的獨到之處在於他是右派政客中唯一一個把這種思想和手段應用於第一次世界大戰後的德國政局。就是在那個時候，納粹運動（在所有民族主義和保守政黨中就只有它）取得了廣泛的群眾擁護，在這以後，又取得了陸軍、共和國總統和大企業聯合會這三個有很大權力的「地位已確立不移的機構」的支持，終於取得了德國總理的職位。在維也納汲取的教訓，結果證明的確是很有用處的。

呂格爾博士是位傑出的演說家，泛日耳曼黨卻沒有善於辭令的演說家。希特勒注意到了這一點，在《我的奮鬥》中大大強調了演講術在政治中的重要作用：

在歷史上推動最偉大的宗教運動和政治運動的力量，從遠古時候起，一直是說話的神奇力量，而且也僅僅是說話的神奇力量。

只有靠說話的力量才能打動廣大的人民群眾。所有偉大的運動都是人民運動，都是迸發自激烈的熱情和感情，它們不是由殘酷的窮困女神就是由群眾語言的火把所觸發的；而不是像文藝評論或在聚餐後發表高見那樣平淡無力[55]。

年輕的希特勒雖然沒有實際參與奧地利的政治，但是已經開始在維也納的窮客棧、施粥站、街頭巷尾的聽眾面前練習他的演講術了。這種技巧後來發展成爲（筆者可以作證，我後來聽了希特勒好幾十次最重要的演講）一種在兩次大戰之間德國無人能望其項背的才能，而且對他的驚人成功起了很大的作用。

在希特勒在維也納的經歷中，最後一個方面是猶太人。他說，在林茨，猶太人很少。「在家鄉，我記不得在我父親活著的時候提起過這個字眼。」在中學裡，有一個猶太兒童——「但是我們對這件事很少去想它……我甚至把他們（猶太人）當作是日耳曼人。」[56]

但是根據希特勒童年時代友人的材料，這不是實際情況。奧古斯特・庫比席克回憶兩人一起在林茨的日子時說：「當我初次認識阿道夫・希特勒的時候，他的反猶情緒就已經表露出來了……希特勒去維也納的時候已經是一個堅定的反猶主義者。他在維也納的經驗可能加深了這種情緒，但是可以肯定不是產生這種情緒的原因。」[57]

「於是，」希特勒說，「我來到了維也納。」

我初到一地，種種新奇景象使我目不暇接……心中又想著自己命途多舛，因此未能深入瞭解這個龐大城市的人民中間的內部階層。儘管在當時維也納兩百萬居民中間幾乎有二十萬猶太人，我卻看不出猶太人來。在我看來，猶太人的特點仍舊是他們的宗教，因此，基於人類的相互容忍精神，在這個問題上同其他問題一樣，我仍舊反對宗教攻擊。因此，維也納反猶主義報紙的語調使我覺得有負一個偉大民族的文化傳統[58]。

有一次——希特勒記述道——他在內城漫步。「我突然遇到一個身穿黑色長袍、兩鬢留著黑色鬍子的怪物。我的第一個念頭就是：這是一個猶太人嗎？因爲，在林茨，猶太人不是這等模樣的。我偷偷地謹愼地看著那個人，但是我看著這張奇怪的臉龐越久，越是逐一研究它的每一特點，我的頭一個問題就越是具有一個新的形式：這是一個日耳曼人嗎？」[59]

希特勒的答案是很容易猜到的。雖然他說，在做出回答以前他決定「用書本來解決我的疑竇」。他埋首閱讀反猶書籍，當時這種書籍在維也納很有銷路。然後他到街頭去更加仔細地觀察「現象」。「我所到之處，」他說：「我都開始看出有猶太人，我看到的越多，他們在我眼中也就越明顯地同其他人有區別……後來我常常一聞到這種穿長袍的人的氣味，就感到心中作嘔。」[60]

接著他發現了「這一『上帝選民』的道德污點……任何放蕩淫穢的事情，特別是在文化生活方面，有連一個猶太人也不牽涉的嗎？如果你再小心地解剖這種膿瘡，你就會發現——像在腐爛的屍體中突然見到亮光而受驚的蛆蟲一樣——其中有一個猶太鬼！」根據他的觀察，賣淫和販賣婦女大部分是猶太人幹的。「當第一次，」他記述道：「我認識到猶太人在這個大城市中的渣滓堆裡進行這種令人噁心的罪惡交易時，知道他們幕後是心腸冷酷、恬不知恥、孜孜爲利的主使者時，我不免感到一陣寒噤。」[61]

希特勒關於猶太人的一些狂言亂語中，有很大病態性的心理成分。這也是當時維也納反猶主義報紙的特點，後來也成了紐倫堡黃色的《衝鋒隊員》（*Der Stuermer*）週刊的特點，這家週刊是由希特勒最得寵的助手之一尤利烏斯·施特萊歇爾（Julius Streicher）出版的，他是法蘭根地區的納粹頭子，一個著名的性變態者，也是第三帝國名聲最臭的人之一。《我的奮鬥》中不乏明白的暗示，提到粗野的猶太人誘姦天眞純潔的基督教女郎，從而玷污了她們的血統。希特勒居然寫到「可厭的曲腿猶太狗雜種誘姦數十萬女郎的可怕景象」。正如魯道夫·奧爾登所指出的，希特勒反猶主義的根源之一可能是他在性方面的壓抑與妒忌心理。雖然他年齡已經二十出頭，根據已知的材料，他在維也納時期從來沒有同女人發生過任何關係。

「慢慢地，」希特勒寫道：「我開始憎恨他們……對我來說，這是我不得不經歷的精神上最大的震盪。我不再是個優柔寡斷的世界主義者，而成了一個反猶主義者。」[62]

他至死都要成爲一個盲目狂熱的反猶主義者，他在臨死前幾小時寫的最後遺囑中還對猶太人做最後一次攻擊，說他所發動的戰爭是他們引起的，現在斷送了他和第三帝國。這種強烈的仇恨竟會影響到這麼多的德國人，最後導致了一場這麼可怕、規模這麼龐大的屠殺，在文明史上留下了一個極其醜惡的創痕；只要地球上還存在著人類，這一創痕就肯定會永遠存在。

一九一三年春天，希特勒離開了維也納，到德國去住，據他說，他的心過去一直嚮往著德國。他當時二十四歲，除了他自己以外，人人看來，他從各方面來說都失敗了。他沒有成爲畫家，也沒有當上建築師。人人都可以看出，他一事無成，只不過是個流浪漢——而且是個古怪的、有書呆子氣的流浪漢。他沒有朋友，沒有家庭，沒有工作，沒有居處。不過，他有一樣東西：對自己不可抑止的信心和深刻熾熱的使命感。

他離開奧地利也許是爲了要逃避軍役（一九一〇年他年滿二十一歲後，就該服軍役。據海登的說法，奧地利當局在他住在維也納的時候沒有能找到他。他們最後在慕尼黑找到了他，命他回林茨報到，進行體格檢查。約瑟夫．格雷納在《希特勒神話的結束》中刊載了希特勒和奧地利軍事當局的一些來往信件，希特勒在信件中否認他去德國是爲了要逃避奧地利軍役。他以缺少旅費爲由，要求讓他在距離慕尼黑較近的薩爾斯堡進行體格檢查。他於一九一四年二月五日在那裡進行了體格檢查，結果斷定由於健康不好而不適合服役，甚至連當後備軍人也不適合——顯然他當時還患著肺病。他在二十四歲的時候，才因爲當局找上他而不得不去軍事報到，這件事在他後來在德國開始走運的時候，一定使他感到很不安。格雷納證實了我在柏林的時候反納粹人士中間流傳極廣的一個傳說，即當德軍在一九三八年佔領奧地利時，希特勒命令祕密警察尋找有關他的兵役文件。在林茨的記錄沒有找到——這使希特勒非常惱火。這些文件被當地政府的一個人員轉移了，他後來在戰後給格雷納看了這些文件）。這不是因爲他是個膽小鬼，而是因爲他不願同猶太人、斯拉夫人以及帝國的其他少數民族一起在軍中服役。在《我的奮鬥》中，希特勒寫道，他在一九一二年春天到了慕尼黑。不過，這一點他弄錯了。警察局登記冊中載明，他在維也納一直待到一九一三年五月。

他自己說的離開奧地利的原因是相當誇張的：

我對哈布斯堡國家的內心憎惡越來越強烈了……我在首都看到的民族雜居現象，捷克人、波蘭人、匈牙利人、魯塞尼亞人、塞爾維亞人、克羅埃西亞人的大混雜，還有到處像蘑菇一樣生長的猶太人——猶太人，沒完沒了的猶太人，都使我感到憎厭。這個大城市使我覺得是人種退化的象徵……我在這個城市待得越久，我越是憎厭異族混雜，因爲這種混雜已經開始腐蝕這一日耳曼文化的古址……爲了上述種種原因，我越來越渴望到我童年時代就暗暗想望和熱愛的地方去[63]。

他後來在那個他這樣熱愛的國家裡的命運是他當時無論如何也想像不到的。他當時從法律上來說還是僑居德國境內的一個外國人，一個奧地利人，這種情況一直保持到他擔任總理前不久。要瞭解希特勒，就必須把他當作一個奧地利人，這個奧地利人在哈布斯堡帝國崩潰之前的最後十年中才成年，他沒有在這個帝國的文明首都紮下根，他懷有當時講德語的極端分子中間極爲流行的一切荒謬偏見和憎恨，他不能瞭解他極大多數同胞的正直、誠實、可敬的品格，不論他們是捷克人，還是猶太人，還是日耳曼人，不論他們是窮人，還是富人，不論他們是藝術家，還是手藝工人。我們會懷疑，是否會有一個來自北方，或者來自西方的萊茵地區，或者東方的東普魯士，或者甚至南方的巴伐利亞的德國人，由於個人的某些經歷，也會在自己的血液和思想中具有某些成分，達到如希特勒最後的成就高峰。當然，除此之外，希特勒還有不少的不可預測的天才成分。

但是在一九一三年春季的時候，他的天才還沒有顯露出來。在慕尼黑，同在維也納一樣，他仍舊囊空如洗，舉目無親，也沒有正式職業。接著一九一四年夏天爆發了戰爭，把他像千百萬其他人一樣捲了進去。八月三日，他上書巴伐利亞國王路德維希三世，申請志願參加巴伐利亞步兵團，結果獲准。

這是個天賜良機。現在這個年輕的流浪漢不僅能夠在一場生死存亡的鬥爭中爲他所熱愛的第二祖國服務，而且也能夠逃避他個人生活中的一切失意和煩惱了。

「對我來說，」他在《我的奮鬥》中寫道：「這彷彿是把我從年輕時代壓在我身上的窮困中拯救出來。我很坦率地承認，在熱情衝動之下，我跪了下來，衷心感謝上天賜給我這個能夠活在這樣一個時代的幸福機會……對我來說，對所有德國人來說都是一樣，現在我生命中最值得紀念的時期開始了。同這場巨大的鬥爭相形之下，過去的一切都成了過眼煙雲了。」[64]

對希特勒來說，過去的一切——貧困、寂寞和失意——都要退居到次要地位，雖然以後還是永遠影響著他的思想和性格。現在，將要爲千百萬人帶來死亡的戰爭，卻爲這個二十五歲的青年帶來了生命中新的一頁。

第二章　納粹黨的誕生

一九一八年十一月十日，一個陰暗的秋天的星期日，出於深刻的仇恨和失望，希特勒遇到了他稱之爲本世紀最卑劣的事情（《我的奮鬥》德文第一版用的是這個字眼，但以後各版改爲「革命」）。一個牧師到柏林東北波美拉尼亞小鎮帕澤瓦爾克（Pasewalk）軍事醫院來對傷兵宣布一個簡直令人不能相信的消息。希特勒當時正在那個醫院休養，他一個月以前在伊普萊斯（Ypres）中了英國毒氣，雙目暫時失明。

那個牧師告訴他們，那個星期日上午德皇已經退位，逃到荷蘭去了。在那天前一天，柏林已經宣布成立共和國。次日，十一月十一日，將在法國的貢比涅（Compiégne）簽訂停戰協定。戰爭已經打敗了。德國要聽任勝利的協約國擺布。那個牧師說著說著就哽咽起來。

「我忍不下去了，」希特勒追述當時的情景說：「我的眼前突然又是一片昏黑；我跌跌撞撞地摸索著回到病房，投身到床上，把發燒的腦袋埋在毯子和枕頭下……這樣，一切都白費了。一切犧牲和困苦都白費了……我們儘管心中懷著死亡的恐懼，還是盡了我們的天職，但是這樣的時刻都白費了；兩百萬陣亡烈士的犧牲也白費了……但是他們是爲了這樣的結局才犧牲的嗎？……我們經受這種種遭遇，難道只是爲了讓一幫卑鄙的罪犯能夠欺淩我們的祖國嗎？」[1]

自從他站在他母親墓邊以來，他第一次——據他自己說——痛哭失聲。「我禁不住哭了。」像當時和以後的千百萬同胞一樣，他不能接受這個鐵一般無情的事實：德國在戰場上已經戰敗，打輸了這場戰爭。

也像其他千百萬德國人一樣，希特勒是個勇敢無畏的士兵。後來有些政治敵人攻擊他在戰鬥中表現膽怯，但是應該說句公道話，在他的記錄中沒有一絲一毫證據，可以證明這種攻擊是有根據的。他經過了不到三個月的訓練後，於一九一四年十月底到達前線，擔任巴伐利亞後備步兵第十六團第一營的傳令兵。第一次伊普萊斯戰役，英軍阻住了德軍向英吉利海峽方面的挺進。就在這次戰役的四天激戰中，希特勒所屬的部隊傷亡慘重。希特勒寫信給他在慕尼黑的房東，一個名叫波普的裁縫，信中提到他的團原先有三千五百人，但在四天激戰後只剩下六百人了，軍官只剩下三十名，四個連的番號不得不撤銷。

在戰爭中他一共受傷兩次，一次是一九一六年十月七日在索姆（Somme）戰役中腿部受傷。在德國醫療復原後，他於一九一七年三月回到以該團原來團長的名字命名的李斯特團，這時他已被提升爲下士，同年夏天參加了阿拉斯（Arras）戰役和第三次伊普萊斯戰役。在一九一八年春、夏德軍最後一次全面攻勢中，他那一團處在戰鬥最激烈的地方。在最後一次伊普萊斯戰役中，在十月十三日的晚上，英軍向瓦爾維克（Werwick）以南的一個小山頭大放毒氣，他當時中了毒氣。「我跌跌撞撞地回來，眼睛感到火辣辣的一陣痛，」他敘述道：「身邊帶著我所傳遞的最後一份戰況報告。幾小時後，我的眼睛燒得像通紅的煤塊一樣；周圍一片漆黑。」[2]

他因爲作戰英勇曾兩次受獎。一九一四年十二月他得了一枚二級鐵十字獎章，一九一八年八月又得了一枚一級鐵十字獎章，在前帝國軍隊中，後一種獎章是很少授予普通士兵的。同他在一個團裡的一個戰友說，他得到這個令人羨慕的獎章是因爲他隻身俘獲了十五名英軍；還有一個戰友說是法軍。李斯特團正式團史中並沒有提到任何這樣的功勳，它對於許多獲得獎章成員的個人功績都沒有提到。不論原因是什麼，有一點是毫無疑問的，那就是希特勒下士獲得了一枚一級鐵十字獎章。他一直自豪地佩著這枚獎章，直到臨死。

然而，作爲士兵來看，他仍是個奇怪的傢伙，不只一個戰友這麼說。不像別的士兵，他從來沒有後方寄來的信件和禮物。他從來不要求休假，甚至連一般戰士對女人的興趣也沒有。對於前線的骯髒、蝨子、泥濘、惡臭，他從來不抱怨訴苦，而最勇敢的軍人對這些也難免有怨言的。他是個熱情的戰士，對於戰爭的目的和德國的使命始終極其認眞。

「我們都咒罵他，覺得不能容忍他，」他所屬那個連中一個士兵後來追憶說：「當我們都詛咒戰爭的時候，我們中間就有這個白烏鴉不同意我們的咒罵。」[3]另外一個人說：「他坐在我們食堂的角落裡，雙手抱頭，默默沉思。他會突然跳起來，興奮地走來走去，說我們儘管有大炮，還是得不到勝利，因爲德國人民的無形敵人比敵人最大的大炮還要危險。」[4]接著他就會對這些「無形敵人」猶太人和馬克思主義者進行一場狠毒的攻擊。他不是在維也納知道了他們是萬惡之源嗎？

的確，當他在戰爭中途養腿傷的時候，不是親眼在德國本國看到過這一點嗎？他在柏林附近的皮立茨（Beelitz）傷癒出院後，曾到首都去觀光，然後又去慕尼黑。他到處都看到「惡棍無賴」詛咒戰爭，希望戰爭早些結束。怠工的人遍地皆是，除了猶太人之外還有誰？他發現「辦公室裡猶太人充斥。幾乎每一個辦事員都是猶太人，每一個猶太人都成了辦事員……在一九一六至一九一七年間，幾乎全部生產工作都是在猶太人的財政控制之下……猶太人掠奪了整個國家，把它置於自己的統治之下……我懷著恐懼的心情眼看著災禍臨頭……。」[5]他看到的情況，使他不能忍受，據他說，他對又回到前線感到很高興。

一九一八年十一月他心愛的祖國所遭到的災難，使他更加不能忍受。在他看來，正如在幾乎所有德國人看來一樣，這場災難是「極其荒謬」的和平白無故的。德軍並沒有在戰場上被打敗。它是背後中了國內賣國賊的暗箭。

這樣，希特勒和許多德國人一樣，對於「背後中了暗箭」的傳說，慢慢形成了一種執迷不悟的信仰。這一傳說日後在破壞威瑪共和國和爲希特勒的最後勝利鋪平道路方面，比任何其他事情都起了更大的作用。這一傳說純屬子虛。總司令部實際首腦魯登道夫（Erich Ludendorff）將軍在一九一八年九月二十八日堅決主張立即停火，他名義上的上級陸軍元帥興登堡陸軍支持他的主張。十月二日在柏林由德皇威廉二世主持的御前會議上，興登堡重申總司令部關於立即停火的要求。他說：「軍隊不能再等待四十八小時。」興登堡在同日寫的一封信中斷然聲稱，軍事形勢要求「立即停止戰鬥」。信中根本沒有提到「背後中了暗箭」。這位德國偉大的戰爭英雄表示相信這個神話是後來的事。在戰爭結束一年後，一九一九年十一月十八日在國民議會調查委員會的一次調查會上，興登堡宣稱：「一位英國將軍說得很不錯，德軍是『背後中了暗箭』。」（把這一說法歸諸一位英國將軍之口是一點也不符合事實的。惠勒—班奈特（John Wheeler-Bennett）在《木製巨人興登堡》（*Wooden Titan: Hindenburg*）一書中解釋說，巧的是，有兩位英國將軍的確無意中做了使得這個沒有根據的傳說繼續流傳的事情。一位是少將莫里斯〔Frederick Maurice〕爵士，他在一九一九年出版的《最後四個月》（*The Last Four Months*）一書在德國報紙上被書評家大大地訛傳了，竟被用來證明德軍是在國內被社會黨出賣的，而不是在戰場上戰敗的。這位將軍否認德國報紙的這種理解，但是沒有什麼效果。魯登道夫利用了這些書評去說服興登堡。惠勒—班奈特說，還有一位軍官是英國駐柏林軍事使團團長馬爾科姆（Malcolm）少將。魯登道夫有一天晚上同這位將軍一起吃飯，像往常一樣，他又用誇張的口氣談到總司令部總是得不到政府的支持，談到革命出賣了軍隊。為了要用一句話來弄明白魯登道夫囉囉唆唆的話的意義，馬爾科姆問道：「將軍，你是不是說你們在背後中了暗箭？」魯登道夫眼睛一亮，像一隻餓狗撲向一塊骨頭一樣抓住了這句話。「背後中了暗箭？」他重複說：「不錯，正是這樣。我們是背後中了暗箭。」）事實上，巴登親王馬克斯（Max von Baden）領導的政府之所以不顧魯登道夫的停戰要求，堅持了好幾個星期之久，是因為在九月底以前，總司令部一直沒有把惡化中的軍事形勢告訴給政府。

只有在兩次大戰之間在德國待過的人才知道德國人民普遍相信這個令人不能置信的傳說。能夠戳破這一傳說的事實遍地皆是，但是右派的德國人不願正視這些事實。他們從來沒有停止叫喊過有罪過的是「十一月罪人」——這是希特勒深深地打入人民心坎中的一個稱呼。他們忽視的事實是，德國軍方狡猾地、卑怯地誘使共和國政府簽訂停戰協定，後來又勸告政府接受凡爾賽和約。此外，社會民主黨在一九一八年接掌政權是十分勉強的，而且完全是為了要保全國家，使它不至於陷入勢將導致布爾什維克主義的混亂狀態。人民不僅沒看清這些事實，也不瞭解德國的崩潰不是社會民主黨的過錯。責任完全在於掌握政權的舊秩序（只有少數將軍有足夠勇氣這麼說。一九二四年八月二十三日《法蘭克福日報》刊載了舒那赫〔Freiherr von Schoenaich〕將軍的一篇文章，分析了德國戰敗的原因。他做出了不可避免的結論：「我國毀滅的原因是由於我國軍事當局的地位超越行政當局的地位……事實上，這是德國軍國主義自尋死路。」特爾福德・泰勒〔Telford Taylor〕曾在《劍與萬字》〔*Sword and Swastika*〕一書第十六頁引用過這段話），但是千百萬德國人都不願承認這一點。他們要爲戰敗、爲他們的恥辱和悲慘處境尋找替罪羊。他們很容易使自己相信，替罪羊就是簽訂了投降協定和建立民主政府並廢除原來專制政體的「十一月罪人」。德國人容易受騙是希特勒在《我的奮鬥》中常常講到的一個題目。他不久就要充分利用這一點。

一九一八年十一月十日那天晚上，那位牧師離開帕澤瓦爾克以後，希特勒「接著過著可怕的日子，甚至更加可怕的夜晚」。「我知道，」他說：「一切都完了。只有傻子、騙子、罪人才希望敵人能發慈悲。在這些夜晚，我的心中滋長了仇恨，痛恨那些幹出這件事來的人……卑鄙墮落的罪人！我越是想在這個時刻弄清楚這件荒謬的事情，我越是感到憤慨和羞辱。同這種悲慘境遇比較起來，我的眼痛算得了什麼呢？」

於是，「我終於看清了我自己的前途。我決定投身政治」[6]。

結果證明，不僅對希特勒，而且對整個世界，這都是一個命運攸關的決定。

納粹黨的發端

這個年方三十的奧地利人，無親無故，無產無業，既無一技之長，也從無正常職業，在政治方面更無任何經驗，他要在德國謀政治方面的發展，前途是一點也不光明的。在開始的時候，有一個短短的時期，希特勒也明白這一點。「好多天以來，」他說，「我一直在考慮應該怎麼辦，每次考慮結果總是清醒地認識到，像我這樣一個無名之輩，要採取任何有益的行動，連最起碼的基礎也不具備。」[7]

他在一九一八年十一月底回到慕尼黑，發現這個寄寓的城市幾乎面目全非了。這裡也發生了革命，威特斯巴赫（Wittelsbach）家族的國王也已經退位。巴伐利亞現在落在社會民主黨的手中，他們成立了一個巴伐利亞「人民國」，以庫特．艾斯納（Kurt Eisner）爲首，他是生於柏林的一位通俗的猶太作家。艾斯納在慕尼黑是個家喻戶曉的人物，長著一臉灰白色的大鬍子，戴著夾鼻眼鏡，頭上是一頂黑色的大帽子，個子卻特別矮小。他在十一月七日那天帶領了幾百個人，大搖大擺地經過街頭，不發一槍就佔領了議會和政府的所在地，宣布成立共和國。三個月後他被一個年輕的右派軍官阿爾科－凡雷（Anton Arco-Valley）伯爵所暗殺。工人們於是成立了一個蘇維埃共和國，但是壽命不長。一九一九年五月一日，柏林派來的正規軍和巴伐利亞「自由團」（Freikorps）義勇軍開進了慕尼黑，推翻了共產黨政權。爲了報復蘇維埃槍殺十幾名人質，他們屠殺了好幾百人，其中也有許多非共產黨人。雖然在名義上暫時恢復了一個以約翰內斯．霍夫曼（Johannes Hoffmann）爲首的溫和社會民主黨政府，巴伐利亞政治中的眞正權力已轉入右派之手。

在這個混亂的時候，巴伐利亞右派是哪些人？他們是正規國防軍；他們是希望威特斯巴赫王室復辟的保皇派。他們是一批看不起柏林民主共和國的保守派。而隨著時間的推移，他們的成員也逐漸起了變化，主要成員是爲數眾多的一批退伍軍人，他們的世界在一九一八年發生了天翻地覆的變化；也是那些無處紮根的人，他們找不到工作，也找不到路回到他們在一九一四年離開的那種和平社會；也是那些在戰爭中變得心腸狠辣、性格粗暴的人，他們擺脫不了這種根深蒂固的惡習，像希特勒（他曾經也是他們之中的一員）後來說的那樣，他們「變成了爲革命而革命的革命派，希望革命成爲一種永久存在的狀態」。

武裝的自由團在德國各地紛紛建立，由國防軍祕密提供裝備。起初他們只是被指派去東部邊境解決紛爭，同波蘭人和波羅的海一帶的人毆鬥，但是不久就開始支持推翻共和政體的陰謀了。一九二〇年三月，自由團中一個聲名狼藉的無賴叫埃爾哈特上尉（Ehrhardt），率領他的旅佔領了柏林，讓一個極右派的庸碌無能政客沃夫岡・卡普博士（Wolfgang Kapp，一八六八年七月二十四日生於紐約）擔任總理。正規軍在塞克特（Hans von Seeckt）將軍率領下按兵不動，共和國總統和政府則倉皇逃向西德。只有靠各工會舉行一次總罷工，才恢復了共和政府。

與此同時，在慕尼黑舉行的另外一種軍事政變卻比較成功。一九二〇年三月十四日，國防軍推翻了霍夫曼的社會黨政府，成立了一個以古斯塔夫・馮・卡爾（Gustav von Kahr）爲首的右翼政權。現在這個巴伐利亞首府已經成了德國國內的反對勢力中心，那些決意要推翻共和國、建立一個極權主義的政體的人，或是否認凡爾賽和約束縛的人，都在這裡聚集。在這裡，自由團的雇傭兵，包括埃爾哈特旅的成員，得到了庇護和受到了歡迎。在這裡，魯登道夫將軍同一批其他心懷不滿的退伍軍官定居下來（戰爭結束時，魯登道夫裝了假鬍子，戴了黑眼鏡，逃到瑞典。他於一九一九年二月回德國，寫信給他妻子說：「革命派讓我們都活了下來，這眞是愚蠢之極。因爲，如果我一旦再掌權的話，就會毫不寬恕。那時我要把艾伯特〔Friedrich Ebert〕、賽德曼〔Philipp Scheidemann〕等一夥絞死，看他們的屍體掛在空中搖晃，心中毫無內疚。」見瑪格麗特・魯登道夫：《當我是魯登道夫的夫人時》〔*Als ich Ludenforffs Frau war*〕，頁二二九。艾伯特是威瑪共和國的第一任總統，賽德曼是第一任總理。魯登道夫雖然位居興登堡之下，在最後兩年戰爭中卻是德國的實際獨裁者）。在這裡，策動了多次政治暗殺，其中包括對埃爾茲伯格（Matthias Erzberger）和拉特瑙（Walther Rathenau）的暗殺。埃爾茲伯格是個溫和派的天主教政治家，他有勇氣在將軍們打退堂鼓的時候出來簽訂停戰協定；拉特瑙是當時才華出眾、頗有學識的外交部長，極端派痛恨他，因爲他是個猶太人，同時因爲他執行了全國政府的政策，設法至少履行凡爾賽和約中一部分條款。

就是在慕尼黑的肥沃土壤上，希特勒開始了他的活動。

當他在一九一八年十一月底回到慕尼黑時，他發現他所屬的那一個營處在「士兵委員會」的掌握中。這種情況使他十分反感，於是他決定「立刻儘快離開」。這年冬天他在奧地利邊境附近的特勞恩施坦因（Traunstein）的一個戰俘營擔任警衛，次年春天又回到慕尼黑。他在《我的奮鬥》中談到，他招惹了左翼政府的「不滿」，完全靠卡賓槍對準三個來捉他的「惡棍」才免於被捕。在共產黨政權被推翻後不久，希特勒立刻開始他所謂的「第一次多少有點政治性質的活動」。這就是向第二步兵團調查委員會提供情報，這個調查委員會的成立，是要追究爲何慕尼黑會出現爲時短暫的蘇維埃政權。

顯然，希特勒在這件事上出的力是被認爲有價値的，因此陸軍繼續雇用他，派他在當地軍區司令部政治部新聞局工作。德國陸軍一反過去傳統，現在熱衷於政治，特別是在巴伐利亞，它在那裡終於建立了一個合乎自己口味的政府。爲了要擴大它的保守勢力，它給士兵開了「政治訓練」班，希特勒也參加了，而且是一個注意聽講的學員。據他自己的描述，有一天，在聽講時，有人爲猶太人說了一句好話，他就忍不住插嘴進去。他的反猶宏論顯然使他的上級軍官聽了很高興，他不久就被派到慕尼黑一個團裡擔任教官。其主要任務就是同危險的思想——和平主義、社會主義、民主主義鬥爭；在陸軍的任務分配中，教官就是要協助其效忠的民主共和國進行思想鬥爭。

對希特勒說來，這是一個重要的轉機，在他想進入的政治領域中，這是他第一次得到承認。特別是，這給了他一個機會來試驗和鍛鍊他的演講本領——正如他一向所認爲的那樣，這是要當一個成功的政治家必須具備的第一個先決條件。他說：「一下子，我得到了在大庭廣眾說話的機會，過去我完全無意識地靠直覺而認爲具有的東西，現在得到了證實，那就是：我是能夠『演講』的。」這個發現使他非常高興，雖然這件事並不特別奇怪。他過去一直擔心他的嗓子可能由於在前線中了毒氣而永遠給毀了，現在他發現已經復原，足以使「至少在一個班的小房間裡每個角落」都能夠聽到[8]。這一才能日後使他很輕易地成爲德國最富於口才的演說家。他在電臺上演講時，幾乎有一種神奇的力量使他的聲音能左右千百萬聽眾。

一九一九年九月的某一天，希特勒接到陸軍政治部的一項命令，要他調查一下慕尼黑一個自稱「德意志工人黨」（Deutsche Arbeiterpartei, DAP）的小小政治團體。軍方對工人政黨一直都很疑忌，因爲這些政黨都是由社會黨和共產黨控制的，但是這個政黨卻被認爲可能有所不同。希特勒說，他「完全不知道」這個政黨。但是在他要調查的該黨會議上預定要發言的一個人，卻是他所認識的。

原來在幾個星期以前，他在陸軍訓練班上聽到戈特弗萊德·費德爾（Gottfried Feder）的一次講課。費德爾是個土木工程師，經濟學方面的怪人，他堅決相信，除了「創造性」和「生產性」的資本之外，還有一種「投機性」的資本，這種「投機性」資本就是德國大多數經濟問題的原因。他主張禁止這種資本。一九一七年，他組織了一個團體來實現這個目標，這個團體的名稱叫做「德國打破利息奴役制度戰鬥聯盟」。經濟學一竅不通的希特勒聽了費德爾的演講後很受影響。他認爲費德爾「打破利息奴役制度」的要求是「建立一個新政黨的基本先決條件」之一。他說，在費德爾的演講中，「我感到有一個可以用於這場未來鬥爭的有力口號」[9]。

但是在開始的時候，他並沒有感覺到德意志工人黨有什麼重要意義。他去參加該黨集會是奉命而去的。這次集會參加的一共只有二十五人，地點是在施端納克伯勞（Sterneckerbäu）啤酒館的一間陰暗房間裡。希特勒從開始一直坐到散場，覺得會議開得很沉悶，一點也沒有什麼好印象。他說，這是「一個與其他許多新組織沒有什麼不同的新組織，當時的時代是這樣一個時代：任何人都對現狀不滿，都覺得有必要組織一個新黨。這種新組織遍地皆是，過不了很久又無聲無息地消失了。我覺得德意志工人黨沒有什麼不同。」[10]在費德爾發言結束後，希特勒正要離開時，一個「教授」站了起來，反駁費德爾的論點，並且建議巴伐利亞同普魯士脫離關係，另外同奧地利組織一個南德意志國家。這在當時的維也納是個很流行的主張，但是它卻引起了希特勒的狂怒，據他後來自己說，此事使他站起身來對這位「有學問的先生」加以一番痛斥。話顯然說得十分尖銳，據希特勒說，那位教授「像隻落水狗般」夾著尾巴溜走了，而其餘的聽眾則「目瞪口呆地」看著這個無名小子。有一個人——據希特勒說當時沒有聽清他的姓名——在後面追上來，把一本小冊子塞在他手裡。

這個人是安東・德萊克斯勒（Anton Drexler），鎖匠出身，他可以說是國家社會主義的眞正奠基人。德萊克斯勒是個面有病容，目戴眼鏡的人，沒有受過正式教育，能夠獨立思考，但是頭腦偏狹，思想混亂，文章固然寫得不好，演講更是糟糕，他當時在慕尼黑鐵路工廠工作。一九一八年三月七日他組織了一個「獨立工人委員會」同自由工會中的馬克思主義者對抗，鼓吹爲德國爭取「公正的」和平。實際上，這是在北德建立的「工人階級路線促進和平協會」這個運動的一個分支機構（一直到一九三三年德國都有不少這種名字起得十分堂皇的壓力團體）。

德萊克斯勒所拉到的會員從來沒有超出四十個。一九一九年一月，他的委員會同一個叫做「政治工人集團」差不多的團體合併，後者原來是由一個名叫卡爾・哈勒（Karl Harrer）的報社記者領導的。新組織的成員不到一百個，名叫德意志工人黨，由哈勒擔任第一任主席。希特勒在《我的奮鬥》中很少提到他後來無聲無息的早期同志，但是卻恭維哈勒是個「正直的」和「確實很有教養的」人，不過對於他缺乏「演講天才」表示惋惜。也許哈勒之所以有此一筆帶過的光榮，主要是因爲他頑固地認爲希特勒演講拙劣，這種看法使這個納粹領袖一直很惱火，他在自傳中一點也沒有隱諱這一點。無論如何，德萊克斯勒似乎是這個規模很小、默默無聞的德意志工人黨的主要動力。

第二天早上，希特勒仔細閱讀了德萊克斯勒塞在他手中的小冊子。他把當時情況詳細地寫入了《我的奮鬥》。當時是清晨五時，希特勒醒了，按照他所說的習慣，躺在第二步兵團營房裡的床鋪上，看著老鼠啃噬他總是在前一天晚上撒在地上的麵包屑。「我一生嘗夠了貧困的滋味，」他沉思道：「因此我很能夠想像小生物的饑餓和快樂。」他記起了那本小冊子，就取出來閱讀。小冊子的書名叫《我的政治覺悟》。叫希特勒驚異的是，它反映了他本人在過去幾年中確立起來的很多思想。德萊克斯勒的主要目標是建立一個要以工人階級群眾爲基礎的政黨，但與社會民主黨不同之處，在於要保持強烈的民族主義。德萊克斯勒曾經參加過愛國主義的祖國陣線，但是不久就對它那似乎與群眾毫無聯繫的中產階級傾向感到幻滅。我們前面已經說過，在維也納的時候，希特勒也爲了同樣的原因瞧不起資產階級——他們完全不關心工人階級家庭和他們的社會問題。因此，德萊克斯勒的主張肯定引起了他的興趣。

那一天，希特勒後來又驚異地接到一張明信片，通知他，他已被接受參加了德意志工人黨。「我眞覺得又好氣又好笑，」他後來回憶說：「我絲毫無意參加一個現成的政黨，我要自己組織一個。他們對我的要求未免太自作主張了，根本不能考慮。」[11]他正要這麼回信時，但是「好奇心又佔了上風」，他決定去參加他們邀請他出席的委員會會議，親自說明他不參加「這個荒唐可笑的小團體」的原因。

> 舉行會議的酒館是一家開設在赫倫街、名叫老羅森巴德的下等酒店……我穿過燈光陰暗、闃無一人的餐廳，打開門到後面的一間屋子裡，同委員會打了一個照面。在一盞昏暗的煤氣燈下，圍著桌子坐著四個青年，其中就有小冊子的作者，他一見我進去就馬上非常高興地招呼我，歡迎我這個德意志工人黨新黨員。
>
> 說眞的，我非常吃驚。他們先讀了上次會議的記錄，對祕書投了信任票。接著財務進行帳目報告——這個組織一共只有七馬克五十芬尼的經費——也對財務投了信任票。這也記入了會議記錄。接著第一主席讀了給基爾、杜塞爾多夫和柏林的來信的答覆，人人都表示同意。接著是就收到的來信做了一個報告……。
>
> 討厭啊，討厭！這是最糟糕不過的俱樂部生活！難道我要參加這個組織嗎[12]？

但是坐在這間燈光昏暗後室裡的這些小人物身上卻有什麼東西吸引住他：那就是「渴望組織新的運動，成立一個不僅僅是通常意義的政黨」。那天晚上，他回到營房：「考慮我一生中最難回答的問題：我是否應該參加？」他承認，理智告訴他要推辭。但是……正因爲這個組織無足輕重，一個有精力和思想的青年人就有機會「進行眞正個人的活動」。希特勒再三思考他能夠「給這個任務」幹些什麼。

我一文不名，沒有收入，這一點在我看來倒是最可以忍受的，而比較困難的則是，我是個無名之輩，僥倖活著或者死去，連最近的鄰人也不會加以注意。此外，還有由於我缺乏教育而必然引起的困難。經過了兩天傷盡腦筋的思考以後，我終於決定我必須採取這一步驟。這是我一生中最有決定意義的一個決定。跨出了這一步以後，就再也沒有退路，也不可能有退路了[13]。

希特勒就這樣成了德意志工人黨委員會的第七名委員。

這個微不足道的政黨有兩個成員值得在這裡一提。他們日後證明對希特勒的崛起是很重要的。在慕尼黑陸軍第七軍區參謀部工作的恩斯特・羅姆（Ernst Röhm）上尉在希特勒之前參加了這個黨。他是一個體格魁梧的職業軍人，脖子粗壯像頭公牛，眼睛細小像隻肥豬，臉上疤痕斑斑，上半截鼻子在一九一四年給子彈打掉了。他生性愛好政治，有天賦組織能力。像希特勒一樣，他對民主共和國和他認爲應該對之負責的「十一月罪人」懷有強烈的憎恨。他的目標是重建一個強大的民族主義德國，他同希特勒一樣認爲只有靠一個以下層階級爲基礎的政黨才能做到這一點，而且不像大多數正規軍官，他本人就是來自這個階級。他是一個狠毒、無情、猛幹的人，不過也像許多早期納粹黨人一樣，是個男同性戀。他參與建立了第一批納粹打手，後來擴建成爲衝鋒隊（Sturmabteilung, SA），並由他領導，直到一九三四年他被希特勒處決爲止。羅姆不僅給這個新黨帶來了大批退伍軍人和自由團義勇軍，成了該黨初期的骨幹，而且由於他是控制著巴伐利亞陸軍的一名軍官，也爲希特勒和他的運動取得了當局的保護，有時甚至是支持。沒有這種幫助，希特勒要想煽動人民推翻共和國，也許是永遠不可能開展的。可以肯定，沒有巴伐利亞政府和警察的容忍，他是不可能安然無事地採取他的恐怖和恫嚇手段。

狄特里希・埃卡特（Dietrich Eckart）比希特勒大二十一歲，常常被稱爲是國家社會主義精神上的奠基人。他是一個機智的新聞記者，同時又是一個平庸的詩人和劇作家。他翻譯過易卜生的《皮爾金》（*Peer Gynt*），寫過一些從未上演過的劇本。在柏林，他曾經像希特勒在維也納一樣，過了一陣子波希米亞式的流浪生活，成了一個酒鬼，吸過嗎啡，據海登的材料，還進過精神病院，在那裡，他才總算能把自己的劇本上演，讓病人來當演員。他在戰爭結束時回到故鄉巴伐利亞，在慕尼黑藝術家雲集的施瓦伯林區（Schwabling）的伯倫納賽爾酒館裡，在一群欽慕者前面，宣傳亞利安人的優越性，主張消滅猶太人，推翻柏林的「豬玀」。

「我們需要一個頭子，」當時在慕尼黑工作的新聞記者海登引述埃卡特一九一九年對伯倫納賽爾酒館的常客們所發表的演說：「他要能夠吃得消機槍的聲音。群眾是需要嚇一嚇的。我們不能用軍官，因爲大家現在不再尊重他們了。最好是一個能說會道的工人……他不需要什麼腦筋……他必須是個單身漢，這樣我們就能吸引婦女。」[14]

這個酗酒的詩人（埃卡特於一九二三年十二月由於飲酒過度而死）在希特勒身上發現了他一直在尋找的人。難道還有比這更自然的事情嗎？他在德意志工人黨內成了這個新起年輕人的親密顧問，借書給他閱讀，幫助他提高他的德文——文字的和口頭的——把他介紹給自己的廣大朋友，其中不僅有願意出錢捐助該黨經費和維持希特勒生活的闊佬，而且有像魯道夫・赫斯（Rudolf Hess）和阿爾弗雷德・羅森堡（Alfred Rosenberg）這樣的未來助手。希特勒對埃卡特的仰慕之情一直沒有減退過，《我的奮鬥》中最後一句話就是表示對這位古怪的導師的感激：他是——希特勒在該書的結尾中說——「最優秀的人，在他的著作中，在他的思想中，最後在他的行動中，一生致力於喚起我國人民。」[15]

創建國家社會黨的人就是這麼一批無奇不有的失常怪物，他們自己也不知道他們著手開展的運動，在十三年內將席捲歐洲最強大的國家而且爲德國建立第三帝國。思想混亂的鎖匠德萊克斯勒提供了一個核心，酗酒詩人埃卡特提供了一部分「精神上的」基礎，經濟學怪人費德爾提供了可以算是意識形態的東西，有同性戀傾向的羅姆提供了陸軍和退伍軍人的支持，至於將一個原來不過是酒館小房間裡的辯論會的組織成爲一個勢力強大的政黨，這項工作的領導責任現在就落在這個年紀不滿三十一歲、以前完全默默無聞的流浪漢希特勒的身上了。

自從在維也納挨餓的日子以來，在他心中沸騰的各種思想現在都找到了一個發洩的出路，迄今爲止他性格上一直看不出來的精力現在開始迸發出來了。他促使原來是縮手縮腳的委員會開始組織規模較大的集會。他親手用打字機製作請帖，也親自發請帖。後來他說起，有一次，他發出了八十份請帖以後：「我們坐著等待客人們來臨。一個小時後，『主席』不得不宣布『開會』。一共仍舊只有七個人，我們自己的七個人。」[16]但是他並不氣餒。他油印更多的請帖，並籌到了一些錢在本地報紙上刊登開會通知。他說：「這次成功簡直是驚人的。出席的有一百一十一個人。」原來預定希特勒在一位「慕尼黑教授」發表了重要講話後做第一次「公開」演說。但是該黨名義上的首腦哈勒表示反對。「這位先生爲人肯定是正直的，」希特勒後來說：「但是他卻認爲，搞別的名堂，我也許還行，演講卻絕對不行。我一共講了三十分鐘，在此以前，我只是直覺地自認能辦得到，但其實一點也沒有把握，現在總算證實了：我是能夠演講的！」[17]據希特勒自稱，他的滔滔雄辯使聽眾像「過電」一樣激動，其反應之熱烈，從會後大家捐獻了三百馬克這件事可以得到證明，這暫時減輕了他們黨在經濟上的困難。

一九二〇年初，希特勒把黨的宣傳工作接了過來，自從他在維也納社會黨和基督教社會黨的活動中看到宣傳工作的重要性以來，他一直對之非常下功夫。他立刻開始組織這個小得可憐的黨做夢也想不到的最大規模集會。時間定在一九二〇年二月二十四日，會場設在著名的霍夫伯勞豪斯（Hofbräuhaus）啤酒館的宴會廳，其大可容納近兩千人。希特勒在委員會中的同伴們都認爲他這樣做是發瘋了。哈勒辭職表示抗議，由德萊克斯勒繼任，他也仍然表示懷疑（哈勒也反對希特勒的激烈反猶態度，他認爲希特勒這樣做會疏遠工人階級群眾。這是他辭職的眞正原因）。希特勒強調說，準備工作是他個人負責進行的。他對這次集會非常重視，因此在《我的奮鬥》第一卷結束時還把這次集會做了一番介紹。他解釋，這是因爲，從這次集會開始，「黨擺脫了小俱樂部的狹隘束縛，第一次對我們時代的最有利因素——輿論發生了決定性的影響」。

希特勒甚至沒有預定要當主要演講人。這個角色保留給一個名叫約翰內斯・丁菲爾德（Johannes Dingfelder）的順勢療法醫生，他是一個怪人，以「日爾曼納斯・阿格里科拉」（Germanus Agricola）爲筆名向報社投稿經濟學文章，但沒有多久默默無聞了。他的演講結束後，台下毫無反應，接著希特勒開始演講。據他的描寫，當時情況如下：

> 大廳裡有喊叫聲，猛烈的撞擊聲，一些最忠實的戰友和其他擁護者同搗亂分子打了起來……後者是共產黨人和社會黨人……秩序過了好一會兒才慢慢恢復。我又能繼續講下去了。半小時以後，鼓掌聲慢慢地開始壓倒了叫喊聲……將近四小時以後，大會已散，大廳漸空的時候，我知道，現在我們的運動原則已經跟著德國人民一起走了出去，這些原則不可能再被遺忘了[18]。

在演講的時候，希特勒第一次闡明了德意志工人黨的二十五點綱領。這個綱領是德萊克斯勒、費德爾和希特勒三人匆匆忙忙地擬出來的。會上的噓叫聲，大部是針對他宣讀的綱領內容而發的，但是他還是認爲綱領已全部通過，在一九二〇年四月一日改名爲國家社會主義德意志工人黨的時候，這個綱領成了該黨的正式綱領。後來，爲了策略上的原因，希特勒在一九二六年還宣布這個綱領是「不能改動的」。

這個綱領當然是騙騙工人、下層中產階級和農民的大雜燴，到納粹執政的時候，大部分都拋到九霄雲外去了。許多寫文章討論德國問題的人都嘲笑過它，而且這個納粹領袖後來聽到有人提到其中的某些內容時也頗爲難堪，下不了台。但是，正如《我的奮鬥》中所提出的重要原則一樣，這個綱領中最重要的部分，第三帝國確實執行了，對德國國內外千百萬人民造成了災難深重的後果。

綱領第一點要求所有日耳曼人在一個大德意志國家內統一起來。希特勒擔任總理後併吞奧地利及其六百萬日耳曼人的時候，侵佔蘇台德區及其三百萬日耳曼人的時候，他所堅決要求的和得到的不正是這一點嗎？他要求歸還但澤和波蘭境內一些主要由日耳曼人居住的地區，以致造成德國對波蘭的進攻和引起第二次世界大戰，不正是爲了這一點嗎？在兩次世界大戰之間，有這麼多人對於希特勒不厭其煩地用書面寫下來的納粹目標，不是漫不在意，就是一笑置之，難道不可以說是世界上最不幸的事嗎？一九二〇年二月二十四日晚上在慕尼黑的啤酒館裡宣布的綱領中的一些反猶項目，肯定是個不祥的預告。其中規定：在德國，猶太人不能擔任公職，甚至不能享有公民權利，不能參加新聞工作。在一九一四年八月二日以後到德國的猶太人一律都要驅逐出境。

黨綱中不少段落顯然僅僅是投合下層階級情緒的騙人玩意兒。當時下層階級處境極爲困難，激進的甚至社會主義的口號很容易就打動他們。例如，第十一點要求取消不是靠工作而得到的收入，第十二點要求將托拉斯收歸國有，第十三點要求國家分享大工業的利潤，第十四點要求取消地租和禁止土地投機買賣。第十八點要求對賣國賊、高利貸者、投機分子判處死刑，第十六點要求保持「健全的中產階級」，堅決主張將壟斷性的大百貨商店收歸公有，廉價租給小商人。這些要求都是在德萊克斯勒和費德爾的堅持下列入的，他們兩人顯然眞的相信國家社會主義的「社會主義」。後來當大工業家和大地主開始大批捐款給納粹的時候，這些要求頗使希特勒感到難堪，當然，根本談不上執行了。

最後，綱領中有兩點是希特勒一當總理後就馬上加以執行的。那就是第二點「要求廢除凡爾賽和約和聖日耳曼條約」，以及第二十五點「堅決主張建立一個強大的中央集權國家」。最後這一點，同第一點要求所有日耳曼人統一在德國之內和第二點廢除和約一樣，是在希特勒堅持下列入綱領的。這一點說明，即使在他的黨除了在慕尼黑以外很少爲人所知的時候，他已經不惜冒失去本地群眾支持的危險而開始把眼光放到更遠的地方去了。

因爲當時在巴伐利亞，分離主義的傾向很強烈。巴伐利亞人經常同柏林的中央政府發生衝突，他們要求減少——而不是增加——中央集權，以便巴伐利亞能夠實行自治。事實上，當時的實際情況確實也是如此，柏林的命令在各邦沒有什麼權威性。而希特勒想要得到的則不僅是在巴伐利亞的權力，而且是最後在全國取得權力，爲了要掌握和行使這一權力，就需要一個像他設想的那種獨裁政權來作爲高度集中的權力機構，取消各邦的半自治地位；而在威瑪共和國政體下，就像在霍亨佐倫帝國政體下一樣，各邦都有自己的議會和政府。他在一九三三年一月三十日上臺以後首先採取的行動之一就是迅速實行該黨黨綱中很少人注意到、或者說很少人認眞對待的這最後一點。我們不能怪他言之不預，因爲他一開始就用書面提出了充分的警告。

煽動人心的演講能力和態度激進、面面俱到的綱領，對於一個努力想要吸引人們注意和取得群眾支持的新政黨來說，固然是很重要的，但是，僅僅這些條件還是不夠的。希特勒現在就在開始注意提供更多的條件——多得多的條件。他奇特的天才開始露出了苗頭，發生了作用。他覺得，群眾所需要的不僅僅是一些主張——那是說他能夠不斷地打入他們心坎的一些簡單的主張——而且也需要標誌和象徵，那樣才能夠取得他們的信任；需要有聲有色的大場面，那樣才能夠喚起他們的熱情；需要暴力和恐怖的行動，這種行動如果成功的話，就能夠吸引追隨者並且使他們感到有壓倒弱者的力量（大多數德國人不都是崇拜強者的嗎？）

我們上面已經說過，在維也納的時候，他認爲社會民主黨對他們的政治敵人實行了「可恥的精神上和肉體上的恐怖手段」，他對於這種「恐怖手段」很感興趣。現在他就要在自己的反社會主義的黨內充分利用這種恐怖手段。在開始的時候，退伍軍人在集會上的任務是壓制搗亂分子，必要的話，把他們轟出去。一九二〇年夏天，在該黨的「德意志工人黨」的名字前添上了「國家社會主義」而成了「國家社會主義德意志工人黨」（Nationalsozialistische Deutsche Arbeiterpartei，縮寫爲NSDAP）。以後不久，希特勒就把一批拳大臂粗的退伍軍人組成「糾察隊」（Ordnertruppe），由曾經坐過牢的鐘錶匠艾米爾・莫里斯（Emil Maurice）指揮。爲了逃避柏林政府的鎮壓，他們有一個時期曾僞裝爲該黨的「體育運動部」，但是隔不了多久，在一九二一年十月五日，他們正式定名爲衝鋒隊。衝鋒隊員穿褐色制服，他們大部分是自由團中的無賴，負責指揮的是約翰・烏里希・克林茨赫（Johann Ulrich Klintzich），他是聲名狼藉的埃爾哈特上尉的手下，曾因爲謀殺埃爾茲伯格案被判徒刑，最近才被釋放出獄。

這些穿制服的無賴後來已不能滿足於在納粹集會上維持秩序了，不久就開始去搗亂其他黨的集會。一九二一年曾有一次希特勒親自率領衝鋒隊去襲擊一個名叫巴勒施塔特（Herr Ballerstedt）的巴伐利亞聯邦主義者，巴勒施塔特本要發表演說，他們提前去集會現場，將巴勒施塔特痛打一頓。希特勒因此被判處三個月徒刑，結果只關了一個月。這是他第一次嘗到鐵窗滋味，出獄以後，彷彿成了一個志士，反而比以前更加受人擁護了。「那沒有關係，」希特勒對警察當局吹噓說：「我們的目的已經達到了。巴勒施塔特沒有能講成話。」正如希特勒幾個月以前對一批聽眾所說的一樣：「國家社會主義運動將來要毫不客氣地防止——如果必要的話，用武力來防止——一切可能渙散我國同胞思想的集會和講演。」[19]

希特勒要當藝術家沒有成功，當宣傳家卻成了一個大師，他在一九二〇年夏天觸動了一個靈機，不能不叫人認爲是天才的表現。他看到，納粹所缺少的是一個能夠表達這個新組織的主張，打動群眾心靈的徽號，一面旗幟，一種象徵，希特勒認爲，群眾必須要有一面明顯的旗幟來隨之前進，爲之鬥爭。他在多方考慮和試了不少圖樣以後，想出了這樣一面旗幟：紅地白圓心，中間嵌個黑萬字。帶鉤十字的萬字雖然是襲用古代的，日後卻成了納粹有力的和嚇人的標記，最後也成了納粹德國有力的和嚇人的標記。希特勒從哪裡得到這個念頭，用萬字來做黨旗和黨徽，他在《我的奮鬥》中並沒有提到，雖然他曾就這件事寫了很長的一段話。萬字的歷史同人類一樣悠久。在特洛伊的廢墟中，在埃及和中國的廢墟中，都有人發現過萬字。我自己也曾在印度古代印度教和佛教的遺物中看到過它。在近代，愛沙尼亞和芬蘭這些波羅的海國家的國徽中也出現過它，德國自由團人員在一九一八年到一九一九年的戰鬥中曾在那裡看到過。埃爾哈特旅在一九二〇年卡普政變期間開進柏林時曾經把它漆在鋼盔上。希特勒在奧地利的時候無疑在某個反猶政黨的黨徽中看到過它，也可能是埃爾哈特旅來慕尼黑的時候加深了他的印象。他說，許多黨員們向他提出的圖樣不約而同地都有一個萬字，而且有一個「來自斯端恩堡的牙醫師」確實提出了一個「一點也不壞而且同我的圖樣很相像的」旗幟圖樣。

至於顏色，希特勒當然不要他痛恨的威瑪共和國的黑紅黃三色。他不想採用前帝國的紅白黑三色旗，但是他喜歡這三種顏色，不僅因爲——據他說——這三種顏色是「現有色彩最協調的顏色」，而且因爲這三種顏色是他曾經爲之戰鬥的德國軍旗的顏色。不過它們得換個形式，於是便加了一個萬字。

希特勒對他的獨特創造感到非常喜歡。「這是一個眞正的象徵！」他在《我的奮鬥》中驚歎說，「紅色象徵我們這個運動的社會意義，白色象徵民族主義思想，萬字象徵爭取亞利安人勝利的使命。」[20]

不久又給衝鋒隊員和黨員的制服設計了萬字臂章。兩年後，希特勒設計了納粹的錦旗，供在群眾遊行時使用和在群眾集會的主席臺上裝飾。這種錦旗模仿古代羅馬的圖樣，上面是個黑色的金屬萬字，有一隻鷹踩在一個銀色的花環上，下面是個長方形金屬框，刻有納粹黨的縮寫字母，掛著有流蘇的繩子，整個錦旗就是一面方形的萬字旗，上面寫著「覺醒吧，德意志！」（Deutschland Erwache）

這也許談不上是「藝術」，然而卻是最高超的宣傳。納粹現在有了一個任何其他政黨所不能比擬的標記。帶鉤的十字彷彿具有一種神祕的力量，吸引著在戰後初期混亂的年代中一直徬徨無依、生活沒有保障的下層中產階級，鼓舞他們朝著一個新的方向採取行動。他們開始在它的旗幟底下聚集起來了。

「元首」的出現

一九二一年夏天，這個後起之秀的煽動家，在表現出不僅作爲一個演講家而且作爲一個組織家和宣傳家的驚人才能之後，無可爭辯地掌握了黨的領導權。他立刻讓他的同志首次看他的冷酷無情與機智狡猾的手段，靠這些手段，他以後將在許多更加重要的危機中取得成功。

夏初的時候，希特勒到了柏林，同北德民族主義分子聯繫，並且到他們精神上的大本營國民俱樂部去演講。他此去是想要掂量一下把他自己的運動擴大到巴伐利亞一邦的境外、擴大到整個德國的可能性。也許他能夠爲了這個目的結下一些有用的聯盟。就在他外出的時候，納粹黨委員會的其他委員認爲，推翻他領導的時機已經來到，因爲他太獨斷獨行了。他們打算同南德有同樣思想的團體結成聯盟，特別是同「德意志社會黨」結成聯盟，這個黨是希特勒的死敵和競爭者、一個著名的反猶主義者尤利烏斯·施特萊歇爾在紐倫堡組織的。委員會的成員們都認爲，如果這些團體和它們野心勃勃的領袖能夠同納粹合併，希特勒的地位就會降低了。

希特勒發現自己的地位受到威脅後，就立刻趕回慕尼黑，來收拾這些「愚蠢的瘋子」（他在《我的奮鬥》中是這麼稱呼他們的）的陰謀。他表示願意退出黨。這是黨所吃不消的，因爲委員會其他成員馬上認識到，希特勒不僅是他們最能演講的人，而且也是他們最優秀的組織家和宣傳家。此外，他們的大部分經費現在也靠他募集，來源除了他發表演講的集會上群眾的捐款以外，還有其他的方面，其中包括軍隊。如果他走了，襁褓中的納粹黨肯定要夭折。委員會不讓他辭職。希特勒在地位鞏固了以後，現在就迫使其他領袖全面投降。他要求讓他當黨的唯一領袖，擁有獨裁權力，取消委員會，停止同其他團體、諸如同施特萊歇爾的團體的勾勾搭搭。

這些要求在其他委員看來是太過分了。他們在黨的創建人德萊克斯勒領導之下，起草了一份攻擊這個未來獨裁者的罪狀，印成小冊子散發。這是希特勒受到他自己黨內最激烈的一次攻擊，攻擊他的這些人對於他的性格和他的作風都有親身的體會。

權力欲和個人野心使阿道夫・希特勒先生在柏林逗留六週後回到他的崗位上來了，而他柏林之行的目的至今沒有透露。他以爲時機已經成熟，可以藉他背後曖昧不明的人之手，在我們隊伍中間製造分裂和不和，從而促進猶太人和他們朋友的利益。越來越清楚，他的目的完全是利用國家社會黨作爲跳板，來實現他自己的不道德目的，篡奪領導權，以便在這個重要關頭，迫使黨走上另外一條軌道。他在數天前發給黨領導人的一份最後通牒，非常清楚地說明了這一點，在這份最後通牒裏，他提出了種種要求，其中最主要的是他要對黨擁有唯一的和絕對的獨裁權力，而委員會，包括黨的創建人和領袖，鎖匠安東・德萊克斯勒，應該退隱……。

他是怎樣進行他的活動的呢？完全像個猶太人。他歪曲每一樁事實……國家社會黨黨員們！對於這種角色，快打定主意吧！千萬不要做出錯誤的決定來。希特勒是個奸雄……他認爲他能夠……用各種各樣假話來欺騙你們[21]。

這些指責基本上都是正確的，雖然由於還有一點可笑的反猶成分（希特勒的行爲像個猶太人！）而減弱了力量。但是把這些指責公開，並沒有給反叛者帶來他們預期的結果。希特勒馬上控告小冊子起草人對他誹謗中傷，而德萊克斯勒本人在一次公開集會上不得不否認這本小冊子與他有關。在黨內兩次特別會議上，希特勒強使對方接受他的和解條件，修改了黨章，撤銷委員會，由他擔任主席，擁有獨裁權力。失敗受辱的德萊克斯勒當名譽主席，這是明升暗降，不久就銷聲匿跡了（他在一九二三年脱黨，在一九二四年到一九二八年間，擔任巴伐利亞議會副主席。一九三〇年他與希特勒重釋前嫌，但是沒有恢復實際政治活動。正如海登所說，德萊克斯勒遭到了一切發現人才的人都不免的命運）。正如海登所說，這是騎士黨對圓顱黨的勝利（譯注：騎士黨是英國查理一世時代擁護查理的一派，圓顱黨在議會中反對騎士黨，因黨員頭髮剪短故名）。但是它的意義還不僅如此。就在當時當地，在一九二一年七月，確立了「領袖原則」，這個原則始而作爲納粹的黨紀，繼而成了第三帝國的國法（譯注：「元首」在德國舞臺上出現了。元首與領袖原則中的「領袖」是一個字，德文爲Führer，等於英文的leader，中文應譯領袖，但舊譯元首，故此處移用）。

「元首」現在開始改組納粹黨。施端納克伯勞酒店後面陰暗的酒室，在希特勒看來簡直是「一個停屍間，而不是一個辦公室」，現在已棄置不用了，另外在科尼利斯街的一家酒店裡設立了新的辦公室。這裡比較寬敞，光線比較明亮。辦公室先賒購了一架艾德勒牌的舊打字機，後來又逐步添置了保險箱、文件櫃、傢具，安裝了電話，聘請了專職祕書。

金錢也開始源源不斷地來了。將近一年以前，在一九二〇年十二月，納粹買下了一家負債累累的虧本報紙，名叫《人民觀察家報》（*Völkischer Beobachter*）。這是一張每週出版兩次的反猶小報。收買這家報紙的六萬馬克究竟是從哪裡弄來的，希特勒嚴守祕密，但是據說，這是靠埃卡特和羅姆勸誘里特・馮・埃普（Ritter von Epp）少將籌集來的。埃普少將在國防軍中是羅姆的指揮官，本人也是納粹黨員。這筆錢很可能來自軍方的祕密經費。在一九二三年初，《人民觀察家報》改爲日報。這樣，希特勒就有了所有德國政黨所必備的條件——一家報紙來宣傳黨的主張。辦一家政治性日報，需要更多的錢，現在這些錢的來源，在黨內某些比較無產階級的粗人看來，一定是有些奇怪的。富有的鋼琴製造商的妻子海倫・貝赫斯坦夫人（Helene Bechstein）是來源之一。她第一次同這個年輕的煽動家碰面後，就對他產生了好感，當他在柏林的時候，邀他到家中下榻，爲他舉行招待會，讓他會見有錢的人，還對他的運動捐助了數量可觀的款項。資助這家新辦日報經費的，還有一部分來自一位格特魯德・馮・賽德立茨夫人（Gertrud von Seidlitz），她是個波羅的海沿岸的人，在芬蘭幾家賺錢的造紙廠裡擁有股份。

一九二三年三月，一個名叫恩斯特・漢夫施丹格爾（Ernst Hanfstaengl）的哈佛大學畢業生以《人民觀察家報》爲抵押品，借給納粹黨一千美元。漢夫施丹格爾的母親是個美國人，他講究風雅的家裡很有錢，在慕尼黑開設一家藝術出版公司（漢夫施丹格爾在他的回憶錄《未出庭的證人》〔*Unheard Witness*〕中說，他當初是由於一個美國人的指引才認識希特勒的。這個美國人是柏林美國大使館副武官杜魯門・史密斯〔Truman Smith〕上尉。一九二二年十一月史密斯奉大使館之命去慕尼黑調查一個名叫阿道夫・希特勒的無名政治煽動家和他所新建的國家社會主義工人黨。作爲美國陸軍一名年輕的職業軍官來說，史密斯上尉在政治分析方面有特殊的才能。他在慕尼黑從十一月十五日到二十二日一共才逗留了一個星期，卻會見了魯登道夫、巴伐利亞王儲魯普雷希特〔Rupprecht〕和巴伐利亞十多名政界領袖。他們之中大多數人告訴他說，希特勒是個初升的明星，他的運動是個迅速發展的政治力量。史密斯毫不錯過時機，參加了納粹黨的一次戶外集會，希特勒在會上講了話。史密斯後來馬上在日記中寫道：「我一生中從來沒有看到過這種景象！」「見到了希特勒」，他寫道：「他答應星期一接見我，向我闡明他的宗旨。」星期一那天，史密斯到了希特勒的居處——據他描寫，那是「在一所破房子的二層樓上一間小小的簡單臥室」——同這位在慕尼黑之外很少爲人所知的未來獨裁者進行了長時間的談話。「一個傑出的煽動家！」這位美國副武官那天晚上在日記中一開始就寫道：「很少聽到過這樣言之成理而又狂熱入迷的人講話。」那天日期是一九二二年十一月二十二日。那天晚上動身返柏林之前，史密斯碰到了漢夫施丹格爾，把他與希特勒會見的事告訴了他，並且勸他去看一看希特勒。這個納粹領袖那天晚上要在群眾集會上講話，史密斯把自己的記者入場券給了漢夫施丹格爾。後者像許多其他的人一樣，對希特勒的滔滔雄辯極爲傾倒，會後馬上去找他，立刻成爲納粹的信徒。史密斯上尉回到當時沒有把希特勒放在眼裡的柏林之後，寫了一份長篇報告，由大使館於一九二二年十一月二十五日發給華盛頓。如果考慮到它寫的時間，這確是一份傑出的報告：「目前巴伐利亞最活躍的政治力量是國家社會主義工人黨。與其說它是個政黨，不如說是個群眾運動，我們必須把它視爲義大利的法西斯運動在巴伐利亞的再版……它最近取得的政治影響同它實際黨員人數是完全不成比例的……。阿道夫・希特勒從一開始就是這個運動的支配力量，這個人的性格對於這個運動的成功一定是個最重要的因素……他左右一個群眾集會的能力是不可思議的。在私下談話中，他顯出是個言辭鋒利、邏輯分明的人，再加上他那種狂熱的認眞態度，能夠使一個抱中立態度的聽眾獲有非常深刻的印象。」在納粹執政的初期在柏林擔任武官的史密斯（這時已經是上校了），把他的日記和那次慕尼黑之行的筆記慷慨借給筆者。這些材料對撰寫這一章是很有價值的）。

在通貨膨脹的日子裏，這筆錢折成馬克是一筆驚人鉅款，它給納粹和它的報紙幫了很大的忙。不僅如此，漢夫施丹格爾一家的友誼還不只限於金錢上的幫助。他們是慕尼黑第一個向這個喧鬧滋事的年輕政客打開大門的富有望族。漢夫施丹格爾成了希特勒的好友，希特勒後來任命他擔任該黨外國報紙部負責人。漢夫施丹格爾是個古怪的、瘦長得出奇的人，他那刺人的機智稍許補救了他那淺薄的頭腦。他是個鋼琴家，晚上與我們在一起的時候，曾有多次，甚至在他的朋友在柏林執政了以後，常常中途告退，奉召去見元首。據說，他的鋼琴彈奏——他猛擊琴鍵——和他的俏皮話讓希特勒在忙碌了一天之後能安定、甚至振作精神。後來這個脾氣古怪然而性情和藹的哈佛大學畢業生，像希特勒其他一些早期夥伴一樣，也不得不離開德國逃命（漢夫斯丹格爾在第二次世界大戰中曾短暫住於華盛頓，表面上是被拘敵橋，實際上擔任美國政府的納粹德國問題「顧問」。他一生最後所擔任的這個職務，在瞭解他也瞭解德國的人看來，是頗爲荒唐可笑的，然而他本人一定也覺得很好玩）。

希特勒日後最親信的下屬在這個時候大多數已經入黨，或者不久就要入黨。魯道夫・赫斯是在一九二〇年加入的。他是一個居住在埃及的德國批發商人的兒子，十四歲以前在埃及度過，後回萊茵地區上學。戰爭期間他一度同希特勒一起在李斯特團服役，雖然當時並不相識。兩次受傷後，他當了飛行員。戰後他在慕尼黑大學學習經濟學，但是大部分時間似乎在散發反猶小冊子和同巴伐利亞當時極爲猖獗的各色各樣武裝團體毆鬥。一九一九年五月一日慕尼黑蘇維埃政權被推翻的時候，他正處在槍火密集的地方，腿部受了傷。一年後有一天傍晚，他去聽希特勒演講，對他的口才佩服得五體投地，就參加了黨，成了這位領袖的親密朋友、忠實信徒、私人祕書。也就是他，向希特勒介紹了當時慕尼黑大學地緣政治學教授卡爾・豪斯霍弗（Karl Haushofer）將軍的地緣政治思想。

赫斯寫了一篇得獎學術論文，很受希特勒賞識，題目是〈領導德國恢復舊日光榮地位的人應當是怎樣一個人？〉：

在一切權威蕩然無存的時候，只有一個來自人民的人才能確立權威……獨裁者在廣大群眾中間紮根越深，他就越能瞭解在心理上應該怎樣對待他們，工人們也就越不會不信任他，他在最活躍的人民階層中也就會得到越多的支持。他本人同群眾並無共同之處；像一切偉人一樣，他有偉大的人格……必要時他不會怕流血而退縮。重大問題總是由血和鐵來決定的……為了達到他的目標，他不惜踐踏他最親密的友人……立法者必須嚴酷無情……必要時，他可以用他的軍靴踩著他們（人民）前進……[22]。

難怪希特勒喜歡這個青年人。赫斯所描繪的領袖，也許不是希特勒在當時的肖像，但是卻是希特勒所想要實現的——而且後來確實實現了。赫斯雖然為人嚴肅，刻苦好學，但是他仍是個才力有限的人，對於想入非非的意見很容易聽得進去，而且會極其狂熱地去執行。幾乎一直到最後，他都是希特勒最忠誠和最受信任的追隨者之一，是少數幾個沒有個人野心的人之一。

阿爾弗雷德．羅森堡雖然常常被稱為納粹黨的「思想領袖」，而且也的確是納粹黨的「哲學家」，但是他也是個才力平庸的人。有人把羅森堡當作俄羅斯人，也許是有些根據的。像許多俄羅斯「知識分子」一樣，他是波羅的海沿岸日耳曼人的後裔。他是一個鞋匠的兒子，一八九三年一月十二日生於愛沙尼亞的勒伐爾（Reval，現在叫塔林〔Tallinn〕），一七二一年以來愛沙尼亞一直是沙皇帝國的一部分。他選了到俄國而不是到德國去求學，並於一九一七年在莫斯科大學得到建築系學位。在布爾什維克革命的時候，他一直待在莫斯科。也許像他在納粹黨內的仇人們說的那樣，他當時曾想要當個年輕的布爾什維克革命者。一九一八年二月，他回到勒伐爾，自願參加當時開到那個城市的德國軍隊，但是因為是個「俄羅斯人」而被拒絕了。他於一九一八年年底終於到了慕尼黑，在當地的白俄移民圈中發跡。

羅森堡在這個時候認識了狄特里希・埃卡特，通過埃卡特又認識了希特勒。羅森堡在一九一九年年底加入了納粹。一個擁有建築系學位的人，對於連建築系也考不進的人來說，不可避免地產生了深刻的印象。羅森堡的「學識」也使希特勒深爲心折。他也賞識這個年輕的波羅的海人對猶太人和布爾什維克的憎恨。就在一九二三年年底埃卡特死前不久，希特勒派羅森堡擔任《人民觀察家報》的主編，在以後許多年內，他繼續吹捧這個頭腦完全糊塗的人，這個思想混亂淺薄的「哲學家」，把他當作納粹運動的思想導師，外交政策的權威人士之一。

像赫斯一樣，戈林也是在戰爭結束後到慕尼黑大學來，他本來是學經濟學的，卻也拜倒於希特勒個人的魅力之下。戈林是德國著名的戰時英雄之一，著名的李希特霍芬（Richthofen）戰鬥機中隊最後一任隊長，曾獲得德國戰時最高勳章「藍十字勳章」，他要回到和平時期單調的平民生活中間來，比大多數退伍軍人更覺困難。他開始在丹麥，後來在瑞典當過運輸機駕駛員。有一天，他駕駛飛機送艾立克・馮・羅森伯爵（Eric von Rosen）到伯爵位於斯德哥爾摩附近的宅邸時，同羅森伯爵夫人的妹妹卡林・馮・康佐夫人（Carin von Kantzow）墜入了情網，她是瑞典有名的美人。困難是，康佐夫夫人患有癲癇病，結過婚，有個八歲的兒子。但是她還是設法解除了婚姻關係，同這個英俊的年輕飛行員結婚。她的財產不少，同新丈夫一起到了慕尼黑，過著豪華的生活，一面讓他在大學裡鬼混。

這種日子過得並不長久。他在一九二一年就認識了希特勒，參加了黨，對黨（和希特勒個人）慷慨捐獻，並且用他過人的精力幫助羅姆組織了衝鋒隊。一年後，一九二二年，他擔任了衝鋒隊隊長。

在納粹獨裁者周圍的圈子裡還有一大批不那麼有名氣、但大多數是品性不良的人。希特勒在李斯特團中的上士馬克斯・阿曼（Max Amann）是個粗魯暴戾的角色，但是做組織工作很能幹，他被派擔任黨的總務主任和《人民觀察家報》的經理後，兩方面的財務情況就很快得到了整頓。希特勒選了一個名叫烏里希・格拉夫（Ulrich Graf）的，當他私人衛士。格拉夫是業餘摔角家、屠夫的學徒、有名愛吵架滋事的人。「宮廷攝影師」是瘸腿的海因里希・霍夫曼（Heinrich Hoffmann），他是許多年來唯一可以爲希特勒拍照的特許攝影師。他對主人像狗一樣忠誠，最後終於使他發了財，成了百萬富翁。另一個親信是克里斯蒂安・韋伯（Christian Weber），他是個馬販子，原來在慕尼黑一家酒館當保鏢，愛喝啤酒，嗜之若命。在這些日子裡接近希特勒的還有赫爾曼・埃塞（Hermann Esser），他的演講能力不輸給領袖，他在《人民觀察家報》上的反猶文章是黨報主要特色之一。他毫不隱諱自己曾靠幾個情婦的倒貼過著舒服的生活。他是個出名的敲詐能手，甚至黨內的同志如果觸犯了他，他也會「揭露」他們，因此使黨內一些年紀較大、爲人比較正派的人非常反感，都要求把他開除出黨。「我知道埃塞是個無賴」，希特勒有一次在公開場合回答說：「但是只要他對我有一天的用處，我就留他一天。」[23]他對待他的親信，幾乎都是用這個態度，不論這些人的來歷——甚至現在的情況——是多麼曖昧。殺人兇手、拉皮條的、同性戀傾向的、吸毒犯或者尋常的無賴，在他看來都沒有什麼關係，只要對他有用。

例如，他對施特萊歇爾幾乎是自始至終容忍的。這個道德敗壞的虐待狂，原來是個小學教師，從一九二二年起，是希特勒周圍聲名最爲不堪的人之一，到一九三九年，他的紅運才終於結束。他自己吹噓是個出名的私通能手，甚至能敲詐他情婦的丈夫。他盲目狂熱的反猶活動，不僅使他臭名遠揚，而且還搜刮到大批錢財。他辦的著名黃色週刊《衝鋒隊員》專門刊載猶太人的性犯罪和「祭祀殺人」

的恐怖故事，雖然很週刊很賣錢，其內容之淫穢猥褻，甚至使許多納粹黨人也感到噁心。施特萊歇爾也是個著名的色情文學提倡者。他的外號叫「法蘭根的無冕王」，他的老巢設在紐倫堡，在這裡，他說的話就是法律，任何人得罪了他，就免不了下監牢或者受酷刑。我最後一次見到他是在紐倫堡，我看他精神萎頓地坐在被告席上受審判，在此之前，我每次看到他時，他總是有一根皮鞭執在手中或者插在腰帶上，他常常大笑著自誇抽過別人無數鞭子。

這些就是糾集在希特勒周圍的角色，他要靠這些人成爲日耳曼的獨裁者；雖然這個民族曾爲世界貢獻過馬丁・路德、康德、歌德、席勒、巴哈、貝多芬和布拉姆斯。

一九二〇年四月一日，在德意志工人黨改名爲國家社會主義德意志工人黨——「納粹」簡稱由此而來——的那一天，希特勒正式脫離了軍隊。從此以後，他要把他的全部時間用在納粹黨上。不論當時或者以後，他都不從黨裡支取任何薪水。

因此，可能有人會問，他靠什麼生活呢？黨內同他一起工作的人有時也不免納悶。一九二一年七月黨委員會一些反叛的委員起草的罪狀中直率地提出了這個問題：「如果有任何黨員問他靠什麼爲生，原來的職業是什麼，他就不免狂怒起來。迄今爲止，他沒有做出過答覆。因此，他的良心不能是無愧的，特別是鑒於他同女人們來往頻繁，花費不貲。他在女人們面前還自稱爲『慕尼黑之王』。」

希特勒後來控告這本小冊子的作者犯了誹謗罪，並在審訊時答覆了這個問題。法院問他靠什麼爲生，他回答說：「我爲國家社會黨講演時，不取分文。但是我也爲其他團體講演……在這種情況下，我當然收取一定的費用。我的午飯是輪流同黨內同志一起吃的。此外，還有一些黨內同志給我一些爲數不大的幫助。」24

這大概是比較符合實際情況的。像埃卡特、戈林、漢夫施丹格爾這些境況較好的朋友無疑會「借」錢給他付房租、買衣服、備膳食。他的需要也很簡單。在一九二九年以前，他一直住在伊薩（Isar）河附近提爾契街（Thierschstrasse）下層中產階級區一間有兩個房間的公寓裡。冬天他穿一件舊軍大衣——後來由於許多照片，德國國內幾乎人人都很熟悉這件大衣。夏天他常常穿「萊德霍森」（Lederhosen），這是大多數巴伐利亞人在宜人的氣候中喜歡穿的皮短褲。一九二三年埃卡特和埃塞爲希特勒及其友人在貝希特斯加登附近弄到了一所名叫普拉特霍夫的旅館作爲夏季避暑的地方。希特勒很喜歡這個美麗的山間鄉下風光，後來就在這個地方蓋了寬敞的別墅「伯格霍夫」（譯者：Berghof，意爲山間別墅）。在戰爭爆發之前，這就成了他的家，他的很大一部分時間就是在這裡度過的。

不過在一九二一至一九二三年的動盪年代中，很少時間供他休息玩樂。他有一個黨要建設，要在一批同他一樣不講信義、不擇手段的人的激烈競爭下保持控制。而且，巴伐利亞邦中爭取公眾注意和支持的右翼運動不只一個，納粹黨不過是其中之一；再擴大些說，在整個德國，這種右翼運動還有好些。

一個從事政治的人，需要觀察、分析和加以利用的事件和不斷變化的局面，眞是接二連三，令人目眩頭暈。一九二一年四月，協約國向德國提出了賠償要求——爲數達一千三百二十億金馬克，折合三百三十億美元。德國人馬上嚷嚷他們無法償付。馬克原來對美元的比價是四比一，現在開始下跌，到一九二一年夏天，已跌到七十五比一，一年後跌到四百比一。埃爾茲伯格在一九二一年八月被暗殺。一九二二年六月，當初宣布成立共和國的社會黨人賽德曼也遭謀殺。同月二十四日，外交部長拉特瑙在街頭被刺殞命。在這三起案件中，兇手都是極右翼的人。搖搖欲倒的柏林全國政府爲了對付這一挑戰，終於宣布了一項特別規定的共和國保護法，其中對政治恐怖行動規定了嚴厲的懲治辦法。柏林方面要求解散許多武裝團體和結束政治上的無賴行爲。但是，巴伐利亞政府即使在溫和派的萊亨菲爾德伯爵（Lerchenfeld，他於一九二一年接替極端派的卡爾）領導下，也發現要遵守柏林全國政府的決定是很困難的。當它企圖實行取締恐怖活動的法律時，巴伐利亞右派（現在希特勒已是他們的公認年輕領袖之一）策畫了一個陰謀要推翻萊亨菲爾德和進軍柏林顛覆共和國。

襁褓中的民主威瑪共和國陷於重重困難之中，它的生存不僅經常受到來自極右方面的威脅，而且也經常受到來自極左方面的威脅。

第三章　凡爾賽、威瑪和啤酒館政變

在勝利的西方協約國中的大多數人看來，一九一八年十一月九日柏林宣告成立共和國，似乎標誌著德國人民和他們國家的新時代的來臨。美國總統威爾遜在停戰以前交換的照會中，堅決主張廢除霍亨佐倫王朝軍國主義的專制政體，看來德國人似乎是遵從他的要求的，雖然有些勉強。德皇已經被迫宣布退位，逃亡國外，君主政體已經廢除，德國各地所有小王朝也都立刻解體，共和政府已經宣告成立了。

但是宣告共和完全是個偶然的事件！十一月九日那天下午，在帝國總理、巴登親王馬克斯辭職以後，所謂多數派的社會民主黨人在艾伯特和賽德曼領導下，在柏林的帝國議會開會。他們對於下一步應該怎麼辦，完全茫然不知所措。馬克斯親王剛剛宣布了德皇的退位。馬鞍工人出身的艾伯特認爲德皇威廉的兒子之一——隨便哪個都行，只要不是那個放蕩成性的太子——可以繼承皇位，因爲他主張按照英國方式成立君主立憲政體。艾伯特雖然是社會黨人的領袖，卻懼怕社會革命。他有一次曾經說過，對社會革命：「我恨之入骨」。

但是革命卻在柏林醞釀中。總罷工使首都陷於癱瘓狀態。在寬闊的菩提樹下大街（Unter den

Linden），距離國會幾個街區的地方，左翼社會黨人羅莎・盧森堡（Rosa Luxemburg）和卡爾・李卜克內希（Karl Liebknecht）領導下的斯巴達克斯同盟（Spartakusbund）準備在他們設在德皇皇宮的總部中宣布成立蘇維埃共和國。這個消息傳到國會裡的社會黨人耳中時，他們大吃一驚。馬上得採取行動來制止斯巴達克斯同盟。賽德曼靈機一動想出了一個主意。他也沒有同他的同志們商量，就衝到俯瞰柯尼斯廣場（Koenigsplatz）的窗臺，當時下面正聚集著大批人群，他伸出腦袋，自作主張，好像這個念頭剛剛在他心中出現一樣，向群眾宣布共和國成立了！馬鞍工人艾伯特氣得跳起來。他原來還是要想挽救霍亨佐倫君主政體的。

德意志共和國就這樣僥倖誕生。社會黨人既然不是堅決的共和派，那就更難希望保守分子是堅決的共和派了。但是後者已經推卸了他們的責任。他們同陸軍領袖魯登道夫和興登堡一起把政治權力塞到勉強從命的社會民主黨人的手中。這樣，他們就把簽訂投降協定和後來簽訂和約的明顯責任，推在工人階級的這些民主領袖身上，德國的戰敗和德國人民如果由於戰敗及片面決定的和約而遭受悲慘的命運，罪名就落到他們身上了。這是一個很拙劣的詭計，就是小孩子也能看穿，但是在德國，它居然奏效。這個詭計從一開始起，就注定了共和國的惡運。

也許，這種惡運本來是可以避免的。擁有絕對權力的社會民主黨人在一九一八年十一月本來可以迅速奠定持久的民主共和國基礎。但是要達到這個目的，他們必須先要一勞永逸地鎮壓——或者說至少要一勞永逸地鉗制——那些過去一直支持霍亨佐倫帝國、將來也不會老老實實地接受民主制度的勢力：封建容克地主（Junker）和其他上層階級，控制著大工業卡特爾（Catel）的巨頭，到處流竄的自由團雇傭兵，帝國文官系統中的高級官員，最後，尤其是，軍官階層和參謀總部的人員。他們必須分散許多在經營上是浪費的和不經濟的大莊園，分散工業方面的壟斷企業和卡特爾，在官僚系統中、司法系統中、警察系統中、大學裡、軍隊裡肅清那些不會忠誠老實地爲新民主政體服務的一切分子。

但是這卻是社會民主黨人所不敢做的事情。他們大多數人是用心良好的工會活動家，卻有著德國其他階級的人都固有的劣根性，慣於向既有的、地位已確立不移的權威鞠躬低頭。他們不但沒勇氣掌權，還把權力讓給了在現代德國一直佔支配地位的勢力——陸軍。因爲，陸軍在戰場上雖然戰敗了，但是在國內維持原有地位和挫敗革命卻仍舊是有把握的。爲了實現這個目的，它迅速採取了大膽的行動。

一九一八年十一月九日晚上，在「宣告」成立共和國以後沒有幾個小時，柏林總理府內艾伯特書房裡的電話鈴響了。這是一架特別的電話機，由一條祕密的線路通到設在斯帕（Spa）的最高統帥部。艾伯特當時是單獨一個人在書房裡。他拿起電話耳機。「我是格勒納，」那邊說。這個前馬鞍工人由於白天的事件突然把正在垮臺中的德國殘餘政治權力塞入他毫無準備的手中之後還有點感到暈頭轉向，聽到這聲音不禁肅然起敬。威廉·格勒納將軍（Wilhelm Groener）是繼魯登道夫擔任軍需總監的人。就在當天早些時候，在斯帕，當興登堡元帥臨陣猶豫的時候，就由他直率地面告德皇，軍隊已經不再效忠於他，他必須下臺——這個大膽的行動，是軍官階層永遠不會原諒他的。艾伯特和格勒納自從一九一六年以來就有了一種相互尊重的關係，當時這位將軍負責軍事生產，曾與這位社會黨領袖一起緊密合作過。十一月初——僅僅幾天以前，他們就在柏林商談過如何挽救君主政體和祖國。

現在，正當祖國命運危在旦夕的時候，一條祕密電話線路又把他們聯繫在一起了。就在當時當地，這位社會黨領袖和德國陸軍第二號人物訂了一個祕密協議，這個協議雖然過了很多年才爲世人所知，卻在當時決定了這個國家的命運。艾伯特答應要結束無政府狀態，鎮壓布爾什維克主義，按原有傳統維持陸軍。格勒納則保證陸軍支持新政府鞏固自己的地位和實現它的目標。

「陸軍元帥（興登堡）仍舊願意擔任總司令嗎？」艾伯特問。

格勒納將軍回答說他仍舊願意。

「請你向元帥轉達政府的謝意。」艾伯特說[1]。

德國軍隊得救了，但是共和國卻在誕生的頭一天就沒有救了。將軍們，除了格勒納自己是光榮的例外和其他少數人以外，是絕不會向共和國效忠的。最後，他們在興登堡率領下，把共和國出賣給了納粹黨人。

但是，在當時，可以肯定，不久之前俄國發生的情況，使艾伯特和他社會黨的同志惶惶不安。他們不想變成德國的克倫斯基（編按：Alexander Kerensky，在俄國十月革命中被列寧推翻的溫和社會黨領袖）。他們不想被布爾什維克分子代替。在德國各地，正如在俄國一樣，士兵和工人委員會紛紛成立，掌握了權力。正是這些委員會在十一月十日選舉出來一個人民代表委員會，由艾伯特爲首，負責暫時管理德國。十二月，德國第一屆蘇維埃代表大會在柏林召開。代表大會的成員是全國各地士兵和工人委員會派出的代表，它要求把興登堡撤職，廢除正規軍，代之以一支民防隊，其軍官由士兵選出，歸人民代表委員會管轄。

對興登堡和格勒納來說，這太過分了。他們拒絕承認蘇維埃代表大會的權力。艾伯特本人並沒有採取任何行動來貫徹代表大會的要求。但是陸軍爲了保持自己的生命，要求它原來同意支持的政府採取比較積極的行動。在聖誕節前兩天，在共產黨的斯巴達克斯同盟控制下的人民海軍陸戰隊師佔領了威廉街，衝入總理府，割斷了電話線。但是通向陸軍司令部的祕密線路仍舊暢通，艾伯特通過這條線路求援。陸軍答應派波茨坦衛戍部隊前來援救，但是在它到達以前，嘩變的水兵們已經退到他們設在當時仍由斯巴達克斯同盟據守的皇宮馬廄的營房中去了。

斯巴達克斯同盟，在德國兩個最有本領的煽動家李卜克內希和羅莎・盧森堡的領導下，繼續爭取成立蘇維埃共和國。他們在柏林的武裝力量日益壯大。在聖誕節前夕，海軍陸戰隊師輕而易舉地擊退了從波茨坦開來的企圖把他們驅出皇宮馬廄的正規軍。與登堡和格勒納催促艾伯特履行諾言，鎮壓布爾什維克分子。對這件事，這個社會黨領袖太樂意做了。聖誕節後兩天，他任命古斯塔夫・諾斯克（Gustav Noske）為國防部長，從這項任命開始，事態就按照凡是知道這位新任部長的人都能預料得到的邏輯發展了。

諾斯克是屠夫出身，在工會運動和社會民主黨內一步步向上爬，一九〇六年成了國會議員，被認為是黨內軍事專家。他也被認為是激烈的民族主義者和鐵腕人物。巴登親王馬克斯派他去平定十一月初在基爾（Kiel）發生的海軍嘩變，他完成了這項使命。諾斯克身軀魁偉，面目兇狠，體力過人，然而智力低下，正如他的敵人所說，這是他的行業的特點。他在被任命為國防部長那一天就宣布「總得有人當警犬」。

早在一九一九年一月，他就開始下手。在一月十日到十七日之間——後來在柏林有一個時期稱這七天為「血腥的一週」——正規軍和自由團在諾斯克指示下和瓦爾特・馮・呂特維茨（Walther von Lüttwitz）將軍（一年以後，舊派反動軍官呂特維茨將軍率領自由團軍隊佔領了柏林，支持卡普政變，這件事說明了他對共和國、特別是對諾斯克到底有多少忠誠。艾伯特、諾斯克和政府其他官員被迫在一九二〇年三月十三日清晨五時倉皇逃出柏林。名義上隸屬於國防部長諾斯克的陸軍參謀長塞克特將軍拒絕讓陸軍保衛共和國抵抗呂特維茨和卡普。「這一夜的經過說明了我全部政策的破產，」諾斯克叫道：「我對軍官團的信任粉碎了。你們都背叛了我。」引語見惠勒—班奈特：《權力的報應》（*The Nemesis of Power*），頁七七）的指揮下擊潰了斯巴達克斯同盟。盧森堡和李卜克內希被近衛騎兵師的軍官俘獲殺害。

柏林戰事結束後，德國全國馬上舉行國民議會選舉，這屆國民議會的任務是起草新憲法。這次選舉是在一九一九年一月十九日舉行的，選舉結果表明，中產階級和上層階級在發生「革命」後兩個多月的時間內已經恢復了一些勇氣。過去由於沒有任何其他集團願意分擔責任而單獨執政的社會民主黨（多數派和獨立社會黨）在三千萬選票中獲得了一千三百八十萬張選票，在國民議會四百二十一個議席中贏得了一百八十五個議席，但是距多數席位相差還很遠。顯然，新的德國是不能單靠工人階級來建立的。兩個中產階級政黨——代表羅馬天主教政治運動的中央黨（Das Zentrum）和十二月間由原來的進步黨同國家自由黨左翼合併的民主黨（Deutsche Demokratische Partei, DDP）一共得了一千一百五十萬張選票，在議會中佔一百六十六個議席。兩黨都聲稱擁護一個溫和的、民主的共和國，雖然當時相當一部分輿論是主張君主政體最後復辟的。

至於保守派，他們當中有些領袖在十一月藏匿了起來，另外一些領袖如維斯塔普伯爵（Kuno von Westarp）則乞求艾伯特的保護。他們的選票雖然有所減少，但是卻表明絕沒有被消滅。他們改名爲德意志國家民族黨（Deutschnationale Volkspartei, DNVP），獲得了三百萬張選票，四十四個議席；他們的右翼盟友國家自由黨（也已改名爲德意志民族黨〔Deutsche Volkspartei, DVP〕）得到近一百五十萬張選票，十九個議席。這兩個保守黨派雖然肯定處於少數黨地位，但在國民議會中贏得了足夠的議席來發表政見。事情也確實是如此，國民議會剛剛於一九一九年二月六日在威瑪開會，這兩個政黨的領袖就起來爲德皇威廉二世以及他和他的將領們領導戰爭的情況辯護。德意志民族黨領袖古斯塔夫・史特雷斯曼（Gustav Stresemann）當時還沒有像後來有許多人所認爲的那樣變心轉意。在一九一九年，他仍舊被認爲曾經是最高統帥部在國會中的喉舌——像大家所稱的那樣，是「魯登道夫的青年」——激烈地擁護採取併吞政策的人，狂熱地主張進行無限制潛艇作戰的人。

國民議會經過六個月的辯論後於一九一九年七月三十一日通過憲法，總統於八月三十一日批准了這一憲法。從紙面上來說，這是二十世紀所曾經見過的這種文件中最自由和最民主的一個，結構之嚴密幾乎到了完善的程度，其中不乏設想巧妙、令人欽佩的條文，看來似乎足以保證一種幾乎完善無疵的民主制度的實行。內閣制政府是取法自英國和法國，擁有實權的民選總統則仿效美國，人民複決制則借鏡瑞士。實行構思嚴密、辦法複雜的比例代表制和選票名單制，是爲了防止選票的浪費，並且使得人數不多的少數派也有權利在議會中享有席位（瑕疵肯定是有的，而且在最後，有些瑕疵證明極爲有害。比例代表和選票名單制固然可能防止選票的浪費，但是也造成了爲數眾多的分裂小黨派，最後使得國會中不可能出現一個穩定的多數派，以致政府不斷更迭。在一九三〇年選舉中，列入競選名單的有二十八個政黨。如果憲法的主要起草人雨果・普魯斯教授（Hugo Preuss）的有些主張當初沒有被否決的話，共和國本來也許可以有比較大的穩定性。他在威瑪建議，將德國建成爲一個中央集權的國家，解散普魯士和其他單獨的邦，把它們改爲行省。但是國民議會否決了他的建議。最後，憲法第四十八條授予總統在緊急狀態下有獨裁權。布呂寧〔Heinrich Brüning〕、巴本、施萊歇爾幾位總理在興登堡總統同意下應用這一條款，使得他們能夠未經國會授權就執行政權，這樣，甚至在希特勒上臺以前就結束了德國的民主議會政府制度）。

威瑪憲法的措辭，在任何有民主思想的人聽來都是動人而有力的。憲法宣布人民是一國之主：「政治權力來自人民。」凡年滿二十歲，不分男女，均享有選舉權。「所有德國人在法律面前一律平等……個人自由不可侵犯……所有德國人都有權……自由表示意見……所有德國人都有結社或集會的權利……全國居民都享有信仰和良心自由……。」世界上沒有任何人可能比德國人更加自由，沒有任何國家政府比德國人的政府更加民主和自由。至少，在紙面上是如此。

凡爾賽的陰影

在威瑪憲法的起草工作結束之前，發生了一件不可避免的事，使得威瑪憲法和它所要建立的共和國蒙上了一層陰影。那就是凡爾賽和約的起草。在戰後初期動亂不已的和平日子裡，甚至在國民議會在威瑪開會以後，德國人民對於他們戰敗的後果似乎都還很少考慮。即使考慮了的話，他們看來也頗有自信，在按照協約國的要求驅逐了霍亨佐倫王室、平定了布爾什維克分子、著手建立了一個民主的共和國政府之後，他們有權得到一個公正的和約，不是以他們戰敗爲基礎，而是以威爾遜總統的著名十四點爲基礎的和約。

德國人似乎很健忘，連一年前的事也記不起來了；在一九一八年三月三日，當時尚處在勝利中的德國最高統帥部曾經在布列斯特—立托夫斯克（Brest-Litovsk）強迫戰敗的俄國接受一個「在現代歷史上沒有先例和無可比擬的羞辱的」和約[2]，這還是一個英國歷史學家在戰爭所引起的情緒冷卻下來了二十年以後發表的看法。這個和約剝奪的俄國領土幾乎有奧匈帝國和土耳其加起來一般大，居民五千六百萬，亦即其全部人口的百分之三十二；三分之一的鐵路線，百分之七十三的鐵礦，百分之八十九的煤產量，五千多個工廠。此外，俄國還得付給德國六十億馬克的賠款。

一九一九年晚春的時候，德國人受報應的日子終於來到了。協約國未經與德國協商而片面規定的凡爾賽和約於五月七日在柏林發表。對於一個到最後一刻鐘還沉溺在幻想中的國家的人民來說，這是個驚人的打擊。全國紛紛舉行憤怒的群眾集會，對和約表示抗議，要求德國拒絕簽字。在威瑪議會期間擔任總理的賽德曼叫嚷道：「誰在這個和約上簽字，就讓誰的手爛掉吧！」五月八日，臨時總統艾伯特和政府公開聲稱，和約條款是「不能實現和不能負擔的」。第二天，在凡爾賽的德國代表團照會固執的法國總理克里蒙梭，表示這種和約是「任何國家所不能容忍的」。

它有什麼地方是這麼不能容忍的呢？它把亞爾薩斯—洛林歸還給法國，一小塊領土歸還給比利時，石勒蘇益格邦（Schleswig）一小塊領土在經過公民投票後歸還給丹麥，而這是俾斯麥在上一世紀同丹麥作戰勝利後從丹麥那裡割取的。它也把德國人在瓜分波蘭時奪去的領土歸還給波蘭，其中一部分還要經過公民投票。這是使德國人最爲惱怒的規定之一，使他們不滿的，不僅因爲給了波蘭一條通向海路的走廊使得東普魯士同祖國隔絕，而且因爲他們瞧不起波蘭人，認爲波蘭人是劣等民族。同樣使德國人惱怒的是，和約強迫他們接受發動戰爭的責任，要求他們把德皇威廉二世和其他約八百名的「戰爭罪犯」交給協約國。

賠款數目以後再規定，但是一九一九年到一九二一年之間先要付一筆五十億美元的金馬克，如無現款，可以付某些實物——如煤、船隻、木材、牛羊等等。

不過最傷害德國人自尊心的是，凡爾賽和約實際上解除了德國的武裝（它限制陸軍不得超過十萬名長期志願入伍者，不許擁有飛機和坦克。參謀總部亦被禁止設立。海軍減少到僅有象徵意義的程度，不許建造潛水艇和一萬噸以上的艦隻）。從而，至少暫時，排除了德國在歐洲稱霸的可能性。儘管如此，受到痛恨的凡爾賽和約，不像德國強使俄國接受的和約，在地理方面和經濟方面基本上並沒有觸動德國，保持了它作爲一個大國的政治統一和潛在力量。

威瑪臨時政府，除了埃爾茲伯格一人例外（他主張接受和約，理由是它的條件是能夠輕易規避的），都堅決反對接受凡爾賽命令——現在大家這樣來稱呼和約了。站在政府背後作爲後盾的是全國絕大多數人民，從極左直到極右。

陸軍怎麼樣呢？如果拒絕接受和約，陸軍能夠抵抗協約國不可避免要從西方發動的進攻嗎？艾伯特向最高統帥部提出了這個問題。最高統帥部這時已遷到波美拉尼亞的科爾堡（Kolberg）。六月十七日，格勒納將軍認爲德國的軍事抵抗不會有什麼結果，於是敦請興登堡答覆艾伯特：

一旦戰端重啓，我們能夠重克波茲南省（Posen，在波蘭），守住東部邊境。但是在西部，很難指望我們能夠抵抗敵軍的重大攻勢，因爲協約國在人力上佔優勢，而且他們有能力在兩翼包抄我們。

因此，總的來說，軍事行動是否能成功，是頗爲懷疑的，但是作爲一個軍人，我不能不感到，與其接受恥辱的和平，不如光榮地戰死沙場。

這位受人尊敬的總司令的最後一句話是完全符合最優秀的德國軍事傳統的，但是其誠意卻大可懷疑，因爲我們現在知道了德國人民當時並不知道的一個事實：興登堡同意格勒納的看法，這個時候抵抗協約國不僅是沒有希望的，而且還可能犧牲陸軍珍貴的軍官團、甚至造成德國本身的滅亡。

但是協約國現在要求德國提出明確的答覆。在六月十六日，即興登堡書面回答艾伯特前一天，協約國向德國提出了一項最後通牒：必須在六月二十四日以前接受和約，否則停戰協定即告失效，協約國將「採取他們認爲爲實現他們的條件所必需的步驟」。

艾伯特再一次求救於格勒納。如果最高統帥部認爲軍事上抵抗協約國有些微的成功可能，艾伯特就會設法使議會拒絕接受和約，但是他必須立刻得到一個答覆。最後通牒規定的限期六月二十四日來到了。下午四點三十分的時候，內閣還在開會以求做出最後的決定。興登堡和格勒納再一次商量。「你同我一樣明白，武裝抵抗是不可能的事。」年邁力衰的陸軍元帥說。但是，正如一九一八年十一月九日在斯帕一樣，他當時沒有勇氣把無情的眞相面告德皇，而把這件不愉快的任務交給了格勒納，這一次他又不願親自把眞相告訴共和國臨時總統。他對格勒納說：「你可以把答覆告訴總統，同我去告訴沒有什麼兩樣。」[3]再一次，這位將軍義不容辭地擔當了原來屬於元帥的最後責任。雖然他也一定知道，他這樣做最後將加倍地肯定在軍官團面前成爲替罪羊，他還是把最高統帥部的意見在電話中告訴了總統。

既然軍隊的領導人承擔了責任——但是這一點在德國馬上被忘懷了——國民議會就鬆了一口氣，終於以絕大多數通過簽訂和約，這個決定通知克里蒙梭時，距離協約國最後通牒的限期只差十九分鐘。四天以後，一九一九年六月二十八日，和約在凡爾賽宮的明鏡廳簽了字。

一個不和睦的家庭

從那一天起，德國成了一個不和睦的家庭。保守派既不接受和約，也不接受批准和約的共和國。從長遠來說，陸軍也不會接受——格勒納將軍是例外——雖然它曾宣誓要支持新的民主政體，而且簽訂凡爾賽和約的最後決定也是它自己做出的。儘管發生了十一月「革命」，保守派仍舊掌握著經濟實權。他們擁有工業、大莊園和全國大部分資本。他們的財富可以用來、而且實際上也的確是用來資助各個政黨和從今起努力敗壞共和國聲譽的政治報紙。

和約的墨跡未乾，陸軍就已經開始規避和約的軍事限制。由於社會黨領袖的膽怯和短視，軍官團不僅能夠按照普魯士原來的傳統保持了陸軍，這一點已見上述，而且還能夠成爲新德國眞正的政治力量中心。直到壽命不長的共和國的最後幾天爲止，陸軍一直沒有把它的命運押在任何一個政治運動上面。但是在十萬帝國國防軍的傑出創建者塞克特將軍的領導下，陸軍爲數雖少，卻成了一個國中之國，對德國的內外政策有越來越大的影響，發展到最後，共和國的繼續存在還得取決於軍官團的意志。

作爲國中之國，它對全國政府保持獨立地位。按照威瑪憲法，像其他西方民主國家的軍隊那樣，陸軍應該從屬於內閣和議會。但是它卻沒有如此。軍官團也沒有整肅掉它的保皇反共和的思想情緒。少數社會黨領袖如賽德曼和格爾茲辛斯基（Albert Grzesinski）主張將陸軍「民主化」。他們看到了將陸軍交還給有著極權主義、帝國主義老傳統的軍官的危險。但是他們不僅受到了將軍們的有效反對，而且也受到了他們自己的、以國防部長諾斯克為首的社會黨同志的有效反對。這位無產階級出身的共和國部長公然大言不慚地說，他要恢復「軍人對世界大戰的驕傲記憶」。合法選出的政府沒有能夠建立一支忠於它自己的民主精神、服從內閣和國會的新陸軍，這是共和國的一個致命錯誤。時間後來證明了這一點。

沒有整肅司法系統是另一個致命錯誤。司法當局成了反革命的中心之一，濫用法律來為反動的政治目的服務。「不可能逃避這樣的結論，」歷史學家弗朗茲・紐曼（Franz L. Neumann）說：「政治審判是德意志共和國生命史上最黑暗的一頁。」[4] 一九二〇年發生卡普政變後，政府對七百零五人提出叛國罪起訴，只有一個人即柏林警察局長受到了判決——五年「光榮監禁」。普魯士邦不發給他年金時，最高法院還下令照舊發給。德國某地的一個法院在一九二六年十二月裁決，要發給卡普政變軍事首腦呂特維茨將軍積欠的年金，包括他在反叛政府時期和他逃匿在匈牙利躲避法律制裁的五年期間的年金。

而另外一方面，成百上千的德國自由主義者卻以叛國罪被判長期徒刑，只是因為他們在報上或演講中揭露了或譴責了陸軍不斷違反凡爾賽和約的行為。對於共和國支持者，無情地應用了叛國罪法律，但是對於那些企圖推翻共和國的右派，卻不是無罪釋放，就是只判以最輕的判決，這一點，希特勒很快地就看到了。甚至暗殺兇犯，只要是屬於右派，而被殺者屬於民主分子，也得到法院的寬大對待，或者得到陸軍軍官和右翼極端分子的幫助，逃出法院的拘押，這種情況是屢見不鮮的。

因此，只剩下溫和的社會黨人，在民主分子和天主教中央黨人的協助下，獨力支撐這個誕生以後就搖搖欲墜的共和國。他們受到了反對者的痛恨、咒罵，有時是子彈的襲擊，這些反對者為數日眾，決心日堅。「在人民的心中，」以《西方的沒落》一書聲名鼓噪一時的史學家史賓格勒叫嚷道：「威瑪憲法已注定要死亡了。」在南部的巴伐利亞，年輕的煽動家希特勒理解到民族主義的、反民主的、反共和的新浪潮的力量。他開始駕馭這一力量。

時局對他幫了很大的忙，特別是這兩件事：馬克的貶值和法國的佔領魯爾。我們前面已經談到，馬克在一九二一年開始貶值，和美元的比價跌到七十五比一，次年跌到四百比一，一九二三年年初跌到七千比一。在一九二二年秋天，德國政府已經要求協約國暫緩償還賠款。法國的龐加萊政府斷然拒絕。當德國不能交付木材時，在戰時曾任法國總統的這位頭腦死硬的總理命令法國軍隊佔領魯爾。在上西里西亞割讓給了波蘭以後，德國的這一煤鋼產量佔全國五分之四的工業心臟，如今就同德國其他部分隔絕了。

這個對德國經濟起癱瘓作用的打擊使德國人民暫時團結起來，而自從一九一四年以來，他們還從來沒有這樣團結過。魯爾的工人宣布舉行總罷工，並且得到柏林政府的經濟支援，後者號召進行消極抵抗。在陸軍的幫助下，組織了破壞活動和遊擊戰爭。法國以逮捕、驅逐出境、甚至死刑來對付。但是在魯爾，沒有一架機器的輪子轉動。

對德國經濟的扼殺，加速了馬克的最後崩潰。一九二三年一月佔領魯爾的那一天，馬克對美元比價跌到了一萬八千比一，到七月一日，跌到了十六萬比一，到八月一日跌到了一百萬比一。到十一月，希特勒認爲他的時辰來到時，馬克跌到了四十億比一美元，此後，數字就以兆計了。德國貨幣成了毫無價值的廢紙。工資薪水的購買力等於零。中產階級和工人階級的一生積蓄都蕩然無存。但是遭到毀滅的還有更加重要的東西，那就是德國人民對其社會經濟結構的信任。德國社會歷來竭力鼓勵儲蓄和投資，並且莊嚴地保證這種儲蓄和投資能夠得到萬無一失的報償，結果卻自食其言，這樣一個社會的標準和行爲還值得相信嗎？這不是對人民布下的大騙局嗎？

這場災禍不是應該怪那個向敵人投降和接受賠款重擔的民主共和國嗎？對其本身的生存頗爲不幸的是，共和國的確要負一份責任。通貨膨脹本來是可以靠平衡預算來制止的，儘管平衡預算不是一件容易的事，但也不是辦不到的。適當增稅本來可以實現預算平衡，但是新政府卻不敢適當地增稅。說到底，一千六百四十億馬克的戰爭費用也一點不是靠直接徵稅來籌措的，其中九百三十億馬克靠發行戰時公債，二百九十億馬克靠金庫券，其餘靠增發紙幣。共和國政府不但沒有對有力量的人大大增加稅額，反而在一九二一年削減了他們的稅額。

從此以後，在大工業家和大地主的教唆下，政府有意讓馬克崩潰，爲了使國家能夠逃避公債，免付賠款，在魯爾跟法國搗蛋。這樣做，對大工業家和大地主肯定是有好處的，而人民群眾卻在經濟上遭到了毀滅。此外，貨幣貶值也使德國重工業能夠用毫無價值的馬克償清債務。參謀總部爲了要逃避和約中取締其存在的條款，這時已僞裝爲軍隊辦公室（Truppenamt），它也注意到，馬克的貶值掃清了戰爭債務，這樣就可以使德國在財政上毫無牽累，可以從事一場新的戰爭。

但是人民群眾並不知道工業巨頭、陸軍和國家從貨幣的貶值中得到多少好處。他們所知道的只是，大筆銀行存款還買不到一把胡蘿蔔、幾個馬鈴薯、幾兩糖、一磅麵粉。他們知道，作爲個人，他們是破產了。他們也知道饑腸轆轆的滋味，因爲這是每天嘗到的。他們在痛苦和絕望之餘，把共和國當作這一切罪過的替罪羊。

這樣的時候正是阿道夫・希特勒的天賜良機。

巴伐利亞發生的反叛

「政府鎮定沉著地繼續印發這些廢紙，因爲，如果停止印發的話，政府就完蛋了，」他叫嚷道：「因爲一旦印刷機停止轉動——而這是穩定馬克的先決條件——騙局馬上就會暴露在光天化日之下……請相信我，我們的痛苦只會增加。而壞蛋們卻安然無事。原因是：國家本身已經成了最大的騙子和惡棍。這是個強盜的國家！……如果受驚的人民注意到，他們即使有幾十億馬克，也只有挨餓的份兒，那他們一定會做出這個結論：我們不能再聽命於一個建築在騙人的多數決玩意兒上面的國家了。我們需要獨裁……。」5

毫無疑問，通貨漫大膨脹所帶來的困難和動盪不定迫使千百萬德國人民得出了這個結論，而希特勒是非常樂意把他們引導上這條道路的。事實上，他早已開始相信，一九二三年混亂的局面已經造成了一個可能不再來臨的推翻共和國的機會。但是，如果他本人要來領導這場反革命活動的話，他的道路上還有一定的困難。而如果不是由他來領導，他就沒有多大興趣。

這些困難首先是，納粹雖然黨員人數日增，還遠不是巴伐利亞最重要的一個政治運動，而在巴伐利亞境外，它更是默默無聞。這樣一個小黨怎麼能夠推翻共和國呢？希特勒不是個能輕易被困難嚇倒的人，他想出了一個辦法。他可以把巴伐利亞所有反共和的民族主義勢力團結在他的領導之下。然後在巴伐利亞政府、武裝團體和駐紮在巴伐利亞的國防軍支援之下，他可以領導一次向柏林的進軍——像一年前墨索里尼向羅馬進軍一樣——推翻威瑪共和國。顯然，墨索里尼輕易取得的勝利觸發了他的靈機。

法國佔領魯爾雖然重新燃起了德國對傳統敵人的仇恨，從而使民族主義精神復活，但是卻使希特勒的計畫變得困難了。法國這樣做，使得德國人民團結在抵抗法國的柏林共和政府的背後。這是希特勒所最不願意看到的事情。他的目標是摧毀共和國。至於法國，德國可以在實現了自己的民族主義革命和建立了獨裁政權以後，再來收拾它。希特勒在有力的輿論潮流面前居然敢冒大不韙，採取一個不得人心的方針：「不——不要打倒法國，而是要打倒祖國的叛徒！打倒十一月罪人！這才是我們的口號。」6

在一九二三年的頭幾個月裡，希特勒就致力於實現這個口號。二月間，主要是由於羅姆在組織工作上的本領，巴伐利亞有四個武裝的「愛國團體」同納粹黨聯合組成所謂「祖國戰鬥團體工作聯盟」（Kampfverbaende），並以希特勒為政治領導。九月間組織了一個名叫「德國人戰鬥聯盟」（Kampfbund）的更強有力的團體，希特勒擔任三人領導之一。這一組織於九月二日在紐倫堡成立，是為了慶祝德國在色當打敗法國滿五十三周年。南德大部分具有法西斯思想的團體都有代表參加，希特勒在會上發表了一篇激烈的反對中央政府的演說後，受到了全場起立的歡呼。新成立的戰鬥聯盟公開聲稱它的目標是：推翻共和國，撕毀凡爾賽和約。

在紐倫堡開會期間，檢閱示威群眾遊行的時候，希特勒在檢閱臺上站在魯登道夫將軍的旁邊。這並不是件偶然的事。若干時候以來，這個年輕的納粹頭子就一直在拉攏這位戰時英雄。魯登道夫曾經讓柏林卡普政變的策動者利用他的聲名，現在既然他繼續鼓勵右翼的反革命，也就有可能誘使他來支持希特勒心中開始萌芽的那種行動。這位老將軍是一點也沒有政治頭腦的；他現在定居在慕尼黑郊外，毫不掩飾他對巴伐利亞人、對巴伐利亞王位可能繼承人魯普雷希特、對德國天主教會勢力最大的一邦的天主教會的蔑視。這一切，希特勒都知道，但是，這正合他的心意。他並不想要魯登道夫來擔任民族主義反革命運動的政治領袖——雖然人人皆知，這位戰時英雄頗有雄心擔當這個角色。希特勒要把這個角色留給自己。但是魯登道夫的名字，他在軍官團和整個德國保守派中間的聲望，對這個在巴伐利亞境外還是默默無聞的地方政客來說，卻是個本錢。於是希特勒開始把魯登道夫包括到他的計畫裡面。

一九二三年秋，德意志共和國和巴伐利亞邦之間的危機達到了頂點。九月二十六日那天，史特雷斯曼總理宣布結束在魯爾的消極抵抗，德國恢復支付賠款。這個前興登堡和魯登道夫的喉舌是個堅決的保守派，而且從骨子裡來說，還是個保皇派，他已認定，如果德國要得救，要統一，要恢復強大，那就必須——至少在目前——同意共和國的存在，同協約國妥協，取得喘息的時間來恢復經濟力量。如果再聽其自流的話，只會造成內戰，也許最後會導致國家的毀滅。

在魯爾放棄對法國的抵抗和恢復賠款負擔這兩件事，在德國民族主義分子和在共產黨人中間引起了一場狂怒和歇斯底里的叫嚷。共產黨的勢力這時也有了增長，他們同民族主義者一起，猛烈譴責共和國。史特雷斯曼面臨著來自極右方面和極左方面的嚴重反叛。關於這一點，他是預見到的，他在宣布改變魯爾和賠款問題政策的那一天就請總統艾伯特宣布了緊急狀態。從一九二三年九月二十六日一直到一九二四年二月，根據緊急狀態法，德國的執行權力交給國防部長奧托・格斯勒（Otto Gessler）和陸軍司令塞克特將軍。實際上，這就使得塞克特將軍和他的陸軍成了全國的實際獨裁者。

巴伐利亞毫無意思接受這樣一個解決辦法。歐根・馮・克尼林（Eugen von Knilling）領導的巴伐利亞內閣九月二十六日在本邦宣布了緊急狀態，任命右翼保皇派、前邦總理古斯塔夫・馮・卡爾爲擁有獨裁權力的邦長官。在柏林方面，有人擔心巴伐利亞可能退出德國，擁護威特斯巴赫王室復辟，也許還會同奧地利組織一個南德意志聯邦。於是艾伯特總統就匆匆忙忙地召開了一次內閣會議，並且邀請塞克特將軍參加。艾伯特想要知道陸軍站在哪一方面。塞克特直率地告訴他：「總統先生，陸軍站在我的背後。」[7]

這位夾著單鏡片、面無表情的普魯士籍總司令的冷冰冰的話，不出所料，並沒有使德國總統或者總理感到驚異。他們早已認識到陸軍那種不服從任何方面的國中之國的地位。我們前面已經談到，三年以前，當柏林被卡普部隊佔領的時候，曾向塞克特提出過類似的呼籲，當時陸軍就站在這位將軍的背後，而沒有站在共和國的背後。現在一九二三年的唯一問題是，塞克特站在哪裡。

共和國眞是幸運，他這次是站在共和國的背後，這不是因爲他相信共和民主的原則，而是因爲他看到，就目前來說，要保全本身受到巴伐利亞和北方的反叛威脅的陸軍，要防止德國陷於災難深重的內戰，支持現政權是必要的。塞克特知道，駐紮在慕尼黑的那一個師裡有些領導軍官站在巴伐利亞分離主義者一邊。他也知道有個「黑色國防軍」的陰謀，其首領是前參謀總部軍官布赫魯克（Bruno Ernst Buchrucker）少校，其目的是要佔領柏林和推翻共和政府。他現在就按經過深思熟慮的計畫和堅強的決心著手行動，來整頓陸軍和結束內戰威脅。

一九二三年九月三十日晚上，黑色國防軍部隊在布赫魯克少校指揮下佔領了柏林東面的三個炮臺。塞克特命令正規軍去包圍他們，兩天後，布赫魯克投降了。他以叛國罪被起訴，後來眞的在軍中關了十年的禁閉。原來是由塞克特本人用「勞動突擊隊」（Arbeitskommandos）名義建立起來爲十萬名國防軍提供祕密後備人員的黑色國防軍就此解散了（黑色國防軍爲數大約二萬，在一九二〇至一九二三年動盪的年代中，原駐在東部邊境，以協助防備波蘭人。這個祕密組織所以出名是由於它恢復了中世紀祕密法庭的恐怖行爲。這種祕密法庭對於那些把黑色國防軍活動報告給協約國管制委員會的德國人任意判處死刑。這類殘忍殺人事件有好幾起告到了法院。有一次審訊時，繼諾斯克擔任國防部長的奧托·格斯勒表示，他不知道這個組織的存在並堅決聲稱它並不存在。當一個審問者表示不相信的時候，格斯勒就叫嚷道：「誰談到黑色國防軍，誰就犯了叛國罪！」）。

塞克特接著把他的注意力轉移到薩克森、圖林根、漢堡和魯爾方面共產黨暴動的威脅上去。在鎮壓左派方面，陸軍的忠誠是毫無問題的。在薩克森，當地國防軍司令逮捕了社會黨—共產黨聯合政府人員，並且任命了一名國家長官執掌政權。在漢堡和其他地方，共產黨很快受到嚴厲的鎮壓。柏林現在認爲，輕易地鎮壓了布爾什維克分子以後，已經剝奪了巴伐利亞陰謀分子的藉口，讓他們不能再聲稱要從共產主義手中拯救共和國，並且認爲他們現在總該會承認全國政府的權威了。但是事情的結果卻不是如此。

巴伐利亞仍舊違抗柏林。它現在處在三巨頭的獨裁控制之下，三巨頭是邦長官卡爾、駐在巴伐利亞的國防軍司令奧托·馮·洛索夫將軍（Otto von Lossow）和邦警察局長漢斯·馮·賽塞爾上校（Hans von Seisser）。卡爾拒絕承認艾伯特總統宣布德國處於緊急狀態的命令適用於巴伐利亞。他拒絕執行柏林方面的任何命令。全國政府要求取締希特勒的報紙《人民觀察家報》，因爲它惡毒攻擊共和國，特別是塞克特、史特雷斯曼和格斯勒，但是卡爾卻輕蔑地加以拒絕了。

柏林方面的第二道命令是：逮捕巴伐利亞一些武裝團體的三個臭名遠揚的首腦：海斯上尉、卡普政變中的「英雄」埃爾哈特上尉和羅姆的男友羅斯巴赫中尉。卡爾也置之不理。塞克特不能再忍耐了，他命令洛索夫將軍取締納粹黨報和逮捕這三個自由團人員。但是這位將軍卻遲遲沒有遵命，因為他自己也是巴伐利亞人，而且思想混亂，性格軟弱，希特勒的雄辯和卡爾的勸說已使他上了鉤。十月二十四日，塞克特撤換了他，另派克萊斯·馮·克萊森施坦因將軍（Kress von Kressenstein）接替。但是，卡爾不肯接受柏林方面的片面決定。他宣稱，洛索夫將繼續擔任駐在巴伐利亞的國防軍司令，並且強迫陸軍軍官和士兵舉行特別宣誓，效忠巴伐利亞政府，這不僅是違抗塞克特，而且是藐視憲法。

在柏林方面看來，這不僅是政治反叛，而且還是軍事反叛。塞克特將軍現在決心要平定這次雙重反叛[8]。

他向巴伐利亞三巨頭，向希特勒和武裝團體發出了一個明白的警告：他們方面的任何反叛都將受到武力的對付。但是對這位納粹領袖來說，這時要再後退已經太晚了。他激烈的黨羽都要求行動起來。他的衝鋒隊隊長之一威廉·布魯克納（Wilhelm Bruechkner）中尉則要求他馬上採取行動。「時候到了」，他提醒說：「我已約束不住弟兄們了。如果現在再不採取行動，他們就要離開我們了。」

希特勒也認識到，如果史特雷斯曼贏得更多的時間，並且恢復國內平靜成功的話，他自己的機會就會喪失。因此他要求卡爾和洛索夫趁現在柏林方面還沒有向慕尼黑進軍之前就向柏林進軍。他開始懷疑，三巨頭不是膽怯了，就是打算在沒有他參加的情況下搞政變，鬧分離，要巴伐利亞脫離德國。

希特勒狂熱地主張要以強大的民族主義統一德國，對於這種政變他是絕對反對的。

在塞克特提出警告後，卡爾、洛索夫、賽塞爾的確是開始喪膽了。他們沒有興趣作無益的姿態而自毀前途。十一月六日，他們告訴戰鬥聯盟：不能催促他們採取輕率行動；究竟在什麼時候、用什麼方式採取行動，只有他們才有權決定。希特勒是戰鬥聯盟的主要政治人物，因此這等於告訴希特勒，他必須自己掌握主動。他如果要單獨舉行政變，還沒有足夠的後盾。他必須得到巴伐利亞邦、軍隊和警察的支持，這是他在維也納流浪的日子裡學到的教訓。他總得想個辦法使卡爾、洛索夫、賽塞爾處在不得不與他一起行動而且沒有退步的餘地。這需要大膽，甚至冒險，現在希特勒用事實證明他是有這種魄力的。他決定劫持三巨頭，強迫他們按照他的要求行使他們的權力。

這個主意最初是羅森堡和施伯納—里希特這兩個從俄國逃出來的人向希特勒建議的。後者借他妻子的姓充起貴族來，自稱爲馬克斯・埃爾溫・馮・施伯納—里希特（Max Erwin von Sheubner-Richter）。他是個來歷可疑的角色，像羅森堡一樣，一生大部分時間是在波羅的海沿岸的俄國省分裡度過的，戰後同其他難民一起從蘇聯逃到慕尼黑，在這裡加入了納粹黨，成了希特勒親信之一。

十一月四日是德國陣亡將士紀念日，慕尼黑市中心要舉行軍事檢閱，報上已經宣布，在一條通向英烈祠的狹隘街道上設立的檢閱臺上，接受軍隊敬禮的，除了眾望所歸的王儲魯普雷希特之外，還有卡爾、洛索夫和賽塞爾。施伯納—里希特和羅森堡向希特勒建議，用卡車裝運幾百名衝鋒隊，在受檢閱的軍隊來到之前包圍這條小街道，用機槍加以封鎖。希特勒然後登上檢閱台，宣布革命，在手槍威脅下勸說這些權貴參加革命，幫助他領導革命。這個計畫很中希特勒的意，他表示熱烈贊成。但是在約定的那天，當羅森堡提前趕到這個地方進行偵察時，他頗爲沮喪地發現，這條狹隘的街道被一大批全副武裝的警察完全警戒起來了。這個計畫，也就是「革命」，不得不因此放棄。

事實上，這只不過是推遲了而已。他們又想出了第二個計畫，這一次，即使有警察把守要衝，也不能阻撓其實現。在十一月十日到十一日的夜間，衝鋒隊和戰鬥聯盟等其他武裝團體將集中在慕尼黑正北方向的弗羅特曼寧格荒地，在十一日可恨又可恥的停戰紀念日上午就開入市內，佔據戰略要地，宣布全國革命，使躊躇不前的卡爾、洛索夫、賽塞爾面臨既成事實。

就在這個時候，一個並不是十分重要的公告使希特勒放棄了這個計畫，而另想辦法。原來報上有一條簡短的通告說，應慕尼黑某些企業團體之請，卡爾將在慕尼黑東南郊一家名叫「貝格伯勞凱勒」（Buergerbäu Keller）的大啤酒館舉行的一次集會上講話。日期是十一月八日晚上。通告說，這位長官的演講內容是關於巴伐利亞政府的施政綱領的。洛索夫將軍和賽塞爾上校以及其他顯貴也將列席。

有兩點考慮使希特勒作出了迅速的決定。第一點考慮是，他懷疑卡爾可能利用這次集會來宣布巴伐利亞獨立和威特斯巴赫王朝在巴伐利亞復辟。十一月八日一整天，希特勒一直在設法會見卡爾，然而沒有如願，卡爾要到九日才肯見他。這只有增加了這位納粹黨領袖的懷疑。他必須先發制人。而且——這是第二點考慮——貝格伯勞凱勒酒館的集會提供了十一月四日所錯過的機會：把三巨頭一網打盡，在手槍威脅下強迫他們同納粹黨一起進行革命。希特勒決定立即採取行動。十一月十日的動員計畫取消了；衝鋒隊臨時改派到這家大啤酒館執行任務。

啤酒館政變

一九二三年十一月八日晚上九點差一刻的時候，卡爾對三千名左右坐在粗木桌子邊、以巴伐利亞方式用石缸子咕嚕咕嚕大口喝著啤酒的市民已經講了半小時的話，這時候衝鋒隊包圍了貝格伯勞凱勒酒館，希特勒排開人群走進了大廳。正好在他手下的人在門口架起了一挺機關槍的時候，希特勒跳上一張桌子，爲了吸引注意，拿出手槍對著天花板開了一槍。卡爾馬上停止了講話。聽眾轉過身來看這是怎麼回事。希特勒在赫斯和烏里希・格拉夫——前屠夫、業餘摔跤家、打手，現在是領袖的衛士——的簇擁下走向講臺。一名警察少校想要阻攔他，可是希特勒用手槍對著他，繼續前進。據目擊者說，卡爾這時嚇得「面如土色，手足無措」，從講臺上退了下來。希特勒佔據了他的位置。

「全國革命已經開始了！」希特勒叫喊道：「這個地方已經由六百名武裝人員佔領。任何人都不許離開大廳。大家必須肅靜，否則我就在樓廳上架起機關槍。巴伐利亞政府和全國政府已經推翻，臨時全國政府已經成立。國防軍營房和警察營房已被佔領。軍隊和警察已在萬字旗下向市內挺進。」

最後一點是假的，純屬虛聲恫嚇。但是在混亂中誰也沒有把握。而希特勒的手槍卻是實實在在的東西。它已經開過一槍。衝鋒隊和他們的步槍及機槍也是實實在在的東西。希特勒現在命令卡爾、洛索夫、賽塞爾跟他到台後一間私室裡去。在衝鋒隊員的推擠下，巴伐利亞的這三個最高級官員乖乖地聽從希特勒的吩咐，而群眾則目瞪口呆地看著。

但是他們也懷著越來越不滿的情緒。許多企業家仍舊認爲希特勒是個剛剛竄上來的暴發戶。他們之中有一個人向警察叫道：「別像一九一八年那樣膽小，快開槍！」但是警察看到自己的局長都那麼馴服，而且衝鋒隊已經佔領了整個大廳，一動都不敢動。希特勒早已在警察局安插了一個納粹的內線威廉・弗立克（Wilhelm Frick），要他打電話給啤酒館值勤的警察不要插手干預，只須報告情況就行。人群開始越來越憤慨，以致戈林認爲有必要走上講臺，叫他們安靜點。「沒有什麼好害怕的，」他大聲叫道：「我們沒有惡意。因此，你們沒有不滿的理由，喝你們的啤酒吧！」他還告訴他們，在隔壁房間裡正在組織新政府。

的確是在組織新政府，不過，這是在希特勒的手槍脅迫之下進行的。他一等到把三個人趕進隔壁房間之後，就告訴他們：「沒有我的許可，誰都別想活著走出這個房間。」他接著又告訴他們，他們三個人都可以在巴伐利亞政府中或者在他與魯登道夫一起組織的全國政府中保有重要的職位。同魯登道夫一起？那天傍晚，希特勒已派了施伯納—里希特到路德維希斯霍伊（Ludwigshoehe）去接這位對納粹黨政變毫不知情的著名將軍前來啤酒館。

這三個人起先連話也不願同希特勒說。但是他卻繼續向他們發表宏論。他們三個人都必須同他一起宣布實行革命，參加新政府；他們都必須接受他——希特勒——派給他們的職位，誰要不幹「誰就別想活」。卡爾將擔任巴伐利亞攝政者；洛索夫將擔任國防軍部長；賽塞爾將擔任國家警察局長。可是這三個人一個也沒有被這種高官顯爵所打動。他們根本沒有搭理。

他們繼續保持沉默，這使希特勒焦躁起來。最後他向他們揮動著手槍說：「我的手槍裡有四顆子彈！如果你們不肯跟我合作，三顆留給你們。最後一顆就留給我自己！」他舉著手槍對準自己的前額嚷道：「如果明天下午我還沒有成功，我就不要這條命了！」

卡爾雖然不是個很聰明的人，膽子卻很壯。「希特勒先生，」他答覆道：「你儘管吩咐他們把我槍斃，或者你親自動手也行。我死不死沒有什麼了不起。」賽塞爾也說了話。他譴責希特勒沒有遵守他保證不對警察舉行政變的諾言。

「不錯，我自食其言，」希特勒答覆說：「請原諒我，但是爲了祖國的緣故，我不得不如此。」洛索夫將軍輕蔑地保持沉默。但是當卡爾在他耳旁開始低語時，希特勒馬上說：「住嘴！沒有我的許可不許交談！」

可是他自己的講話沒有收到什麼效果。這三個掌握巴伐利亞政權的人，即使是槍口對著胸膛，一個也沒有同意跟他走。政變沒有能按預期計畫實現。這時希特勒忽然心血來潮。他一言未發就衝到外面大廳裡去，走上講臺，對著憤憤不滿的人群宣布，隔壁房間裏的三巨頭已經同他一起組成了一個新的全國政府。

「巴伐利亞政府，」他叫道：「已經撤換……十一月罪人的政府和總統也已經被宣布撤換。新政府將在今天在慕尼黑這個地方宣布成立。德國國防軍將立刻組成……我建議，在同十一月罪人算清總帳以前，由我接管全國政府的政策指導工作。魯登道夫將擔任德國國防軍的領導工作……德國全國臨時政府的任務是進軍罪惡的淵藪柏林和拯救德國人民……要是明天還不能成立一個德國全國政府，我們就都殺身成仁！」

希特勒撒巧妙的謊話，這既不是第一次，也肯定不是最後一次，他的謊話居然奏效。當人群聽到卡爾、洛索夫將軍和警察局長賽塞爾已經同希特勒合作的時候，他們的情緒馬上轉變了。有人高聲歡呼，這些歡呼聲打動了仍舊被關在隔壁的三個人。

這時好像變戲法一般，施伯納—里希特接來了魯登道夫將軍。這位戰時英雄對於希特勒在這件事上完全把他蒙在鼓裡隨便擺弄很是生氣，一等到進了後室，知道要擔任德國獨裁者的竟是這個前陸軍下士，而不是他自己時，他就更加不滿了。他對這個魯莽無禮的小子一句話也不願說。但是希特勒並不在乎，他只要魯登道夫肯把他的大名借給他幹這件冒險勾當，使這三個迄今爲止沒有被他的勸說和威脅所打動的巴伐利亞領袖回心轉意就行了。這個要求，魯登道夫是答應的。他說，現在這已成了一個重大的民族的事業，他奉勸這三位先生予以合作。看到這位老將軍也這麼熱心，這三個人就有些退讓了，雖然後來洛索夫否認他曾同意聽命於魯登道夫。卡爾在他念念不忘的威特斯巴赫王室復辟問題上嘀咕了一陣，最後還是說，他願意作爲「國王的代表」一起合作。

魯登道夫的及時來到，救了希特勒。這樣一個幸運的轉機，使希特勒喜不自勝，他馬上率領眾人回到講臺上，每個人都講了幾句簡短的話，並且宣誓互相效忠和忠於新政權。大廳裡的人群興奮得都跳上了椅子和桌子。希特勒高興得合不攏嘴。「他有著一種我永遠不會忘掉的孩子氣和坦率的快活表情，」當時在場的一個著名的歷史學家後來這樣說[9]。

希特勒再次登上講臺，向在場的人們說了他最後的幾句話：

> 我現在要履行我五年前在軍事醫院裡一時成了瞎子時所立下的誓言：不倦不休地努力奮鬥，直到十一月罪人被推翻，直到在今天德國的悲慘廢墟上建立了一個強大自由的光榮德國。

會議至此宣告散會。在出口處，赫斯在衝鋒隊員的協助下，扣留了一些企圖混在人群裡溜出去的巴伐利亞內閣閣員和其他要人。希特勒自己則監視著卡爾、洛索夫和賽塞爾。這時消息傳來，一個名叫高地聯盟（Bund Oberland）的武裝團體的打手們在陸軍工兵隊營房同正規軍發生了衝突。希特勒決定驅車前往出事地點，親自解決爭端，把啤酒館裡的事交給魯登道夫處理。

這個決定後來證明是個致命的錯誤。洛索夫是第一個想溜走的人。他告訴魯登道夫，他必須到陸軍司令部去，發出必要的命令。當施伯納—里希特表示反對時，魯登道夫繃著臉說：「我不許你懷疑一個德國軍官的話。」接著，卡爾和賽塞爾也一個個溜了。

希特勒興高采烈地回到貝格伯勞凱勒酒館時發現，鳥兒已飛出了籠子。這是這個晚上的第一個打擊，他不禁目瞪口呆。他滿以爲他的「部長們」正在忙於他們的新任務，魯登道夫和洛索夫也已經擬出了進軍柏林的計畫了。但是結果是幾乎什麼事情也沒有做，甚至連慕尼黑也沒有被革命軍佔領。只有羅姆帶領了另一個武裝團體「德國戰旗」衝鋒隊佔領了舒恩菲爾德街（Schoenfeldstrasse）陸軍部的辦公處，除此之外，任何戰略要地都沒有佔領，甚至連電報局也沒有佔領，政變的消息就從這裡傳到了柏林，塞克特將軍要巴伐利亞軍隊鎮壓政變的命令也經過這裡發了回來。

雖然下級軍官和一些士兵中間，有些人同情希特勒和羅姆，但是高級軍官在慕尼黑衛戍司令馮・丹納（von Danner）將軍的領導下，不僅準備執行塞克特的命令，而且對於洛索夫將軍所受到的待遇極爲不滿。按照陸軍的慣例，一個平民竟敢以手槍對著一位將軍，就應該當場格殺勿論。洛索夫到了第十九步兵師的營房以後，就同丹納一起會商，立即發出命令，要郊外的駐軍趕到城裡來增援。到清晨時分，正規軍已在陸軍部四周布置了封鎖線，包圍了羅姆的部下。

在此以前，希特勒和魯登道夫到陸軍部來見羅姆，估計一下整個局勢。羅姆出乎意料地發現，除了他以外，沒有任何人採取軍事行動，佔領關鍵性的地點。希特勒竭力想同洛索夫、卡爾和賽塞爾恢復聯繫。但是以魯登道夫名義派到第十九步兵師營房去的信使卻沒有一個回來。前慕尼黑警察局長波納（Ernst Poehner）現在是希特勒的擁護者，他被派同休恩萊因（Huehnlein）少校和一隊衝鋒隊去佔領警察局。但是他們一到那裡就被逮捕了起來。

這時巴伐利亞政府首腦古斯塔夫・馮・卡爾在幹什麼呢？原來他離開了貝格伯勞凱勒以後，立刻恢復了理智和勇氣。他不想再冒當希特勒和他的打手的俘虜的危險，因此把政府遷到了雷根斯堡（Regensburg）。但是在此以前，他已在慕尼黑到處貼了如下的告示：

一些野心勃勃的同志的背信棄義和欺騙行爲，把一次符合民族覺醒利益的表達變成了一場令人作嘔的暴行。我、馮・洛索夫將軍和賽塞爾上校在槍口威脅之下被迫發表的聲明一概無效。國家社會主義德意志工人黨以及高地聯盟和德國戰旗這兩個武裝團體勒令解散。

邦長官　馮・卡爾

這天晚上在希特勒看來是唾手可得的勝利，入夜以後都迅速化成泡影了。他一直堅持的政治革命要成功所必須具備的基礎——諸如陸軍、警察、執政的政治集團等這些地位確立的機構的支持——現在已經垮了。事情很清楚，甚至魯登道夫的大名也不能把巴伐利亞邦的軍隊爭取過來。希特勒建議，他同老將軍一起退到羅森海姆（Rosenheim）附近鄉間，動員農民支持武裝團體襲擊慕尼黑，局勢也許還可以挽救。但是魯登道夫立即拒絕了這個建議。

也許還有辦法，至少可以避免發生不利的結局。魯登道夫的死敵魯普雷希特在聽到了政變消息之後，馬上發表了一個簡短的聲明，要求立即加以鎮壓。現在希特勒決定要求魯普雷希特出來向洛索夫和卡爾斡旋，謀求一個體面的、和平的解決。希特勒和魯普雷希特的共同友人，一個名叫紐恩蔡特（Nuenzert）的中尉擔起這個困難使命，在黎明時分被派到貝希特斯加登附近的威特斯巴赫城堡。他由於找不到汽車，只好等火車，因此到中午的時候才到達目的地，這時，局勢已經急轉直下，這是希特勒所始料不及的，也是魯登道夫做夢也沒有想到的。

希特勒打算做的事是一場政變，不是一場內戰。儘管他情緒極爲激動，但是他還是完全控制住了自己，認識到他沒有力量對付警察和陸軍。他原來的打算是同陸軍一起進行革命，而不是對陸軍進行革命。儘管他在最近的演說中和用槍口對著巴伐利亞三巨頭的時候顯得殺氣騰騰，但是他並不想讓共同憎恨共和國的人自相殘殺。

魯登道夫也是如此。正如他對他妻子所說的一樣，他很希望把艾伯特總統和他那一幫人捆起來，高興地看到他們吊死在絞刑架上。但是他並不想殺害警察和士兵，他們——至少在慕尼黑的警察和士兵——是同他一樣都主張全國反革命行動的。

魯登道夫現在向徬徨的年輕納粹黨領袖提出了他自己想出來的一個計畫，這個計畫也許還能夠爲他們帶來勝利而不致流血。他相信，德國士兵，甚至德國警察——他們大多數是退伍軍人——是不敢對他這個傳奇人物開火的，畢竟他是曾經在東線和西線領導他們取得了偉大勝利的司令官。因此他建議由他和希特勒帶領他們的支持者遊行到市中心去，隨後加以佔領。他完全有把握的是：警察和軍隊不但不敢阻撓他，甚至還會跟著他走，聽他的命令作戰。希特勒開始時將信將疑，但是最後還是同意了。當時看來也沒有別的出路。他也注意到，王儲並沒有答覆他的調停請求。

十一月九日德意志共和國成立紀念日上午快到十一點鐘的時候，希特勒和魯登道夫率領大約三千人的一隊衝鋒隊員，從貝格伯勞凱勒酒館的花園裡出發，向慕尼黑市中心前進。同他們並肩走在行列前面的，有衝鋒隊長戈林、施伯納—里希特、羅森堡、希特勒的衛士格拉夫以及六七個納粹黨的其他頭目和戰鬥聯盟的領袖。一幅萬字旗和高地聯盟的旗幟在隊伍前面迎風招展。在頭幾排行列後面跟著一輛卡車，架著機關槍，載著機關槍手。衝鋒隊員們肩上掛著馬槍，有的還上了刺刀。希特勒手中握著手槍。這並不是一支什麼了不起的軍隊，但是曾經統率德國百萬雄師的魯登道夫顯然認爲，要實現他的目的。這已經夠用了。

離開啤酒館往北，剛走了幾百碼，這些反叛分子就遇到了第一重障礙。在橫跨伊薩河通往市中心的路德維希橋上，有一隊武裝警察把守著，不讓他們通過。戈林一躍向前，對警察隊長說，如果警察向他們開槍，他就要把押在隊伍後面的人質槍斃。在前一天夜裡，赫斯等人已經搜捕了一些人質，其中包括兩個內閣部長，目的就是爲了要應付這種萬一情況。不管戈林是不是虛聲恫嚇，反正那個警察隊長顯然相信了他的話，不再阻撓就讓隊伍過了橋。

在海軍廣場，納粹黨隊伍遇到了正在聽紐倫堡來的反猶主義者施特萊歇爾講話的一大群人。施特萊歇爾是在一聽到政變消息後馬上趕到慕尼黑來的。他不想被拋在革命之外，就中斷了演講，參加了反叛分子的行列，緊緊地跟在希特勒的後面。

中午過後不久，遊行隊伍走近了他們的目的地：羅姆和他的衝鋒隊員們被國防軍包圍的陸軍部。到這個時候爲止，被圍者和包圍者都還沒有發過一槍。羅姆和他的手下人員都是行伍出身，在鐵絲網的另一邊，有不少戰時夥伴。雙方都無心殺人。

爲了要到陸軍部去救羅姆出險，希特勒和魯登道夫現在領導他們的隊伍穿過狹窄的府邸街，這條街在英烈祠旁邊，通向開闊的奧第昂廣場（Odeonsplatz）。就在這條狹窄的街道盡頭，有大約一百名荷槍實彈的警察把守著，不准隊伍通過。他們位居戰略要衝，這一次，他們不再退讓了。

但是納粹黨人又想用計騙過去。他們中間那個忠實的衛士格拉夫一步跳上前，大聲向帶隊的警官叫道：「別開槍！帶隊的是魯登道夫閣下！」即使在這個千鈞一髮的時刻，一個德國革命者，甚至一個業餘摔跤家和職業打手，也還沒有忘記應該怎樣稱呼一個貴人。希特勒也叫了起來：「投降吧！投降吧！」但是那個不知名的警官並不投降。顯然，魯登道夫的名字對他並不能起魔術般的作用。他們是警察，不是軍隊。

究竟哪一方面先開槍，這一點後來一直沒有查明。雙方都把責任往對方身上推。有一個旁觀者後來作證說，是希特勒先用他的手槍開頭一槍的。另一個人認爲是施特萊歇爾。不只一個納粹黨人後來告訴筆者說，就是因爲施特萊歇爾的這一個行動，而並不是因爲任何其他行動，才使得他長期受到希特勒的眷顧（幾年以後，希特勒不顧黨內許多同志的反對，任命施特萊歇爾爲法蘭根納粹黨領袖，他說：「也許有一兩個人不喜歡施特萊歇爾同志鼻子的形狀。但是當他那一天在英烈祠附近同我一起臥倒時，我就暗自對天發誓，只要他不背棄我，我也決不背棄他。海登：《希特勒傳》（*Hitler: A Biography*），頁一五七）。

不管怎麼樣，反正有人開了一槍，接著就是一陣雙方互擊，頓時使希特勒的希望化爲泡影。施伯納—里希特倒了下來，受了致命的重傷。戈林大腿上中了一槍，傷勢甚重，也倒了下來。在六十秒鐘之內，槍聲就停止了，但是已經有不少人躺在街上——總共十六名納粹黨人和三名警察，有的已經斃命，有的奄奄一息，另外還有不少人受傷，其餘的人，包括希特勒在內，都臥倒在地躲避子彈。

但是有一個人例外，而如果大家效法他的榜樣的話，這一天的結局就可能不同了。魯登道夫並沒有臥倒。他以最優秀的軍人傳統，傲然挺立，在副官施特萊克少校的跟隨下，面對著警察的槍口，泰然自若地繼續前進，一直到達奧第昂廣場。當時看來，他一定是個孤單的、奇怪的人。沒有一個納粹黨人跟著他。甚至連他們的最高領袖阿道夫・希特勒也沒有跟著他。

未來的第三帝國總理是第一個飛奔逃命的人。當遊行隊伍走近警察的封鎖線的時候，他原來用左臂挽著施伯納—里希特的右臂的（這是一種奇怪的但也許是意味深長的姿勢），後者倒地的時候把希特勒也拉了下去。可能希特勒以爲自己受了傷，他感到一陣劇痛，後來才發現是肩膀脫了臼。但是事實仍舊是，據當時也參加遊行的黨內同志瓦爾特・舒爾茲（Walther Schultz）醫生的證詞（並且得到其他證人的證明），希特勒「是第一個跳起來向後跑的人」，把他那些躺在街上的死傷同志拋下不顧。他登上一輛候在附近的汽車，馬上開向漢夫施丹格爾在烏芬的鄉間別墅，在那裡，他得到漢夫施丹格爾的妻子和妹妹的護理，也就是在那裡，兩天以後，他被捕了。

魯登道夫是當場被捕的。對於沒有勇氣同他並肩前進的反叛者，他只有蔑視的份兒，對於陸軍沒有投向他的一邊，他感到非常怨恨，因此他宣布，他從今以後不再同任何德國軍官打招呼，他自己也不再穿軍官制服。受傷的戈林被抬到附近的一家銀行裡，由那家銀行的猶太老闆給他進行了急救，然後由他妻子陪著，偷偷越過邊境到了奧地利，進了因斯布魯克（Innsbruck）的一家醫院。赫斯也逃到了奧地利。羅姆在英烈祠前面的隊伍潰敗以後兩小時在陸軍部投降了。過不了幾天，除了戈林和赫斯以外，所有反叛的領袖都被捕入獄。納粹黨政變以失敗收場。黨被勒令解散。從表面上來看，國家社會主義運動已經完蛋了。它的獨裁領袖聽到槍聲一響就飛奔逃命，名譽似乎已經完全掃地，他的彗星似的政治生涯已經告終。

叛國罪審判

但是根據後來的實際情況看來，他的政治生涯只不過暫時中斷了一個時候，而且時間也不太長。希特勒是個很精明的人，他看到他受審判不僅不會斷送他的前程，反而能爲他提供一個新的講壇，他不僅能夠在這個講壇上敗壞本身也不清白卻把他逮捕起來的當局的名譽，而且，更重要的是，也能夠第一次使自己名震巴伐利亞一邦之外而傳到整個德國。他完全知道，除了德國各大報以外，世界各國的報紙都派了記者前來慕尼黑採訪這次審判。這次審判將在一九二四年二月二十六日開始，由一個特別法庭，假盧登堡大街（Blutenburgstrasse）步兵學校舊址舉行。到二十四天後審判結束時，希特勒已經轉敗爲勝，毀了卡爾、洛索夫和賽塞爾的前程，使他們在公眾的心目中同他一樣有罪，以他的滔滔雄辯和民族主義熱情打動了德國人民，使得世界各國報紙都在第一版上登載了他的大名。

雖然魯登道夫是被告席上十個囚徒中最有名的人，但是希特勒馬上使得公眾的注意力轉移到他自己身上。他自始至終成了法庭內注意的中心。巴伐利亞司法部長弗朗茲・古特納（Franz Guertner）

是這個納粹黨領袖的老友和保護者，他儘量做到讓法官保持滿不在乎和寬大為懷的情緒。希特勒可以任意打斷證人的話，對他們反詰盤問，可以隨時為自己辯護，時間不受限制——他的第一次發言花了四個小時，而這不過是他許多次長篇發言的第一次。

他並不打算重蹈卡普政變參加者的覆轍，據他後來說，這些人曾經聲辯：「他們並不知情，沒有打算，也沒有野心。這就是資產階級世界的致命傷——他們沒有勇氣承認自己的行為……走到法官面前說：『是的，這就是我們想要做的事；我們想要摧毀國家』。」

現在面對著法官和世界報界的代表，希特勒在慕尼黑傲然聲稱：「我一個人負全部責任。但是我並不因此而成了罪犯。如果我今天以一個革命者的身分站在這裡，我是一個反對革命的革命者。反對一九一八年的賣國賊，是根本談不上叛國罪的。」

如果是叛國罪的話，那麼領導巴伐利亞的政府、軍隊和警察的三個人，同他一起共謀反對全國政府的三個人也一樣有罪，也應該同他一起站在被告席上，而不應該作為主要控告者站在證人席上。他非常狡猾地把形勢倒轉了過來，使做賊心虛、坐立不安的三巨頭處在不利地位：

有一件事情是肯定的，洛索夫、卡爾和賽塞爾的目標與我們相同——推翻全國政府……如果我們的事業確是叛國的話，那麼在整個時期，洛索夫、卡爾和賽塞爾也必然一直同我們在一起叛國，因為在這些星期裡，我們所談論的除了我們目前因之受審的目標以外，別無其他。

這三個人很難否認這一點，因為這是實際情況。要有講話裡帶刺兒的本領，卡爾和賽塞爾不是希特勒的對手。只有洛索夫將軍昂然爲自己辯護。「我不是個亡命之徒，」他對法庭說：「我在邦政府裡佔有很高的地位。」這位將軍接著把一個老軍官對這個以前的下士，這個在狂妄的野心驅使下竟想牽著陸軍和邦的鼻子走的失意政客的全部輕蔑都發洩了出來。他說，這個寡廉鮮恥的煽動家的野心發展得多快，沒有多少日子以前還表示願意在愛國運動中僅僅充當一名「鼓手」呢！

僅僅充當一名鼓手？希特勒知道如何回答：

小人的眼界是多麼狹窄！請相信我，我認爲謀得一個部長官職並不是什麼值得努力爭取的目標。我認爲以部長身分載入歷史，並不是值得一個偉大人物努力爭取的事。假使眞是如此，你很有同其他部長葬在一起的危險。我的目標從一開始起就比做部長高出一千倍。我要做馬克思主義的摧毀者。我要完成這個任務，一旦我完成了這個任務，部長頭銜對我來說就只是一個荒唐的稱號罷了。

他援引了華格納的例子。

當我第一次站在華格納的墓前時，我對他不禁肅然起敬，因爲他不許墓碑上刻寫「樞密顧問、音樂指導理查德・馮・華格納男爵閣下之墓」。我尊敬他，因爲他和德國歷史上許多別的人都對歷史貢獻了他們的名字而不願有任何頭銜。我在那些日子裡願意充當一名鼓手並不是出於謙虛。這是最高的願望——其餘都是不足道的。

別人攻擊他想要從一名鼓手一躍而成爲一個獨裁者。他並不想否認。命運已經這樣決定了。

天生要做獨裁者的人不是被迫的。他的願望就是如此。他不是被別人驅使向前的，而是自己驅使自己向前的。這並沒有什麼驕傲自大的地方。難道一個努力從事繁重勞動的工人是驕傲的嗎？難道一個有著思想家的大腦，夜夜思考，爲世界發明創造的人是自大的嗎？凡是覺得自己有天賦義務治理一國人民的人沒有權利這麼說：「如蒙召喚，我願從命。」不！他應該責無旁貸地站出來。

雖然他站在被告席上，很有可能由於叛國大罪而被判處長期徒刑，但是他對自己的信心，他對「治理一國人民」的天賦義務的信心，並沒有絲毫減弱。在監牢裡靜候審判的時候，他已經分析了政變失敗的原因，並且立誓要在將來不再犯同樣的錯誤。在貝格伯勞凱勒酒館政變十三周年紀念時，在他實現了他的目標以後回想到這些事情時，他對聚集的老部下說：「我可以平心靜氣地說，這是我一生中最輕率魯莽的決定。今天回想起來，不禁還捏一把汗……要是今天你看到我們一九二八年時的那一小隊人走過，你會問：『他們是從哪個勞動感化院裡逃出來的？』……但是命運沒有爲難我們。它並沒有讓那個行動成功，因爲那個行動如果成功的話，也必然會由於當時運動內部的不夠成熟和組織及思想基礎上的缺陷而以慘敗收場……我們認識到，推翻舊國家是不夠的，必須在事前先建立起新國家，並且隨時準備好……在一九三三年，問題已不再是用暴力行動來推翻國家的問題；在這期間，新國家已經建立起來，留下來要做的不過是摧毀舊國家的最後殘餘了——這只要幾個小時就行了。」

當他在審判期間同法官和檢察官以唇槍舌劍作戰的時候，他已在考慮如何建立一個新的納粹國家了。舉一端來說，下一次，他就要爭取德國陸軍贊成他，而不是反對他。他在最後發言時，就表現了同陸軍修好的想法。他沒有片言隻字譴責陸軍。

我相信，時候總會來到，今天在街上站在萬字旗下的群眾到那時就會同向他們開過槍的人團結在一起……我聽說開槍的是綠衣警察，不禁感到高興，因爲玷污清白歷史的不是國防軍；國防軍仍一如既往，白壁無瑕。總有一天，國防軍不分官兵，都將站在我們一邊。

這是個準確的預言，但是說到這裡，主持審訊的法官打斷了他。「希特勒先生，你剛才說綠衣警察玷污了清白歷史。我不許你這麼說。」

這個被告一點也不去理會庭上的訓斥。在使旁聽者都聽得入迷的最後一段話中，希特勒說：

我們的隊伍日益壯大……我感到十分自豪，相信總有一天，這些堅強的隊伍會從連擴大到營，營擴大到團，團擴大到師，原來的帽章會從污泥中撿起，原來的旗幟會在空中招展，我們準備面對上蒼最後偉大的判決，到那個時候，我們又將和好如初。

他那閃閃發亮的目光咄咄逼人地盯著法官們。

因爲可以審判我們的不是你們諸君。審判我們的應該是永恆的歷史法庭。你們會做出什麼判決，我是完全知道的。但是那個法庭不會問我們：「你們到底犯了叛國罪，還是沒有犯叛國罪？」那個法庭會判定我們，前陸軍軍需總監（魯登道夫），他的官兵，都是一心爲了他們同胞和祖國，願意奮鬥犧牲的德國人。你們可以不只千次地宣布我們有罪，但是永恆的歷史法庭的女神會一笑置之，把邦檢察官的訴狀和這個法庭的判決書撕得粉碎。因爲她會宣判我們無罪[10]。

實際進行判決的法官所決定的刑罰——如果不是所定的罪——正如海登所說，同歷史的判決相距也不太遠。魯登道夫無罪釋放。希特勒和其他被告被判定有罪。但是，儘管法律——德國刑法第八十一條——規定「凡企圖以武力改變德國憲法或任何一邦憲法者應一概處以無期徒刑」，希特勒僅僅被判在蘭德斯堡（Landsberg）監獄服五年徒刑。即使在當時，陪審法官也表示判得過嚴，但是主審法官向他們保證，該犯在服刑六個月後就有資格申請假釋。警察局方面想把希特勒作爲外國人——他仍擁有奧地利國籍——驅逐出境的嘗試毫無結果。判決是在一九二四年四月一日做出的。不到九個月以後，在十二月二十日那天，希特勒就獲釋出獄，繼續從事推翻民主國家的活動。法律歸法律，如果你是極右派的人的話，叛國罪的後果是並不過分嚴重的，許多反共和分子都看到了這一點。

政變雖然是場大失敗，可是卻使希特勒成了全國著名的人物，而且在許多人的心目中，成了一個愛國志士和英雄。納粹黨的宣傳立刻把這次政變說成是他們運動中偉大傳奇之一。每年，甚至在他當政以後，甚至在第二次世界大戰爆發以後，希特勒都要在十一月八日晚上回到慕尼黑的啤酒館裡來，同那些跟著元首參加了當時看來是一場滑稽戲的失敗政變的老戰友敘舊。一九三五年，希特勒已經當了總理，他命令把在那次短時間交火中斃命的十六名納粹黨徒的屍體挖掘出來，改葬在英烈祠的墓室中，這地方就成了一個國家聖地。關於這些人，希特勒在紀念碑落成典禮上說：「他們現在已是德國永垂不朽的人。他們站在這裡捍衛德國，監護我國人民。他們躺在這裏，是我們運動的眞正證人。」他沒有補充一句，而且似乎也沒有德國人記得，他們也是希特勒從地上爬起來逃命時丟下不顧，聽其死去的那些人。

一九二四年那個夏天，在俯瞰列赫（Lech）河的蘭德斯堡監獄中，阿道夫・希特勒得到貴賓待遇，獨處一室，窗外景色動人。他婉辭了源源不斷來向他問候致敬、饋送禮物的訪客，召來了最後終於回到慕尼黑而被判處徒刑的忠實的魯道夫・赫斯，一章接著一章開始口授一本書（在赫斯還沒有來之前，由以前坐過牢的鐘錶匠、納粹黨「鐵臂」隊第一任隊長艾米爾・莫里斯擔任了一些初步的筆錄工作）。

第四章　希特勒的思想和第三帝國的根源

希特勒想把他的書題名爲《四年半來對謊言、愚蠢和膽怯的鬥爭》，但是負責出版這本書的納粹黨出版社有實際生意投腦的經理馬克斯·阿曼（Max Amann），不喜歡這個累贅的而沒有生意眼的書名，把它改成簡短的《我的奮鬥》。

阿曼對這本書的內容大感失望。他原來以爲這是一本有趣的個人故事，希特勒會詳細記述他怎麼樣從一個維也納默默無聞的「工人」一躍而成爲世界聞名的人物。而我們已經知道，這本書裡自傳的成分很少。那個納粹黨出版社經理原來也指望這是一本描寫啤酒館政變的內幕書，他相信，其中的精彩場面和勾心鬥角的情況，讀起來一定使人很感興趣。但是當時正是黨最不走運的時候，希特勒這個精明狡猾的人深知不能再去翻老帳（「重挖剛剛收口的瘡疤，」他在第二卷的結尾中寫道：「是沒有好處的……重提那些在心裡也許都同樣熱愛國家而僅僅不瞭解共同道路的人的過錯，是沒有好處的。」希特勒是個極其記恨的人，他居然這樣寬容那些粉碎他的叛亂和監禁他的人，是完全出人意料的。從後來卡爾和其他妨礙他的人的下場來看，這也許僅僅是表現一種堅強的意志力——爲了策略緣故而暫時抑制自己。不管怎麼樣，他沒有在書中攻擊他們）。《我的奮鬥》中幾乎一句話也沒有提到失敗的政變。

第一卷是在一九二五年秋天出版的。全書約四百頁，售價十二馬克（折合三美元），大約比當時德國出版的大多數書籍定價貴一倍。它在當時並沒有立即成爲一本暢銷書。阿曼吹噓說，第一年售出了兩萬三千本，以後銷售量繼續上升，這種說法，在反納粹人士中間沒有人輕易置信。

由於盟國在一九四五年繳獲了納粹黨的埃耶出版社的版稅清單，《我的奮鬥》實際銷售額現在已經弄清楚了。一九二五年銷了九千四百七十三本，此後三年中，銷售額逐年下降。上下卷算在一起，一九二六年跌到六千九百一十三本，一九二七年跌到五千六百零七本，一九二八年只有三千零一十五本。一九二九年稍許增加一點，爲七千六百六十四本。一九三〇年納粹黨走運後，銷路也隨之增加，當時出版了一卷裝的廉價本，只售八馬克，銷路達五萬四千零八十六本，次年稍有下降，爲五萬零八百零八本，一九三二年增至九萬零三百五十一本。

頭七年平均來算，希特勒的版稅已是相當可觀的，從一九二五年起，這就成了他主要的收入來源。但是比起他在一九三三年擔任總理那一年收入的版稅來，上述幾年就簡直算不得什麼了。希特勒擔任總理的頭一年，《我的奮鬥》銷了一百萬本，他的版稅收入（一九三三年一月一日起他的版稅率從百分之十增至十五）達一百多萬馬克（折合約三十萬美元），使他成了德國最時行的作家，也是第一次成了百萬富翁（像大多數的作家一樣，希特勒同他的所得稅徵收員也有糾葛，至少——我們不久就會談到——在他成爲德國的獨裁者之前是如此）。除了《聖經》以外，在納粹政權下，沒有別的書有這麼好的銷路，當時家家戶戶的桌子上都有這本書，否則就會感到不太安全。在一對青年男女結婚的時候，向新郎新娘送一本《我的奮鬥》，幾乎是一種義務——當然也是很得體的。而且學童們不論從什麼學校畢業，也幾乎人人會得到一本。到一九四〇年，即第二次世界大戰爆發後一年，這本納粹黨聖經在德國已經銷售了六百萬本[1]。

並不是每一個買了一本《我的奮鬥》的德國人都一定讀過這本書。我聽到過不少納粹的忠實信徒表示，這本書讀起來太枯燥乏味了，也有不少人私下承認，他們從來沒有讀完這本臃腫冗長、共有七百八十二頁的厚書。但是可以這樣說，要是在一九三三年之前德國有更多的非納粹黨人讀了這本書，要是外國政治家在還不太晚的時候仔細讀了這本書，德國和全世界本來是可以免於一場災禍的。因爲，不論你對希特勒可能提出什麼其他的譴責，你絕不能譴責他沒有用書面精確地寫下，他一旦掌權的話他要把德國變成爲怎樣的一個國家，他要用德國的武力征服把世界變成爲怎樣的一個世界。在這本富有啓示性的書裡，他極其詳盡地描繪了第三帝國的藍圖，特別是描繪了他在一九三九年到一九四五年的勝利年代裡強加給被征服的歐洲的野蠻的新秩序藍圖，其露骨率直，令人毛骨悚然。

我們前面已經談到，希特勒的基本思想是他在二十歲剛出頭的時候在維也納形成的，這有他自己的話爲證，他說，在這以後，他沒有學到什麼新的東西，他的思想一點也沒有什麼改變（見本書第一章）。當他在一九一三年二十四歲的那一年離開奧地利去德國的時候，他心中充滿了德國民族主義的激烈熱情，充滿了對民主主義、馬克思主義和猶太人的刻骨仇恨，並且確信上帝選擇了亞利安人，特別是日耳曼人，成爲主宰種族。

在《我的奮鬥》中，他發展了他的看法，並把這些看法具體應用到這樣一個問題上去：不僅要使戰敗的混亂不堪的德國在太陽底下佔有比以前偉大的地位，而且要建立一個新式的國家，這個國家要以人種爲基礎，要包括所有當時住在德國境外的日耳曼人，在這個國家裡要確立元首——他本人——的絕對獨裁權力，在元首身邊的是一批承上啓下的較爲次要的領袖。因此，這本書的內容首先是，概述未來德國和它有朝一日能成爲——作者在最後一頁所說的——「地球主人」所依靠的手段，其次是一種看法，一種人生觀，或者用希特勒最喜歡說的德文詞兒，一種「世界觀」（Weltanschauung）。在二十世紀一個正常人看來，這種人生觀一望而知是一個一知半解、沒有教育的神經病人所想出來的荒誕可笑的大雜燴。但是重要的是，竟然有成百萬的德國人狂熱地信奉它，而且如果說它給他們——事實證明的確如此——帶來了最終毀滅的話，它也給住在德國境內，特別是住在德國境外的成百萬無辜的、善良的人帶來了毀滅。

那麼，新帝國如何恢復它的世界大國地位，如何接著走向世界霸權呢？希特勒在第一卷中考慮到了這個問題，第一卷大部分是一九二四年他在監牢裡寫的。在一九二六年完成的第二卷中，他又更加詳盡地談到了這個問題。

首先，必須同「德國人民的不共戴天的死敵」法國算帳。希特勒說，法國的目的總是要造成一個「肢解的、破碎的德國……一些拼湊起來的小國家」。這一點是十分明顯的，「……如果我是一個法國人……我的行動同克里蒙梭不能也不會有什麼兩樣」。因此，必須「對法國來一次最後的總算帳……一場最後的決戰……只有到那個時候，我們才能結束我們自己同法國的永無休止的、基本上沒有任何結果的鬥爭；當然首先要假定，德國實際上不過是把滅亡法國當作一種手段而已，其目的是在將來能夠爲我國人民在其他地方進行擴張」[2]。

在其他地方進行擴張？什麼地方？希特勒由此就談到了他擔任德國的統治者以後，要如何忠實執行的德國外交政策。他直率地說，德國必須在東方進行擴張——主要犧牲俄國。

在《我的奮鬥》第一卷中，希特勒詳盡地談到了「生存空間」（Lebensraum）的問題，這是一個至死還縈繞在他腦子裡的問題。他宣稱，霍亨佐倫帝國在非洲獵取殖民地犯了錯誤。「領土（擴張）政策是不能在喀麥隆實現的，今天幾乎完全只能在歐洲實現。」但是歐洲的土地都已被佔有了。不錯，希特勒承認這一點，「但是大自然並沒有爲任何民族或種族保留這片土地的未來佔有權；相反，這片土地是爲有力量佔有它的人民而存在的。」要是目前的佔有者反對，那麼怎麼辦呢？「那麼，自保的法則就要起作用。不能用和平的方法取得的東西，就用拳頭來取。」[3]

希特勒繼續分析德國戰前外交政策的盲目性，他說，要取得新土地「只有在東方才有可能……如果要在歐洲取得領土，只有在主要是犧牲俄國的情況下才有可能，這就是說，新帝國必須再一次沿著古代條頓武士的道路向前進軍，用德國的劍爲德國的犁取得土地，爲德國人民取得每天的麵包」[4]。

希特勒好像在第一卷中還沒有把自己的意思完全說明白一樣，在第二卷中又談到了這個問題。

只有在這個地球上有足夠大的空間，才能保證一個民族的生存自由……（國家社會主義運動）不考慮「傳統」和偏見，必須敢於團結我國人民及其力量走上這條能夠引導我國人民從目前有限的生存空間走向新土地的道路……國家社會主義運動必須努力消滅我國人口與我國面積之間的不平衡狀態，把後者不僅視爲強權政治的基礎，並且也視爲糧食的來源……我們必須毫不退縮地堅持自己的目標……爲德國人民取得他們有權享有的土地……[5]。

德國人民有權享有多少土地？希特勒輕蔑地說，「關於將來一點也沒有創造性政治思想」的資產階級，一直在要求恢復一九一四年德國的疆界。

要求恢復一九一四年的疆界，在政治上是一件荒謬可笑的事，其荒謬的程度和後果的嚴重，使這種要求幾乎成爲一種罪行。且不談一九一四年的德國疆界是一點也不合理的。因爲在實際上，當時的疆界並沒有把所有日耳曼人民都包括在內，從這一點來說，它是不完全的，同時在軍事地理的考慮方面它也是不合理的。當時的疆界不是經過深思熟慮後採取的政治行動的結果，而是在一場政治鬥爭中的暫時疆界，這場政治鬥爭目前還談不上結束……我們完全有理由，而且在某些情況下更有理由，可以在德國歷史上挑選某個其他年代作爲標準，宣布以恢復當時的情況作爲外交政策目標[6]。

希特勒的「標準年代」要回到六個世紀以前日耳曼人正在把斯拉夫人趕回東方去的年代。必須恢復東進。「今天我們在歐洲有八千萬日耳曼人！只有在過了一百年以後，這個大陸上有二億五千萬日耳曼人的時候，這一外交政策才會被承認是正確的。」[7]而且這二億五千萬日耳曼人都是在擴張了的新帝國的版圖之內。

顯然，還有一些其他民族也得爲這麼多日耳曼人騰出地方來。他們是哪些民族呢？

因此，我們國家社會黨人……要繼承我們在六百年以前中斷了的事業。我們要中止日耳曼人不斷向南和向西的移動，而把我們的目光轉向東方的土地。

今天我們來談歐洲的土地，我們指的首先只能是俄國和它的藩國[8]。

希特勒說，在這方面，命運待德國不薄。它把俄國交給了布爾什維克主義，而在他看來，這實際上意味著把俄國交給了猶太人。他高興地說道：「這個東方大帝國崩潰在即。猶太人在俄國的統治的結束，也是俄國作爲一個國家的末日。」因此希特勒言下之意是，東方的大草原可以在俄國崩潰的時候輕而易舉地取過來，而不需要德國人流很多的血。

有人能說這裡畫出的藍圖是不清楚、不明確的嗎？法國將要滅亡，但是同德國向東挺進比起來，這是次要的。首先要把日耳曼人佔居民中大多數的東方鄰近疆土取過來。這些疆土是哪些地方？顯然是奧地利、捷克斯洛伐克境內的蘇台德區、波蘭的西部，包括但澤市。然後是俄國。既然如此，那麼過不了幾年，當了總理的希特勒著手開始實現這些目標的時候，全世界爲什麼那麼驚異呢？

關於未來納粹國家的性質，希特勒的思想在《我的奮鬥》中沒有那麼明確。不過他很清楚地表明，不會允許有「民主政治那種無聊玩意兒」，第三帝國將用「領袖原則」（Führerprinzip）來統治，也就是說，將實行獨裁統治。在書中幾乎沒有談到經濟問題。希特勒對這個問題不感興趣，除了那個反對「利息奴役」的怪物戈特弗萊德・費德爾的一些怪念頭以外，他從來不想瞭解什麼關於經濟學的問題。

希特勒感到興趣的是政治權力；經濟學可以由它去。

國家同任何固定的經濟概念或經濟發展都一點沒有關係……國家是個種族有機體，而不是個經濟組織……一個國家的內在力量只有在極偶然的情況下才同所謂經濟繁榮同時出現；後者，在大多數情況下，似乎只表明一個國家的接近衰亡……普魯士的經驗極其鮮明地表明，只有靠思想力量，而不是靠物質因素，才有可能組成一個國家。只有在思想力量的保護下，經濟生活才能繁榮。在德國，往往是在政治力量高漲的時候，經濟情況才開始改善；反過來，往往在經濟成了我國人民生活中的唯一內容，窒息了思想力量的時候，國家就趨於崩潰，而且在很短時間內，把經濟生活也拖著一起崩潰……從來沒有一個國家是靠和平的經濟手段建立的……[9]。

因此，正如希特勒一九二八年在慕尼黑發表的演講中所說的一樣：「沒有劍，就不可能有經濟政策，沒有權力，就不可能有工業化。」除了這種含含糊糊、幼稚淺薄的看法和在《我的奮鬥》中偶然提到各地成立「經濟協會」和「莊園協會」，全國成立一個「中央經濟議會」來「管理國民經濟」之外，希特勒沒有對第三帝國的經濟基礎表示過什麼意見。

國家社會黨的名字固然以「社會主義」相標榜，但是他爲新德國設計的究竟是何等樣的社會主義，希特勒在這個問題上就更加含糊不清了。鑒於他在一九二二年七月二十八日發表的演講中對「社會主義者」所下的定義，這倒一點也都不使人覺得奇怪。他說：

任何人只要準備以民族事業爲己任，再沒有高出於民族福利之上的理想；只要瞭解我國偉大的國歌〈德意志高於一切〉的意思是，在自己心目中世界上再沒有任何東西高出於德國、德國人民和德國土地之上——這樣的人就是社會主義者[10]。

雖然至少有三個幫手從編輯的角度提供了相當多的意見，甚至進行刪改，但是這並不能防止希特勒在《我的奮鬥》中信筆所至，從一個問題忽而轉到另一個問題。大部分筆錄工作是赫斯先是在蘭德斯堡監獄，後來在貝希特斯加登附近的瓦亨菲爾德別墅（Haus Wachenfeld）擔任的，他整理原稿盡了最大努力，但是他沒有膽量敢同領袖爭論。在這方面比較成功的是伯恩哈德・施丹佛爾（Bernhard Stempfle）神父，他原來是希羅尼摩斯（Hieronymite）派天主教神父（譯注：以希羅尼摩斯〔Hieronymous〕神父命名的天主教一派別，希羅尼摩斯生卒年約在西元三三〇至四二〇年之間，是德國天主教一神父，曾譯《新舊約全書》）。後來成了巴伐利亞出名的反猶新聞記者。關於這個奇特的教士，本書以後還要談到。他糾正了希特勒的一些語法錯誤，潤色了他的文章，並且刪去了一些在政治上是不合時宜的章節。第三個顧問是約瑟夫・捷爾內（Josef Czerny），他有捷克血統，在納粹黨報《人民觀察家報》工作，他的反猶詩很得希特勒的賞識。在《我的奮鬥》第一卷再版時，捷爾內幫了很大的忙，刪去了或修改了一些不很得體的字句，他並且仔細校閱了第二卷的清樣。

儘管如此，大多數海闊天空的胡扯仍舊原封未動。希特勒堅持要對他能夠想到的一切問題隨心所欲地發表高見，這些問題包括文化、教育、戲劇、電影、漫畫、藝術、文學、歷史、性、婚姻、賣淫制度、梅毒等等。說真的，在梅毒問題上，希特勒居然用了足足十頁的篇幅，宣稱消滅梅毒是「國家的**重要**任務，而不僅僅是**又一個**任務」（黑體是希特勒所強調）。爲了消滅這種可怕的疾病，希特勒要求動員全國一切宣傳力量。他說：「一切取決於這個問題的解決。」他說，還必須提倡早婚來解決梅毒和賣淫問題，他堅持「結婚本身不應該是目的，它必須爲一個更高的目標服務：保種保族並且使之增殖擴大。這才是結婚的意義，才是結婚的任務」[11]。這裡已經顯露了第三帝國的優生學的苗頭。

從《我的奮鬥》中提到保種保族的這句話，我們再來談談第二個主要的考慮：希特勒的「人生觀」（Weltanschauung），他的人生觀。有的歷史學家，特別是英國的歷史學家，認爲他的人生觀是一種不成熟的達爾文主義，但是實際上，我們可以看到，他的人生觀在德國人歷史和思想中是有其深刻的根源的。像達爾文一樣，同時也像一大批德國哲學家、歷史學家、帝王、將軍、政治家一樣，希特勒認爲一切生命都是一場永恆的鬥爭，世界不過是個適者生存、強者統治的叢林，一個「弱肉強食、優勝劣敗的世界」。

《我的奮鬥》中處處不乏這樣的話：「最終只有自保的要求才能得勝……人類在永恆的鬥爭中壯大，而在永恆的和平中它只會滅亡……大自然……在地球上產生了生物，聽任各種力量的自由活動。她然後把主宰的權利授予她的寵兒——最勇敢和最勤勞的強者……強者必須統治弱者，不能與弱者混雜，從而影響了自己的偉大。只有天生的弱種才會認爲這是殘酷的……。」希特勒認爲保存文化「同嚴格的必然法則和世界上最優、最強者得勝的權利有緊密聯繫。凡是想生存的，必須奮鬥，不想奮鬥的，就不配生存在這個永恆鬥爭的世界裡。即使殘酷，卻是客觀現實！」[12]

那麼誰是上蒼賦予「主宰的權利」的「大自然的寵兒，最勇敢和最勤勞的強者」呢？是亞利安人。在《我的奮鬥》的這一部分中我們接觸到了納粹種族優越論的眞髓，第三帝國和希特勒在歐洲的新秩序就是以此爲基礎的。

我們今天所看到的一切人類文化，一切藝術、科學和技術的果實，幾乎完全是亞利安人的創造性產物。這一事實本身證明這樣的推論不是沒有根據的：只有亞利安人才是一切高級人類的創始者，因此是我們所謂的「人」這個名稱的典型代表。他是人類的普羅米修斯，從他的光芒四射的額頭，永遠飛迸出神聖的天才火星，永遠燃點著知識的火焰，照亮了默默的神祕黑夜，推動人類走上征服地球上其他生物的道路……就是他，爲人類文化中每一偉大建築物奠下基礎，樹起牆垣[13]。

亞利安人怎麼會有這麼大的成就，怎麼會變得這麼優越的呢？希特勒的答覆是：靠踐踏別人。正像十九世紀德國許多思想家一樣，希特勒有著一種虐待狂（反過來也有一種被虐狂），這是研究日耳曼精神的外國人一直感到很難理解的。

因此，對於創造高級文化來說，低級人類的存在是最基本的先決條件之一……人類初創的文化肯定是建立在對低級人類的利用上而不是建立在馴服的動物上。只有在奴役了被征服種族以後，同樣的命運才降到獸類身上。首先讓被征服的戰士拉犁——只有在這以後，才用馬拉犁。因此，最初的文化產生於亞利安人在遇到低級民族後征服低級民族並且迫使他們服從自己意志的地方，就不是什麼偶然的事情了……只要他繼續無情地維持他的主人態度，他就不但可以繼續當主人，而且也可以繼續當文化的保存者和發展者[14]。

接著發生了一件事情，希特勒認爲這是對日耳曼人的警告。

一旦被征服民族開始提高自己，因而接近征服者的水平——其中一個方面可能是使用征服者的語言——以後，主奴之間的壁壘就倒塌了。

但是還有別的事情甚至比使用主人的語言還要糟糕。

亞利安人放棄了血統的純潔性，因此喪失了他在天堂爲自己創造的地位。他因爲人種的混雜而沉淪，逐漸喪失了文化上的創造性。

在這個年輕的納粹黨領袖看來，這是個莫大的錯誤。

血統的混雜和由此而來的人種水平的下降，是舊文化衰亡的唯一原因；因爲人類並不會由於戰爭失敗而滅亡，卻會由於抵抗力的喪失而滅亡，而這種抵抗力只有在純粹血統中才能繼續保持。世界上凡是不屬於優良種族的人都是些糟粕[15]。

糟粕就是猶太人和斯拉夫人，而到一定時候，當希特勒成爲獨裁者和征服者時，他就會禁止日耳曼人同這些種族的任何人通婚，雖然小學四年級的女教師都能夠告訴他，日耳曼人中間有不少斯拉夫血統，特別是在那些住在東部省分的日耳曼人中間。我們也必須再一次承認，希特勒在實現他的種族思想方面也是言出必行的。在戰時，他開始在東方對斯拉夫人實行的新秩序中，捷克人、波蘭人、俄羅斯人曾經是爲日耳曼主人伐木、提水的奴僕，而且如果這種荒誕的新秩序繼續下去的話，他們還會繼續處於這種地位。

一個像希特勒那樣在歷史和人類學方面全然無知的人，把日耳曼人作爲現代的亞利安人，從而作爲主宰種族，是很容易做出來的事。在希特勒看來，日耳曼人是「地球上最高級的人種」，而且將繼續是如此，如果他們「不僅注意狗、馬、貓的培育，而且也關心他們自己血統的純潔的話」[16]。

希特勒念念不忘種族問題的結果是提倡所謂「人民的」國家。這究竟是怎麼一種國家，或者打算成爲怎麼一種國家，我從來沒有弄清楚過，雖然我讀了好幾遍《我的奮鬥》，也聽了元首本人關於這個問題的幾十次演講，而且我不只一次地聽到這個獨裁者宣稱，這是他全部思想的中心之點。德文「Volk」一詞很難確切地譯成英文。一般把它譯爲「民族」或「人民」，但是這個詞在德文中有一種更加深刻的和有些不同的意義，它有一種以血統和鄉土爲基礎的原始部族社團的意思。在《我的奮鬥》中希特勒也沒有很好地解釋清楚人民的國家的定義，例如他在第三百七十九頁上宣布，他要澄清「人民的」這一概念，但是結果卻一點也沒有澄清，反而花了好幾頁篇幅，信筆寫到一些其他問題。最後他這麼試了一下：

（同資產階級和馬克思主義——猶太人的世界）相反，人民的哲學認爲人類的重要性在於它的基本人種因素。它認爲國家只不過是達到目的的手段，而目的則是保種保族。因此，它絕不相信種族的平等，而是根據種族的不同，承認各種不同種族的價值有高有低，認爲有義務促進優者和強者的勝利，要求劣者和弱者按照支配宇宙上一切事物的永恆意志服從優者和強者。因此，在原則上，它服務於大自然根本的等級思想，相信這個法則對每一個人都適用。它不僅看到各個種族的不同價值，也看到個人的不同價值。它從群眾中間歸結出個別人物的重要性，因此……它有一種組織的作用。它相信人類理想化的必要性，它認爲只有這樣才是人類存在的前提。但是，哪怕僅僅是一種倫理觀念，如果它危及更高級倫理的持有者的種族生活，也不能允許其存在；因爲在一個雜種化和黑鬼化的世界裡，所有關於人性美和崇高的思想，以及所有關於人類理想化前途的思想，都將永遠喪失……。

因此，人民的人生觀同大自然的內在意志是一致的，因爲它恢復了各種力量的自由活動，這必然導致品種繼續不斷地進行相互提高，一直到最後，最優秀的人類在佔有了這個地球以後，得到一條自由的途徑，可以在地球上面和地球以外的領域中進行活動。

我們大家都覺得，在遙遠的將來，人類將面臨的問題，只有最高級的種族在成爲主宰民族以後，以整個地球的力量和資源爲後盾，才有條件加以克服[17]。

「因此，」希特勒在後面宣稱，「一個人民的國家的最高目標是，努力保持那些產生文化和創造高級人類的美與尊嚴的原來種族成分。」[18]這又引起他大談優生學：

人民的國家……必須把種族放在一切生活的中心。它必須注意保持其純潔……它必須努力做到，只有健康的人才能生兒育女；只有一種可恥的事情：自己有病有缺陷還要生育；只有一種最高的榮譽：避免這樣做。反過來，不給國家生養健康子女，必須認爲是不可寬恕的。在這一點上，國家必須充當千秋事業的監護人，在這種事業面前，個人不能有自己的願望和自私心，而只有絕對服從……因此，一個人民的國家必須一開始就把婚配的水平提高，使它脫離原來那種不斷損害種族純潔性的水平，而使它具有一種制度的神聖性，必須複製上帝的形象而不是複製人和猿之間的怪物[19]。

希特勒從他的關於人民的國家的異想天開的觀念出發，又囉囉唆唆地談到了其他許多細節，據他說，如果注意這些細節，就可以使日耳曼人成爲地球的主宰——日耳曼人獨霸世界已成爲他念念不忘的事情。他在一個地方談到，由於沒有能夠維持日耳曼種族的純潔性，「我們被剝奪了稱霸世界的機會。如果日耳曼民族也有其他民族獸群般的統一，德國今天無疑已成了地球的主人」[20]。由於人民的國家必須以種族爲基礎，「德國必須包括所有的日耳曼人」——這是他的論點中的關鍵的一點，也是他當政以後所沒有忘記而努力做到的一點。

既然人民的國家要以「大自然的等級思想」爲基礎，結論必然是，民主是根本談不上的，必須由領袖原則來代替。第三帝國要採用普魯士軍隊的極權主義：「每個領袖對下必須有權威，對上必須負責任。」

絕不能實行多數決定的制度，只能由負責的人做決定……當然每個人身邊都要有顧問，但必須要由一個人單獨來做出決定……只有他才有權威，才有指揮權力……要取消議會是不大可能的。但是議會中的議員屆時實際上將只提供建議……不論上院下院，都不進行表決。它們是工作機構而不是表決機器。這一原則是絕對責任與絕對權威的無條件結合，它將會逐漸培養出一批在今天這種不負責任的議會制度時代中根本不能想像的領袖人才[21]。

當希特勒坐在蘭德斯堡監獄裡凝視著窗外列赫河那邊鮮花盛開的果園（希特勒很久以後說，「我如果不坐監牢，《我的奮鬥》就不會寫出來。坐監牢的這段時間使我原來只有一種本能感覺的許多思想有機會得到深刻的發展……我認爲，我們不能單靠武力取得政權的信念也是從那個時候開始形成的——這是我的許多擁護者從來不能理解的一件事情。國家早已有時間來鞏固自己，而且它也有武器。」見《希特勒祕密談話錄》，頁二三五。這話是一九四二年二月三日至四日夜裡他在俄國前線司令部對一些老部下說的），以及後來在一九二五至一九二六年躺在貝希特斯加登一所舒服的別墅陽臺上眺望著高聳的阿爾卑斯山那邊他的家鄉奧地利時，一邊向忠實的赫斯滔滔不絕地進行口授，一邊夢想著他要在上述荒唐的基礎上建立而且要以鐵腕來統治第三帝國。這些令人毛骨悚然的思想被赤裸裸記錄下來了。總有一天，他將建立和統治這一第三帝國，關於這一點，他是沒有任何懷疑的，因爲他有著一種強烈的使命感，這是有史以來許許多多表面看來似乎出身低賤的天才人物所特有的。他要把過去在政治上從來沒有統一過的一個精選民族統一起來。他要純潔他們的種族。他要使他們強大。他要使他們成爲地球上的主人。

這是一種不成熟的達爾文主義嗎？一種虐待狂的幻想嗎？一種不負責任的自我中心思想嗎？一種狂妄自大的心理嗎？這些成分都有。但是還不僅僅是這一些。因爲希特勒的思想和情緒，支配他狂熱的腦子的一切錯亂神經，在德國歷史和思想中是有其深刻的根源。納粹主義和第三帝國，事實上，不過是德國歷史的合乎邏輯的延續。

第三帝國的歷史根源

納粹黨每年九月初在紐倫堡舉行大會，在那些情緒興奮、如醉如狂的日子裡，我常常遇到一大群小販在叫賣一種明信片，上面印著腓特烈大帝、俾斯麥、興登堡和希特勒的肖像。文字說明是：「國王所征服的，由親王建成，元帥保衛，士兵拯救和統一。」（譯注：國王指腓特烈，親王指俾斯麥，元帥指興登堡，士兵指希特勒）。因此希特勒這個士兵不僅被描繪爲德國的拯救者和統一者，而且是過去這些把德國造成一個偉大國家的傑出人物的繼承者。希特勒的統治是德國歷史延續的結果，這一點暗示對群眾不是沒有作用的。「第三帝國」這個名稱也有助於加強這種概念。第一帝國是中世紀的神聖羅馬帝國，第二帝國是普魯士擊敗法國後，俾斯麥在一八七一年建立的帝國。這兩次帝國都爲德國帶來了榮譽。而威瑪共和國——據納粹的宣傳——卻玷污了德國的令名。第三帝國如希特勒當初所保證的一樣，恢復了這種名譽。因此，希特勒的德國被說成是過去一切——至少是過去的榮譽——的合乎邏輯的發展。

但是這個前維也納的流浪漢，不論他的思想多麼混亂，也有一些起碼的歷史知識，知道德國過去也有失敗的時候，與這些失敗相對的則是法國和英國的勝利。他從來沒有忘記過，到中世紀末葉，英國和法國都成了統一的民族國家，而德國仍處於三百個左右小國割據的四分五裂狀態。就是這種缺乏民族發展的結果，在很大程度上決定了中世紀末期到十九世紀中葉德國歷史的發展，使得德國歷史同西歐其他大國的歷史有很大的不同。

除了缺乏政治的和君權上的統一之外，在十六和十七世紀裡，還有宗教改革以後發生的宗教分歧這個禍害。本書沒有篇幅來充分敘述馬丁・路德這個做了奧古斯丁教團僧侶、發動德國宗教改革的薩克森農民對德國人和他們以後的歷史的巨大影響。但是可以順便提一下，這個偉大而古怪的天才人物，這個野蠻的反猶主義者和痛恨羅馬的人，這個暴烈的性格中既有日耳曼人的許多最優秀品質又有日耳曼人的許多最惡劣品質的人（既粗野、囂張、狂熱、偏狹、強暴，又誠實、單純、嚴於律己，對於求知、對於音樂、對於詩歌、對於良心的正直都有強烈的要求），對德國人的生活的影響，不論從好的方面或壞的方面來說，其深刻的程度和決定性的作用，都是前無古人，後無來者的。馬丁・路德透過他的講道和出色的聖經翻譯，創造了現代德語，在人民中間，不僅造成了對基督教教義的新教理解，而且也形成了一種熱烈的日耳曼民族主義，最後還教導他們——至少在宗教方面——個人良心的至高無上地位。但是不幸的是，在主要是由於他的宣教而引起的農民暴動中，路德站在王公貴族一邊，而且他熱烈擁護政治上的專制政體，這造成了政治上愚昧的、鄉土的極權主義，使得絕大多數德國人民陷於貧困的境地，知覺驚人的遲鈍，性格特別的馴順。更糟糕的也許是，這種情況使得不僅階級之間，而且日耳曼民族的各個王室和政治集團之間無法消弭的分裂永久存在，甚至尖銳化。這種情況使得德國在好幾個世紀內不能實現統一。

三十年戰爭和該戰爭於一六四八年結束時的西伐利亞和約給德國帶來了最後一場奇災大禍，這次打擊之甚，使得德國以後一直沒有能完全恢復過來。這次戰爭是歐洲最後一場宗教大戰，它開始的時候是一場新教和天主教兩派之間的衝突，到快結束時已變成一邊是天主教的奧地利哈布斯堡王室，另一邊是天主教的法國波旁王室和新教的瑞典王室之間一場混亂的王室衝突。德國全境受到了野蠻的戰爭洗劫，市井蕭條，田野荒蕪，生靈塗炭，十室九空。據估計，在這場野蠻戰爭中，德國人死了三分之一。

而西伐利亞和約對德國未來的爲害之甚幾乎不亞於戰爭本身。站在法國和瑞典一邊的日耳曼王公諸侯成了他們小小領域內的絕對統治者，他們爲數約有三百五十個，而對這些王公諸侯而言，皇帝不過是個名義上的傀儡而已。十五世紀末葉和十六世紀初葉席捲德國全國的改革要求和啓蒙浪潮這時受到了壓制。而在那個時期裡，大一些的自由城市都享有實際上的獨立地位；封建主義在那裡已經消亡，藝術和商業非常發達。即使在農村裡，德國農民也取得了比英法農民更多的自由。的確，在十六世紀初葉，德國可以說是歐洲文明的源泉之一。

可是現在，在簽訂了西伐利亞和約以後，德國又陷於莫斯科公國式的野蠻落後狀態。農奴制度又恢復了，甚至擴大到了以前從來沒有實行過這個制度的地方。城市喪失了自治的權利。農民們，工人們，甚至中產階級的城市居民都遭到了王公諸侯窮兇極惡的剝削，處於令人屈辱的奴役地位。對學問和藝術的探索，完全陷於停頓。貪婪的統治者對於日耳曼民族主義和愛國主義是毫無感情的，他們徹底撲滅了臣民中間這種情緒的任何表現。文明在德國停止了發展。正如一個歷史學家所說，德國「被人爲地固定在一個中世紀式的混亂和軟弱的水平上」[22]。

經過這次挫折，德國一直沒有徹底恢復元氣。接受專制統治，盲目順從像小暴君那樣統治的王公諸侯，這種心理已深入德國人的思想中。而在十七和十八世紀在英國取得迅速進展、在一七八九年在法國爆發爲大革命的民主思想、議會統治思想，在德國卻根本沒有萌芽。德國人在政治上的這種落後狀態，使德國隔絕於西方其他國家，也落後於西方其他國家。所以如此，是因爲他們被分裂爲這麼多小國家，同歐洲的思想和發展的潮流完全隔絕。因此就不可能自然地形成一個民族國家。我們要瞭解德國人民以後走上的自取滅亡的道路和決定這條道路的不正常的思想狀態，必須記住這一點。最後，德意志民族國家是靠赤裸裸的武力來形成的，是靠赤裸裸的侵略來維持的。

普魯士位於易北河之東。隨著十九世紀的消逝——在這個世紀裡，法蘭克福一些思想混亂、性格怯懦的自由主義者曾經企圖在一八四八至一九四九年建立一個有點民主的、統一的德國，可惜失敗了——普魯士開始掌握德國的命運。好幾個世紀以來，這個日耳曼人的國家一直置身於德國歷史發展和文化的主流之外。它幾乎好像是個歷史的畸兒。普魯士原來是易北河以東多沙的荒地上一個邊疆國家布蘭登堡。這些荒地都是十一世紀以後逐步從斯拉夫人手裡奪取過來的。統治布蘭登堡的是霍亨佐倫家族，他們不過是些軍事冒險家。在他們的統治下，斯拉夫人（其中主要是波蘭人）沿著波羅的海逐步往回退，敢於起來反抗的，不是被消滅了，就是成了無地的農奴。德意志帝國法律原來禁止諸侯稱王，但是在一七〇一年，皇帝默許了選侯腓特烈三世在柯尼斯堡加冕爲普魯士境內的國王。

這時，普魯士已經靠自己的武功成了歐洲主要的軍事強國之一。它沒有其他國家那樣的富源。它的土地貧瘠，缺乏礦藏。它的人口稀少。它沒有大城市，也沒有工業，文化很落後。甚至貴族也很窮，無地農民的生活同牲口差不多。然而靠著堅毅的意志和組織的天才，霍亨佐倫王室終於建立了一個斯巴達式的軍事國家，它的軍隊，訓練有素，每戰必勝。它總是同當時最強的國家結成暫時的同盟，運用這種權術外交不斷擴大自己的領土。

這樣就完全人爲地出現了一個國家，它不是人民力量的產物，也不是一種思想（除非是征服思想）的產物，它所以能夠維持，是靠統治者的絕對權力，是靠一批忠實執行命令的思想偏狹的官僚，是靠一支紀律嚴明的軍隊。國家每年收入有三分之二——有時多達六分之五——花在軍隊上，軍隊在國王統率下成了國家本身。米拉波（Comte de Mirabeau）曾說：「普魯士不是一個有軍隊的國家，而是一支有國家的軍隊。」用管理一個工廠那樣的效率和殘酷無情的方式統治的國家成了至高無上的一切；人民不過是一部大機器中的小齒輪。不僅國王和領操的班長這樣教導個人，而且哲學家也這樣教導個人：他們在生活中要起的作用是順從、工作、犧牲、義務。甚至康德也宣傳，義務要求壓制人情，而普魯士詩人維利巴爾德・亞歷克西斯（Willibald Alexis）就歌頌人民在霍亨佐倫王室統治下受奴役。在不喜歡這種情況的萊辛（Gotthold Ephraim Lessing）看來：「普魯士是歐洲最奴化的國家。」

在現代德國要起很重要的作用的容克地主也是普魯士的特有產物。正如他們所說，他們是一種主宰種族。他們佔據了從斯拉夫人手裡征服的土地，建立了大莊園，經營農業，在莊園裡幹活的就是這些斯拉夫人，後者成了同西方農奴完全不同的一種無地農奴。普魯士的土地制度同西德及西歐的土地制度有著本質上的不同。在西德或西歐，佔有大多數土地的貴族從農民那裡收取地租或者封建的貢品，農民雖然常常處於農奴的地位，但是仍舊享有一定的權利，可以——而且事實上也如此——逐步贖回土地和人身自由。在西方，農民是社會中一個很可靠的部分；而地主，雖然有他們的種種缺點，在養尊處優的條件下，也慢慢有了一種教養，從而形成了一種文明的生活方式，這可以從他們優雅的舉止、思想和藝術中看到。

而普魯士的容克卻不是養尊處優的人。他們經營規模很大的莊園，工作極其辛勤，很像今天的工廠主。他們對待無地農民完全像奴隸一般。在他們的大莊園裡，他們是絕對的主人。當時普魯士也沒有西方的那種大城市或人數相當多的中產階級，因此容克受不到他們的文明影響。同西方有教養的貴族相反，普魯士容克變成了一種粗野、專橫、傲慢的人，沒有教養，沒有文化，侵略成性，目空一切，殘酷無情，心胸狹隘，斤斤計較，喜歡佔小便宜，這最後一點，有些德國歷史學家在最成功的容克地主奧托・馮・俾斯麥的私生活中都看到了。

就是這個政治天才，這個宣傳「鐵和血」的人，在一八六六年與一八七一年之間結束了爲時幾達一千年之久的德國分裂狀態，而用武力建立了大普魯士國家，或者可以稱爲普魯士德國。我們時代的德國，就是俾斯麥一手創造的，它是近百年來歐洲和世界的一個「問題兒童」，是一個人民天賦優異、精力充沛的國家。就是在這個國家裡，先是俾斯麥這個傑出人物，以後是德皇威廉二世，最後是希特勒，在軍官階層和許多古怪的知識分子的幫助下，培養出了一種對權力和統治的野心，對橫行無忌的軍國主義的熱情，對民主和個人自由的輕視，對權威和極權主義的欲望。在這種情緒的蠱惑之下，這個民族突然興起，達到登峰造極的高度，然後又跌落下來，如此起起伏伏，幾經盛衰，一直到一九四五年春季希特勒的覆亡，才看來似乎已經完蛋。但是，要有把握地這麼說，現在恐怕爲時尚嫌過早。

「當前的重大問題，」俾斯麥在一八六二年擔任普魯士首相時宣稱：「是不能用決議和多數表決來解決的——一八四八至一八四九年的人們的錯誤就在這裡——而是要用鐵和血來解決。」他著手解決這些問題時所採取的就是這種方法，不過話得說回來，除了鐵和血以外，他還輔之以一種巧妙的外交手腕，往往極盡詭詐之能事。俾斯麥的目的是要扼殺自由主義，扶植保守主義的力量，也就是容克、軍隊、王室的力量，使得德國能與奧地利相抗衡，不僅成爲日耳曼人中間的支配力量，如果可能的話，也要成爲歐洲的支配力量。「德國所仰望於普魯士的，不是它的自由主義，」他在普魯士議會對議員們說：「而是它的武力。」

俾斯麥的第一項工作便是加強普魯士軍隊；在議會拒絕增加軍隊撥款以後，他就自己設法籌錢，最後解散了議會。軍隊加強了以後，他就進行了連續三次的戰爭。第一次戰爭是一八六四年進攻丹麥，結果使石勒蘇益格和荷爾斯泰因（Holstein）兩個公國歸德國統治。第二次戰爭是一八六六年同奧地利的戰爭，它的後果非常深遠。奧地利幾百年來一直是日耳曼人國家中領袖群倫的國家，經此一戰，就再也不能過問日耳曼人的事情了。俾斯麥不許它參加他現在著手建立的北德意志邦聯。

「在一八八六年，」著名的德國政治學者威廉・羅普克（Wilhelm Roepke）曾經寫道：「德意志不再存在了。」（譯注：在此以前，德意志原爲一民族兼地理名稱，小國林立，外人稱爲「諸德」，今普魯士既漸加併呑，因此而有「德意志不再存在」之說）。普魯士乾脆兼併了美因河以北曾經同它作戰過的所有日耳曼人國家，唯一例外是薩克森。這些國家包括漢諾威、黑森、拿騷、法蘭克福以及易北河沿岸的一些公國。至於美因河以北的所有其他國家，則都被迫參加了北德意志邦聯。現在版圖已從萊茵河一直到柯尼斯堡的普魯士，完全佔統治地位，而且在五年之後，由於拿破崙三世法國的戰敗，以較大的巴伐利亞王國爲首的南德意志各國也將被併入普魯士德意志[23]。

俾斯麥的最高成就是一八七一年一月十八日建立第二帝國，當時普魯士國王威廉一世在凡爾賽宮的明鏡廳登基爲德國皇帝。德國被普魯士的武裝力量統一後，成爲大陸上最強大的國家；它在歐洲的唯一對手只剩下英國了。

但是有一樁缺陷卻是個致命傷。正如特萊希克（Heinrich von Treischke）所說，德意志帝國在實際上不過是普魯士的擴大。他強調說：「普魯士是支配因素……帝國的意志不過是普魯士國的意志。」這說的是實情，而且它對德國人自己後來產生了不堪設想的後果。因此，從一八七一年到一九三三年，而且可以說到一九四五年希特勒的覆亡爲止，德國歷史的進程，除了威瑪共和國一段時期而外，是完全按照一條直線，按照必然的邏輯發展的。

儘管裝起了民主的外表，成立了帝國議會，議員由成年公民普選產生，但是德意志帝國在實際上是身兼皇帝的普魯士國王統治下的一個軍事專制國家。帝國議會權力很少，它不過是個人民代表在這裡發洩牢騷不滿和爲他們所代表的階級爭取一些細微利益的辯論場所。權力掌握在君主手裡，這是神授給他的。近至一九一〇年，威廉二世居然還能夠宣稱，皇冠「完全是上帝所賜，而不是由議會、人民議會或人民的決定所授予的……鑒於我是上帝的工具，」他補充說：「我將獨行其是。」

他不受議會的牽制。他所任命的首相只對他負責，而不對議會負責。議會既不能罷免也不能挽留。這完全是君主的特權。因此，與西方其他國家的情況完全不同，民主的思想，人民主權的思想，議會權力至高無上的思想，從來沒有在德國站穩過腳跟，甚至在二十世紀開始以後也是如此。不錯，社會民主黨歷經俾斯麥和皇帝的多年迫害，在一九一二年終於成爲帝國議會中第一大黨。他們大聲疾呼地要求實行議會民主。但是他們是不起什麼作用的。他們儘管是第一大黨，但是仍是一個少數派。工業革命來得雖然晚了一些，但是發展卻很驚人，中產階級因此興旺起來，他們給俾斯麥的武力和戰爭政策的勝利弄得眼花繚亂，終於爲了物質上的利益而出賣了他們可能有的任何政治自由的想望（在某種意義上，德國工人階級也做了同樣的交易。俾斯麥爲了撲滅社會主義的潮流，在一八八三年到一八八九年之間，實行了一項規模遠遠超過任何其他國家的社會保險計畫。其內容包括對工人進行強制性的老年、疾病、事故和殘廢的保險，這項計劃由國家主持，經費卻由雇主和職工共同負擔。我們雖不能說它制止住了社會民主黨或工會的興起，但是它對工人階級的確有深刻的影響，因爲它逐漸地使他們把經濟保障看得重於政治自由，使他們把國家看成是一個恩賜者和保護人，不論這個國家多麼保守。我們不久就會看到，希特勒充分利用了這種心理狀態。在這一點上，像在其他問題上一樣，他從俾斯麥那裡學到了不少東西。「我研究了俾斯麥的社會主義立法，」希特勒在《我的奮鬥》中第一百五十五頁說：「研究了這種立法的用意、鬥爭和成就。」）他們接受了霍亨佐倫王室的專制統治。他們心甘情願地服從容克官僚，他們熱烈地擁護普魯士軍國主義。德國走運的時刻已經來了，爲了使它繼續走運，他們——而且幾乎包括全體人民——都很願意按照主人的吩咐行事。

在這些人中間，在最末的一代中，就有希特勒這個奧地利人。在他看來，俾斯麥的第二帝國雖然有錯誤和「可怕的腐朽勢力」，卻是一種顯赫的豐功偉業，德國人終於有了自己應有的地位。

德國不是所有國家中唯一以純粹力量建立帝國的傑出榜樣嗎？帝國的胚種細胞普魯士是由於赫赫的武功，而不是由於金融操縱和商業買賣而建立起來的，而帝國本身又完全是積極進取的政治領導和視死如歸的軍人氣概的光榮結果……。

（第二）帝國的創建本身好像被一件振奮全國人心的事件的魔力增添了光輝。經過了一系列無可比擬的勝利以後，誕生了一個留傳給後代子孫的帝國——這是對不朽的英雄主義的酬報……這一帝國的存在不是由於議會各派別的勾心鬥角，它崇高的建國方式，使它超絕於其他國家之上；因爲宣布我們的意志，宣布德國人，不論貴族平民，都決心要在將來建立一個帝國，再次把帝國的地位升高到無上的高度，這個莊嚴的行動，不是在議會的舌戰嘮叨聲中，而是在巴黎郊外前線的隆隆炮聲之中完成的……俾斯麥國家的創建者不是逃避兵役的膽小鬼，而是置身前線的將士。

這種獨特的誕生方式和炮火的洗禮爲帝國增添了只有最古老的國家——但是爲數稀少——才能自誇的歷史光輝。

現在開始了步步上升的歷程！

外部的行動自由爲內部提供了每日的麵包。國家在人口和物產方面都富饒起來。國家的榮譽和全國人民的榮譽受到了一支可以極其明顯地表現出與以前德意志聯邦不同的軍隊的保護[24]。

這就是希特勒決心要恢復的德國。在《我的奮鬥》中，他詳盡地討論了他心目中的德國覆亡的原因：容忍猶太人和馬克思主義者、中產階級貪圖物質享受和自私自利的思想、霍亨佐倫王室周圍「阿諛奉承之徒」的惡劣影響、同腐化墮落的哈布斯堡王室和不可信任的義大利人結盟而不與英國結盟的「爲害極大的德國結盟政策」、缺少一項根本的「社會的」和種族的政策。他保證，這些錯誤是國家社會黨一定要糾正的。

第三帝國的思想根源

但是除了歷史以外，希特勒還從哪裡得到思想上的啓發呢？他在德國國內外的反對者不是太忙，就是太笨，沒有在尚不太晚的時候注意到這一點，但是他卻像許多德國人一樣，兼收並蓄地汲取了十九世紀德國思想家各種各樣不負責任和狂妄自大的思想。這些亂七八糟的思想，希特勒都是從阿爾弗雷德・羅森堡這樣糊塗的冒牌哲學家或者他那醉醺醺的詩人朋友狄特里希・埃卡特那裏拾來的牙慧，卻以一個初入門者的滿腔熱情來奉爲至寶。更糟糕的是，他決心要把這些思想付諸實行，只要一有機會。

我們前面已經談到，縈繞在希特勒腦際的這些思想是些什麼思想：對戰爭和征服的歌頌，極權主義國家的絕對權力；認爲亞利安人即日耳曼人是主宰種族的信念，對猶太人和斯拉夫人的仇視；對民主主義和人道主義的蔑視。這些思想都不是希特勒獨創之見——雖然實行這種思想的方式後來證明是他的獨創。這些思想來自在希特勒出生前一個世紀內支配德國思想界的一批無奇不有的學問淵博然而頭腦有失平衡的哲學家、歷史學家和教育家。後來事實證明，這些思想不僅對德國人，而且對很大一部分人類也帶來了極其嚴重的後果。

毫無問題，在德國人中間，曾經出過西方世界在思想和精神方面最崇高的一些人物——諸如萊布尼茲、康德、赫爾德、洪堡、萊辛、歌德、席勒、巴哈和貝多芬等——而且他們對西方文明都做出了獨特的貢獻。但是，從俾斯麥一直傳到希特勒手中的普魯士德國其興起同時，在十九世紀開始佔優勢的德國文化的主要支柱首先是費希特和黑格爾，後來是特萊希克、尼采、華格納，以及一批較爲次要的人物，奇怪的是，在後者這些人物中佔重要地位的還有一個古怪的法國人和古怪的英國人。這些人終於造成了德國在精神上與西方的分裂；這種分裂狀態至今還沒有彌補過來。

一八〇七年，普魯士在耶拿屈辱地被拿破崙擊敗以後，約翰・戈特利伯・費希特（Johnann

Gottlieb Fichte）開始在他擔任哲學教授職位的柏林大學的講壇上發表他著名的〈告日耳曼民族書〉。這些演講深深地激動了和鼓舞了一個陷於四分五裂的戰敗國家的人民，它們的響亮回聲即使到了第三帝國時代仍舊隱約可聞。對於一個戰敗國中意氣沮喪的人民來說，費希特的教導是一種醉人的烈酒。在他看來，拉丁民族——特別是法國人——和猶太人都是腐朽種族。只有日耳曼人才有中興的可能。他們的語言是最純潔的，最與眾不同的。只有在他們的影響下，歷史才能展開一個新的紀元。這個新紀元將反映宇宙的法則。它將由一批爲數不多的社會精英來領導，他們沒有任何「個人」性質的道德觀念的約束。這些思想就是我們上面已經看到的希特勒寫在他的《我的奮鬥》中的一部分思想。

費希特一八一四年逝世後，他在柏林大學的講座由格奧爾格・威廉・弗雷德里希・黑格爾（Georg Wilhelm Friedrich Hegel）繼任。黑格爾是一個思想敏銳、觀察深刻的人，他的辯證法啓發了馬克思和列寧，因此對共產主義思想的確立做出了很大的貢獻，他把國家頌揚爲人類生活中至高無上的主宰，這種觀念爲俾斯麥的第二帝國和希特勒的第三帝國鋪平了道路。在黑格爾看來，國家就是一切，或者幾乎就是一切。他認爲國家是「世界精神」的最高表現；它是「道德的宇宙」；它是「倫理概念……倫理思想……認識和思維本身的體現」；國家「對個人有至高無上的權力，個人的至高無上的責任是做國家的一分子……因爲世界精神的權利是超越一切個人特殊權利的……」。

那麼個人在世界上的幸福在哪裡呢？黑格爾答覆說：「世界歷史不是幸福的帝國。幸福的時期，」他宣稱：「是歷史上空白的篇頁，因爲這些時期是和諧一致、沒有衝突的時期。」戰爭是最偉大的純潔劑。在黑格爾看來，它有益於「爲長期和平所腐化的各國人民的倫理健康，正如颶風使海洋去除長期平靜所造成的污穢一樣」。

任何傳統的道德和倫理觀念都不得影響至高無上的國家或領導國家的「英雄」。「世界歷史佔有一個更高的地位……不相干的道德要求絕不能與世界性歷史性的功業及其實現發生衝突。絕不能以喃喃連禱的那些個人品德——謙虛、仁愛、寬容——來反對它們……這樣強大的一種形式（國家）必須踐踏許多無辜的花草——壓碎它的前進道路上的許多東西。」

黑格爾預料德國在恢復了它的天賦才能以後就會建立這樣一個國家。他預言，「德國的時辰」將會來到，它的使命將是振興世界。誰如果讀過黑格爾的著作，就不難瞭解希特勒像馬克思一樣從他那裡得到了多少靈感的啓發，哪怕這是經別人之手而得來的。尤其是，黑格爾在他關於「英雄」——那些由於神祕的天意而命中注定要執行「世界精神的意志」的偉大人物——的理論中似乎就以他自己的強烈使命感啓發了希特勒，這一點我們在本章結尾時就會談到。

特萊希克是稍後來到柏林大學的。從一八七四年起一直到他在一八九六年去世時爲止，他一直在那裡擔任歷史學教授，很受學生歡迎，講課時座無虛席，熱情的聽眾中不僅有學生也有參謀總部的軍官和容克官僚。他在十九世紀末期對德國思想界的影響很大，這種影響一直存在到威廉二世的時代，甚至一直到希特勒的時代。他雖然是薩克森人，卻是個竭力主張普魯士化的人。他比普魯士人更加普魯士化。像黑格爾一樣，他也頌揚國家，視之爲至高無上，但是他的態度更加粗暴：人民，臣民，在一個國家裡不過是奴隸而已。「只要你服從，」他宣稱：「不用管你怎麼想。」

在宣稱戰爭是人類的最高自我表現方面，比起黑格爾來，特萊希克有過之無不及。在他看來：「軍事榮譽是一切政治價值的基礎；而在德國的豐富的榮譽寶庫中，普魯士的軍事榮譽是一顆明珠，其價值之高，不亞於我們的詩人和思想家的傑作。」他認爲：「盲目追求和平……已經成了我們時代的思想和道德的恥辱。」

> 戰爭不僅僅是一種實際上的必要，它也是一種理論上的必要，一種邏輯的要求。國家這一概念意味著戰爭的概念，因爲國家的本質是權力……要在這個世界上永遠消滅戰爭不僅是一種荒謬可笑的希望，而且也是極其不道德的希望。這將造成人類靈魂的許多基本的和崇高的力量的萎縮……一個國家的人民，如果執迷於永久和平的幻想，就必然要因爲在超然孤立中衰敗而不可救藥地滅亡。

尼采像歌德一樣對德國人民評價不高（「一想到德國人民，」歌德曾經說過：「我常常不免黯然神傷，他們作爲個人來說，個個可貴，作爲整體來說，卻又那麼可憐。把德國人民同其他國家人民作一比較，就會產生一種痛苦的感情，我是盡一切可能辦法來克服這種感情的。」一八一三年十二月十三日與魯登〔H. Luden〕的談話，刊《歌德談話錄》（*Goethes Gespräche*），奧斯瓦爾・皮德曼書店出版〔Auswahl Biedermann〕；威廉・羅普克曾在《德國問題的解決辦法》〔*The Solution of the German Problem*〕第一百三十一頁加以引用）而且在其他方面，這個狂妄自大的天才的一些言論也與十九世紀德國沙文主義思想家有所不同。的確，他認爲，包括費希特和黑格爾在內的大多數德國哲學家都是「不自覺的騙子」。他嘲笑「康德老頭兒的塔杜夫（譯注：莫里哀名劇《僞君子》中的主人公）作風」。他在《何等的人》（*Ecce Homo*）中寫道，德國人「一點也不知道他們多麼卑鄙」，他的結論是：「凡是德國力量所到的地方，它都要破壞文化。」他認爲，世界上所以存在「奴隸道德」，基督教徒同猶太教徒同樣要負責；他從來不是一個反猶主義者。他有時擔心普魯士的前途，在他晚年發瘋之前，甚至懷有歐洲聯邦和世界政府的思想。

但是我認爲，在第三帝國生活過的人，沒有一個不對尼采的影響有深刻印象的。正如桑塔亞那（George Santayana）所說，他的著作中可能充滿了「愉快的蠢話」和「孩子氣的咒罵」。但是納粹文人還是樂此不疲地頌揚他。希特勒常常到威瑪去參觀尼采博物館，大肆宣傳他對這個哲學家的尊敬，讓記者拍他出神地瞻仰這個偉人胸像的照片。

把尼采當作納粹世界觀的創始者之一是不無理由的。這個哲學家不是曾經用盡其精闢的警句格言，來大力反對民主和議會制度、宣傳權力的意志、讚美戰爭、宣布主宰種族和超人的來臨嗎？幾乎在任何想像得到的問題上，一個納粹黨人都可以得意地引用他的話，而且事實也確實如此。關於基督教義：「是最大的不幸，是最重大的根本錯誤……我稱它爲人類無法洗雪的污點……這種基督教義不過是社會主義者的典型說教。」關於國家、權力和人類的叢林世界：「社會一向認爲美德不過是取得力量、權力和秩序的手段。國家（是）有組織的不道德……（是）打仗、征服、報復的意志……社會無權僅僅爲其本身的緣故而存在，它只能充當下層建築和鷹架，爲讓精選的種族得以藉之上升，擔負更高的責任……所謂生活權利、工作權利、幸福權利這種東西是根本沒有的：在這一方面，人類同最低賤的蛆蟲沒有區別。」（尼采從來沒有接觸過女人，他把女人列於顯然次等的地位，正如納粹黨人一樣，他們規定女人應該回到廚房去，她們在生活中的主要作用是爲德國戰士生男育女。尼采是這樣提出這個思想的：「男子應訓練爲戰士，女子應生產戰士。其他一切都是愚蠢的行爲。」他甚至更進一步。在《查拉圖斯特拉如是說》中，他說：「你到女人那裡去嗎？別忘了帶你的鞭子！」——這使英國哲學家羅素禁不住說俏皮話道：「十個女人有九個會使他把他的鞭子丟掉，他知道這一點，因此他避開女人……。」）他頌揚超人是肉食猛獸：「傑出的金髮碧眼野獸，虎視眈眈地等待撲向獵獲物和勝利。」

那麼戰爭呢？在這個問題上，尼采採取了十九世紀大多數其他德國思想家的觀點。這位哲學家用舊約那種洪亮的語言來寫作《查拉圖斯特拉如是說》。他在書裡面喊道：「你們愛和平應以它作爲新戰爭的手段，愛短期和平應勝過長期和平。我勸告你們不要工作，要去作戰。我勸告你們不要和平，而要勝利……你們說，和平是甚至使戰爭也變成神聖的事業？我對你們說：只有戰爭才使一切事業變成神聖。戰爭與勇氣所做出的豐功偉績，大大超過慈悲。」

最後，尼采還預言未來的社會精英將統治世界，超人將由此產生。在《權力的意志》一書中，他宣稱：「一個大膽的統治者種族正在加強自己……目的應該是爲在智力和意志方面天賦最厚的這些特別強壯的人重新確立價值。這種人和他周圍的精華人物應該成爲地球的主人。」

德國最有獨創之見的一位思想家的這種狂言大語，在希特勒的混亂頭腦中一定引起了強烈的共鳴。總而言之，他把這些狂言大語──不僅是這種思想，而且連這位哲學家過分誇張的癖好，甚至他的措辭──都據爲己有。「地球的主人」是《我的奮鬥》中常見的話。希特勒最後認爲自己就是尼采所預言的超人，這一點是無可懷疑的。

「凡是要想瞭解國家社會主義德國的人必須瞭解華格納。」希特勒常常這麼說（這段話也出現在奧托・托利許斯〔Otto Tolischus〕所著的《他們要戰爭》（*They Wanted War*）一書第十一頁）。這可能是基於對這位偉大的作曲家的某種誤解，因爲，雖然華格納像希特勒一樣對猶太人懷有一種瘋狂的仇恨，深信他們要用金錢來統治全世界，雖然他蔑視議會制度、民主主義、資產階級的追求物質利益和庸俗習氣，他也熱烈地希望德國人能夠「以他們特殊的天賦」，「成爲世界的改造者，而不是統治者」。

不過，促成產生現代德國的神話，使得現代德國有了一種日耳曼式世界觀，以致希特勒和納粹黨不無理由把它接過來據爲己有的，不是華格納的政治著作，而是他的偉大的歌劇，這些歌劇生動地再現了日耳曼人的遠古世界，它那英雄式的神話，它那戰爭的神和勇士，它那惡魔和巨龍，它那流血格鬥和原始的部族禮法，它那宿命觀念，它那以愛情與生命爲光榮、以死亡爲高貴的觀念。

希特勒從早年時代起就崇拜華格納，甚至在他瀕臨死亡的時候，在俄國前線附近大本營的陰暗潮濕的地下室裡，在他的天下開始崩潰和他的雄圖化爲泡影的時候，他還喜歡回憶他聽到華格納偉大作品時的一切情景，回憶這些作品對他的影響，回憶他從拜羅伊特（Bayreuth）音樂節、從無數次訪問這位作曲家的故居瓦恩弗雷德別墅（Haus Wahnfried）時所得到的靈感。在這所故居中，作曲家的兒子齊格菲和他的英國出生的妻子溫妮弗雷德仍住在那裏，他有一個時期曾是希特勒所敬重的朋友。

「華格納的每一部作品都給我帶來莫大的愉快！」一九四二年一月二四十至二十五日夜裡，在德軍第一次在俄國遭到慘重失敗後不久，希特勒在東普魯士臘斯登堡（Rastenburg）的「狼穴」地下防空洞中同他手下的將領和黨內助手（其中有希姆萊）談話的時候曾經感歎地說過這麼一句話。在防空洞外面，遍地白雪皚皚，寒冷徹骨，這是他最痛恨和害怕的兩個因素，也是造成這次戰爭中德國第一次軍事失利的兩個因素。但是在暖和的地下防空洞中，至少在這個晚上，他的腦子裡想到的是他的生命的偉大靈感泉源之一。「我還記得，」他說：「我第一次踏進瓦恩弗雷德時的感情。說我受到了感動，還不足以表達我的感情於萬一！在我最困難的時候，他們從來總是支持我的，甚至齊格菲．華格納。我同他們都很熟，相互直呼名字。我愛他們一家人，我也愛瓦恩弗雷德這所房子……拜羅伊特十天音樂節永遠是我生命中最幸福的日子。一想到我將來總有一次重訪這個聖地，我就非常高興……在拜羅伊特音樂節結束後那一天……我感到非常悲哀，就像你把聖誕樹上的裝飾卸下來的時候一樣。」25

雖然希特勒在那個冬夜的獨白中一再說，在他看來，《崔斯坦和伊索德》是「華格納的傑作」，但是爲德國，特別是爲第三帝國提供這麼多的原始日耳曼神話的，還是那部了不起的《尼伯龍根的指環》，這是四部系列歌劇，取材於日耳曼民族偉大的史詩《尼伯龍根之歌》，作曲家爲了這部作品花了二十五年的心血。一個民族的神話往往是那個民族精神和文化的最高級和最眞實的表現，這種情況在德國是再確實不過了。哲學家謝林甚至認爲：「一個民族是有了神話以後才開始存在的……它的思想的一致性——亦即集體的哲學，表現在它的神話裡面；因此，它的神話包含了民族的命運。」曾經用現代語言寫過《尼伯龍根之歌》的當代詩人馬克斯．梅爾（Max Mell）宣稱：「人本主義希望希臘諸神對我們文化發生深刻影響，現在這種影響已經很少了……但是齊格菲和克琳姆希爾德卻永遠活在人們的心靈中！」

齊格菲和克琳姆希爾德、布隆希爾德和哈根都是許多現代德國人喜歡引以自喻的古代神話中的男女英雄人物。就是同他們一起，同這個野蠻的、多神的尼伯龍根人的世界一起，一個爾虞我詐、暴力橫行、血流成河，最後以「諸神的黃昏」告終的非理性的、英雄式的、神祕主義的世界，在沃旦歷經盛衰之後縱火焚燒瓦拉拉時，在一場自我毀滅的狂亂中化爲烈焰，同歸於盡。這種毀滅，一直使德國人的心靈著迷，一直使他們在精神上滿足了某種渴望。這些英雄人物，這個原始的巨人的世界，用梅爾的話來說，一直活在「人們的心靈中」。在這種德國人的心靈中，我們可以感覺到文明精神與尼伯龍根人精神的鬥爭，而在本書所涉的時期裡，後者的精神似乎佔了上風。一九四五年，希特勒企圖與沃旦媲美，一手造成了德國的毀滅，想使德國同他一起在一場大火中化爲烈焰，這是一點也不奇怪的。

華格納是個有驚人天才的人，是個氣魄雄偉的藝術家，他的成就遠遠超出了上述幾點。《指環》歌劇中的衝突，常常圍繞著貪圖黃金這個主題，作曲家把這一點同「現代資本主義悲劇」相比，並且懷著恐懼的心情，眼看著它消滅了自古以來傳下來的一些美德。儘管他的主人翁都是異教徒，但是他並沒有像尼采那樣，對基督教義感到絕望。他對犯了錯誤的自相殘殺的人類還是有著悲天憫人的胸懷。但是希特勒說，要瞭解納粹主義，必須先瞭解華格納。這話並不完全是錯的。

華格納曾先後與叔本華和尼采相識，並受到他們的影響，雖然尼采後來與瓦格納發生了爭吵，因爲尼采認爲華格納的歌劇，特別是在《帕西法爾》中，表現了太多基督徒的克制。華格納在他長壽多事的一生中，結識了另外兩個人，一個是法國人，一個是英國人，這兩個人對本書所敘述的歷史所以有重要意義，與其說是由於他們對他個人的影響（固然其中一個人的影響是很大的），不如說是由於他們對德國人思想的影響，因爲正是他們的影響，使德國人的思想導向第三帝國的出現。

這兩個人，一個名叫約瑟夫・亞瑟・德・古比諾（Joseph Arthur de Gobineau）伯爵，是個法國文人兼外交官，一個名叫赫斯頓・史都華・張伯倫（Houston Stewart Chamberlian），是有史以來英國最大的怪人之一。

不過話得說在前頭，他們兩個人都不是江湖騙子。他們兩個人都是博學多聞，遊蹤極廣之士。但是他們兩人都創造了極爲荒唐的種族理論。這種理論，除了德國人是唯一例外，沒有人（甚至他們本國的人）加以認眞對待過。但是在納粹黨人看來，他們頗成問題的理論卻成了福音書。說張伯倫是第三帝國精神上的創建人，也許並不過分誇張，因爲我曾聽到不只一個希特勒的追隨者這麼說。這個古怪的英國人把日耳曼人看成是主宰種族，是未來的希望。他崇拜華格納，最後娶了華格納的一個女兒爲妻。他起初擁戴威廉二世，繼而擁戴希特勒，他是他們兩個人精神上的導師。在他怪誕的生命快結束的時候，他竟認爲，這個奧地利下士是上帝派來領導德國人民走出荒野的人。這件事發生在希特勒上臺之前，或者說有任何上臺希望之前很久的時候。因此希特勒把張伯倫看成是一個先知，並非偶然，後來事實證明張伯倫的確是個先知。

在這兩個人的著作中，究竟有些什麼東西在種族問題和德國的命運問題上把一種瘋狂思想灌輸到德國人心中呢？

古比諾的主要貢獻是一八五三年到一八五五年在巴黎出版的四卷集《人種不平等論》（*Essai sur l'Inégalité des Races Humaines*）。說也奇怪，這個法國貴族在皇家禁衛軍當過軍官以後，卻以托克維爾（Alexis de Tocqueville）內閣祕書長的身分開始了他的政治生涯。托克維爾是《民主在美國》一書的著名作者，曾在一八四八年擔任過很短一個時期的總理職務。古比諾後來到漢諾威和法蘭克福去當外交官，他的種族不平等理論是從他同德國人的接觸中，而不是從他同托克維爾的接觸中形成的，不過他曾經承認，他寫這部著作，部分原因是爲了要證明他自己貴族祖先的優越性。

根據古比諾在這部作品中給漢諾威國王所寫的獻辭，在他看來，歷史和文明的關鍵是種族。「歷史上一切其他問題都受種族問題的支配……各種族的不平等足以說明各國人民命運的整個情況」。主要人種有三個，白種、黃種、黑種，其中以白種爲最優越。他認爲：「歷史證明，所有文明都起源於白種人，沒有白種人的合作，任何文明都不能存在。」而亞利安人是白種人中間的明珠：「這一光芒四射的種族，是白種人中間最高貴的種族。」他們的起源，他一直追溯到中亞細亞。不幸的是，據古比諾說，當代的亞利安人同一些劣等種族混血通婚，這在當時的南歐就可以看到。但是，在西北方面，大致上沿著塞納河向東到瑞士的一條線以北，亞利安人雖然遠遠談不上非常純粹，但還保持著是一個優秀的種族。他們包括一部分法國人，全部英國人和愛爾蘭人，低地國家的人民，萊茵河流域和漢諾威的人民，以及斯堪地納維亞半島的人民。古比諾似乎把住在這條線以東和東南的大部分日耳曼人排除在外，這一點，在納粹黨人提倡他的學說的時候，馬馬虎虎地掩飾過去了。

即使如此，在古比諾的心目中，日耳曼人，至少是西部日耳曼人，也許仍然是亞利安人中最優秀的，這一點納粹黨人並沒有加以掩飾。他發現，凡是日耳曼人足跡所到之處，都帶來了進步。甚至在羅馬帝國中也是如此。征服了羅馬人和擊潰了他們帝國所謂野蠻的日耳曼部落，對文明做出了一個傑出的貢獻，因爲到四世紀的時候，羅馬人比退化的雜種好不了多少，而日耳曼人相對地來說，卻是血統純粹的亞利安人。他宣稱：「亞利安種日耳曼人是強大的種族……因此，他們的思想、言論和行爲有著很大的重要性。」

古比諾的思想，在德國很快被接收過去。華格納在一八七六年這個法國人已屆晚年（他於一八八二年去世）的時候認識了他，熱情地提倡他的學說，不久之後，德國各地紛紛成立了古比諾協會。雖然在法國並沒有成立這種團體。

張伯倫奇異的一生和著作

德國古比諾協會的熱心會員中有一位名爲赫斯頓・史都華・張伯倫的人，他的一生和著作，是導致第三帝國的興起和覆亡的無情歷史進程中最令人莫測的奇怪事件之一。

張伯倫於一八五五年生於普茲茅斯，他的父親是一位英國海軍上將，他的叔伯之中，有一個是英國陸軍元帥內維爾・張伯倫（Nevile Chamberlain，與英國首相張伯倫同名）爵士，有兩個是英國陸軍將軍。他最後成了華格納的女婿。本來是要送他參加英國海軍或陸軍的，但是因爲體弱多病而放棄了這個打算，家裡送他到法國和日內瓦受教育，法語就成了他的第一語言。在十五歲到十九歲之間，命運使他結識了兩個德國人，從此之後，他就對德國一往情深，最後成了德國公民和德國最傑出的思想家之一，他寫了許多著作，全部都是用德語寫成的，其中有好幾部著作對威廉二世、希特勒以及其他無數一般的德國人產生了一種幾乎是目駭神迷的影響。

一八七〇年，張伯倫十五歲的時候落在一個名叫奧托・孔策（Otto Kuntze）的傑出家庭教師的手裡，孔策是個最最普魯士化的普魯士人，在他擔任家庭教師的四年中，他把英勇尚武、戰無不勝的普魯士式武功和——顯然沒有想到兩方面的尖銳對照——貝多芬、歌德、席勒、華格納這些藝術家和詩人的傑作深深地打入了張伯倫敏悟的心靈。張伯倫十九歲的時候瘋狂地愛上了安娜・霍爾斯特（Anna Horst），她也是個普魯士人，年紀比他大十歲，同他一樣，也極其神經質。一八八二年他二十七歲的時候，離開了在那裡曾經埋頭三年，研讀過哲學、自然史、物理、化學、醫學的日內瓦，到了拜羅伊特。在那裡，他遇見了華格納，據他說，後者成了他生命中的太陽。他還遇見了作曲家的妻子柯西瑪，他在此後一生之中，一直對她保持了熱情的、奴隸般的忠誠。一八八五年，他同當時已成了他的妻子的安娜·霍爾斯特一起，到德勒斯登去住了四年，從這一年起，他在思想上和語言上成了一個德國人。一八八九年他到維也納，在那裡住了十年，最後在一九〇九年又回到拜羅伊特，一直住到一九二七年去世。他在一九〇五年同他原來崇拜備至的普魯士妻子離了婚。當時她已六十歲了，在精神上和體質上都比他病得更嚴重（據他說，他因爲不得不分居而極感痛苦，幾乎發瘋）。三年後，他娶了愛娃·華格納爲妻，在瓦恩弗雷德附近定居下來，因爲在那裡他可以就近照顧他的岳母，受尊敬的和意志堅強的柯西瑪。

張伯倫是個非常敏感的神經質的人，神經官能症常常發作，據說他能看到惡魔，這些惡魔往往無情地驅使他從事新方面的研究和繼續不斷的寫作。一個接著一個的幻象驅使他從研究生物學改爲研究植物學，又改爲研究藝術、音樂、哲學、傳記、歷史。有一次，在一八九六年，他從義大利回來，在一個惡魔的驅使之下，他中途在加爾頓（Gardone）下了火車，租了一間旅館房間，關起門來有八天之久，放棄了他原來想寫的音樂文章，而緊張地寫了一篇生物學論文，終於得到了從此以後貫穿在他的全部著作中的中心思想的萌芽：種族和歷史。

不論他有什麼樣的缺點，他的思想的天地確是極爲廣闊：文學、音樂、生物學、植物學、宗教、歷史、政治，無所不通。正如尚·雷勒（Jean Réal）所指出的，在他的全部著作中，有一種深刻的靈感一致，這些著作的前後一貫性極爲突出[26]。由於他自己覺得受惡魔的驅使，他的有關論述華格納、歌德、康德、基督教義和種族的著作，都是在一種可怕的熱病襲擊下，一種眞正的神志昏迷的狀態中，一種自我陶醉的境界中寫成的，因此，據他自己在自傳《生活的道路》（*Lebenswege*）中所說，他常常認不出這些東西是他自己的作品，因爲它們超過了他所預期的程度。神經比他正常的人後來推翻了他的種族理論和他的許多歷史見解，而且在艾德蒙・凡爾梅爾（Edmond Vermeil）這樣一位法國日耳曼學家看來，張伯倫的思想基本上是「賣膏藥的」。但是在希特勒的傳記作者、反納粹的德國作家海登看來，雖然張伯倫的種族學說所造成的影響使他深感遺憾，張伯倫仍然是「德國思想史上具有最驚人的才華的人之一，是知識和深刻思想的一個寶庫」。

影響德國思想最深刻的作品，使得威廉二世大喜若狂也爲納粹黨人提供了種族謬論的作品，是張伯倫一八九七年四月一日到一八九八年十月三十一日之間的十九個月時間中，在維也納被一個「惡魔」驅使下寫的一部長達一千兩百頁的巨著《十九世紀的基礎》（*Grundlagen des Neunzehnten Jahrhunderts*）。這部著作是在一八九九年出版的。

同張伯倫所欽佩的古比諾一樣，張伯倫發現，歷史的關鍵，的確也可以說文明的基礎，在於種族。要瞭解十九世紀，也就是說當代世界的現象，人們必須首先要考慮一下古代的遺產。張伯論認爲，古代的遺產有三：希臘的哲學和藝術、羅馬的法律、基督的人格。遺產的承受人也有三個：「兩個血統純粹的種族」猶太人和日耳曼人，以及地中海一帶的雜種拉丁人——張伯倫稱他們爲「各種民族的大混雜」。只有日耳曼人才配繼承這份光輝的遺產。不錯，他們在歷史上出現得很遲，到十三世紀時才出現。但是就在這以前，他們已滅亡了羅馬帝國，這就證明了他們的價值。他說：「有人說，野蠻的條頓人造成了所謂『中世紀的黑夜』，這種說法是不確實的。相反，這個黑夜是垂死的羅馬帝國所造成的，人類不分種族的大混雜在思想上和精神上破產以後降臨的。要不是條頓人，全世界就會籠罩著永恆的黑夜。」在他寫作的時候，他把條頓人看成是世界的唯一希望。

張伯倫把居爾特人和斯拉夫人都包括在「條頓人」中間，不過條頓人是最重要的成分。但是，他的定義是相當含糊的，有一次他說：「凡是行爲像條頓人者，即條頓人，不論其原來種族是什麼。」也許他說這句話是因爲他想到自己的非日耳曼血統。無論如何，根據張伯倫的說法，條頓人是「我們文化的靈魂。每個民族今天作爲一種活著的力量，其重要性取決於人口中純正條頓血液的比例……只有在條頓人用他靈巧的手掌握了古代遺產的時候，眞正的歷史才開始」。

那麼猶太人呢？《十九世紀的基礎》中最長的一章論述了猶太人。我們已經看到，張伯倫聲稱，猶太人和條頓人是西方僅有的血統純粹的兩個種族。在這一章中，他譴責「愚蠢的令人反感的反猶主義」。他說，猶太人並不「次」於條頓人，僅僅是「不同」而已。他們有他們自己的偉大之處。他們認識到，人類的「神聖職責」是保持種族的純潔。但是在他進而分析猶太人的時候，張伯倫也陷入了他譴責別人持有的非常庸俗的反猶主義中，這種庸俗的反猶主義最後發展到希特勒時代施特萊歇爾在《衝鋒隊員》中醜化猶太人時所用的淫猥粗鄙的謾罵。的確可以說，納粹反猶主義的「哲學」基礎有很大一部分是從這一章來的。

張伯倫的見解一望而知是荒謬絕倫的。他宣稱，基督的人格是古代傳給現代文明的三大遺產之一。他接著著手證明耶穌不是猶太人。張伯倫認爲，耶穌出生於加利利，他不能正確地發出阿拉米語中的喉音字母，這些「明顯的跡象」，都說明了耶穌有「很大比例的非閃族血統」。他接著說了一句典型直截了當的話：「凡是說耶穌是猶太人的人，不是傻子，就是說謊……耶穌不是猶太人。」

那麼他是什麼種族的人呢？張伯倫答覆道：很可能是個亞利安人！如果不是由於血統的話，那麼也毫無疑問地由於他在道德上和宗教上的教誨，因爲這種教誨同猶太教的「唯物主義和抽象形式主義」截然相反。因此，很自然地——至少在張伯倫看來——基督應該成爲「生命力旺盛的年輕印歐民族的上帝」，特別是條頓人的上帝，因爲「任何其他民族都沒有具備像條頓人那麼好的條件能夠聽到這神明的召喚」。

接著他寫了自稱是猶太種族詳細的歷史，從閃族或者說沙漠中的貝都因人與圓頭的長著「猶太鼻子」的西臺人混血開始，最後到與屬於亞利安人的亞摩利人混血爲止。不幸的是，亞利安混血種——即亞摩利人，據他說是金髮碧眼、體格魁梧、儀表堂堂的——來得太晚了，不能對改進「腐化的」希伯來血統起什麼眞正的作用。從此以後，這個英國人——與他的猶太純粹血統論自相矛盾——發現猶太人成了一種「消極的」種族，是「雜種」，因此，亞利安人「否認」以色列是有理由的。他甚至責怪亞利安人，不該把「實際不存在的榮譽」給予猶太人。他接著發現猶太人「沒有眞正的宗教信仰到了可悲的程度」。

最後，在張伯倫看來，救星在於條頓人和他們的文化，而在條頓人中間，日耳曼人是最有天賦的，因爲他們繼承了希臘人和印度—亞利安人最優秀的品質。因此他們有權成爲世界的主人。「上帝今天完全指望日耳曼人，」他在另外一個地方寫道：「這是我的心中蘊藏了多年的認識，肯定的眞理。」

《十九世紀的基礎》一書出版後轟動一時，使這個古怪的英國人在德國一舉成名。儘管因爲張伯倫是個刻意求功的藝術家，這本書有它的獨特風格，而且不乏滔滔的雄辯，但是讀起來卻很費勁兒。但是它不久之後就在上層階級人士中間很爲流行，因爲他們似乎在這本書裡發現了他們願意相信的東西。十年之內，它再版了八次，銷了六萬冊，到一九一四年第一次世界大戰爆發時，銷數已達十萬冊。在納粹統治時期，它又行銷一時，我還記得，在一九三八年時曾經宣布它印行第二十四版，當時已銷了二十五萬冊以上了。

這本書最初和最熱情的讀者之一是德皇威廉二世。他請張伯倫到波茨坦宮中見面，一見之下就互相傾倒，兩人的友誼一直維持到張伯倫在一九二七年死去。他們兩人在第一次會晤後就一直通訊。張伯倫給德皇一共寫了四十三封信，德皇回了其中二十三封，其中有一部分信簡直就是長篇文章，德皇在他一些激烈演講和聲明中曾經加以採用。「上帝把你的書送給了德國人民，把你送給了我。」德皇在頭上幾封信中曾經這麼說。張伯倫在這些信中竭盡其阿諛諂媚之能事，到了令人作嘔的程度。「陛下和陛下的臣民」，他寫道：「是生在神聖殿堂的。」他還告訴威廉，他在書房裡把威廉的肖像放在達文西畫的基督肖像對面，他工作的時候，就可以常常在他的救世主和他的君王之間來回踱步。

但是張伯倫的奴才氣並不妨礙他向這個性格暴烈、剛愎自用的皇帝不斷進言。一九〇八年，威廉頗不得民心，以致帝國議會竟敢責難他過問外交造成不利後果。但是張伯倫勸告德皇說，輿論是白癡和奸賊製造出來的，可以不必去理會它，威廉則答覆說，他們兩個人將站在一起——「你用你的筆；我用我的口舌和利劍」。

這個英國人一直提醒威廉不要忘記德國的使命和命運。「德國一旦有了力量，」他在第一次世界大戰爆發後說：「——我們可以滿懷信心地預期它能夠得到力量——它必須立刻執行一種科學天才的政策。奧古斯都曾經有計劃地改造世界，德國也必須如此……有了進攻性和防禦性武器的裝備，有了像軍隊一樣嚴密的組織，在藝術、科學、技術、工業、商業、財政，總而言之，在一切方面都優於任何國家，也就是說，自己成了世界的教導者、舵手、先驅，它的每一個人都堅守崗位，每一個人都為神聖的事業貢獻出最大的力量——在這種條件下，德國……必將由於內在的優越性而征服全世界。」

張伯倫在戰爭中途的一九一六年歸化為德國公民。由於宣傳他所歸化的國家這樣一個光榮的使命，張伯倫得到了德皇一枚鐵十字獎章。

但是受到這個英國人影響最大的還是第三帝國。雖然第三帝國到他死後六年才出現，但是他早已預見它的到來。納粹黨人把他奉為他們的先知，繼承了他的種族理論，繼承了他熾烈的德國人和德國的使命感。在希特勒統治期間，出版了大批書籍、小冊子、文章，頌揚這個國家社會主義德國的「精神創建人」。希特勒的軍師之一羅森堡就經常把他自己欽佩這位英國哲學家的熱情來灌輸給元首。希特勒可能在離開維也納之前就已經知道了張伯倫的著作，因為他的著作在泛日耳曼團體和反猶團體中是很流行的，而這些團體的印刷品又是他在那些日子裡廢寢忘食地閱讀的東西。他也很可能讀過張伯倫在戰時寫的一些沙文主義文章。在《我的奮鬥》中，他對於第二帝國沒有更多地採納張伯倫的意見表示遺憾。

張伯倫是首先看到希特勒有偉大前途、因而也看到德國人（如果他們追隨希特勒的話）有新機會的德國知識分子之一。希特勒在一九二三年在拜羅伊特見過他，當時張伯倫雖然身患重病，半身不遂，而且德國的戰敗和霍亨佐倫帝國的覆亡——這是他一切希望和預言的崩潰！——使他感到心灰意冷，但是這個誇誇其談的年輕奧地利人使他欽佩得五體投地。「你有偉大的事業要完成，」他在第二天寫信給希特勒說：「……我對日耳曼主義的信念從未有片刻的動搖，雖然我承認，我的希望曾處於低潮。你在頃刻之間卻改變了我的精神狀態。在德國最迫切需要的時刻，它誕生了一個希特勒，這就證明了它的生命力；他所產生的感召力量也是如此；因為這兩件東西——人格力量和感召力量——是密切不可分的……願上帝保佑你！」

當時希特勒留著卓別林式的小鬍子，加上他的無賴作風，他強暴粗野的極端行為，大多數德國人都把他當作笑話看待。當時沒有幾個擁護他的人，但是他性格中催眠般的吸引力在這個年老多病的哲學家身上卻起了奇蹟般的作用，恢復了他對他志願歸化的民族的信心。張伯倫加入了襁褓時期的納粹黨，只要健康許可，還為它沒有什麼銷路的出版物寫文章。一九二四年發表的一篇文章把當時還關在監獄裡的希特勒捧為上帝派來領導德國人民的。命運招喚過威廉二世，但是他失敗了；現在命運又在招喚希特勒了。一九二五年九月五日納粹黨的《人民觀察家報》以五欄篇幅刊登賀詞，慶祝這個傑出的英國人七十歲生日，把他的《十九世紀的基礎》捧為「納粹運動的福音書」，他在一年又四個月後即一九二七年一月十一日進棺材的時候，心中充滿了希望，認為他所宣傳和預言的東西在這個德國新救世主的非凡領導下還是能夠實現的。

在張伯倫的葬儀上，除了不能回德國的威廉二世派了一位親王為代表以外，希特勒是唯一的社會名流。《人民觀察家報》在報導這個英國人的死訊時說，德國人民失掉了「一位偉大的武器製造者，他所製造的武器在我們時代裡還沒有充分應用」。在一九二七年黯淡的一月裡，當納粹黨處在最倒楣的時候，這個半身不遂的垂死老人無法料到——甚至希特勒本人或者德國的任何別人都無法料到，不久之後，這個歸化的英國人所製造的武器很快就得到了充分的應用，而且帶來了可怕的後果[27]。

但是，希特勒在這些日子裡，甚至在此以前，對於他個人在地球上的使命就有著一種神祕的使命感。「在千百萬個人中間……必須要有**一個人**站出來，」他在《我的奮鬥》中寫道：「他有著毋庸置疑的力量，能夠在搖擺不定的廣大群眾的思想世界中，形成花崗石般的原則，並且爲了這些原則的唯一正確性而進行鬥爭，直到在自由的思想世界的起伏波浪中，出現一塊信念和意志完全一致的堅固崗石。」[28]

他使讀者一點也不懷疑，他已經以那一個人自居。《我的奮鬥》中不乏一些短小的片斷，論述天才人物的作用，這種人物是上帝挑選出來領導偉大國家的人民擺脫他們的困難，取得進一步的偉大成就，雖然他們可能在開始的時候並不瞭解他或者知道他的價值。讀者知道希特勒這段話指的是他自己和他當時的處境。他是怎樣一個人物，他是蠻有把握的，但是這還沒有得到世人的公認，天才人物的命運往往如此——特別在開始的時候。「幾乎總是需要一些刺激的因素才能使天才人物登場，」他說：「那時世界上還不肯承認他，不願意相信這個表面上與世人並無二致的人物竟然是一個完全不同的人物；在人類的每一個傑出兒子身上，這種事情總是一再重演的……天才的火星，」他宣稱：「在眞正有創造性的人誕生之時起就存在於他的腦袋中。眞正的天才總是先天的，從來不需要培養，更談不上學習了。」[29]

特別是——他認爲——創造歷史的偉大人物是實際政治家和思想家的結合。「在人類歷史上，每隔一個很長時間，偶爾有這樣的情況：政治家與理論家結合起來。這種結合越緊密，政治家工作所遇到的障礙也就越大。他不再爲普通店主所瞭解的生活必需品而努力，而是爲只有極少數人所瞭解的目標而努力。因此，他的一生就充滿了愛與恨的矛盾。不瞭解他的現代人反對他，後代子孫——他也爲他們工作——則承認他，二者發生了矛盾。因爲一個人的工作對將來越有偉大意義，現代的人就越不能瞭解；他的鬥爭也就越艱苦……。」30

這些話是在一九二四年寫的，當時很少有人瞭解這個因爲滑稽戲似的政變失敗而名譽掃地、身陷囹圄的人心中有什麼打算。但是希特勒自己是一點也沒有疑問的。他究竟有沒有直接讀過黑格爾的著作，是一件令人懷疑的事。但是從他的著作和演講中可以很清楚地看出，他對這個哲學家的思想是有點熟悉的，哪怕只是透過同他早年的軍師羅森堡、埃卡特和赫斯的交談後才有這點知識。反正透過某種方式，黑格爾在柏林大學的著名講學內容一定引起了他的注意，正如尼采的許多格言一樣。我們已經簡單地談到，黑格爾發展了一種「英雄人物」理論，很投合德國人的思想。他在柏林某次講學時曾經談到「世界精神的意志」是由「世界性—歷史性人物」來貫徹的。

他們可以稱爲英雄人物，因爲他們的目標和使命不是從現存秩序下平靜無事的正常情況中產生的，而是來自一個隱藏的泉源，來自仍掩蓋在表面之下但是像衝擊外殼似地衝擊表面世界並將它迸裂成爲碎片的那種內在精神。亞歷山大、凱撒、拿破崙就是這樣的人。他們是實際的政治人物。但是同時他們又是思想人物，對於時代的要求——什麼東西已經成熟到可以發展——有深刻的瞭解。這就是他們的時代、他們的世界的眞理……他們有責任瞭解這個尚在哺育中的眞理，他們的世界要採取這一必要的前進步驟；他們有責任把這當作他們的目標，不遺餘力地來實現這一目標。因此必須承認，世界性—歷史性人物——一個時代的英雄人物——是時代眼光遠大的人；他們的言論，他們的行爲，是他們的時代最優秀的言行[31]。

請看這段話與前述《我的奮鬥》中所引的一段話何等相似。政治家與思想家的結合，就是這種結合，產生了英雄，產生了「世界性—歷史性人物」，產生了亞歷山大、凱撒和拿破崙。如果希特勒身上也有這種結合——他現在已開始相信這一點——那麼他不是也可以躋身於這些英雄人物之列嗎？

貫穿在希特勒許多言論裡的一個中心思想是，最高領袖是超於普通人的道德標準。黑格爾和尼采也這樣想。我們已經知道，黑格爾認爲，「個人美德」和「不相干的道德要求」絕不許妨礙偉大的統治者，如果英雄人物在完成他們的使命時踐踏了或「壓碎了」許多無辜的花朵，人們也不必大驚小怪。尼采用他古怪的誇張筆法更進一步說：

強者，主人，恢復了純粹食肉動物的意識；他們是興高采烈的鬼怪，他們在經歷了殺人、放火、強姦、苦刑這一連串可怕的暴行以後，心中能夠照樣感到高興，精神上能夠照樣感到滿足，就好像參加了學生的惡作劇回來一樣……如果一個人能指揮別人，如果他的本性就是一個「主人」，如果他舉止和動作暴烈，條約對他來說又有什麼重要性呢？……要正確地評判道德，道德就必須用從動物學方面借用來的兩個概念來代替：對一頭野獸的馴服和對一種特殊品種的培育[32]。

被尼采發揮到極端程度而且受到一大批名氣較小的德國人擁護的這種學說，似乎對希特勒具有一種強烈的吸引力。負有使命的天才人物是超乎法律的；不能用「資產階級」的道德來約束他。因此，在行動時刻來臨的時候，希特勒就能夠於心無愧地幹出最殘酷無情的勾當來，鎮壓個人自由，野蠻地實行奴隸勞動，建立萬惡的集中營，在一九三四年六月屠殺他自己的手下，殺害戰俘和大規模殺戮猶太人。

希特勒於一九二四年聖誕節前五天從蘭德斯堡監獄中出來，要是換了任何別人的話，當時的情勢，幾乎都會使這個人退出政治生活。納粹黨和它的報紙已被取締；原來的一些頭目不是發生了內訌，就是倒戈了。他本人則被禁止在公開場合演講。更糟糕的是，他面臨著被驅逐出境，押解回故鄉奧地利的威脅。巴伐利亞邦警察當局在其致內政部的報告中竭力主張這麼辦。甚至他的不少老同志也同意一般的看法，認爲希特勒已經完蛋了，他以後將銷聲匿跡，默默無聞，正如許多其他的地方政客在共和國似乎搖搖欲墜的充滿明爭暗鬥的年代中，曾經名噪一時而後又很快就歸於無聲無息一樣（到一九二九年，達伯農勳爵〔Lord D'Abernon〕的日記的編纂者格羅提渥〔M. A. Gerothwohl〕教授在這位大使關於啤酒館政變的記述後還寫了一段註腳，其中在提到希特勒被判徒刑後說：「六個月後他終於獲釋，在宣誓具結後免除了未滿的刑期，從此之後就銷聲匿跡了。」達伯農勳爵於一九二〇年至一九三六年任英國駐柏林大使，曾費了不少心機來鞏固威瑪共和國）。

但是共和國還是熬過了風浪。它開始繁榮起來。在希特勒還關在監獄裡的時候，一個名叫海爾瑪．霍拉斯．格利萊．沙赫特（Hjalmar Horace Greeley Schacht）博士的金融奇才被請來穩定貨幣，結果獲得了成功。爲害極烈的通貨膨脹結束了。賠款負擔也由於道威斯計畫（Dawes Plan）而減輕了。資本開始從美國流進來。經濟迅速恢復。史特雷斯曼同協約國和解的政策獲得了成功。法國人開始撤出魯爾。當時正在討論一項安全條約（即羅加諾公約），以便爲歐洲的總解決鋪平道路，讓德國參加國際聯盟。經過了六年之久的緊張、混亂和蕭條，德國人民在戰後第一次開始過正常的生活。在希特勒從蘭德斯堡監獄出來以前兩星期，社會民主黨——就是他所稱呼的「十一月罪人」——在一次普選中，爲維護共和國而進行了鬥爭，結果所得選票增加了百分之三十，幾乎達八百萬張選票。納粹黨同北方一些種族主義團體聯合，用了「國家社會主義德國自由運動」的名義，參加了十二月間的競選，但是所得選票從一九二四年五月間原來的將近兩百萬張減到了不到一百萬張。納粹主義看來已是一樁垂死的事業了。它在國家倒楣的時候曾經興盛過一時，現在國家的前途突然光明，它也就很快要消亡了。至少大多數德國人和外國觀察家是這樣看的。

可是希特勒卻並不這樣看，他不是個輕易氣餒的人，而且他也知道如何等待時機。一九二五年冬季幾個月裡，他在慕尼黑提爾契街四十一號頂樓一間兩房的公寓裡，重理舊業，夏天來了以後，他到貝希特斯加登山上的上薩爾斯堡的旅社中去消夏，他撫今追昔，不久以前的牢獄之災和目前的時運晦暗，只有加強了他的決心。在鐵窗後面，他不僅有時間徹頭徹尾地回顧了他本人的過去，他的成功和錯誤，也徹頭徹尾地回顧了德國人民動亂的過去，他們的成功和錯誤。現在，他對這兩方面都看得更加清楚了。他的心中又產生了一種不容存在任何懷疑的熾烈使命感——不僅是爲他自己，也是爲了德國。在這種高昂的情緒下，他結束了《我的奮鬥》第一卷的口授工作，接著立刻進入第二卷的口授工作。上帝召喚他在這個動亂不已的世界上要做的事情的藍圖和支持這種事業的哲學——「世界觀」，都用白紙黑字寫了下來，供世人思考。這種哲學，不論如何荒誕不經，但是在德國人的生活中是有其深刻根源的，這一點我們已經知道。這個藍圖對於大多數二十世紀的人來說，甚至對於在德國的人來說，可能看起來是荒唐可笑的。但是它也有一定的邏輯。它展開了一個遠景。它爲德國歷史指出了一個繼續的方向，雖然當時很少有人看到這一點。它指出了完成德國光榮使命的道路。

第二篇

勝利和鞏固

第五章 取得政權的道路：一九二五至一九三一年

從一九二五年一直到一九二九年發生經濟恐慌，這幾年是希特勒和納粹運動時運不佳的幾年。但是，他仍不屈不撓，從來沒有喪失過希望和信心，由此也可以看出他是怎麼樣的一個人。儘管他的性格容易激動，常常因此發出歇斯底里的狂言亂語，但是他卻有耐心，而且他也很精明，認識到這些年代中籠罩著德國的物質繁榮的氣氛和安定寬舒的感覺並不適宜於實現他的目標。

但是，他相信好景不長。他說過，就德國而論，這種好日子所依靠的不是德國本身的力量，而是別人的力量——尤其是美國的力量，德國的繁榮正是從美國充裕的金庫中借來了大量的貸款後造成和維持的。在一九二四年到一九三〇年之間，德國借了大約七十億美元外債，其中大多數借自美國的投資人，後者很少考慮到德國最後靠什麼還債。關於這一點，德國人考慮得更少。

共和國借了外債，用來償付戰爭賠款和擴大它龐大的社會服務，這種社會服務成了全世界的典範。各邦，各大小城市也借了外債，不僅從事必要的建設，也用來建立飛機場、戲院、運動場、游泳池。在通貨膨脹期間輕易償清了債務的工業部門，也借了數以十億計的外債來更新裝備和把生產過程合理化。工業產量於一九二三年跌到一九一三年的百分之五十五，到一九二七年增加到百分之一百二十二。失業人數在一九二八年是戰後第一次跌到了百萬以下——六十五萬人。那一年零售額較一九二五年增加了百分之二十，次年實際工資達到了比四年前高百分之十的數字。下層中產階級，也就是希特勒要從那裡得到群眾支持的千百萬小店主和低薪階層，在這次普遍繁榮中也分得了一杯羹。

我個人對德國的瞭解也是在這些日子裡開始的。我當時駐在巴黎，偶爾也去倫敦；當時美國正處在柯立芝總統治下的令人難以置信的自滿和空虛的時代，對於一個能夠逃避這種環境而感到欣喜的美國青年來說，這兩個首都固然有其令人神往之處，但是同柏林和慕尼黑相比，就不免略為遜色了。當時德國正處在沸騰的氣氛之中。那裡的生活似乎比我在任何其他地方看到的生活更加自由，更加現代化，更加令人興奮。沒有任何地方的藝術和文化生活有像德國那樣活躍的。在當代寫作、繪畫、建築、音樂和戲劇方面，新的潮流不斷湧現，優秀人才輩出。到處都是青年人佔上風。在人行道邊的咖啡座上，在華麗的酒吧間裡，在夏令營裡，在萊茵河上的汽船裡，或者在煙霧騰騰的藝術家工作室裡，你與青年人坐在一起，通宵達旦，無休無止地談論著生活。他們是身心健康、無憂無慮、崇拜陽光的一些人，他們對於生活充滿了熱情，一點沒有忌諱和拘束。從前壓制人的普魯士精神似乎已經死了和埋葬了。你遇到的大多數德國人——政治家、作家、編輯、藝術家、教授、學生、企業家、勞工領袖——都使你認為他們是愛好民主，崇尚自由，甚至是主張非戰的。

你很少聽到人們談到希特勒或納粹黨，除非是作為笑料——通常是在談到當時已以啤酒館政變聞名的那次事件的時候才提起的。在一九二八年五月二十日的那次選舉中，在全部三千一百萬張選票中，納粹黨只得了八十一萬張，在國會四百九十一個席位中只佔了十二個。保守的民族黨也喪失了很多選票，從一九二四年的六百萬張選票跌到了四百萬張選票，議席從一零三席減少到七十三席。另一方面，社會民主黨在一九二八年選舉中增加了一百二十五萬張選票，總數達九百多萬，在國會中佔一百五十三個席位，一躍而成爲德國第一大黨。戰爭結束以後，經過了十年工夫，德意志共和國似乎終於站穩腳跟了。

在一九二八年那一年，國家社會黨的黨員人數是十萬八千人。數目雖少，卻在慢慢增加。希特勒在一九二四年年底出獄後兩星期，就馬上去見巴伐利亞總理、天主教巴伐利亞人民黨領導人海因里希・赫爾德（Heinrich Held）博士。在希特勒保證以後行動一定要循規蹈矩（他當時仍算是假釋在外）之後，赫爾德撤銷了對納粹黨及其報紙的取締。「這頭野獸已經制服了，」赫爾德對他的司法部長古特納說：「我們現在不怕放鬆鐵鏈了。」犯了這個致命的判斷錯誤的德國政治家有不少，這個巴伐利亞總理是第一批（但絕不是最後一批）中間的一個。

《人民觀察家報》於一九二五年二月二十六日復刊，發表了希特勒寫的長篇社論，題目是〈新的開端〉。第二天，復活後的納粹黨在貝格伯勞凱勒酒館舉行第一次群眾集會，他在會上發表演講。這個地方就是一年半以前在十一月九日早上他和他的忠實信徒出發舉行他們歸於慘敗的遊行的地方。這些信徒中間有很多人這一次沒有在場。埃卡特和施伯納—里希特已經死了。戈林在流亡中。魯登道夫和羅姆已同元首決裂。羅森堡同施特萊歇爾和埃塞發生了內訌，心懷不滿，有意避開。格利戈爾・施特拉塞（Gregor Strasser）也是如此。在希特勒身陷囹圄而納粹黨遭禁的時候，他同魯登道夫曾經領導國家社會主義德國自由運動。希特勒請安東・德萊克斯勒主持這次集會，但是這個老鎖匠、黨的創始人叫他見鬼去。儘管如此，在啤酒館裡還是聚集了四千名左右的信徒，來聽希特勒的演講，他沒有使他們失望。他像以前一樣口若懸河，講了兩小時。在演講結束時，群眾掌聲雷動。儘管有不少人開了小差，前途頗爲黯淡，但是希特勒表明，他仍認爲自己是黨的獨裁領袖。「我單獨負責領導我們的運動，只要我單獨負責一天，就沒有人能對我強加條件，」他又補充說：「我再一次負起我們運動所發生的一切事情的全部責任。」

希特勒在去出席這次大會的時候，已經下定決心以後要實現兩個目標。一個目標是要把全部權力集中在自己的手中。還有一個目標是要把納粹重新建設爲一個只通過憲法手段攫取政權的政治組織。他還在監牢裡的時候就把這種新策略解釋給他的一個部下卡爾．盧台克（Karl Ludecke）聽。「我恢復活動以後，必須採取新的方針。我們將不再企圖通過武裝政變來取得政權，而是要捏著鼻子進國會同天主教議員和馬克思主義者議員打交道。哪怕在選票上要超過他們比在動武上壓倒他們所花的時間更長，至少結果能夠得到他們自己的憲法的保證。任何合法事情的過程總是緩慢的……遲早我們會得到多數選票——下一步就是得到德國了。」[1]他在出了蘭德斯堡監獄後即向巴伐利亞總理保證，從此以後，納粹黨將在憲法的體制內進行活動。

但是，二月二十日他在貝格伯勞凱勒酒館再次露面時，群眾的熱烈情緒還是使他感到飄飄然。他並沒有怎麼隱諱對國家的恫嚇。除了馬克思主義者和猶太人以外，共和政體也是「敵人」。在發言結束時，他高呼：「我們的鬥爭只有兩種可能的結局：不是敵人踩著我們的屍體過去，就是我們踩著敵人的屍體過去！」

根據這頭「野獸」出獄後第一次在公開場合出現的情況看來，他似乎一點也沒有被「制服」。他雖然保證以後要循規蹈矩，但是還是以暴力來威嚇國家。巴伐利亞政府立即禁止他在公開場合演講，這次禁令的期限是兩年。其他各邦也相繼效法。對於一個靠三寸不爛之舌達到目前成就的人來說，這是一個很重的打擊。一個被剝奪公開發言權利的希特勒就等於是一個失敗了的希特勒，正如一個拳師在拳擊場上被銬住了雙手一樣無能爲力。至少大多數人是這樣想的。

但是他們又弄錯了。他們忘記了，希特勒除了是個演說家以外，還是一個組織家。他嚥下這口不得在公開場合講話的怒氣，發憤從事國家社會主義德意志工人黨的建設工作，把它組織成爲一個德國以前從來未曾有過的組織。他打算把它組織得像陸軍一般——成爲一個國中之國。第一項工作是吸收繳黨費的黨員。到一九二五年年底，黨員人數僅爲兩萬七千人。吸收新黨員的工作進展很慢，但是每年都略有進展，一九二六年是四萬九千人；一九二七年是七萬兩千人；一九二八年是十萬八千人；一九二九年是十七萬八千人。

而更重要的工作是建立一個複雜的黨內機構，這個機構相當於德國政府的組織，也的確可以說相當於德國社會的組織。全國劃分爲若干區（Gaue），其範圍大致相當於德國國會原來的三十四個選區，每一個區有一個希特勒任命的區領袖。另外還有奧地利、但澤、薩爾、捷克斯洛伐克境內的蘇台德等七個區。每個區又分爲分區（Kreise），由分區領袖領導。再底下的黨內單位是分部（Ortsgruppe），在城市裡各分部又進一步分爲街道支部和小組。

納粹黨的政治組織分爲兩個部，政治組織第一部負責對付和破壞政府，政治組織第二部負責建立一個國中之國。因此第二部下面設有農業、司法、國民經濟、內政、勞工等部門，而且考慮到將來情況，還設有種族、文化、工程等部門。政治組織第一部設有外交、工會等部門，還設有一個全國新聞局。宣傳部是個單獨設立的複雜機構。

雖然黨內一些粗人、街頭毆鬥和酒館鬧事的老手反對吸收婦女和兒童入黨，希特勒還是很快地給婦女和兒童也設立了專門的組織。希特勒青年團吸收十五歲到十八歲的青年，他們有自己的文化、學校、新聞、宣傳、「國防體育」等部門，十歲到十五歲的少年兒童則參加德意志少年隊（Deutsches Jungvolk）。女孩子有德意志少女聯盟（Bund Deutscher Mäedel），婦女有國家社會主義女性同盟（N. S. Frauenschaft）。學生、教員、公務員、醫師、律師、法官都各有自己的組織，還有一個納粹文化聯盟（Nazi Kulturbund）來吸引知識分子和藝術家。

在經過了相當困難之後，衝鋒隊改組成爲一種武裝團體，擁有幾十萬隊員，其任務是保護納粹舉行的集會，搗亂其他政黨的集會，以及恫嚇那些反對希特勒的人。衝鋒隊的某些領袖也希望在希特勒上臺以後以衝鋒隊來代替正規軍的位置。爲了準備這個前途，專門設立了一個辦公室，由里特・馮・埃普將軍領導，名叫國防政治處。它所設立的五個部門分別負責國內外防禦政策、國防部隊、民防後備力量等等這樣的問題。不過身穿褐衫的衝鋒隊自始至終不過是批雜七雜八的打手。它的許多高級領袖，以衝鋒隊頭子羅姆爲首，都是臭名遠揚的同性戀者。慕尼黑衝鋒隊長艾德蒙・海因斯（Edmund Heines）中尉不僅是男同志，而且是個被判過刑的殺人兇犯。這兩個人同其他幾十個人都一直在發生爭吵和內訌，其惡劣程度，只有患性變態病症和因爭風吃醋的人才做得出來。

爲了要有一個比較可靠的武裝團體，希特勒又建立了黨衛隊（Schutzstaffel, SS），隊員身穿黑色制服，與義大利法西斯分子相同，並且要他們特別宣誓效忠於他個人。起初，黨衛隊不過是元首的衛隊。第一任隊長是個名叫伯希托爾德（Joseph Berchtold）的新聞記者。因爲伯希托爾德喜歡在比較安靜的《人民觀察家報》編輯室，而不想玩當警察和當兵的遊戲，希特勒讓一個名叫埃哈德・海登（Erhard Heiden）的名氣甚臭的前警察局密探代替了他。直到一九二九年，希特勒才找到了理想的黨衛隊頭子，這是一個在慕尼黑附近瓦爾德特魯德林（Waldtrudering）村裡以養雞爲生的農民，態度溫文爾雅，人們常常把他弄錯（筆者第一次遇見他時也弄錯了），以爲他是個小地方的小學教師，此人名叫海因里希・希姆萊。希姆萊把黨衛隊接過手來時，一共只有兩百名左右隊員。到他結束他的黨衛隊工作時，黨衛隊已經統治了整個德國，而在整個歐洲德佔區成了一個令人談虎色變的可怕名稱。

高居在這個錯綜複雜的黨組織金字塔頂上的是希特勒本人，他的神氣活現的頭銜是「黨和衝鋒隊的最高領袖，國家社會主義德意志工人黨主席」（Partei-und-Oberster-S.A.-Führer, Vorsitzender der N.S.D.A.V）。直屬於他的辦公室的有全國指導處（Reichsleitung），組成人員是黨的高級領袖和「全國司庫」和「全國總務主任」這樣有用的人員。在共和國最後幾年裡，你要是去拜訪一下納粹黨設在慕尼黑的全國總部宏偉的褐色大廈，你得到的印象便是，這裡的確是一個國中之國的辦公機關。毫無疑問，希特勒要別人得到的就是這樣一個印象，因爲這種印象有助於破壞他所試圖推翻的那個實際的德意志國家在國內外所享有的信任。

但是希特勒一心所追求的東西要比造成一個印象重要得多。在他上臺三年後，一九三六年十一月九日晚上，他在貝格伯勞凱勒酒店向「老戰士」談話時，解釋了他要使黨組織成爲這樣一個龐大的無所不包的組織的一個目標。「我們當時認識到，」他追述黨在政變後進行改組的日子時說道：「推翻舊國家是不夠的，必須在事前先建立起新國家，並且實際上就隨時準備好……在一九三三年，問題已不再是用暴力行動來推翻國家的問題，在這期間，新國家已經建立起來，留下來要做的不過是摧毀舊國家的最後殘餘——而這只要幾個小時就行了。」2

任何組織，不論多麼完善，不論多麼有效率，畢竟是由人組成的，而人不免會犯錯誤。在希特勒加強他的政黨以便掌握德國命運的那些年代裡，他的一些主要助手使他傷透了腦筋，因爲他們不僅相互之間經常發生爭吵，就是同他也經常發生爭吵。說也奇怪，他的本性是非常不能容人的，但是對於人性中間的一個方面——人的品行卻特別能容忍。德國任何其他政黨都沒有像納粹黨那樣吸收了這麼多來歷可疑的角色。我們已經談到，皮條客、殺人兇手、同性戀者、酗酒滋事之徒、訛詐錢財的人都像飛鳥投林一般很自然地來投奔納粹黨。希特勒一點也不在乎，只要他們對他有一點用處。當他剛剛出獄時，他發現他們內訌甚烈，吵得不可開交，而那些像羅森堡和魯登道夫那樣比較正派和體面的領袖則要求把這些罪犯，特別是同性戀者開除出黨。關於這一要求，希特勒坦率地拒絕接受。他在一九二五年二月二十六日《人民觀察家報》的社論〈新的開端〉中寫道：「我認爲，設法改進或者甚至協調手頭現成的人才不是一個政治領袖的任務。」

但是到一九二六年，納粹頭目之間的相互攻擊已經到了令人非常難堪的地步，希特勒不得已成立了一個黨內法庭來解決這些攻擊，防止他的同志把家醜外揚。這個機構名叫「調查解決委員會」（Untersuchung-und-Schlichtungs-Ausschuss, USCHLA）。第一任主席是退休將軍海因曼（Heinemann），但是此公不能體會這個法庭的眞正目的不是對被控犯有普通罪行的人宣布判決，而是遮蓋掩飾這種罪行，務使黨的紀律和元首的威信不致受到影響。因此這位將軍不得不讓位給一個比較能夠體會這個目的的退伍軍官瓦爾特・布赫（Walther Buch）少校。布赫有兩名助手，一名是曾經擔任希特勒衛士的前屠夫格拉夫，另一名是一個年輕的納粹黨律師漢斯・法朗克（Hans Frank），關於此人的情況，我們在記述他在擔任佔領下的波蘭總督期間的血腥暴行時還要詳細談到。這裡可以一提的是，他後來因此在紐倫堡上了絞刑架。由這三個人組成的司法機構完成工作的情況，使元首極感滿意。要是黨內有一個頭目被控犯有極惡劣的罪行，布赫的回答必然是：「那又怎麼著？」他要知道的只是，這一罪行是否影響黨的紀律或觸犯元首。

要使得納粹黨這些野心勃勃、競爭激烈的頭目的行動不致逾越界限，僅僅這個黨內法庭還是不夠的，儘管它在許許多多案件上證明很有效。希特勒常常不得不親自過問，這不僅是爲了保持表面上的和諧，也是爲了要防備自己的咽喉被人割斷。

當他還在蘭德斯堡飽嘗鐵窗滋味的時候，一個名叫格利戈爾·施特拉塞的青年人在納粹運動中突然抬了頭。他的出身是個藥劑師，他是巴伐利亞人，比希特勒年輕三歲；同希特勒一樣，他也得到過一枚一級鐵十字獎章，在戰爭中從一個普通士兵提升爲中尉軍官。他在一九二〇年加入納粹黨，不久就成了下巴伐利亞的納粹黨區領袖。他的身材魁梧，精力過人，喜歡講究吃喝。他慢慢成了一個有才能的演說家，主要是靠他突出的個性，而不是靠希特勒所具有的演講天才。此外，他還是個天生的組織家。施特拉塞在精神上和思想上都是極其有獨立性的，他拒絕向希特勒低頭，也不肯認眞對待這個奧地利人要在納粹運動中成爲絕對獨裁者的要求。後來事實證明，對他自己來說，這是一個致命的障礙，正如他對國家社會主義學說中「社會主義」部分眞正心嚮往之的熱情成了他一個致命的障礙一樣。

不顧在獄中的希特勒的反對，施特拉塞同魯登道夫和羅森堡一起組織了一個納粹黨的人民運動（Völkisch Bewegung），參加一九二四年春天的邦和全國選舉。在巴伐利亞，納粹黨得到了足夠的選票，成了邦內第二大黨；在德國，我們上面已經談到，它在國家社會主義德國自由運動的名稱下得到了兩百萬張選票，在國會中得到了三十二個席位，其中一席即歸施特拉塞。希特勒對於這個青年人的活動感到很不高興，對他的成功尤其感到不高興。而施特拉塞呢？他也不願把希特勒當作至高無上的頭子，因此在一九二五年二月二十七日在慕尼黑舉行的恢復納粹黨的大會上，他有意避免出席。

希特勒認識到，如果他的運動要眞正成爲一個全國性的運動，它必須在北方，在普魯士，首先是在敵人的堡壘柏林也獲得一個立足之地。在一九二四年的競選中，施特拉塞曾在北方進行活動，同那裡的艾爾布萊希特・馮・格拉弗（Albrecht von Gräfe）和恩斯特・佐・勒文特羅（Ernst zu Reventlow）伯爵領導的極端民族主義團體結了盟。因此，他在那裡有個人的聯繫和一定的影響，而且也是納粹黨中唯一有這種聯繫和影響的領袖。二月二十七日大會後兩個星期，希特勒按捺下他心中的不快，派人去請施特拉塞，要他回到隊伍中來，到北方去組織納粹黨。施特拉塞接受了這個建議。這是一個很好的機會，可以發揮他的才能，而沒有妒忌驕橫的領袖虎視眈眈地在旁盯著他。

幾個月以後，他就在首都創辦了一張報紙，名叫《柏林工人日報》（*Berliner Arbeiterzeitung*），由他的兄弟奧托主編，還有一份雙週刊《國社黨通訊》（*N. S. Briefe*），供黨內工作人員閱讀，內容是關於黨的方針與政策。此外他還在普魯士、薩克森、漢諾威和萊茵工業地區奠下了政治組織的基礎。施特拉塞眞可以說像臺精力過人的發電機，他在北方到處奔走，發表演講，指派區領袖，建立黨機器。國會議員的身份，使他有了希特勒所沒有的兩個有利條件：他有鐵路的長期免票證，因此旅行對他個人或黨都花不了多少錢，同時他又享有議員的豁免權。任何當局都不能禁止他在公開場合演講。任何法院都不能控訴他進行誹謗或者他想要做的任何事情。正如海登感歎地說過：「免費旅行和自由誹謗——施特拉塞在開始時比他的元首佔了很大的便宜。」

施特拉塞選拔了一個名叫保羅・約瑟夫・戈培爾的年方二十八歲的萊茵人當他的秘書兼《國社黨通訊》主編。

戈培爾的出現

這個面容瘦黑、身材矮小、瘸了一條腿的青年，是一個思想敏捷、心理複雜而有點神經質的人。他不是納粹運動的新人。早在一九二二年他就發現了這個運動，當時他第一次在慕尼黑聽到希特勒講話，從此信仰國家社會主義，參加了納粹黨。但是納粹運動在三年以後才發現他這個人才，當時施特拉塞聽了他發言後，認爲這樣一個顯然有才華的青年，是他可以利用的人。戈培爾這時年方二十八歲，已是一個激烈的演說家、狂熱的民族主義者，正如施特拉塞所發現的一樣，文筆犀利，而且受過良好的大學教育，而最後這一點在納粹黨領袖中眞可謂鳳毛麟角。當時希姆萊剛剛辭去施特拉塞祕書的職務去一心養雞。施特拉塞就派戈培爾接替。這項任命後來證明是具有決定性意義的。

戈培爾於一八九七年十月二十九日生於萊茵地區一個約有三萬居民的紡織中心雷特（Rheydt）。他的父親弗里茨是當地一家紡織廠的工頭。他的母親瑪麗亞・凱薩琳娜・奧登豪森（Maria Katharina Odenhausen）是個鐵匠的女兒。雙親都是虔誠的天主教徒。

戈培爾的大部分教育是在天主教會裡得到的。他先在一個天主教教區小學上學，後來上雷特的文科中學。天主教大阿爾伯特協會給了他一筆獎學金，使他能夠繼續入大學深造，結果他上了八個大學，先後在波恩大學、弗萊堡大學、符茲堡大學、科隆大學、法蘭克福大學、慕尼黑大學、柏林大學求學，最後於一九二一年二十四歲那一年在海德堡大學得了哲學博士學位。在這些著名大學、德國最優秀的高等學府裡，戈培爾專修哲學、歷史、文學和藝術，兼修拉丁文和希臘文。

他的志願是成爲作家。他在得到博士學位的那一年寫了一部自傳小說《米迦勒》，但是當時沒有出版商願意出版，以後兩年他又寫了兩部劇本，關於耶穌基督事蹟的《流浪者》和《孤客》，都是用韻文詩體寫成的，但是也沒有劇團願意演出。《米迦勒》最後於一九二九年出版，那時，戈培爾已成了全國聞名的納粹領導人了。《流浪者》在他就任宣傳部長和德國戲劇界的領導人以後上了舞臺。但是演出的時間並不長。在新聞工作方面，他的命運也不佳。自由主義的大報《柏林日報》退回了他所投的許多文章，並且回絕了他要想當該報記者的求職申請。

他個人生活在初期也充滿了挫折和失意。因爲他瘸了一條腿，不能參軍作戰，因此沒有能夠具有他那一代年輕人認爲非常光榮——至少在開始的時候——的戰爭經歷，而這卻是要在納粹黨內佔據高位的一個必要條件。戈培爾並不是如大多數人所認爲的那樣是天生瘸腿的。他七歲的時候患了骨脊髓炎。左臀開刀不很順利，結果左腿比右腿短了一截，而且有點萎縮，走起路來一望而知是個瘸子。這個殘疾是使他飲恨終生的憾事，也是他早年心中滿懷不平的原因之一。在蕭條時期、在他的大學時代和煽動反對佔領魯爾的法軍時，他常常冒充受傷的退伍軍人。

他在戀愛方面的運氣也不好，雖然他一生之中都把亂搞女人（在他當權之後越來越弄得盡人皆知了）當作人間至情。他在一九二五至一九二六年的日記中到處流露出對他所愛的女人（有時同時有好幾個）的思戀。當時他才二十八九歲，剛剛靠施特拉塞的提拔參加了納粹黨的政治活動。這些日記有

（這些早期日記是盟軍諜報人員在戰後發現的，是這一時期戈培爾生活的一個很好的情報來源）：

一九二五年八月十四日：艾瑪從哈爾茲堡浴場寫了一張明信片給我。這是那天晚上以後第一次得到她的音訊。這個逗人的、迷人的艾瑪！

接到了艾爾絲從瑞士寄出的第一封信。只有親愛的艾爾絲寫得出這樣的信……我不久要到萊茵去待一個星期，相當孤寂。但艾爾絲就會來……等待這次相見，我是多麼快活啊！

八月十五日：這些日子裡，我常常想起安可……同她一起旅行眞是愉快極了。這個可愛的姑娘！我想念艾爾絲。什麼時候我再能把她摟在懷裡？

親愛的艾爾絲，什麼時候我能再見你？

艾瑪，你這個可愛的小鳥兒！

安可，我永遠忘不了你！

八月二十七日：到萊茵已有三日……艾爾絲音訊全無……她生我的氣了？我多麼地想她！我還是住在上次聖靈降臨週同她一起住過的房間裡。眞令人渴念，想望！她爲什麼不來？

九月三日：艾爾絲來了！她在星期二從瑞士回來——胖胖的，胸脯鼓鼓的，健康、愉快，只是略爲曬黑了一點。她很快活，情緒很高。她待我很好，使我感到很快活。

十月十四日：安可爲什麼要離開我？……我別再去想這些事情了。

十二月二十一日：我和這些女人活該倒楣。讓愛我的人去受苦吧！

十二月二十九日：昨晚與赫斯同去克利菲爾德，歡度聖誕節。一個來自法蘭根的可愛而美麗的姑娘。她是我喜歡的那一類型人。在暴風雨中同她一起回家。再見（Au revoir）艾爾絲來了。

一九二六年二月六日：我渴望一個甜美的女人！唉！眞叫人難熬！

戈培爾從來沒有忘記過「安可」──安可．赫爾霍恩（Anke Helhorn），是他在弗萊堡大學第二學期時遇到的初戀情人。他的日記裡到處流露他對這個金髮美人的不絕讚歎和她拋棄他以後的悲哀。後來他當了宣傳部長以後，曾以一種典型的虛榮和譏嘲的口氣告訴他的朋友，爲什麼她拋棄了他。「她拋棄了我，因爲另外那個傢伙比我有錢，能夠請她吃飯看戲。她多麼愚蠢！……要不然，她今天就是宣傳部長夫人了！她一定感到很後悔！」安可嫁了「另外那個傢伙」，後來又離了婚，一九三四年來到柏林，戈培爾給她在一家雜誌社搞到了一個職位[3]。

吸引年輕戈培爾的是施特拉塞的激進態度，是他信奉國家社會主義中「社會主義」的主張。他們兩個人都想依靠無產階級來建設納粹黨。在這個時期，戈培爾的日記中到處都是同情共產主義的語句。「歸根結底，」他在一九二五年十月二十三日寫道：「我們與其在資本主義制度下經受奴役，不如在布爾什維克主義制度下結束我們的生存。」一九二六年一月三十一日他在日記中寫道：「我們（納粹黨人）同共產黨人自相殘殺，我認爲是件可怕的事……我們什麼時候、在什麼地方能夠同共產黨領導人聚在一起談談呢？」就是在這個時候，他發表了一封致一個共產黨領導人的公開信，向後者保證，納粹主義和共產主義其實是一回事。「你和我，」他宣稱：「相互反對，但是我們並不是眞正的敵人。」

在希特勒看來，這完全是異端邪說。施特拉塞兄弟和戈培爾在北方成功地建立了一個強有力的激進納粹左翼力量，使他感到越來越不安。如果聽任他們自由發展下去，他們可能把整個黨都抓過去，實現希特勒所竭力反對的目標。不可避免的攤牌是在一九二五年秋天和次年二月間發生的。

這是施特拉塞和戈培爾在一個當時在德國引起情緒騷動的問題上迫使希特勒攤牌的。這個問題就是社會民主黨和共產黨建議共和國徵用和接管退位的各王公貴族的大莊園和財產。按照威瑪共和國憲法，這個問題要交付公民投票來決定。施特拉塞和戈培爾建議，納粹黨同共產黨和社會民主黨一起支持這個徵用貴族財產的運動。

希特勒聞訊大怒。這些前統治者中有不少人曾經給黨捐助了款項。此外，有一些大工業家也開始在經濟上對希特勒的新生運動關心起來，其原因正是因爲它很有可能在打擊共產黨、社會民主黨和工會方面起有效的作用。如果施特拉塞和戈培爾的計畫得逞，希特勒的收入來源就可能馬上枯竭。

但是在元首還沒有能夠採取行動之前，施特拉塞就在一九二五年十一月二十二日在漢諾威召開了一次北方黨區一級領導人會議。這次會議的目的不僅是要使北方的納粹黨支持徵用運動，而且要提出一個新的經濟綱領，這項綱領將廢除以前在一九二〇年通過的「反動的」二十五點綱領。施特拉塞兄弟和戈培爾要把大工業和大莊園收歸國有，按照義大利法西斯主義的方式組織一個社團院來代替國會。希特勒拒絕出席會議，派了忠實的費德爾代表他去鎮壓反叛者。戈培爾要求把費德爾轟出去──「我們不需要奸細密探！」他叫道。好幾個後來在第三帝國佔有一點地位的領袖都出席了這次會議──伯恩哈德・盧斯特（Bernhard Rust）、埃里希・科赫（Erich Koch）、漢斯・凱爾（Hans Kerrl）和羅伯特・萊伊（Robert Ley）──但是只有萊伊這個領導科隆區納粹黨的酗酒化學家支持希特勒。當萊伊博士和費德爾聲稱，這次會議是不合程序的，沒有最高領袖希特勒在場，什麼行動都不能採取的時候，戈培爾叫道（根據當時在場的奧托．施特拉塞的話）：「我要求把這個小資產階級分子阿道夫．希特勒開除出納粹黨！」

這個言辭鋒利的年輕的戈培爾自從三年前拜倒在希特勒的魅力下以來有了很大的轉變，至少在格利戈爾．施特拉塞看來一定是如此。

「那時候我彷彿是再生了！」戈培爾在記錄一九二二年六月在慕尼黑皇冠馬戲場第一次聽希特勒演講得到的印象時驚歎道：「現在我找到了應該走的道路……這是一個命令！」他對於希特勒在慕尼黑政變案審訊時的表現更加心醉神迷。在判決以後，戈培爾寫信給元首道：

你像一顆初升的明星，出現在我們驚異的眼前，你所表現的奇蹟廓清了我們的思想，而且在一個充滿懷疑和絕望情緒的世界裡，給了我們信仰。你高高在群眾之上，充滿信心，掌握未來，有著堅強的意志，要用你對所有相信新德國的人的無限熱愛來解放群眾。我們有生以來第一次以雪亮的眼睛看到了一個人從那些利慾薰心的人的臉上，從那些庸庸碌碌的議會裡的好事之徒的臉上，把他們的假面具撕掉……。

在慕尼黑法庭上，你在我們面前表現了元首的偉大。你所說的話是俾斯麥以來德國境內的最偉大的話。你所表示的不僅僅是你自己的痛苦……你提出了整個一代人的需要，這一代人苦苦在尋求領袖和任務。你所說的話是新的政治信仰的大綱，這種政治信仰是在一個崩潰的、無神的世界的絕望中產生的……我們都要感謝你。有一天，德國也要感謝你……。

但是現在，經過一年半以後，戈培爾所崇拜的偶像倒了下來。他成了一個應該趕出黨去的「小資產階級分子」。在只有萊伊和費德爾的反對下，漢諾威會議通過了施特拉塞的新黨綱，決定與馬克思主義者攜手，要求實行公民投票剝奪前王公貴族的財產。

希特勒按兵不動，靜候時機，終於到一九二六年二月十四日進行了反擊。他在南德的班堡（Bamberg）召開了一次會議，狡猾地選了一個工作日，這樣，北方的領袖就不可能離開工作來參加。事實上，只有施特拉塞和戈培爾可以分身來參加。他們在人數上大大少於希特勒一手挑選的南方領袖。於是在元首的堅持下，他們被迫屈服，放棄了他們的綱領。像海登和奧爾登這些研究納粹主義的德國歷史學家，以及受到他們影響的非德國作家都記載稱，在班堡會議上，戈培爾公開背棄了施特拉塞，倒向希特勒一邊。但是在海登和奧爾登的著作出版後發現的戈培爾日記卻透露，他並沒有這麼突然地背叛施特拉塞。這些日記表明，戈培爾雖然同施特拉塞一起向希特勒投降，他還是認爲元首是完全錯誤的，而且還表明——至少在當時——他絲毫無意倒向元首一邊。二月十五日，班堡會議後一天，他在日記中寫道：

希特勒談了兩小時。我覺得好像有人揍了我一頓一般。這是怎麼樣的一個希特勒呀？一個反動派嗎？非常笨拙、不穩。在俄羅斯問題上完全錯了。居然說義大利和英格蘭是我們天然的盟友！可怕呀，可怕！……居然說我們必須消滅俄羅斯！……貴族私有財產問題甚至不許碰一碰！眞是可怕！……我連一句話也說不出來。我覺得好像頭上挨了一記悶棍似的……

> 肯定是我一生之中最使我失望的一件事。我對希特勒再也不能完全信任了。這眞是件可怕的事：我腳下的支柱都給抽掉了。

爲了表明他忠於誰，戈培爾陪著施特拉塞一起到火車站，並且想安慰施特拉塞。一星期後，在二月二十三日，他在日記中寫道：「同施特拉塞舉行了長談。結果：我們絕不要嫉妒慕尼黑這批人代價巨大的勝利。我們必須再次展開我們爭取社會主義的鬥爭。」

但是希特勒比施特拉塞更清楚這個才華橫溢的年輕萊茵人。三月二十九日，戈培爾記道：「今日接到希特勒來信。他要我在四月八日在慕尼黑發表演講。」他在四月七日到達慕尼黑。「希特勒派了汽車來接我，」他記道：「招待隆重之極！我將在具有歷史意義的貝格伯勞凱勒酒店講話。」第二天他就在元首所用過的那個講壇上講了話。他四月八日在日記裡詳細寫道：

> 希特勒打電話來……在班堡會議以後他不提前嫌使我們感到慚愧……兩點鐘我們驅車前往貝格伯勞凱勒酒店。希特勒已經在那裡了。我興奮之極，心快要跳出來了。我進了大廳，歡聲震耳……我講了兩個半小時……聽眾歡叫。最後希特勒擁抱了我。我感到很快活……希特勒一直在我身邊。

幾天後，戈培爾完全投降了。「四月十三日：希特勒講了三小時。精彩之極。他能夠使你懷疑自己的看法。義大利和英格蘭是我們的盟友。俄羅斯要想鯨吞我們……我敬愛他……他把什麼事情都想過了。他的理想：一種公正的集體主義和個人主義。至於土地——一切屬於人民。生產必須是創造性的和個人主義的。托拉斯、運輸等等要社會化……我現在對他完全放心了……我向這個偉大的人物、政治的天才鞠躬致敬。」

戈培爾四月十七日離開慕尼黑時已成了希特勒的人，並且以後至死都是他最忠實的信徒。四月二十日他向元首發了一封祝賀生日的短信：「親愛的和敬愛的阿道夫．希特勒！我從你那裡得到了不少教益……你終於使我看到了光明……。」那天晚上他在日記中寫道：「他今天已滿三十七歲。阿道夫．希特勒，我所以敬愛你，因爲你既偉大又單純。這兩者就是天才的特點。」

戈培爾在那年夏天有很大一部分時間是在貝希特斯加登同希特勒一起度過的。他的日記中全是對元首的歌頌之詞。八月間，他在《人民觀察家報》發表一篇文章，公開同施特拉塞決裂。

> 我到現在才認清你們的本來面目：空口革命家（他對施特拉塞及其支持者說）而不是行動革命家……不必大談理想，不必自欺欺人地以爲你們是這些理想的創始者和保護者……我們堅決支持元首，並不是懺悔贖罪。我們……懷著古代斯堪的那維亞人傲然挺立在他們日耳曼封建主前面的男子漢的、有骨氣的自尊心……向他鞠躬致敬。我們覺得他比我們誰都偉大，比你我都偉大。他是天意的工具，將以生氣勃勃的、創造性的熱情來創造歷史。

一九二六年十月底，希特勒任命戈培爾爲柏林的納粹黨區領袖。他指示戈培爾要肅清那些妨礙納粹運動在那裡發展的互相爭吵不休的褐衫隊員，爲國家社會主義運動把首都拿下來。柏林當時是「紅色的」。柏林大多數選民都投社會民主黨和共產黨的票。戈培爾這時剛剛滿二十九歲，在一年之間就從一個無名之輩爬到了納粹黨內領導人之一的地位，他毫無難色地著手完成他在這個巴比倫式大城市中的任務。

希特勒的一段休息和羅曼史

希特勒在政治上不順利的幾年卻是他私人生活中最美好的幾年，正如他後來自己說的一樣。當時由於受到了取締，他在一九二七年以前不得公開演講，因此全神貫注地在寫作《我的奮鬥》的最後部分，心中策畫納粹黨和自己的前途。他的大部分時間都是在巴伐利亞境內阿爾卑斯山間貝希特斯加登這個市集村鎮上面的上薩爾斯堡度過的。這是個休息養神的好地方。

戰爭期間，希特勒在前線大本營裡總愛同他的黨內老同志和忠實的女祕書深夜話舊散心，回憶過去的情況，這種獨白往往充滿了懷戀的話，講述這個山間勝地在他心中所佔的地位，他在那裡建立了他一生中唯一的家。「是的，」當一九四二年一月十六至十七日夜裡進行這樣一次談話時，他感歎地說：「上薩爾斯堡同我之間有著千絲萬縷的關係。許許多多事情都是在那裡產生的……我在那裡度過了我一生中最美好的時光……我所有的偉大計畫都是在那裡構思成熟的。在那些日子裡，我有許多閒暇的時間，還有多少可愛的朋友啊！」

在出獄後頭三年裡，希特勒在上薩爾斯堡的各家小旅社裡住過，一九四二年那次冬季話舊時，他談到這些旅社有一小時之久。他最後在德意志旅社定居下來，此後兩年他大部分時間都是在這裡度過的，並且在這裡完成了《我的奮鬥》的口授工作。他說，他和他的黨內老友「非常喜歡去光顧德萊梅德爾旅社，因爲那裡總有漂亮的姑娘」。他補充說：「這是我的一種莫大享受。特別是其中有一個姑娘，眞是個美人兒。」

那天晚上，在俄羅斯前線的大本營地下室裡，希特勒向他的聽眾談到的一段話，重提了他當時在貝希特斯加登逍遙自在的日子裡所擔心的兩件事。

在這個時期（在上薩爾斯堡），我認識了不少女人。其中有好幾個對我很有情。那麼，我爲什麼不結婚？我要撇下一個無依無靠的妻子嗎？我稍一不愼就有回到監獄去蹲上六年的危險。因此，結婚對我來說是談不上的。我只好放棄當時出現的一些機會[4]。

希特勒在二〇年代擔心再進監獄或者被驅逐出境，這不是沒有根據的。他當時仍是假釋在外的犯人。要是他公開違反不許他在公開場合演講的禁令，巴伐利亞政府很可能再叫他鋃鐺入獄，或者押解出境到他出生的奧地利去。他選擇上薩爾斯堡做他退隱地的一個原因是這個地方距離奧地利邊境很近；一接到通知他就能溜過邊境，逃避德國警察的逮捕。但是如果回到奧地利去，不論是自願回去還是被迫回去，都將斷送他的前程。爲了減少驅逐出境的危險，他在一九二五年四月七日正式申請放棄奧地利國籍，這一要求立即爲奧地利政府所接受。但是這使他處於無國籍的地位。他雖然放棄了奧地利國籍，但是還沒有成爲德國公民。在德國，對於一個政客來說，這是個很大的妨礙，比如說，他就不能競選公職。希特勒曾經公開地宣布過，他永遠不會要求共和政府批准他的國籍，他認爲，由於他戰時在德意志帝國軍隊中服役，國籍是理所應得的。但是在二〇年代後半期，他一直在進行祕密活動，想使巴伐利亞政府批准他爲德國公民。不幸，他的一切努力都失敗了。

至於女人和結婚，希特勒在一九四二年那天晚上講的話中也有一些是符合實際情況的。同一般的看法相反，他很喜歡同女人來往，特別是如果長得漂亮的話。他在戰時最高統帥部飯後酒餘談話時一再談到這個話題。「世界上有多麼可愛的女人啊！」一九四二年一月二十五至二十六日夜裡他在同老部下談天時感歎道。他並且舉了他個人經歷中的好幾個例子，還吹噓說：「我年輕的時候在維也納，認識不少可愛的女人！」海登記述了他早年一些浪漫的渴望；其中有一個對象是珍妮・豪格（Jenny Haug），她的哥哥是希特勒的司機，她在一九二三年當了他的情人。有一個是雍容華貴的艾爾娜・漢夫施丹格爾，也就是恩斯特・漢夫施丹格爾的妹妹。有一個是溫妮弗雷德・華格納，那是華格納的兒媳。但是希特勒一生中唯一對之有深情厚愛的女人，就現在所知，是他的外甥女兒。

一九二八年夏季，希特勒在貝希特斯加登山上的上薩爾斯堡以每月一百馬克（折合二十五美元）的租金向一個漢堡工業家的寡妻租了瓦亨菲爾德別墅，請了他異母姊姊、孀居的安琪拉・拉包爾從維也納來替他管家，這是他的第一所可以稱爲歸自己所有的房子（後來他把這所房子買了下來，當了總理後又改建得十分豪華，並且把名字改爲伯格霍夫）。拉包爾太太帶來了她的兩個女兒——吉莉和弗莉德爾。吉莉年華雙十，一頭金髮，面容俊秀，聲音悅耳，性格開朗，很討男人的歡心[5]。

希特勒不久就愛上了她。他到處都帶著她，參加集會和會議，在山間散步，在慕尼黑上咖啡館和戲院。一九二九年他在慕尼黑最時髦的一條街攝政王大街（Prinzregentenstrasse）租了一間有九個房間的豪華公寓，吉莉自己單有一間房間。在慕尼黑和整個南德的納粹黨人士中間不可避免地傳開了黨領袖和他美麗的金髮外甥女兒的流言蜚語。一些比較正派的——也許是吃醋的——領袖勸希特勒不要再在公開場合攜帶他的年輕情人，要不然，就索性結婚。希特勒對這種意見非常生氣，有一次因此而發生爭吵，他竟解除了符爾登堡納粹黨區領袖的職務。

很可能希特勒是打算同他的外甥女兒結婚的。當時同他接近的一些黨內老同志後來告訴筆者說，當時看來結婚是不可避免的事。他們毫不懷疑，希特勒深深地愛上了她。至於她本人的感情如何，那外人就只好猜測了。一個現在已經成名的人居然對她加以青睞，她一定感到受寵若驚，甚至可以說頗爲得意，這也是很明顯的。不過，她對她舅父的愛情是否有回報，外人不得而知；大概是沒有回報，而在最後，肯定是沒有回報。他們兩人之間存在著深刻的隔閡，其根源和性質一直沒有完全弄清楚。雖然傳說紛紜，但是證據卻很少。顯然，兩人彼此都很不放心。她對他注意別的女人——尤其是溫妮弗雷德・華格納——感到不滿。他則懷疑她同他的衛士、以前坐過牢的艾米爾・莫里斯有曖昧關係。她也反抗她舅父對她的專制態度。他不讓她同任何別的男人一起在公開場合出現。他禁止她到維也納去繼續學唱，使她想登臺唱歌劇的打算不能實現。他要她完全爲他一個人而存在。

也有人暗示說，她對她的情人的被虐狂傾向感到厭惡，據說，這個政治上的專制魔王願意受到他所愛的人奴役，據性心理學家看來，在這種人身上，這不是什麼不平常的事。海登談到希特勒在一九二九年寫給他外甥女兒的一封信，其中承認在這方面的深刻感情。這封信後來落到他房東的兒子之手——結果使不只一個人遭殃[6]。

總而言之，不論究竟是什麼原因使舅父和外甥女兒之間的愛情蒙上了陰影，他們之間的爭吵越來越激烈，到一九三一年夏末，吉莉宣布，她要回維也納去繼續學聲樂。希特勒不許她走。一九三一年九月十七日，希特勒離開慕尼黑的公寓前去漢堡之前，兩人發生了一場激烈爭吵，當時給鄰居都看到了。他們聽到這個年輕的姑娘撲在窗口上哭著對她上汽車的舅父叫道：「那麼你不答應讓我去維也納？」他們聽見他回答說：「不答應！」

第二天早上發現吉莉・拉包爾被手槍打死在她的房間裡。邦檢察官經過周密調查後，斷定這是自殺。驗屍官報告說，一顆槍彈射穿了她的左胸，深入心臟；看來沒有疑問，這一槍是自己開的。

但是在此後若干年中，慕尼黑一直有曖昧的謠言流傳，說吉莉・拉包爾是被謀殺的——有的說是被希特勒在狂怒下槍殺的，有的說是被希姆萊槍殺的，目的是要避免使黨感到難堪。但是沒有出現可信的證據來支持這種傳說。

希特勒本人是悲痛之極。施特拉塞後來記述，在出事以後，他有兩天兩夜不得不留在希特勒的身邊，防備他尋短見。在吉莉安葬在維也納後一星期，希特勒得到了奧地利政府的特別許可，到維也納去，他在墓邊哭了一個晚上，此後一直鬱鬱寡歡，有好幾個月之久。

吉莉死後三星期，希特勒第一次謁見興登堡。這是他想要得到德國總理職位這一肥缺的第一次嘗試。他的有些友人說，在談話時，他似乎神志恍惚，不能自主，這對這個納粹黨的領袖，自然是很不利的。瞭解他的人認爲，他在這個重要的場合失魂落魄的表現是由於他心愛的外甥女兒去世給他的精神上的打擊沒有恢復的緣故。

他決定不吃肉食，我認爲，是由這個個人生活上的打擊所引起的一種清心寡欲的自我克制。至少，他最接近的一些部下是這樣想的。他此後一直對他們說，吉莉・拉包爾是他所曾經愛過的唯一女人，他談起她的時候總是以極其敬重的態度——有時候甚至黯然淚下。他的僕人說，她在上薩爾斯堡別墅中的房間，即使在希特勒就任總理而加以擴大改建以後，也仍舊保留了原狀。在別墅中他自己的房間裡，在柏林總理府裡，總是掛有這個年輕女人的畫像（這像是由希特勒最賞識的畫家阿道夫・齊格勒〔Adolf Ziegler〕在她死後畫的），每逢她的生辰死忌，畫像前總放了鮮花。

希特勒這個冷酷無情的人，似乎不可能愛上任何一個人，但他對年輕的吉莉的愛情，是他奇怪的一生中難解的謎之一。同其他的謎一樣，這只能如實敘述，而無法加以合理地解釋。幾乎可以肯定，從此以後，阿道夫・希特勒從來沒有認眞地考慮過結婚問題，一直到十四年後他自盡前一天。

希特勒寫給他外甥女兒的授人以把柄的信，後來透過施丹佛爾神父的交涉，從房東的兒子那裡弄了回來。施丹佛爾神父就是那個幫助納粹領袖整理《我的奮鬥》原稿的希羅尼摩斯派天主教神父、反猶太主義的新聞記者。據海登說，所花的錢是由納粹黨司庫弗朗茲・沙維埃・施瓦茲（Franz Xavier Schwarz）供給的。這樣，施丹佛爾神父就成了少數知道希特勒對吉莉的愛情祕密的人之一。顯然，他並沒有把這件事情完全祕而不宣。當《我的奮鬥》的作者成了德國的獨裁者以後，有朝一日同他的一些老朋友算帳時，施丹佛爾就得爲了洩漏內情而付出他的生命。

在個人生活非常舒適的這些年代裡，希特勒在上薩爾斯堡弄了一所別墅，在慕尼黑租了一套豪華的公寓，出門總是以一輛由司機駕駛的嶄新汽車代步，這輛汽車花了他兩萬馬克，約折合五千美元。他在這些年代裡的收入來源一直沒有弄清楚。但是在戰後發現的關於他的所得稅檔案，使這個問題得到了一些說明[7]。在他擔任總理一職而自己決定從此可以免稅以前，他一直同稅收當局發生糾葛，在一九二五年到一九三三年之間，慕尼黑財政局有一大堆關於他的檔案。

財政局在一九二五年五月一日通知他，他沒有申報一九二四年和一九二五年第一季的收入。希特勒答覆說：「我在一九二四年（當時他在獄中）和一九二五年第一季沒有任何收入。我是靠向銀行貸款維持個人生活開支的。」那麼五千美元的汽車呢？稅收官員反駁道。希特勒回答說，這也是向銀行貸款買的。希特勒在申報收入時，把自己的職業塡爲「作家」，企圖說明他的收入之中有很大的比例可以列爲免稅開支——他無疑知道其他地方作家的慣例。他一九二五年第一季度的第一次所得稅申報單中，開列總收入爲一萬一千兩百三十一德國馬克，可免稅職業開支六千五百四十馬克，貸款利息兩千兩百四十五馬克，這樣可以徵稅的純收入只有兩千四百四十六馬克。

在三頁打字紙的說明中，希特勒爲他的巨額免稅職業開支辯解稱，雖然其中大部分似乎是由於他的政治活動，但是這種工作爲他提供了作爲一個政治作家所需要的素材，也有助於擴大他的書籍的銷路：

若無政治活動，我就不會出名，也就不會有材料可以出版政治著作……因此，我作爲政治作家，我的政治活動開支，是我寫作職業的必要條件，也是作品在經濟上能否成功的保證，不能被認爲是可以徵稅的……。

財政局不難看出，在這個時期內，我的著作收入中只有很小一部分供我個人開支；我在任何地方都沒有可以說是我自己的財產或其他資產。我出於必要而將我個人的需要嚴加限制，以致完全戒絕煙酒，在最低廉的飯館中用飯，除了最低限度的公寓房租外，沒有任何開支是出乎政治作家開支範圍以外的……對我來說，汽車也是爲了達到這一目的的手段。沒有它，我就無法完成我的日常工作[8]。

財政局同意可免稅一半，當希特勒向復查委員會申請再議時，委員會維持原來估定的數目。此後，稅收當局只同意，他所申報的職業開支有一半可以免稅。他雖然提出異議，但是還是遵命照付。

這個納粹黨領袖的所得稅報表中所填報的總收入同他得自《我的奮鬥》的版稅完全相符：一九二五年一萬九千八百四十三馬克，一九二六年一萬五千九百零三馬克，一九二七年一萬一千四百九十四馬克，一九二八年一萬一千八百一十八馬克，一九二九年一萬五千四百四十八馬克。由於稅務當局有權調查出版社的帳簿，希特勒要少報版稅是不可能安然無事的。但是其他收入來源又如何呢？其他收入來源可是從來也沒有申報過。大家都知道，他在那些日子裡曾爲經濟上一籌莫展的納粹黨報紙寫過許多文章，他要求很高的稿酬，結果如願以償。黨內人士對於希特勒索取這樣高的稿酬頗有微詞。這些收入他都沒有申報。到二〇年代末尾的時候，從少數巴伐利亞和萊茵地區大工業家那裡，開始有金錢流到納粹黨中來，這些工業家都是由於希特勒的反對馬克思主義者和反對工會的態度而被吸引過來的。德國鋼鐵托拉斯組織「聯合鋼鐵公司」（Vereinigte Stahlwerke）的老闆弗里茨・蒂森（Fritz Thyssen）和魯爾煤礦大王艾米爾・寇道夫（Emil Kirdorf）捐助了大筆經費。這些錢常常是直接交給希特勒個人的。他到底留了多少給自己用，也許是永遠弄不清楚了。但是他在擔任總理前幾年的生活水平說明，他從支持者那裡收到的錢並不是全部都交給黨的。

沒有疑問，從一九二五年到一九二八年，他一直訴苦，說是繳不出所得稅；他經常拖欠不交，總是要求延期。一九二六年九月，他寫信給財政局：「目前我沒有能力繳付稅款；爲了維持生活，我已不得不舉債。」後來他談到那個時期時說：「我多年來靠吃提羅爾（Tyrol）的蘋果充饑。我們不得不撙節度日，幾乎到了不可相信的程度。省下來的每一個馬克都是獻給黨的。」他對稅收官員說在一九二五年到一九二八年，他的債務更重了。一九二六年他申報收入爲一萬五千九百零三馬克，支出爲三萬一千兩百零九馬克，並且說，虧空部分是靠向「銀行借債」彌補的。

但是，彷彿出現了奇蹟一樣，在一九二九年時，雖然他申報的收入低於一九二五年很多，但是所得稅報表中，債務利息或還本一項卻消失了，而且以後也一直沒有再出現過。正如哈爾（Oron Hale）教授所說的那樣（上述情況都是根據他的調查），「收支上出現了一個奇跡，他的債務從此消失了」[9]。

不過必須說句公道話，只要希特勒有足夠的錢能過舒服的生活而不必爲工資薪水而勞動，他對於錢財總是不大在乎的。無論如何，從一九三〇年開始，如果說他過去在個人收支上有什麼需要擔心發愁的話，這種擔心從這時候起是永遠不存在了，因爲這一年他的版稅收入比上年突然增加了兩倍，達到約一萬兩千美元之數，而且大企業方面的捐款也源源不絕而來。他現在能夠把他全部過人的精力和才能用在完成他的使命上了。他最後奪取政權、在一個偉大的國家建立獨裁政權的時刻已經來到了。

經濟恐慌帶來的機會

一九二九年快結束時，像一場大火一般席捲全世界的經濟恐慌給希特勒送來了機會，他也充分利用了這個機會。像大多數偉大的革命家一樣，他只有在時勢困難的時候才能夠有用武之地，最初是群眾陷入失業、饑餓和絕望之中，後來是他們被戰爭沖昏頭腦的時候。但是在歷史上的革命家中間，他也有一點與眾不同的獨特之處，那就是他打算在取得政治權力以後才實行他的革命。他不打算爲了要奪取國家的控制權而實行革命。這一目標要靠選民的委託，或者靠國家的統治者的認可——總而言之，靠合乎憲法的手段——來實現。爲了要取得選票，希特勒只有利用時勢才行，而時勢在三〇年代開始的時候又使德國人民陷於絕望之中。爲了要取得當權者的支持，他必須使他們相信，只有他才能夠把德國從多災多難的困境中拯救出來。在一九三〇年到一九三三年的動亂年代裡，這個狡猾而大膽的納粹黨領袖便重整旗鼓，著手實現這雙重目標。現在回顧起來可以看出，當時的時局和那些曾經宣誓要忠誠地保衛他們所統治的民主共和國的少數人的軟弱和混亂，都幫了希特勒的忙。但是在一九三〇年開始的時候，這是一點也沒有辦法預見的。

史特雷斯曼在一九二九年十月三日去世。他在過去六年中間，爲了要使戰敗的德國回到世界大國的行列，爲了指導德國人民走向政治和經濟的穩定，在外交部長的任上，由於費盡心力，終於積勞致死。他的成就不可勝計：他使德國參加了國際聯盟，他談判了道威斯計劃和揚格計劃，把賠款減到了德國能夠從容償付的水平，而且在一九二五年，他曾經是羅加諾公約的主要創始人之一。這個公約爲西歐帶來了它的飽受刀兵之災和內爭之苦的人民一個世代以來第一次嘗到的太平寧靜的局面。

在史特雷斯曼去世後三星期，十月二十四日那一天，華爾街股票市場突然崩潰了。德國國內馬上受到了影響——而且是災難深重的影響。德國繁榮的基礎一直是主要從美國那裡借來的外債和對外貿易。一旦新債斷絕，舊債到期，德國金融結構就無法承受這種負擔。一旦在總蕭條後世界貿易一蹶不振，德國就無法出口足夠數量的東西來購買所需要的原料和糧食等必需的進口貨。而沒有出口，德國的工業就無法開工，它的產量從一九二九年到一九三二年幾乎跌了一半。成百萬的人失了業。成千上萬的小企業破了產。一九三一年五月奧地利最大的一家銀行信貸銀行宣告破產，接著在七月十三日破產的有德國一家大銀行達姆施達特（Darmstädter）國家銀行，這就迫使柏林政府勒令所有銀行暫時停業。甚至胡佛總統提出的在七月六日生效的暫停償付一切戰時債務（包括德國賠款）的創議也不能抑止這個浪潮。整個西方世界受到了一種其領導人所不能理解的、認爲不是人力所及的力量的打擊。在這麼富裕繁榮的中途，怎麼可能突然發生這種貧困和痛苦現象呢？

希特勒曾經預料到這場災難，但是他同任何其他政治家一樣，無法瞭解這場災難是什麼事情引起來的。也許他比別人更不瞭解，因爲他對經濟學既沒有知識又沒有興趣。可是他對於經濟恐慌給他送上門來的大好機會卻不是沒有興趣或沒有知識的。德國人民的苦難——不到十年以前馬克貶值的慘痛經歷留在他們生活上的創傷猶在——並沒有引起他的同情。相反，在那個時期的最黯淡的日子裡，當工廠停工，當失業登記人數超過六百萬大關，當全國各大城市排隊等候配給麵包的人長達好幾條街的時候，他居然能夠在納粹黨報紙上這樣寫道：「我一生之中從來沒有像這些日子這麼舒坦，內心感到這麼滿意過。因爲殘酷的現實打開了千百萬德國人的眼睛，使他們看清楚欺騙人民的馬克思主義者史無前例的欺騙、撒謊和背叛行爲。」[10]他的同胞的苦難，不是他要浪費時間來表示同情的事情，而是他要冷酷地立即把它在政治上變成支持他自己野心的力量。這就是他在一九三〇年夏末著手要做的事。

德國最後一任社會民主黨總理、支持威瑪共和國的各民主黨派聯合組成的最後一屆政府的首腦赫爾曼·繆勒（Hermann Müller），由於各黨派在失業保險基金問題上發生的爭吵，於一九三〇年三月辭職。繼任的是天主教中央黨議會領袖海因里希·布呂寧。布呂寧在戰時是一個機槍連的一名上尉，曾獲得鐵十字獎章，他在國會中表示的頭腦冷靜、保守穩健的觀點頗得陸軍，特別是一位名叫庫特・馮・施萊歇爾的將軍的好感。後者在當時還不大爲外界所知，是一個愛好虛榮、精明能幹、野心勃勃的「辦公桌軍官」，軍界人士早已承認他是一個頗有才華但是寡廉鮮恥的陰謀家。他向興登堡總統提出了布呂寧的名字。因此新總理是個陸軍提出的人選，雖然他本人可能並沒有充分意識到。布呂寧爲人正直，大公無私，謹愼謙虛，忠誠廉潔，性格上稍許有點嚴峻，他希望在德國能夠恢復穩定的議會制政府，把國家從越來越蕭條的經濟恐慌和政治混亂中拯救出來。他在這樣努力的時候，不知不覺地卻爲德國民主政治掘了墳墓，從而無意中爲希特勒的上臺鋪平了道路，這是這個用心善良、具有民主思想的愛國者的悲劇。

布呂寧無法爭取到國會中多數議員批准他財政計劃中的某些措施。他因此請求興登堡援引憲法第四十八條，根據這一條規定的緊急權力由總統下令批准他的財政法案。議會的反應是通過了一項要求撤銷總統命令的決議。於是正當經濟危機迫切需要一個強有力的政府的時候，議會制政府卻垮臺了。爲了找出一條擺脫困境的出路，布呂寧在一九三〇年七月要求總統解散國會，在九月十四日舉行新的選舉。布呂寧怎麼會指望在新的選舉後可以在國會中得到穩定的多數，這個問題一直沒有找到解答。可是希特勒卻認識到，他自己的機會出乎意料地提早出現了。

苦難深重的人民要求擺脫他們的困境。千百萬失業者要求工作機會。小店主要求得到幫助。上次選舉後達到投票年齡的四百萬左右的青年人要求至少有個能謀得生活溫飽的前途。希特勒在一次旋風式的競選運動中向這些千百萬處境困難、心懷不滿的人們提出的保證，在他們看來似乎給他們帶來了某種程度的希望。他如果上臺，將使德國恢復強大，拒付賠款，撕毀凡爾賽和約，肅清貪污，迫使金融巨頭就範（特別是如果他們是猶太人的話），一定要做到使每個德國人都有工作和麵包。那些絕望饑餓的人不僅希望得到救濟，而且也希望得到新的信仰和新的神，對於他們來說，這種保證不是沒有效力的。

希特勒抱的希望雖然已經夠大的了，但是一九三〇年九月十四日晚上揭曉的選舉結果，卻是他做夢也沒有想到的。兩年前，他的黨得了八十一萬張選票，十二個國會議席。這一次，他原來打算選票會增加三倍，議席搞到五十個。但是在這一天，納粹黨所得的選票增加到了六十四萬九千六百張，可以取得國會中一百零七個席位。這樣它就從國會中位居第九的最小黨一躍而爲第二大黨。

在另外一個極端，共產黨得票也增加了，從一九二八年的三百二十六萬五千張選票增加到四百五十九萬兩千票，國會議席從五十四席增加到七十七席。溫和的中產階級政黨，除了天主教中央黨以外，喪失了一百多萬張選票，社會民主黨也是如此，雖然選民總數增加了四百萬。胡根堡（Alfred Hugenberg）的右翼民族黨的票數從四百萬降到兩百萬。很明顯，納粹黨從其他中產階級政黨那裡奪過來數百萬擁護者。同樣明顯的是，從此以後，布呂寧——或其他任何人——要在國會中取得穩定多數比以前更加困難了。但是沒有穩定多數，共和國怎麼能夠存在下去呢？

這是在一九三〇年選舉以後國家的兩大支柱——陸軍和大工業家金融家集團——越來越關心的一個問題。這兩大支柱的領袖從來沒有眞正接受過共和國，除非是把它當作德國歷史上一種暫時的不幸現象。在選舉勝利的鼓舞下，希特勒開始轉移注意力來爭取這兩個有勢力的集團。我們已經知道，早在維也納的時候，他從卡爾·呂格爾市長的政治手腕中，知道了把「有勢力的、地位確立不移的機構」爭取過來的重要性。

一年以前，在一九二九年三月十五日，希特勒在慕尼黑發表過一篇演講，要求陸軍重新考慮它敵視國家社會主義運動和支持共和國的態度。

從事破壞的政黨是沒有前途的，擁有人民的力量、準備而且願意同陸軍聯合起來以便有朝一日協助陸軍保衛人民利益的政黨才有前途。而在另一方面，我們至今仍看到我國陸軍的軍官還在煞費苦心地考慮能與社會民主主義合作到什麼程度。可是，親愛的先生們，難道你們眞的相信，你們同那個以促使陸軍賴以存在的一切基礎歸於解體爲宗旨的哲學有任何共同之處嗎？

這是想要爭取陸軍軍官支持的一種巧妙的呼籲，他們大多數人都相信，而且希特勒現在也第一百次重複指出：他們現在所支持的、而且對軍官階層及其所代表的一切都毫無感情的共和國在背後戳了陸軍一劍，把陸軍出賣了。接著他用一種對於他將來要做的事情有預言性的話，警告軍官們，如果馬克思主義者勝過了納粹黨人，他們會有什麼下場。他說，一旦發生這種情況：

對於德國陸軍，你們就可以寫下：「德國陸軍的末日」。因爲到了那時，先生們，你們就必須成爲政治工具……你們到了那時可能成爲那個政權和政治委員的劊子手，如果你們不聽話，你們的妻兒將被囚禁。如果你們仍不聽話，你們就會被一腳踢開，也許站在牆前就刑……[11]。

聽到這場演講的人比較少，但是爲了要在陸軍人士之間廣爲宣傳這篇演講，《人民觀察家報》發行了專門供陸軍閱讀的特刊，逐字逐句地刊登了這篇演講。納粹最近發行的軍事月刊《德國國防精神》（*Deutshcer Wehrgeist*）還發表文章加以詳細評述。

在一九二七年的時候，陸軍曾經禁止徵募納粹黨人參加十萬人組成的國防軍，甚至還禁止雇用納粹黨人在軍火庫、兵站中擔任文職工作。但是到一九三〇年年初，事情已經變得很明顯，納粹黨的宣傳在陸軍裡，特別是在年輕軍官中間頗有進展，許多年輕軍官不僅爲希特勒狂熱的民族主義情緒所吸引，而且也爲他所展示的前途所吸引，這個前途就是，陸軍將恢復昔日的光榮和規模，那樣，他們就有提升的前程，而在目前這樣小規模的一支陸軍中，他們是沒有這種指望的。

納粹打入各軍種的情況日趨嚴重，終於使當時擔任國防部長的格勒納將軍於一九三〇年一月二十二日發布一項命令，其中提到七年前在啤酒館政變前夕，塞克特將軍曾經對陸軍發出過一個類似的警告。他宣稱，納粹黨一心想奪取政權。「他們因此討好國防軍。他們爲了利用國防軍來實現他們黨的政治目標，企圖哄我們（相信），只有國家社會黨代表眞正的民族力量。」他要求軍人不問政治，超然於一切黨爭之外來「爲國家服務」。

有些年輕的國防軍軍官卻過問了政治——至少過問了納粹黨的政治。這一點不久就暴露出來，而且在德國引起了吵嚷，在軍官團最高級軍官中間引起了分歧，而在納粹黨的陣營中卻引起了高興。一九三〇年春季，烏爾姆（Ulm）衛戍部隊有三名年輕的尉官盧丁（Ludin）、施林格（Scheringer）和溫特（Wendt）被捕，因爲他們在軍隊裡宣傳納粹理論，企圖勸誘其他軍官答應：一旦發生納粹黨武裝起事，他們不向起事者開槍。這後面一項罪名是叛國大罪，但是格勒納將軍不想把軍隊裡有叛國行爲這件事聲張出去，企圖把事情掩飾過去，他安排讓被告在軍事法庭上只受違犯軍紀的審判。可是施林格中尉卻滿不在乎，他偷偷地向《人民觀察家報》投了一篇煽動性的文章，使得格勒納將軍的打算落了空。一九三〇年九月選舉中納粹黨獲得勝利後一星期，這三個尉官被解到萊比錫最高法院受叛國罪審判。他們的辯護律師中間有兩個剛剛出名的納粹律師漢斯・法朗克和卡爾・沙克（Carl Sack）博士。這兩個人後來都在絞刑架上送了命（沙克是在一九四四年七月二十日因參與反希特勒密謀而被絞死，法朗克則是因爲他代表希特勒在波蘭所犯的暴行而被處死的）。

但是在審訊時吸引人們注意的不是律師，也不是被告，而是希特勒。法朗克召他來做見證人。他的出庭是一種有意的冒險。要是拋棄這三個中尉不顧，是相當難堪的事。這三個中尉的活動證明了陸軍中納粹影響力的增長，而這正是希特勒所不希望予以打擊的。但是，納粹要篡奪陸軍的活動被揭露出來也是相當難堪的事。而且，檢察方面控訴納粹黨是個一心一意要用武力推翻政府的革命組織，這件事對於希特勒的目前策略也是不利的。爲了要否認這最後一個指責，希特勒同法朗克安排好，要出庭爲被告作證。但是在實際上，元首還有一個更加重要得多的目標。那就是，作爲一個剛剛在選舉中獲得了驚人勝利的政治運動領袖，他要向陸軍，特別是陸軍的領導軍官保證，國家社會主義運動對國防軍來說，不僅不是像這三個納粹黨尉官案件所表示的那樣是一種威脅，而且實際上是國防軍的救星，也是德國的救星。

證人席成了向全國發言的講壇。在這裡，希特勒充分利用了他的辯論才能和巧妙的政治手腕。如果說他的精彩表現是盡欺騙之能事的話——事實上就是如此——那麼在德國似乎很少有人識破的，即使在將軍們中間也很少有人識破這一點。希特勒巴結地向法庭（和軍官們）保證，衝鋒隊也好，納粹黨也好，都不反對陸軍。「我一直抱有這種看法，」他宣布：「任何要想取代陸軍的嘗試都是發神經病。我們沒有一個人想取代陸軍……我們將努力做到，在我們執政以後，以目前的國防軍爲基礎，一支偉大的德國人民的軍隊將會興起。」

他再三向法庭（和將軍們）重申，納粹黨只想通過合乎憲法的手段取得政權，這三個年輕軍官如果期望會發生武裝叛亂的話，那是他們自己弄錯了。

我們的運動不需要暴力。總有一天，德國人民會瞭解我們的理想；到了那時，三千五百萬德國人將站在我的後面……當我們有了憲法授予的權力以後，我們就將按照我們認爲正確的方式組成國家。

法庭庭長：這也是通過合乎憲法的手段嗎？

希特勒：是的。

但是，希特勒講話的主要對象雖然是陸軍和德國國內其他保守分子，他還得考慮一下他自己黨徒們的革命要求。他不能使他們失望，像他已經使三個被告失望一樣。因此，當法庭庭長提到他在一九二三年舉行政變失敗前一個月說的一句話「人頭將會落地」的時候，他抓住了這個機會。庭長問，這位納粹領袖今天是不是否認這句話了？他馬上回答道：

我可以向你保證，當國家社會主義運動在這場鬥爭中取勝的時候，屆時將會有一個國家社會主義法庭。那時，一九一八年十一月的革命將會受到報復，人頭將會落地[12]！

沒有人能夠說，希特勒對於一旦他上臺以後要做的事情沒有事先提出警告，但是當時法庭中的聽眾顯然很歡迎他的這番威脅，他們以熱烈和持久的鼓掌來表示歡迎。而且雖然庭長對鼓掌打斷審訊的進行提出非難，但是不論庭長還是公共檢察官都沒有對這句話提出異議。這句話在德國全國各地的報紙上和許多其他國家的報紙上成了轟動一時的頭條新聞。在希特勒發言所引起的興奮刺激情緒中，原來的案件倒反而無人注意了。這三個年輕的軍官對國家社會主義的熱情遭到了國家社會主義運動最高領袖本人的否認，結果被判定犯有叛國陰謀，處以十八個月的禁閉。這個判決算是輕的，在共和的德國，對叛國罪的嚴厲判決是保留給那些支持共和國的人的（施林格中尉，由於希特勒把他出賣而感到憤慨，在獄中就宣布退出納粹黨，而成了一個狂熱的共產黨人。在一九三四年六月三十日的整肅中，原來是要把他和許多得罪過希特勒的人一樣清算掉的。但是結果卻不知怎麼給他逃過了這次整肅，終於活著一直看到希特勒的覆亡。盧丁中尉仍是個熱情的納粹黨人，在一九三二年當選為國會議員，成了衝鋒隊和黨衛隊的高級軍官，後來擔任德國駐斯洛伐克傀儡國家的公使，在解放時被捕，隨即為捷克斯洛伐克人處決）。

在德國人不可挽回地走向第三帝國的道路上，一九三〇年九月是一個轉折點。納粹黨在全國選舉中獲得驚人勝利一事，不僅說服了千百萬普通人民，也說服了企業界和陸軍中的領袖人物：現在也許的確出現了一種無可阻擋的趨勢。他們可能不喜歡納粹煽惑人心的做法和它粗鄙下流的作風，但是在另一方面，它卻喚起了在共和國頭十年中曾經受到這麼嚴重壓抑的德國愛國主義和民族主義的傳統感情。它答應領導德國人民擺脫共產主義、社會主義、工團主義，擺脫民主政體的軟弱無能。最重要的是，它已經在全國造成了燎原之勢，影響盛極一時。

由於這一點，也由於希特勒在萊比錫審訊時對陸軍方面所做的公開保證，有些將軍開始考慮，國家社會主義可能正是他們所需要的東西，可以用來團結人民，恢復德國原來的地位，再一次使德國軍隊成為一支強大和偉大的軍隊，使國家擺脫喪權辱國的凡爾賽和約的桎梏。最高法庭庭長曾經問希特勒，他不斷提到的「德國民族革命」指的究竟是什麼意思，希特勒的回答使這些將軍們感到很高興。

「這指的僅僅是，」希特勒說：「拯救我們今天被奴役的德意志民族。德國的手足受到和約的束縛……國家社會黨並不認為和約是法律，而是用強制辦法加在德國身上的東西。我們認為，完全無辜的未來一代不應該承受這種負擔。如果我們盡我們一切力量反對這些條約，我們就走上了革命的道路。」

這也是軍官團的看法。軍官團一些上層軍官曾經激烈地批評過國防部長格勒納將軍，因為他竟讓最高法院審判三個尉官。最近卸任的總司令、沙恩霍斯特（Gerhard von Scharnhorst）和格奈斯瑙（August Neidhardt von Gneisenau）的當之無愧的繼承者，一般公認是戰後德國陸軍天才將領的塞克特將軍曾經對格勒納表示，這打擊了軍官團內部的團結精神。不久即將擔任參謀總長、以後在這部歷史中還要成為更加重要人物的路德維希·貝克（Ludwig Beck）上校，在一九三〇年的時候是這三個尉官所屬的駐在烏爾姆的第五炮兵團團長。他不僅激烈地抗議他的上級逮捕這三個尉官，而且還在萊比錫出庭為他們作證。

現在審訊既已結束，希特勒也講過話了，將軍們對於他們原來認爲是對陸軍的一種威脅的運動，態度也就和善多了。第二次世界大戰期間曾任最高統帥部作戰局局長的阿爾弗雷德・約德爾將軍曾經在紐倫堡軍事法庭上談到，這個納粹領袖在萊比錫的發言對軍官團有什麼意義。他說，在此以前，高級軍官們都認爲希特勒企圖破壞陸軍，而在此以後，他們就感到放心了。塞克特將軍本人在一九三〇年當選爲國會議員後曾經公開與希特勒合作過一陣子，而且在一九三二年要求他的姊姊在總統選舉中投希特勒的票，而不投他的老上司興登堡的票。

德國陸軍軍官們在政治上的盲目短見已經開始有所發展和表現，這在最後將證明對他們是個致命傷。

工業界和金融界的巨頭們在政治上的愚蠢不亞於將軍們，他們錯誤地以爲只要付給希特勒足夠的金錢就能把他籠絡住，一旦他當權之後，就會按他們的命令辦事。他們之中有很多人在二〇年代還把他看成是個奧地利的暴發戶，但是在納粹黨在一九三〇年九月選舉中獲得驚人勝利後，企業界的領袖人物逐漸意識到，這個暴發戶很可能接掌德國的控制權。

據瓦爾特・馮克（Walther Funk）在紐倫堡作證時說，到一九三一年的時候，「我的工業界朋友和我相信，在不太遙遠的將來，納粹黨就會上臺。」

馮克是個油光滿面、目無定睛、大腹便便的矮胖子，他的臉總叫筆者想起一隻青蛙來。他在這一年的夏天放棄了德國金融界著名報紙《柏林交易所日報》（*Berliner Börsenzeitung*）主編這個好差使，當了納粹黨和一些企業界重要領袖人物之間的牽線人。他在紐倫堡說，他的好幾個工業界朋友，特別是那些在萊茵地區大煤礦企業中有地位的朋友，要求他參加納粹運動「以便說服該黨採取私人企業的方針」。

在那個時候，黨的領導方面在經濟政策問題上有著完全自相矛盾和混亂的看法。我企圖這樣來完成我的使命：親自使元首和黨相信，應該承認，私人的首創精神、企業家的獨立自主、自由企業的創造性力量等等是黨的基本經濟政策。元首本人在同我和我所介紹的工業界領袖人物會談時一再強調，他是國營經濟的敵人，所謂「計畫經濟」的敵人，他認為，為了要爭取最高產量，自由企業和自由競爭是絕對必要的[13]。

據希特勒的這位未來國家銀行總裁和經濟部長說，當時希特勒開始會見德國國內掌握經濟命脈的一些人物，並且向他們說了一些多少是他們喜歡聽的話。黨需要巨額經費來從事競選，支付大規模頻繁的宣傳費用，發給成百上千的專職人員薪水和維持衝鋒隊和黨衛隊這些私人軍隊。衝鋒隊和黨衛隊到一九三〇年年底已有十萬多人，成了一支比國防軍還要大的部隊。企業家和銀行家並不是唯一的經費來源，因為黨在黨費、資產、募捐以及黨報書刊的銷售方面也能籌到相當可觀的款項，但是企業家和銀行家是最大的經費來源。他們給納粹黨的錢愈多，他們可以給迄今為止他們所支持的其他保守黨派的錢也愈少。

先是擔任希特勒納粹黨的新聞發布官，後來擔任國家新聞發布官的奧托・狄特里希（Otto Dietrich）說：「一九三一年夏天元首突然決定有步驟地努力討好有勢力的工業界巨頭。」[14]

這些巨頭是誰呢？

他們的姓名是個祕密，除了元首周圍的核心圈子以外，對誰都保守祕密。黨得要兩面把戲。一方面，它不得不讓施特拉塞、戈培爾、怪物弗費德爾用國家社會黨人是眞正的「社會主義者」、反對金融巨頭的叫喊來欺騙群眾。另一方面，黨的經費得從那些有不竭來源的人那裡騙來。據狄特里希說，在一九三一年下半年，希特勒「走遍整個德國，同重要的（企業界）人士私下會談」。爲了保守祕密起見，這些會談甚至要到「一些人跡罕至的森林中去舉行」。狄特里希解釋道，「保守祕密是絕對必要的；絕不能讓報界有搗蛋的機會。否則就會影響到會談的成功。」

因此，在納粹黨的政治中，就出現了一種幾乎滑稽可笑的忽左忽右現象。有一次在一九三〇年秋天，施特拉塞、費德爾、弗立克在國會中代表納粹黨提出一項法案，要求對所有利率都規定一個百分之四的最高限額，無償徵用「銀行和股票交易所巨頭」以及所有「東方猶太人」的財產，將大銀行收歸國有。希特勒大爲震怒；因爲這不僅是布爾什維克主義，而且是黨在經濟上的自殺行爲。他立即命令黨撤回這個法案。共產黨這時卻重新提出這個法案，一字不易。希特勒命令他的黨投反對票。

我們從戰後在紐倫堡監獄中對馮克的偵訊中知道，希特勒所結交的「有勢力的工業界巨頭」中至少有一部分人是誰。艾米爾・寇道夫（Emil Kirdorf）是個痛恨工會的煤礦大王，負責掌管西德礦業界募集的一筆名叫「魯爾金庫」的政治賄賂基金，他是在一九二九年納粹黨代表大會上被希特勒拉攏過去的。鋼鐵托拉斯頭子弗里茨・蒂森捐款還要早一些，他後來對他的錯誤後悔不止，終於寫了一本書，叫做《我爲希特勒出資》（*I Paid Hitler*）。他最初是在一九二三年在慕尼黑遇見這個納粹領袖的，初次見面就被後者口若懸河的辯才所征服了，於是透過魯登道夫第一次向當時還不大爲人所知的納粹黨捐了十萬金馬克（合兩萬五千美元）。繼蒂森之後的是艾伯特・伏格勒（Albert Vögler），他也是聯合鋼鐵公司的一個巨頭。事實上，煤鋼企業是工業界人士方面幫助希特勒在一九三〇年到一九三三年期間克服他取得政權的最後障礙的主要經費來源。

但是馮克還提到了其他一些工業和企業，它們的董事不希望在希特勒一旦成功後受到冷淡。這些工業和企業的名單很長，但是遠遠談不上完全，因爲馮克到紐倫堡審訊時，記憶力已經很差了。這一名單包括法本（I. G. Farben）公司這家化學工業大卡特爾的主要董事之一格奧爾格・馮・施尼茨勒（Georg von Schnitzler）、化肥工業的奧古斯特・羅斯特格（August Rosterg）和奧古斯特・狄恩（August Diehn）（豐克談到了該工業的「對元首的積極態度」）、漢堡—美洲航運公司的古諾（Wilhelm Cuno）、中德的褐煤工業、康蒂（Conti）橡膠工業、科隆大工業家奧托・沃爾夫（Otto Wolf）、在扶植希特勒上臺的最後活動中將起關鍵作用的科隆銀行家庫特・馮・施羅德（Kurt von Schröder）男爵、一些主要銀行（其中有德意志銀行、商業私營銀行、德勒斯登銀行、德意志信貸公司）以及德意志的一家最大保險公司安聯保險公司（Allianz）。

希特勒的主要經濟顧問之一威廉・凱普勒（Wilhelm Keppler）介紹了一些南德工業家，並且組織了一個奇特的企業家團體，來支持黨衛隊頭子希姆萊。這個團體名叫「經濟之友會」，後來一般都稱爲「黨衛隊長（希姆萊）之友會」，這個團體籌集了好幾百萬馬克專供這個匪徒「研究」亞利安人起源之用。希特勒開始他的政治生涯之初就得到慕尼黑有錢的出版商雨果・布魯克曼（Hugo

Bruckman）和鋼琴製造商卡爾·貝赫斯坦（Carl Bechstein）在經濟上——以及社會上——的幫助。這兩個人的太太對這個初露頭角的年輕納粹領袖都頗爲垂青。希特勒就是在貝赫斯坦柏林的宅邸中首次見到這許多企業界和軍界的領袖人物的，也就是在那裡，他們舉行過一些有決定意義的祕密會議，終於導致希特勒當上了總理。

並不是所有的德國企業家在納粹黨在一九三〇年選舉中獲得勝利後就馬上支持希特勒的。馮克提到，大電氣公司西門子公司和通用電氣公司的態度就很冷淡，軍火大王克魯伯·馮·波倫—哈爾巴赫（Krupp von Bohlen und Halbach）也是如此。弗里茨·蒂森在他的懺悔中說，克魯伯是希特勒的「激烈反對者」，到興登堡任命他爲總理之前，克魯伯還向老元帥提出緊急警告，叫他不要犯這種錯誤。但是，克魯伯不久就看出了苗頭，很快就變成了——用懺悔的蒂森的話來說——「一個超級納粹黨人」[15]。

因此，事情很顯然，希特勒在最後努力奪取政權的時候，已經得到相當大一部分德國企業界的大量經濟支援。在一九三三年一月以前的最後三年之中，銀行家和企業家們到底向納粹黨捐助了多少款項，這一點從來沒有弄清楚過。馮克說，可能不超過「一二百萬馬克」。蒂森估計一年有兩百萬；他說他本人就給過一百萬馬克。但是從這些日子裡黨的手頭總是不乏大筆款項來看（儘管戈培爾抱怨錢一直不夠花），企業界的捐贈總數肯定要比上述這些估計多好幾倍。這些捐贈對於這些政治上幼稚無知的企業家究竟有些什麼好處，本書以後即將談到。這些人中間，當時最熱心的一個，也就是後來感到幻滅最劇烈的一個，是沙赫特博士，他於一九三〇年因爲反對揚格計劃而辭去了國家銀行總裁一職，同年遇見了戈林，一九三一年會見了希特勒，此後兩年就貢獻了全部能力來使元首接近他的銀行界和工業界的朋友，更進一步靠近總理職位這個大目標。這個經濟奇才對於第三帝國的建立和它的初期成就所起的作用後來證明是無限之大。他在一九三二年寫信給希特勒說：「目前的情況如果發展下去，您必將擔任總理，關於這一點，我毫無疑問……您的運動有著一種非常有力的內在眞理和必要性，因此您不久必將獲得勝利……不論我將來由於工作關係身在何處，即使有朝一日您可能發現我被囚於城堡，但是您可以永遠把我當作您的忠誠擁護者。」寫著這些話的兩封信中有一封結尾時用的是「向您高呼『萬歲』」[16]。

納粹運動「非常有力的眞理」之一，希特勒是從來不保守祕密的：一旦黨控制了德國，它將扼殺德國人的個人自由，包括沙赫特博士和他企業界朋友的個人自由在內。這個態度溫文爾雅的國家銀行總裁（在希特勒上臺後他再度出任此職）和他在工業界和金融界的朋友過了好久才覺悟到這一點。這部歷史正如所有歷史一樣，自始至終充滿了命運的意外播弄，因此過不了很長時候，沙赫特博士就以事實證明，他自己不僅是關於希特勒擔任總理一事的先知，而且也是元首把他監禁起來一事的先知——不過糟糕的是，他不是被囚於城堡中，而是在集中營中；同時他也不是作爲希特勒的「忠誠擁護者」（在這一點上他沒有說對），而是以相反的身分。

到一九三一年開始的時候，希特勒在黨內已經糾集了一批狂熱又不擇手段的人，他們將協助他最後取得政權而且（除了一個例外）將在第三帝國存在的期間在他身旁協助他維持政權，雖然其中另一個他最最親近的，也許是最最能幹和殘忍的，並沒有能活過納粹政府的第二年。在這個時期裡，有五個人的地位超過其餘徒眾。這五個人是施特拉塞、羅姆、戈林、戈培爾和弗立克。

戈林是在共產黨協助右翼政黨在國會通過了一項政治大赦令後，在一九二七年年底回到德國的。自從一九二三年政變以來，他大部分流亡生活是在瑞典度過的。他在瑞典的蘭格伯羅療養院戒掉了吸毒的惡習，病癒後在一家瑞典飛機製造公司任職。這個勇敢而英俊的世界大戰英雄這時身體已經發胖，但是仍舊精力旺盛，生氣勃勃。他在柏林巴登大街租了一間小而精緻的單身公寓（他所眷愛的患有癲癇症的妻子這時又患上了肺結核，留在瑞典養病），一方面擔任一些飛機公司和漢莎航空公司的顧問，一方面建立社會關係。這種關係範圍很廣，從前黑森王儲菲利普親王（他娶了義大利國王的女兒瑪法爾達公主為妻）弗里茨・蒂森和其他企業界巨頭為止，其中還包括一些陸軍高級軍官。

這些關係正是希特勒所缺少的和需要的關係，因此戈林不久就積極介紹納粹領袖同他的朋友相識，在上層階級的圈子中祛除一些褐衫黨徒所發出的惡臭。一九二八年，希特勒選戈林為在國會內代表納粹黨的十二名議員之一，在一九三二年納粹成為第一大黨時，戈林也就成了國會議長。正是在國會議長府中，舉行了許多次會談，策畫許多次陰謀，最後終於帶領納粹黨取得勝利；也正是在這裡——稍許說得遠一些——策畫了一個計畫，使得希特勒在當了總理後能夠長久坐穩江山，這個計畫就是縱火焚毀國會。

羅姆在一九二五年與希特勒鬧翻後不久就去參加玻利維亞軍隊，當了一名中校。一九三〇年年底，希特勒請他回來，重新擔任衝鋒隊的領導工作，當時衝鋒隊已不大聽話了。衝鋒隊員，甚至一些隊長，顯然相信納粹將用暴力來進行革命，因此越來越經常在街頭鬧事，同政治敵人搗亂，甚至暗殺他們。每次選舉，不論是全國選舉，還是邦選舉或市選舉，沒有不發生街頭毆鬥慘劇的。

這裡必須順便提起一樁這樣的毆鬥事件，因為它為國家社會主義運動提供了一個最偉大的烈士。

柏林衝鋒隊有一個名叫霍爾斯特·威瑟爾（Horst Wessel）的小隊長，他是一個新教牧師的兒子，棄家逃學出走後，在貧民窟中同一個以前的妓女同居，一生爲納粹主義當打手。許多反納粹分子總是認爲這個青年是靠拉皮條爲生的，雖然這種說法不免有點誇張。不過他肯定是同皮條客和妓女廝混的人。他在一九三〇年二月間被一些共產黨人所暗害，要不是因爲他寫了一首歌的曲子和歌詞，他也會像街頭毆鬥中雙方都有犧牲的好幾百人一樣，就此默默無聞。這首歌叫〈霍爾斯特·威瑟爾之歌〉，在他死後馬上就成了納粹黨歌，後來成了第三帝國除了〈德意志高於一切〉以外的第二國歌。威瑟爾本人則由於戈培爾博士的巧妙宣傳，成了納粹運動的偉大神話英雄之一，被捧爲一個爲了事業獻出生命的純粹理想主義者。

在羅姆接管衝鋒隊時，施特拉塞無疑是納粹黨內第二號人物。他是一個口若懸河的演說家，一個辦事能幹的組織家，擔任了黨內最重要的一個部門政治組織的首腦，這個職務使他在邦和地方黨的領袖中間有很大的勢力，因爲他們的工作都要受他的監督。他有著巴伐利亞人的隨和脾氣，除了希特勒以外，他是黨內最受愛戴的領袖，而與希特勒不同的是，他得到大多數政敵的個人信任，甚至喜愛。在當時在黨內外有不少人認爲施特拉塞很可能代替這個奧地利來的脾氣乖戾、性格捉摸不定的領袖。在國防軍和總統府中，這種看法特別強烈。

至於施特拉塞的兄弟奧托，這時已經失勢了。他不幸當眞相信納粹黨「國家社會主義德意志工人黨」這塊招牌中「社會主義」和甚至「工人」這兩個字眼，曾經支持社會黨工會所主持的幾次罷工，而且要求納粹黨公開主張工業國有化。在希特勒看來，這當然是異端邪說，他指責奧托犯有「民主主義和自由主義」的大罪。一九三〇年五月二十一日和二十二日，元首同他這個違抗命令的下級攤牌，要求他完全服從。奧托拒絕服從後，就被驅逐出黨。他試圖組織一個眞正的國家「社會主義」運動，名叫「革命的國家社會主義者聯盟」，後來簡稱「黑色陣線」，但是在九月選舉中，它完全不能從希特勒手裡奪過相當數目的選票來。

希特勒身邊五員大將中第四號大將戈培爾，自從一九二六年同施特拉塞鬧翻後一直是後者的敵人和對手。在鬧翻兩年後，施特拉塞升任政治組織首腦，戈培爾繼他爲宣傳工作的負責人。戈培爾仍兼任柏林黨組織的區領袖。他的宣傳才能和改組柏林黨組織的成績，希特勒頗爲賞識。但是他那一張油滑而刻薄的嘴和靈敏的頭腦卻討不到希特勒其他得力部下的歡心，他們都不信任他。不過，納粹領袖很願意他的主要部下之間存在著明爭暗鬥，哪怕僅僅是因爲這是防止他們聯合起來篡奪他的領導權。他從來沒有完全信任過施特拉塞，但是他對戈培爾的忠誠卻是完全相信的；此外，這個瘸腿的狂熱分子常常有些奇思異想，這對希特勒說來是頗有用處的。最後一點是，戈培爾作爲流氓記者的辦報才能——他現在有一張自己的報紙（柏林《進攻報》〔*Der Angriff*〕），可以用來發揮他的才能——和善於煽動群眾的演講本領，對黨有著無法估計的價値。

這五個人中最後一個弗立克是其中最無特色的一個。他是個典型的德國公務員。一九二三年以前，他在慕尼黑當青年警官，曾經幫希特勒在警察局裡當臥底，因此元首一直很感激他。他常常擔當吃力不討好的使命。在希特勒的吩咐下，他是納粹黨人中擔任地方公職——在圖林根——的第一個人，後來他成了納粹黨的國會黨團主席。他忠誠不貳，辦事很有效率，而且由於他外貌給人以與世無爭、和藹可親的印象，在同共和國政府那些左右搖擺的官員打交道時特別有用。

在三〇年代早期黨內比較次要的人中，有一些後來在第三帝國時代不僅出了名，而且有了嚇人的個人權力。戴著一副夾鼻眼鏡、很容易被人當作是個態度溫文爾雅的平凡小學教師的雞農希姆萊，拿過慕尼黑技術學院的農藝學位，這時他正在逐步加強希特勒的衛隊黑衫黨衛隊。但是他是在衝鋒隊司令兼黨衛隊司令羅姆下面工作的，在家鄉巴伐利亞境外，即使在黨內，他也很少爲人所知。還有羅伯特·萊伊博士，是個酗酒成性的藥劑師，當時他擔任納粹黨組織科隆區領袖。漢斯·法朗克是個很有能力的年輕律師，任納粹黨法律部的負責人。還有瓦爾特·達里（Walther Darré），一八九五年生於阿根廷，他是個能幹的農學家，經赫斯的勸說，信了國家社會主義，他寫的《農民是北歐人種生命的源泉》（*The Peasantry as the Life Source of the Noadic Race*）一書引起了希特勒的注意，就此擔任黨的農業部負責人。赫斯本人並無野心，對元首忠貞不貳，所居職位僅僅是元首私人祕書。另一個私人祕書是一個名叫馬丁·鮑曼的人，他像一隻鼴鼠，喜歡挖掘黨內生活的隱祕來進行陰謀活動，一度曾因參與政治謀殺而坐過一年監牢。德國青年團領袖是巴爾杜·馮·席拉赫（Baldur von Schirach），他是個有浪漫思想的青年人、組織工作的能手，他的母親是個美國人，他的外曾祖父是個北方聯邦軍軍官，曾在南北戰爭中的牛奔河戰役中失掉一條腿。他在紐倫堡對囚禁他的美國人說，他在十一歲時讀了亨利·福特寫的《永恆的猶太人》（*Eternal Jaw*）後成了一個反猶主義者。

最後還有阿爾弗雷德·羅森堡，這個波羅的海來的笨拙遲鈍的冒牌哲學家，我們前面提到過，他是希特勒早期的導師之一，自從一九二三年政變以後，寫了大量的書籍和小冊子，內容和文風極其混亂，其中最主要的一部是長達七百頁的著作，書名是《二十世紀的神話》（*The Myth of the Twentieth Century*）。這是集其關於北歐人優越性的半瓶子醋思想之大成的荒謬絕倫之作，而他的這種半瓶子醋的思想卻在納粹黨圈子裡被當作是學識淵博的東西。希特勒常常在講笑話時提到，這本書他自己也不忍卒讀，而以作家自居的席拉赫有一次曾說，羅森堡「賣出的沒有人讀的書比任何其他作家都多」，因爲這本書在一九三〇年初版以後的十年中，銷了五十多萬冊。希特勒心中自始至終對於這個思想愚蠢遲鈍的人很有溫情，給他擔任黨內各種工作，諸如《人民觀察家報》和其他黨刊主編，並且指定他擔任一九三〇年國會納粹黨議員，他代表納粹黨參加了國會的外交委員會。

這就是聚集在國家社會黨領袖周圍的人物。在一個正常的社會裡，他們看來無疑是一批亂七八糟的怪物。但是在共和國最後混亂的日子裡，他們在千百萬迷惑混亂的德國人心目中卻逐漸成了救星。他們有兩個有利條件勝過他們的對手：一是他們是由一個目標明確的人領導的；其次是他們爲了幫助他實現目標，是完全願意不擇手段和投機取巧的。

在動亂不安的一九三一年，有五百萬職工失業，中產階級面臨著破產的境地，農民們不能償還押借款，議會處於癱瘓狀態，政府危機迭出，八十四歲的總統日益年老昏瞶，在這種情況下，納粹黨的一些頭目信心日益高漲，他們不必再等待很久了。正如施特拉塞公開吹噓的一樣：「凡是有助於促成危機的……對於我們和我們德國革命來說，都是好的，都是極好的。」

第六章　共和國的末日：一九三二至一九三三年

在動盪和混亂的德國政治生活中，現在出現了一個奇怪又異乎尋常的人物，天意注定要由他，而不是別人，來挖掘共和國的墳墓。他將擔任共和國最後一任爲時不長的總理職務，而且，也可以說是他奇特的一生中最後一次意外的轉折，在最後無可挽回的時刻，卻拼命想法要拯救共和國。這個人就是施萊歇爾。他的姓在德文中的意思是「陰謀家」或「鬼鬼祟祟的人」。

一九三一年的時候，他是陸軍中的一名中將（相當於美軍中的少將）。他生於一八八二年，十八歲的時候加入軍界，在興登堡原來所屬的第三步兵禁衛團裡當尉官，成了這位元帥兼總統的兒子奧斯卡・馮・興登堡的好友。他的第二個友人後來證明也有同樣的寶貴價值，那就是格勒納將軍。後者對於施萊歇爾在軍事學院中學習時的成績甚爲賞識，一九一八年在最高統帥部繼任魯登道夫的職位時就把這個年輕軍官帶來擔任他的副官。施萊歇爾基本上是個「辦公桌軍官」——他只在俄國前線服役過一個很短時期——從此以後就一直留在陸軍和威瑪共和國權力中心的附近，他機警的頭腦、殷勤的態度、政治的嗅覺頗引起將軍們和政客們的注意。在塞克特將軍的領導下，他協助組織非法的自由團和同樣是非法的和高度祕密的「黑色國防軍」，在這些活動中扮演重要的角色。此外，德國同莫斯科進行祕密談判、安排在蘇俄境內祕密訓練德國坦克軍官和空軍軍官，並在那裡建立由德國人管理的軍火廠，他也是其中的關鍵人物。施萊歇爾是個天生的權術家，熱衷於陰謀詭計，擅長於暗地活動。在三〇年代初期以前，他的名字不大爲世人所知，但是已開始在班德勒街和威廉街引起注意，前者是陸軍部的所在地，後者是政府各部的所在地。

一九二八年一月間他利用他對興登堡總統日益增長的影響（他是透過同奧斯卡的友誼而接近總統的），使他的老上司格勒納將軍擔任了國防部長的職務，這是在共和國時期第一個軍人擔任這個職務。格勒納把施萊歇爾當作部內最得力的助手，讓他負責一個新設立的部門——部務司（Ministeramt），處理陸軍和海軍的政治和新聞事務。格勒納稱他的助手爲「我在政治方面的紅衣主教」，把陸軍同其他各部和政治領袖的關係問題交托給他。施萊歇爾處在這個地位不僅在軍官團中是一個勢力，而且在政治方面也是一個勢力。在陸軍中，他能夠任免高級軍官，而且開始在實際上這麼做，比如他在一九三〇年施了一個詭計，趕走了陸軍第二號人物布倫堡（Werner von Blomberg）將軍，而代之以第三步兵近衛團時代的老朋友漢默斯汀將軍。同年春天，我們前已談到，他第一次嘗試要由他來挑選總理，在陸軍的支持下，終於說服興登堡任命布呂寧擔任此職。

在政治上得到了這個勝利以後，施萊歇爾就實現了他要想改造共和國的宏偉計畫中的第一步。這個念頭在他機靈的腦袋中已經轉了很久了。他很清楚地看到——誰沒有清楚地看到呢？——威瑪政體軟弱無力的原因。政黨數目過多（一九三〇年擁有一百萬張選票以上的政黨有十個），這些政黨相互傾軋，只顧它們所代表的那部分經濟和社會利益，因此不能消除分歧，不能在國會中形成一個持久的多數派來支持政府，幫助它對付三〇年代開始時國家面臨的重大危機。議會制政府成了德國人稱之爲

「販牛交易」（Kuhhandel）的場所（譯注：在德文中喻討價還價），各政黨爲了他們所代表的群眾討價還價，爭取特殊利益，而國家利益卻被丟在一旁。無怪乎當布呂寧在一九三〇年三月二十八日就任總理時，已經不可能在國會中拼湊多數議員來支持任何一項政策了，不論它是左翼的、中間的，還是右翼的。僅僅爲了維持政府處理日常事務和設法解決經濟困境，他也不得不援引憲法第四十八條的規定，根據這一條的規定，在緊急狀態下，只要總統批准，他可以不需議會多數支持而僅憑總統緊急法令來行使職權。

施萊歇爾就是希望總理這樣來行使職權。這樣，在總統有力的控制下就會出現一個有力的政府，畢竟（施萊歇爾這樣認爲）總統是經人民普選選出的，因此代表人民的意志，也得到陸軍的支持。如果民主選出的國會不能提供一個穩定的政府，那就必須要由民主選出的總統來提供。施萊歇爾相信，大多數德國人所希望的，是一個能夠毅然決然引導他們脫離絕望困境的政府。但是實際上，布呂寧在九月間下令舉行的選舉表明，大多數德國人所希望的並不是這個。或者說，至少他們並不希望讓一個施萊歇爾及其在陸軍裡和總統府中的友人所選擇的那種政府來引導他們走出茫茫的絕境。

可以說，施萊歇爾犯了兩個後患無窮的錯誤。由於選擇布呂寧爲總理，鼓勵他靠總統緊急法令行使職權，他破壞了陸軍在國家中力量的基礎——它的超然於政治的地位，放棄這種地位將導致它本身和德國的毀滅。其次，他對選民作了一個錯誤的估計。當一九三〇年九月十四日有六百五十萬選民投納粹黨的票時（兩年前只有八十一萬），這個熱衷於政治的將軍覺得，他必須改弦易轍。到這一年年底，他已與剛從玻利維亞回來的羅姆以及施特拉塞保持聯繫。這是納粹黨人與共和國中掌握政權的人之間第一次重要的聯繫。在恰好兩年之內，這種聯繫發展的結果是，希特勒達到他的目標、施萊歇爾將軍的倒臺和被暗殺身亡。

一九三一年十月十日，在希特勒的外甥女兒情人吉莉・拉包爾自殺後三星期，他第一次得到興登堡總統的接見。這次接見是忙著布置一個新陰謀的施萊歇爾所安排的。這年秋天早些時候，他曾與希特勒會商，安排希特勒去見總理和總統。在他和布呂寧的心中都一直在考慮，興登堡七年任期在一九三二年春天屆滿時，應該怎麼辦。屆時這位陸軍元帥將達八十五歲高齡，而他頭腦清醒的時候已越來越少了。但是，人人都很清楚，如果他不競選連任的話，希特勒雖然從法律上來說不是德國公民，卻很可能取得德國國籍，參加競選，獲得勝利，成爲總統。

在這年夏天，頗有學者風度的總理對德國所處的絕境就在日夜憂思。他充分認識到，他的政府已經成了共和國最不得人心的一屆政府。爲了對付蕭條，他除了壓低物價以外也壓低了薪水工資，對工商業、金融業、社會服務業實行了嚴厲的限制。不論納粹黨人和共產黨人都叫他「饑餓總理」，但是他還是認爲，他已經找到了一條出路，最後終能重新建立一個穩定的、自由的、繁榮的德國。他要設法同協約國談判取消賠款，當時根據胡佛的延期償付的決定，賠款本來已經暫時停付了。在下年舉行的裁軍會議上，他要設法使協約國履行它們在凡爾賽和約中的保證，把它們的軍隊裁減到德國的水平，否則就應該讓德國公開實行重整軍備計畫，而在實際上，在他的默許下，德國已經開始在祕密實行這個計畫了。這樣，和約的最後桎梏就可以卸除，德國將在大國中間作爲平等的一員出現。這對共和國來說不僅是一件好事，而且也很可能——布呂寧這麼想——在西方世界開闢一個充滿信心的新紀元，結束給德國人民帶來深重苦難的經濟恐慌。而且這樣就可以對納粹黨釜底抽薪，使它無計可施。

在國內方面，布呂寧也打算採取大膽行動，要爭取除了共產黨以外的各大政黨的同意，對德國憲法做一番根本修改。他打算使霍亨佐倫王室復辟。即使能夠說服興登堡競選連任，他年紀已這樣大，也不可能期望活滿七年任期。如果他在一兩年後死去的話，希特勒仍舊有當選爲總統的希望。爲了要防止這一點，爲了要確保國家元首一職的長久性和穩定性，布呂寧有這樣一個打算：取消一九三二年的選舉，由議會兩院（即國會和參議院）的三分之二多數表決將興登堡的任期延長。在這一點做到以後，他就建議議會宣布實行君主政體，由總統攝政。總統死後，就由威廉皇儲（Friedrich Wilhelm Victor August Ernst）的其中一個兒子重登霍亨佐倫王室的寶座。這個行動也能使納粹黨人無計可施；事實上，布呂寧相信，這將意味著他們作爲一種政治力量的末日。

但是年邁的總統對此不感興趣。當初在一九一八年十一月那個秋天的暗淡日子裡，在斯帕，他作爲帝國軍隊司令，職責所在，有義務通知德皇必須下臺，君主政體必須結束。現在他不願考慮由霍亨佐倫王室的任何人來恢復王位，除非是仍然流亡在荷蘭多爾恩（Doorn）的皇帝本人。布呂寧向他說明，社會民主黨和工會方面雖然極其勉強，已經對他的計畫給予一定的支持，哪怕僅僅是因爲這可能是防止希特勒上臺的最後一個孤注一擲的機會了，但是他們不贊成威廉本人或他的長子復辟，此外，如果要復辟的話，也必須仿效英國的榜樣，實行立憲的民主君主政體。一聽到這番解釋，這位白髮蒼蒼的老元帥大爲震怒，立即下令逐客，不願再見這位總理。一星期後，他又把總理叫來，告訴後者，他不願競選連任。

在這期間，先是布呂寧，後是興登堡，都第一次會見了希特勒。這兩次會談結果，對這位納粹黨領袖都很不利。自從受到吉莉自殺的打擊以後，他還沒有完全恢復過來；他的思想開小差，心神不由自主。布呂寧要求納粹黨支持興登堡延長任期，希特勒不加作答，卻大談共和國的缺點，這使人肯定認爲，他不會同意總理的計畫。在會見興登堡時，希特勒顯得局促不安。他想以長篇大論的說辭來打動這位老先生，可是卻完全失敗了。總統在這第一次會見時，對這個「波希米亞下士」（他是這麼叫希特勒的）印象一點也不好，他告訴施萊歇爾說，這樣一個人也許可以當郵政部長，但是決當不了總理——這句話，後來這位陸軍元帥不得不自己嚥了下去。

希特勒氣憤之下，匆匆前往哈爾茲堡浴場，第二天，十月十一日，在那裡參加了「全民反對」德國政府和普魯士政府的大規模示威。這次示威與其說是以國家社會黨爲代表的激進右翼的示威，不如說是老派的保守反動勢力的示威，這些反動勢力是胡根堡的德意志民族黨、右翼退伍軍人組織的鋼盔隊（Stahlhelm）、俾斯麥青年團、容克組織的農業聯盟以及各種各樣的老將軍。不過納粹黨的領袖對這次集會並不熱心。他瞧不起這些身穿燕尾服、頭戴大禮帽、胸掛金獎章的舊政權遺老，他看到，像他自己的那樣一個「革命」運動，同他們來往過密，可能是危險的。他敷衍了事地匆匆講了一通話，在鋼盔隊遊行之前，就離開了會場。而使他生氣的是，出席的人中間，鋼盔隊的人數竟超過了他的衝鋒隊。那天成立的哈爾茲堡陣線就此夭折了，老式保守派要成立這個陣線是要想同納粹黨人結成統一戰線，以便對共和國發動最後一次攻擊，他們要求布呂寧立即辭職。希特勒無意給這些先生當配角，他認爲他們一心想念著過去，而他很清楚，過去的日子已經一去不復返了。如果他們有助於推翻威瑪政體，向他提供新的經濟來源，像實際上確實已經做到的那樣，那麼他可能會利用他們一下。但是他們卻不能反過來也利用他。幾天後，哈爾茲堡陣線就面臨崩潰；它的各個成員們又恢復彼此明爭暗鬥的狀態了。

只有在一個問題上例外。那就是胡根堡和希特勒兩人都拒絕同意布呂寧提出的讓興登堡延長任期的建議。在一九三二年年初的時候，總理重新努力要爭取他們改變初衷。在此以前，他花了很大努力，終於說服總統同意這點，即如果議會延長他的任期，他就繼續供職。這樣，總統就可以不必從事一場激烈競選了。現在布呂寧邀請希特勒來柏林重新會商這個問題。電報送來時，元首正在慕尼黑《人民觀察家報》編輯部同赫斯和羅森堡開會。他把電報在他們面前晃著叫道：「現在他們已在我的掌握之中了！他們承認我是談判中的一方了。」[1]

一月七日，希特勒同布呂寧和施萊歇爾會談，一月十日又舉行了一次會議。布呂寧再次提出他的建議：納粹黨同意延長興登堡的任期。如果做到了這一點，一俟他解決了取消賠款和軍備平等問題，他本人就宣布辭職。據某些人士說——不過這是有不同意見的——布呂寧還放出了另外一個釣餌：他表示願意向總統提出由希特勒繼任他爲總理[2]。

希特勒並沒有立即作出明確的答覆。他告辭出來，回到凱撒霍夫飯店，同他的一些顧問商量。施特拉塞贊成接受布呂寧的方案，他的理由是，如果納粹黨硬要舉行選舉，興登堡必勝無疑。戈培爾和羅姆則主張斷然拒絕。戈培爾在他一月七日的日記中寫道：「總統職位並不是關鍵所在。布呂寧只不過是想無限期地加強自己的地位……爭奪政權的棋局已經開始了……重要的是，我們的力量必須保持強大，而且不做妥協。」前一天晚上，他這樣寫道：「組織裡有個無人能信任的人……這個人就是格利戈爾·施特拉塞。」[3]

希特勒本人認爲沒有理由加強布呂寧的地位，從而使共和國能夠延長壽命。但是不像在一月十二日斷然拒絕這個辦法的頭腦簡單的胡根堡，希特勒要狡猾得多。他不向總理提出答覆，而是越過他直接向總統說，他認爲布呂寧的建議是違反憲法的，但是他願意支持興登堡競選連任，只要這位元帥拒絕布呂寧的建議。當時擔任總統府國務秘書的是心靈眼快的奧托・馮・梅斯納，他先後爲社會黨的艾伯特和保守的興登堡連續熱心地當了兩任國務祕書，現在正在捉摸是否有可能第三次連任此職，不論上面的總統是誰，也許甚至是希特勒？納粹領袖在凱撒霍夫飯店舉行的一次祕密會談中對這個人表示，願意支持興登堡競選，只要興登堡肯把布呂寧免職，任命一個「全民的」政府，下令國會和普魯士議會舉行新的選舉。

對於這樣的要求，興登堡自然不會同意。由於納粹黨人和民族黨人——後者是他的朋友，說起來還是他的擁護者——不同意免除他一場激烈的競選活動，興登堡一氣之下同意再來一次競選。但是在他對民族主義各黨表示不滿之餘，他對布呂寧也產生了一層微妙的怨恨，他覺得布呂寧處理此事不當，逼得他要同當初在一九二五年時擁護他與自由主義—馬克思主義候選人競選總統的民族主義勢力發生尖銳的衝突。現在他只有在社會黨人和工會的支持下才能取勝，而對於他們，他一直是懷著一種毫不掩飾的輕蔑態度。他在同他的總理的來往中油然產生了一種明顯的冷淡態度，而在不久之前，他還說過布呂寧是「俾斯麥以來最傑出的總理」。

把布呂寧捧上總理一職的那位將軍也對他冷淡起來。在施萊歇爾看來，這個嚴峻古板的天主教領袖實在令人失望。他成了共和國最不得人心的一位總理。他在國內無法爭取到多數的支持，他未能使納粹黨人就範，也不能把他們爭取過來；他弄糟了興登堡的連任問題。因此，他必須下臺，也許施萊歇爾尊敬的老上司格勒納將軍也應該同他一起下臺。格勒納將軍對於施萊歇爾肚中將來的打算似乎一點也不能體會。不過，這個詭計多端的將軍並不眞的著急。布呂和格勒納是政府中的兩個有勢力人物，在興登堡重新當選以前，必須繼續執政；沒有他們的支持，這位老元帥可能當選不了。而在選舉以後，他們的用處也就完了。

希特勒與興登堡對壘

在希特勒的一生中，當他必須做出困難的決定的時候，他曾經有好幾次似乎拿不定主意。目前這一次就是其中的一次。他在一九三二年一月面臨的問題是：究竟競選總統，還是不競選總統？興登堡似乎是不可戰勝的。這個神話式的英雄不但受到許多右翼勢力的支持，而且也受到民主黨派的支持，後者在一九二五年選舉中還是反對他的，但是現在卻把他看成是共和國的救星。同這位陸軍元帥競選而被擊敗——他幾乎肯定是會被擊敗的——這不是要把納粹黨自從一九三〇年全國選舉取得大勝以來在一次接著一次的邦選舉中逐漸造成的不可戰勝的名譽付諸東流嗎？然而，要是不參加競選的話，那又豈不是自認軟弱，那豈不是表明對國家社會主義運動快要取得政權這一點缺乏信心嗎？除此之外，還有一層考慮。希特勒當時甚至還沒有資格參加競選，因爲他不是德國公民。

戈培爾力促他宣布參加競選。一月十九日，他們兩人聯袂去慕尼黑，那天晚上，戈培爾在他的日記中記道：「與元首討論了總統職位問題。還未做出決定。我竭力主張他自己參加競選。」在下一個月內戈培爾的日記中反映了希特勒思想起伏不定的情況。一月三十一日：「元首將在星期三做出決定。這一點無可再懷疑了。」二月二日，看來他已做出了決定。戈培爾記道：「他決定親自參加競選。」但是戈培爾又說，在沒有知道社會民主黨的行動以前，這項決定暫不公布。次日，黨的領袖們在慕尼黑集合，聽希特勒宣布決定。「他們白等了一場，」戈培爾嘟囔說。「每個人，」他補充說：「都很緊張不安。」那天晚上，這個身材矮小的宣傳頭子自己去散心了，他偷偷地溜出去看了一部葛麗泰・嘉寶的影片，頗受這個「現在活在人世的最偉大的女演員」的「感動」。那天深夜，「一些黨內老同志來見我。他們對於至今沒有做出決定感到沮喪。他們擔心元首等待得太長久了」。

希特勒可能等待得太長久了，但是他對最後勝利的信心卻並未動搖。據戈培爾的日記的記載，有一天晚上在慕尼黑，元首就戈培爾在第三帝國擔任什麼職務問題，同他進行了一次長談。戈培爾說，元首已經爲他考慮設立一個「國民教育部，處理電影、電臺、藝術、文化和宣傳事務」。另一天晚上，希特勒就「大規模重建國都」的計畫，同他的建築師特羅斯特（Paul Troost）教授進行了一次長談。戈培爾並且補充說：「元首早已擬好了他的計劃。他的說話、行動、感覺，都好像我們已經執政了一樣。」

但是，他的說話還不像他很想同興登堡打對台參加競選。二月九日，戈培爾記載道：「元首已回柏林。關於總統選舉問題，在凱撒霍夫飯店又舉行了辯論。什麼都懸而未決。」三天以後，戈培爾同元首算了一下他估計將得到的票數。「這是冒險的事，」他說：「但是必須冒一下險。」希特勒又去慕尼黑做進一步的考慮。

最後，他的主意是由興登堡來幫助他拿定的。二月十五日，年邁的總統正式宣布參加競選。戈培爾很高興。「現在我們可以自由行動了。現在我們不再需要隱藏我們的決定了。」但是希特勒卻把他的決定隱藏到二月二十二日。那一天在凱撒霍夫飯店舉行的會議上，「元首准許我，」戈培爾興高采烈地說：「在今天晚上在體育館宣布他參加競選。」

這次競選運動是一場激烈而又混亂的競選運動。戈培爾在國會中攻擊興登堡是「逃兵的黨的候選人」，因爲這樣侮辱總統而被逐出國會。在柏林，原來在一九二五年選舉中支持興登堡的民族主義的《德意志日報》現在轉過來激烈攻擊他。這家報紙宣稱：「目前的問題是：裡通外國的叛徒和主和非戰的豬玀在興登堡的贊許下是不是要給德國帶來最後的毀滅。」

在激烈的競選所造成的一片混亂中，一切原來的階級和黨派界線都打亂了。支持興登堡這個新教徒、普魯士人、保守派、保皇派的，是社會黨人、工會、布呂寧的中央黨天主教徒和自由民主的中產階級政黨的殘餘分子。支持希特勒這個天主教徒、奧地利人、前流浪漢、「國家社會主義者」、下層中產階級群眾的領袖的，除了他自己的黨徒以外，還有北方上層階級新教徒、保守的容克地主和一些保皇派，其中在最後一分鐘還包括前皇儲。局面由於另外還有兩個候選人參加競選而更加混亂。這兩個候選人都沒有希望取勝，但是都可能獲得足夠的選票來妨礙兩個主要競選者取得當選所必要的絕對多數。民族黨提出了鋼盔隊的第二號人物（興登堡是其名譽隊長）西奧多・杜施特堡（Theodor Duesterberg）爲總統候選人。他是一個平平庸庸的前陸軍中校，使納粹黨人高興的是，他們不久發現他是一個猶太人的曾孫。共產黨攻擊社會民主黨支持興登堡，「背叛了工人階級」，因此提出了自己的候選人、共產黨領袖恩斯特・臺爾曼（Ernst Thälmann）。共產黨根據莫斯科的命令，不惜幫納粹黨人的忙，這不是第一次，也不是最後一次。

競選運動還沒有開始，希特勒就解決了他的國籍問題。在二月二十五日宣布，布倫瑞克邦（Braunschweig）內政部長，一個納粹黨人，任命了希特勒先生爲該邦駐柏林公使館的隨員。通過這種滑稽戲式的手段，這個納粹領袖就當然成了布倫瑞克的公民，因而也是德國的公民，因而就有資格競選德國總統。輕易地克服了這個小障礙以後，希特勒就全力投入競選運動，周遊全國，在好幾十次的群眾大會上向大批群眾演講，把他們驅入狂熱的狀態。黨的另外兩位演講家戈培爾和施特拉塞也安排了類似的日程。不僅如此，他們還進行了一次德國歷史上從未見過的宣傳運動。他們在大小城市的牆上貼了一百萬張彩色的大海報，散發了八百萬本小冊子和一千兩百萬份黨報特刊，一天之內舉行了三千個大會，而且在德國選舉中第一次充分利用了電影和唱片，唱片是在安了擴音器和喇叭的卡車上巡迴放送的。

布呂寧也日夜不停地工作，爭取年邁的總統當選。這個一向待人公平的人這一次卻毫不客氣，把政府控制的電臺的全部廣播時間都保留給自己的一方面使用，這一著可氣壞了希特勒。興登堡只講了一次話，是在投票前夕三月十日的一次錄音廣播。這次講話頗爲尊嚴，是這次競選運動中少數幾次尊嚴的講話之一，其影響非常大：

> 如果選舉一個代表片面的極端派觀點的黨人，這將使祖國發生嚴重的混亂和不安，其後果是無法估計的。因爲他必然會遭到大多數人民的反對。我爲責任所驅，必須防止這種人當選……如果我競選失敗，我至少可以免於這種指責：在危機的時刻，我懈怠了應盡職責……凡是不願投我票的人，我並不要求他們的選票。

投他的票的人比所需要的絕對多數尚少於百分之零點四。一九三二年三月十三日選舉結束時，結果是：

興登堡：一千八百六十五萬一千四百九十七票，得票率百分之四九點六。
希特勒：一千一百三十三萬九千四百四十六票，得票率百分之三十點一。
臺爾曼：四百九十八萬三千三百四十一票，得票率百分之十三點二。
杜施特堡：二百五十五萬七千七百二十九票，得票率百分之六點八。

對於雙方來說，票數都是令人失望的。老總統比納粹黨煽動家多了七百多萬張選票，但是沒有能夠贏得必要的絕對多數。這就必須舉行第二次選舉，在第二次選舉中，得票最多的候選人就可以當選。比起一九三〇年的選舉來，希特勒已使納粹黨多得了近五百萬張選票——大約多百分之八十六——但是他落在興登堡後面還很遠。揭曉那天晚上，戈培爾柏林寓所中籠罩著一片絕望沮喪的氣氛，當時有許多納粹黨領袖聚在那裡聽收音機中關於選舉結果的報導。「我們被打敗了；可怕的前途，」戈培爾那天晚上在日記中寫道：「黨內圈子裡的人都極感失望和沮喪……只有靠出奇的辦法，我們才能拯救自己。」

但是在第二天早晨的《人民觀察家報》上，希特勒宣布：「第一次競選運動結束了。第二次在今天開始。在這次競選中，我必將領先。」說真的，他一如以往地那樣努力競選。他租了一架容克式客機，從德國這一頭飛到那一頭——在當時競選中這是一個新花樣——一天在三四個城市中的大會上講話。他很狡猾地改變了策略以便贏得更多選票。在第一次競選中，他大談其人民的苦難、共和國的無能。現在，他描繪了一幅如果他當選每個德國人將能享有的幸福的圖景：工人有工做，農民的農產品可售得高價，工商業者有更多的生意，軍國主義者可以建立一支大軍隊。在柏林遊樂公園的一次演說中，他竟保證：「在第三帝國中，每一個德國女孩都可以找到丈夫！」

民族黨的杜施特堡退出了競選，要求支持者投希特勒的票。甚至放蕩不羈的前皇儲威廉也表示支持，他宣布：「我將投票贊成希特勒。」

第二次競選的日子一九三二年四月十日是個陰沉多雨的日子，那天投票的選民少了一百萬人。當天深夜宣布的結果是：

興登堡：一千九百三十五萬九千九百八十三票，得票率百分之五十三。

希特勒：一千三百四十一萬八千五百四十七票，得票率百分之三十六點八。

臺爾曼：三百七十萬六千七百五十九票，得票率百分之十點二。

雖然希特勒的票數增加了兩百萬，而興登堡只增加了一百萬，但總統得到了一個明確的絕對多數。這樣，一半以上的德國人表示他們擁護民主共和國；他們肯定地反對不論左右的極端派。至少他們是這麼想的。

這個結果很值得希特勒本人玩味。他取得了很突出的成績。在兩年之內，他使納粹黨的選票翻了一番。但是他仍舊沒有取得多數——和他所追求的政權。他在這條路上是否已經走到盡頭了？在四月十日選舉後黨內舉行的會議上，施特拉塞坦率地認爲，希特勒的處境確是如此。施特拉塞要求同那些當權的人：同總統、同布呂寧和格勒納將軍的政府、同陸軍妥協。希特勒雖然不信任他這個主要助手，卻不反對他的意見。他沒有忘記他在維也納時代取得的一個教訓：要取得政權，你必須贏得一些既有的「有勢力機構」的支持。

但是在他還沒有打定下一步應該怎麼辦的主意以前，這些有勢力機構之一，也就是共和國政府卻給了他一個打擊。

一年多以來，全國政府和各邦政府都開始掌握一些文件，這些文件表明，納粹黨的一些高級領袖，特別是衝鋒隊的一些頭子，準備用暴力接管德國，實行恐怖統治。在第一次總統選舉前夕，隊員已達四十萬人的衝鋒隊被充分動員了起來，在柏林周圍布置了一道警戒線。雖然衝鋒隊頭子羅姆上尉向馮施萊歇爾將軍保證，這僅僅是「預防」措施，但是普魯士警察在柏林納粹黨總部抄獲了文件，其中清楚地表明，衝鋒隊確是打算在次日晚上實行政變的，如果希特勒當選總統的話——這是羅姆的心意。戈培爾三月十一日晚上的日記證實了確有其事在醞釀中。「同衝鋒隊和黨衛隊隊長們討論了指示。到處都深感不安。政變這個字眼在流傳著。」

因而全國政府和各邦政府都警惕起來。四月五日，以普魯士和巴伐利亞這兩個大邦爲首的好幾個邦代表要求中央政府取締衝鋒隊，要不然，它們就在各自的境內取締它。當時總理布呂寧爲了選舉事宜不在柏林，但是以內政兼國防部長身分接見他們的格勒納將軍答應，一俟布呂寧回京，立即採取行動。布呂寧回來的日期是四月十日，即第二次選舉那一天。布呂和格勒納認爲他們有充分的理由取締衝鋒隊。因爲這樣就會消除內戰的威脅，也可能是預告希特勒在德國政治中作爲重要因素的末日的來臨。由於確信興登堡可以得到絕對多數當選總統，他們更是認爲，這是選民們給他們的委託，要他們保護共和國，對付納粹黨要用暴力加以推翻的威脅。以暴力對付暴力的時機已經來到。此外，除非他們採取果斷措施，否則，政府將失去社會黨和工會的支持，而它們爲興登堡提供了大多數選票，而且是布呂寧政府繼續得以維持的主要依靠。

內閣在四月十日開會，當時選舉還未結束。會上決定立即取締希特勒的私人軍隊。要興登堡在這項命令上簽字，曾有一些困難，因爲當初贊成這項命令的施萊歇爾開始在總統耳旁低語，促使他反對。但是他最後還是在四月十三日在命令上簽了字，命令遂於四月十四日公布。

這個打擊使納粹黨人目瞪口呆。羅姆和黨內一些容易衝動的人主張違抗這項命令。但是比他的部下精明狡猾的希特勒卻決定必須服從這項命令。現在還不是舉行武裝叛亂的時候。此外，他還得到了有關施萊歇爾的態度的頗有意思的消息。戈培爾在四月十四日那天的日記中寫道：「我們獲知，施萊歇爾不贊成格勒納的行動……」後來又寫道：「……接到一位著名太太的電話，她是施萊歇爾將軍的好朋友。她說將軍打算辭職。」4

戈培爾對此很感興趣，但是抱有懷疑。他說：「這也許僅僅是一種策略。」這個詭計多端、熱衷政治的將軍是什麼背信棄義的勾當都幹得出來的，但是其寡廉鮮恥的程度，不論戈培爾也好，希特勒也好，或是任何人也好，都是一點底也沒有摸到的，至於布呂寧，肯定也是沒有摸到底的，格勒納就更不用說了，雖然施萊歇爾在軍隊中和政府中的迅速升遷完全是靠格勒納的提拔。不過，他們很快就會摸到了。

甚至在取締衝鋒隊的禁令還沒有宣布之前，施萊歇爾把意志軟弱的國防軍司令漢默斯汀將軍爭取過來以後，就已經祕密通知七個軍區司令：陸軍不同意這項命令。其次，他又勸說興登堡在四月十六日寫了一封故意找碴的信給格勒納，問他爲什麼不把社會民主黨的準軍事組織國旗隊（Reichsbanner）同衝鋒隊一起取締。施萊歇爾還進一步採取了一個行動來破壞他上司的地位。他主使了一場惡意的宣傳，誣衊格勒納將軍，散布謠言說格勒納將軍病得很重，不能繼續任職；說他已信了馬克思主義，甚至和平主義；宣稱國防部長玷污了陸軍的名譽，因爲他最近結婚不到五個月就生了個孩子——他還告訴興登堡，在陸軍圈子裡，這個孩子的外號叫「魯米」，這是在奧林匹克運動會上飛快的芬蘭賽跑選手（Paavo Johannes Nurmi）的名字。

與此同時，施萊歇爾恢復了他同衝鋒隊的聯繫。他同衝鋒隊頭子羅姆和柏林衝鋒隊長赫爾道夫（Wolf-Heinrich von Helldorf）伯爵都舉行了會談。戈培爾在四月二十六日的日記中寫道，施萊歇爾通知赫爾道夫，他「想改弦易轍」。兩天以後，施萊歇爾見了希特勒，據戈培爾的記載，「會談進行得很順利」。

即使在玩弄權術的這個階段，已經可以很清楚地看出，在一個問題上，羅姆和施萊歇爾背著希特勒在搞陰謀。他們兩個人都希望把衝鋒隊併入陸軍，作爲一種民兵，但是元首堅決反對。在這個問題上，希特勒時常同他的衝鋒隊參謀長發生爭吵，後者把衝鋒隊看作是加強國家的潛在軍事力量，而希特勒卻認爲衝鋒隊是一種純政治力量，一種在街頭毆打政敵、製造恐怖，在黨內保持政治熱情的隊伍。但是施萊歇爾同納粹領袖們會談時，心中卻另有打算。他想使衝鋒隊歸屬於陸軍，這樣他就能夠加以控制。但是他也希望希特勒這個唯一有群眾擁護的保守民族主義者參加政府，這樣他也就能夠控制他了。取締衝鋒隊的禁令妨礙了這兩個目標的實現。

到一九三二年五月第一個星期結束的時候，施萊歇爾的陰謀達到了一個高潮。戈培爾在五月四日的日記中寫道：「希特勒的地雷快要爆炸了。格勒納首先得下臺，其次是布呂寧。」五月八日，戈培爾在他的日記中寫道，希特勒「同施萊歇爾將軍和接近總統的一些先生舉行了一次有決定意義的會談。一切都很順利。布呂寧將在數天內下臺。總統將撤回對他的信任」。他接著概述了施萊歇爾和總統親信同希特勒密謀的計畫：先解散國會，然後成立總統內閣，取消對衝鋒隊和納粹黨的一切禁令。戈培爾又說，爲了避免布呂寧生疑，希特勒暫時離開柏林。那天晚上，他陪他的領袖到了梅克倫堡（Mecklenburg），當眞藏匿了起來。

在納粹看來，總統內閣只不過是「暫時」的安排，這一點是戈培爾在第二天的日記中說的。他說，這樣一種「毫無特色的『過渡政府』將爲我們掃清道路。這個政府越軟弱，我們越是容易搞掉它」。當然，施萊歇爾的看法可不是這樣，他已經在夢想組織一個新政府，這個政府在憲法修改以前可以不受議會的約束，而他自己又能加以任意支配。很明顯，他和希特勒都以爲自己能夠制勝對方。不過在當時，他卻有一張好牌在手。他可以向年邁力衰的總統保證，他能夠提供布呂寧所不能提供的東西：一個得到希特勒的支持而又不必讓這個狂熱的煽動家參加政府。

這樣，一切都準備妥當了，在五月十日那一天，也就是施萊歇爾同希特勒和興登堡周圍人物會談後兩天，他採取了行動。動手的地方是國會。格勒納將軍站起來爲取締衝鋒隊的行動辯護，馬上受到了戈林的猛烈攻擊。這位身患糖尿病的國防部長，對於施萊歇爾的陰謀詭計深感失望，他儘管竭力爲自己辯護，但是，在納粹黨議員連珠炮般的辱罵前面，他沒有還手之力。在精疲力竭、丟臉傷心之餘，他正要退席而去，不料卻面對面地碰上了施萊歇爾將軍，後者冷冰冰地告訴他，他「已不再享有陸軍的信任，必須辭職」。格勒納向興登堡求救。他曾經兩次在關鍵時刻爲興登堡解過圍——並且代興登堡受過：一次是在一九一八年，代表興登堡要德皇退位；一次是在一九一九年，又代表興登堡告訴共和國政府在凡爾賽和約上簽字。但是老元帥這次卻回答說，他「感到很遺憾」，對這件事情無能爲力。原來興登堡對於欠了這個比他年輕的軍官人情這一點，心中一直是不痛快的。五月十三日，格勒納失望之餘，悻然辭職（格勒納在幾個月後〔十一月二十九日〕寫信給施萊歇爾說：「我極爲氣憤和輕蔑，因爲在你的身上，在我的老朋友、門人、繼子的身上受了騙。」見克雷著：〈國防軍和國家社會主義：威廉・格勒納的政策〉〔Gordon A. Craig, Reichswehr and National Socialism: The Policy of Wilhelm Gröner, Political Science Quaterly, June 1948〕）。那天晚上，戈培爾的日記記道：「從施萊歇爾將軍那裡得到消息。一切按計畫進行。」

計畫的下一步是要開布呂寧的刀，過不了多久，這個詭計多端的將軍就有了下手的機會。格勒納的下臺，對於搖搖欲墜的共和國來說是個很嚴重的打擊，在軍人中間，幾乎只有他一個人曾經能幹地和忠心耿耿地爲共和國效勞過，陸軍裡也沒有一個具有他那樣聲望和忠心的人可以代替他。但是，頑強的、努力活動的布呂寧仍是一個勢力。他已經爲興登堡的連任，正如他所認爲的那樣，也就是爲共和國的繼續存在，爭取到了大多數德國人的支持。在外交政策方面，關於取消賠款和德國重整軍備的平等權利這兩個問題上，他似乎正處於取得驚人成功的前夕。但是，我們已經看到，對於這位總理爲了要使興登堡競選連任而做出的超人努力，老總統不但不表感謝，反而報之以特別冷淡的態度。當布呂寧建議由國家付出優厚的賠償後接管東普魯士某些破產的容克莊園、把它們分配給無地農民的時候，興登堡的態度就更加冷淡了。五月間，興登堡去紐臺克（Nueduck）度復活節假期。紐臺克是一個在東普魯士的莊園，是那些容克在工業家出錢資助下送給興登堡的八十歲壽禮。他在那裡的時候，他的貴族鄰居趁此機會在他耳旁進了讒言，要求撤換這個被他們現在稱爲「農業布爾什維克主義者」的總理。

納粹黨人比布呂寧自己還早就知道這位總理即將下臺，這無疑是通過施萊歇爾的途徑。五月十八日，戈培爾從慕尼黑回到柏林，注意到「復活節氣象」依然未消，便在日記中寫道：「只有對布呂寧一個人，冬天似乎已經來臨。可笑的是，他自己還不知道。他找不到人參加他的內閣。耗子都離開了快要沉沒的船。」但是，這樣說也許要更確切些，那就是：帶頭的那隻耗子，並沒有離開這只要沉的船——國家，不過是在準備爲它找個新船長。第二天戈培爾記載道：「施萊歇爾將軍拒絕繼掌國防部。」這話不錯，但是不夠精確。布呂寧在責備施萊歇爾搞垮格勒納以後的確曾經請過施萊歇爾出任國防部長。施萊歇爾的答覆是：「我願意出任，但是不是在你的政府中。」[5]

五月十九日戈培爾的日記記道：「施萊歇爾那裡來的消息。部長名單已經擬定。在過渡時期，這並不太重要。」這樣，至少比布呂寧早一個星期，納粹黨已經知道要把他幹掉了。五月二十九日是星期日，興登堡召見了布呂寧，猝然要他辭職。第二天，布呂寧就向他遞了辭呈。

施萊歇爾勝利了。但是倒下去的不僅是布呂寧；民主共和國和他一起倒了下去，雖然臨死的痛苦還要延續八個月，最後才加一槍送命。對於共和國的死亡，布呂寧的責任是不小的。他雖然從內心來說是個民主派，但是他卻聽人擺布，終於在任期的大部分時間中不得不靠總統的緊急法令來行使政府職權，而沒有取得議會的同意。採取這種步驟，的確也是出於不得已，這完全是政客們的目光短淺所造成的必然結果。雖然在五月十二日的時候，他還能夠爲他的財政法案在國會中贏得一次信任票。但是在議會不能同意的問題上，他就不得不依靠總統的支持來維持統治。現在，這種支持已經收回去了。從現在開始，從一九三二年六月到一九三三年一月，這種支持將給予兩個比較次要的人物，這兩個人物雖然不是納粹黨人，卻一點也不想維護民主共和國，至少是不想維護按目前方式組織的民主共和國。

德國的政治權力現在不再像共和國成立以後那樣存在於人民和表達人民意志的機構——國會手裡。它現在集中在一個年達八十五歲高齡的衰老總統和他周圍一些思想淺薄、野心勃勃的人手裡，而這些人卻左右著他那衰朽倦怠、神思恍惚的精神。這一點，希特勒看得很清楚，這也適合他的目標。他要在議會中贏得多數，看來是極其不可能的。興登堡的新態度給了他可以取得政權的唯一機會。當然，還不是在目前，但是也不用太久了。

他從奧爾登堡（Oldenbrug）匆匆趕回柏林（在奧爾登堡，納粹黨在五月二十九日地方議會的選舉中贏得了絕對的多數）。第二天，興登堡接見了他，證實了這個納粹黨領袖事前在五月八日同施萊歇爾祕密商定的交易中的幾點：取消對衝鋒隊的禁令、組織由興登堡自擇人選的總統內閣、解散國會。在這種情況下，希特勒願不願意支持新政府？興登堡這麼問他。希特勒回答說，他願意支持。那天（五月三十日）晚上，戈培爾的日記說：「希特勒同總統的會談進行得很順利……提到巴本爲總理人選。但是我們對此不感興趣。重要的是，國會解散了。選舉！選舉！直接訴諸人民！我們都很高興。」6

巴本的大失敗

現在舞臺的中心暫時出現了一個意想不到的和滑稽可笑的人物。由施萊歇爾將軍推薦給八十多歲總統，一九三二年六月一日受命出任德國總理的人是五十三歲的弗朗茲·馮·巴本，他是西伐利亞一個沒落貴族的後裔，曾在參謀總部供職，是個跑馬能手，但在政治上卻是個不成功的天主教中央黨外行政客。他靠了裙帶關係，成了一個富有的工業家，在社會上籍籍無名，只有一次在任駐華盛頓武官時，因參與策畫炸毀當時尚守中立的美國的橋樑和鐵路這種破壞活動而被驅逐出境。

「總統的選擇使人感到不可置信，」法國駐柏林大使寫道：「凡是聽到這個消息的人，莫不感到好笑，有的嗤嗤偷笑，有的捧腹大笑，因爲巴本的特色是，不論友與敵，無人把他當作一回事……他以膚淺愚蠢、虛僞狡猾、愛好虛榮、野心勃勃的一個陰謀家著稱。」[7]弗朗索瓦－龐賽的描寫絕無誇大。而興登堡在施萊歇爾的唆使下竟然把在掙扎中的共和國的命運交托給這樣一個人。

巴本毫無任何政治後臺。他甚至還不是個國會議員，他在政治方面最高的履歷是曾任普魯士邦議會議員。巴本被任命爲總理後，他所屬的中央黨基於他背叛該黨領袖布呂寧，一致把他開除出黨。但是總統叮囑他組織一個超黨派政府，而這件事是他能夠馬上做到的，因爲施萊歇爾已經爲他準備好了一張部長名單。這張名單後來就以「男爵內閣」（Kabinett der Barone）著稱。其中五個部長是貴族，兩個是大公司董事，一個是啤酒館政變前後動亂時代巴伐利亞政府內庇護希特勒的人，名叫弗朗茲·古特納，他被任命爲司法部長。施萊歇爾被興登堡所迫，不得不從他喜愛的幕後地位走出來，出任國防部長。全國大部分人民都把男爵內閣當作一場笑話，雖然有些閣員如紐拉特（Otto von Neurath）男爵、艾爾茨—魯本那赫（Paul Freiherr von Eltz-Rübenach）男爵、施維林・馮・克羅西克（Schwerin von Krosigk）伯爵和古特納博士的政治壽命很長，一直到第三帝國時期開始後很久，他們還留在各自的職位上。

巴本的第一個行動是履行施萊歇爾與希特勒的協議。六月四日，他解散了國會，決定在七月三十一日舉行新選舉。在多疑的納粹黨催促了幾次後，他在六月十五日取消了對衝鋒隊的禁令。接著馬上發生了甚至德國在過去也從未有過的一陣政治暴行和謀殺的浪潮。衝鋒隊員湧到街上去尋釁鬧事，他們的挑戰常常受到應戰，特別是受到共產黨的應戰。僅僅在普魯士一邦，從六月一日到二十日，街頭就發生了四百六十一起鬥毆，死了八十二人，重傷四百人。在七月間，在毆鬥中死亡的共有八十六人，其中三十八人是納粹黨人，三十人是共產黨人。七月十日星期日這一天，街頭被毆致死者有十八人；下一個星期日，納粹黨人在警察保護下，在漢堡工人階級郊區阿爾托那（Altona）舉行遊行，當時被打死的有十九人，受傷的兩百八十五人。內戰越來越惡化，各方面都要求男爵內閣設法制止這場內戰。除了納粹黨和共產黨以外，所有各黨派都要求政府採取行動來恢復秩序。

對此，巴本做了兩件事情作爲答覆。他禁止各黨派在七月三十一日選舉前十四天內舉行遊行。其次，他採取了一個步驟，其目的不僅要撫慰納粹黨人，而且要摧毀民主共和國殘餘的支柱之一。他在七月二十日撤除了普魯士政府，自任爲普魯士國家長官。這是走向他企圖在整個德國建立的那種極權主義政府的一個大膽步驟。巴本的藉口是，阿爾托那暴亂證明普魯士政府無力維持治安。他並且根據施萊歇爾臨時拼湊的「證據」，指責普魯士當局與共產黨人共謀。當社會民主黨的部長們表示除非使用武力否則就拒絕離職的時候，巴本就很樂意地使用了武力。

柏林宣布了戒嚴令，當地的國防軍司令倫德施泰特（Gerd von Rundstedt）將軍派了一個中尉和十幾個士兵，去進行了一些必要的逮捕。這件事情沒有逃過取得聯邦政權的右派人物的注意，也沒有逃過希特勒的注意。現在已不再有必要擔心左派勢力或者甚至民主的中間派勢力會對推翻民主制度的嘗試進行認眞的抵抗了。一九二〇年時，一次總罷工曾拯救了共和國，使之免於推翻。現在工會領袖和社會民主黨人中間又討論了這樣一種措施，但是結果卻認爲太危險而被放棄了。因此，巴本把合乎憲法的普魯士政府撤換以後，給威瑪共和國的棺材又釘上了一個釘子。而這一次只用了一個班的士兵就做到了——他就是這樣吹噓的。

至於希特勒和他的助手們，決心要推翻的不僅是共和國，而且還有巴本和他的男爵們。戈培爾在他六月五日的日記中表示了這個目標：「我們必須儘早同這個資產階級過渡政府脫離關係。」巴本在六月九日第一次會見希特勒，當時這個納粹黨領袖告訴他：「我認爲你的內閣只是一種暫時的解決辦法，我將繼續努力使我的黨成爲全國最大的政黨。到了那個時候，總理一職就非我莫屬了。」8

七月三十一日的國會選舉是德國在五個月以內舉行的第三次全國性選舉。但是納粹黨人非但對這種緊張的競選活動一點也不感到厭倦，反而比往常更加狂熱和賣力地投了進去。儘管希特勒向興登堡保證，納粹黨將支持巴本政府，戈培爾卻對內政部長進行了尖銳的攻擊，而且早在七月九日，希特勒就去見了施萊歇爾，對政府的各項政策表示極爲不滿。從希特勒公開出現場合的群眾人數來看，顯然，納粹黨的勢力有了增長。在七月二十七日那天，他就在布蘭登堡向六萬人講了話，接著在波茨坦向幾乎同樣多的人講了話，晚上又在柏林格魯納瓦爾德（Grunewald）大運動場向十二萬人講了話，場外還有十萬人從擴音器聽了他的講話。

在七月三十一日的選舉中，國家社會黨取得了大勝，一共獲得一千三百七十四萬五千張選票，在國會中佔二百三十席，輕而易舉地成了國會中的第一大黨，雖然在六百零八個席位的國會中，仍遠遠不足構成多數。社會民主黨無疑是由於他們的領袖在普魯士膽小怕事的表現，喪失了十個席位，只有一百三十三個席位。工人階級轉向共產黨一邊，他們增加了十二個席位，在國會中共佔八十九個席位，成了第三大黨。天主教中央黨也稍許增加了力量，從六十八個席位增加到七十三個席位，但其他中產階級政黨，甚至胡根堡的德意志民族黨——在選舉中支持巴本的唯一政黨——卻居極少數地位。顯然，除了天主教徒以外，中產階級和上層階級都轉向了納粹黨。

八月二日，希特勒在慕尼黑附近的泰根湖（Tegernsee）同他黨內的領袖們開會，估計他的勝利。自從兩年前上一次國會選舉以來，國家社會黨增加了七百萬張選票，在國會中的代表從一百零七人增加到兩百三十人。而如果從一九二八年選舉開始計算，這四年來納粹黨的選票增加了一千三百萬張左右。但是要取得政權所必要的多數，希特勒還是沒有得到。他在全部票數中只贏得了百分之三十七。大多數德國人仍舊反對他。

他同助手們一直討論到深夜。戈培爾在八月二日的日記中記載了討論的結果：「元首面臨著困難的決定。走合法途徑？還是同中央黨合作？」同中央黨合作，納粹就能在國會中取得多數。但是在戈培爾看來，這是「不可想像的」。但是他記道：「元首（仍然）沒有做出最後決定。局勢還需要過一些時候才能成熟。」

不過等待的時間並不長。儘管希特勒所取得的勝利還談不上是決定性的勝利，但是在這種勝利的刺激下，希特勒還是忍耐不住。他在八月四日趕到柏林，不是去見巴本總理，而是去見施萊歇爾將軍，據戈培爾記載，是去「提出他的要求」。他並且說：「這些要求不會太低。」八月五日，在柏林附近的弗爾施登堡兵營，希特勒向施萊歇爾將軍提出了他的條件：給他本人的是總理職位，給他的黨的是普魯士總理職位、聯邦政府和普魯士政府的內政部、聯邦政府的司法部、經濟部、航空部，以及給戈培爾設的一項新職務——國民教育與宣傳部。為了給施萊歇爾一點甜頭，希特勒答應把國防部給他。此外，希特勒說，他將要求國會通過一個法案，授權他在一個規定的期限內憑特別命令行使政府職權，如果國會拒絕，就把國會「送回老家」。

希特勒在會見後深信，他已經把施萊歇爾拉了過來，贊成他的計劃，於是高高興興地趕回他在上薩爾斯堡的避暑山莊。戈培爾對反對者總是不放心的，而對這個政客將軍總是心懷疑懼，不是這麼有把握。他在聽到了元首關於同施萊歇爾會談的樂觀報告後，在八月六日的日記中記道：「對於未來的事情，最好採取懷疑的態度。」不過，在一件事情上，戈培爾是有把握的：「我們一旦取得了政權，就絕不放棄。他們除非把我們的屍體抬出政府各部。」

事情並不像希特勒所想像的那麼順利。八月八日，戈培爾寫道：「柏林來了電話。盡是謠言。全黨進入準備狀態，以便接管政權。衝鋒隊員們都離開原來的工作崗位，進行準備。黨的領袖們在準備這偉大時刻的來到。如果一切順利，那就太好了。否則，就會有可怕的挫折。」第二天，施特拉塞、弗立克和馮克來到上薩爾斯堡，帶來了並不十分令人鼓舞的消息。施萊歇爾像條蛆蟲一樣，又轉了方向。他現在堅持，如果希特勒當總理，必須在取得國會同意的情況下行使政府職權。馮克報告說，他的企業界朋友，對於納粹黨執政的前途感到擔憂。沙赫特給他一個口信，證實了這一點。最後，這三個人告訴希特勒說，威廉街方面擔心納粹發動政變。

這種擔心不是沒有根據的。第二天，八月十日，戈培爾獲悉，在柏林，衝鋒隊已處於「一種武裝準備狀態……衝鋒隊包圍了柏林，力量越來越大……對於這一點，威廉街方面感到緊張不安。然而這正是我們動員的目的」。第二天，元首不能再等待下去了。他乘汽車去柏林。戈培爾說，他到那裡「不會露面」，但是另外一方面，一有召喚，他隨時都有準備。結果沒有人召喚他，他只好自己求見總統。但在見總統之前，他先得見施萊歇爾和巴本。

這次會談是在八月十三日中午舉行的。經過極為激烈。施萊歇爾已經偷偷地離開了他在一個星期前的原來的立場。他現在支持巴本，認為希特勒至多只能盼望一個副總理的職位。希特勒大為震怒。他非當總理不可，否則就不參加政府。巴本說，他得讓興登堡來做「最後決定」，這樣就結束了會談（巴本在他的回憶錄中沒有提到這次會談時施萊歇爾也在場，但是從其他材料來看，顯然他是在場的。鑒於以後的事件，這一點是很重要的）。

希特勒悻悻然回到附近的凱撒霍夫飯店休息。下午三點鐘時，總統府來了電話。有人——從戈培爾日記來看，大概是他——接了電話問道：「是不是已經做出了決定？如果是那樣，請希特勒去是沒有意義的。」但是對方告訴這個納粹黨人說，總統「希望先跟希特勒談一談」。

老元帥在他的書房中一手拄著手杖，站著接見希特勒，這樣一個姿態事先就為這次接見決定了冷淡的調子。就一個年達八十五歲高齡，僅僅在十個月以前還發過一次病、神志完全昏迷達一個多星期的人來說，興登堡現在的神志卻驚人的清醒。他耐心地聽著希特勒重申他對總理職位和全部權力的要求。當時在場的目擊者只有總統府秘書梅斯納和陪同希特勒前來的戈林。雖然梅斯納那裡不是一個完全可靠的材料來源，但是他在紐倫堡的供詞是關於這次會談唯一的第一手材料。他的供詞看來是可信的。

興登堡回答說，由於局勢緊張，他不能於心無愧地貿然將政府的權力交給像國家社會黨那樣的一個新黨，這個新黨沒有多數的擁護，而且是心胸褊狹、囂張鬧事、不守紀律的。

這時，興登堡表現了一定的激動情緒，提到最近發生的好幾起事件——納粹黨人與警察的衝突、希特勒黨徒攻擊意見不同的人的暴行、對猶太人的毆辱以及其他非法行爲。所有這一切事件都加強了他的信念，即在納粹黨內有許多不受駕馭的野性難馴的分子……在懇切地談了一通之後，興登堡向希特勒建議，要他宣布願意同其他政黨合作，特別是同右派和中間派的政黨合作，他應該放棄片面的獨攬大權的想法。興登堡說，他如果同其他政黨合作，就能夠表現自己可以取得什麼成就，做出什麼改進。如果他能夠取得成就，他在聯合政府內的影響就會增加，甚至能佔支配地位。興登堡說，這也是一種最好的辦法，可以消除普遍存在的恐懼。這種恐懼是：國家社會黨如果組織政府，它就會濫用政府權力，壓制一切其他觀點，逐步消滅其他觀點。興登堡說，他願意接受希特勒和他的運動的代表參加聯合政府，至於這個政府的具體組成可以以後再談，但是他不能承擔把全部權力交給希特勒一人的責任……但是希特勒堅決拒絕使自己置身於同其他政黨領袖討價還價的地位和在這種情況下組織一個聯合政府[9]。

因此會談沒有結果，但是老總統在會談結束以前，仍舊站著，嚴厲地教訓了納粹領袖一番。根據後來馬上發表的官方公報，興登堡「感到很遺憾，希特勒先生並不認爲自己能夠按照在國會選舉前同意的那樣來支持一個取得總統信任的全民政府」。在德高望重的總統看來，希特勒違反了諾言，但是卻使總統對未來提高了警惕。公報繼續說：「總統嚴重地告誡希特勒先生，他要以騎士的風度來領導國社黨作爲反對黨的活動，要記住他對祖國和德國人民的責任。」

公報從興登堡的觀點敘述了會見的經過，並且指出希特勒要求得到「控制國家的全部權力」。它的突然發表，使戈培爾的宣傳機器猝不及防，對希特勒的威信造成了很大的損害，不僅在一般公眾中間是如此，而且在納粹黨人中間也是如此。這時，希特勒再次答辯說，他沒有要求得到「全部權力」，他只要求得到總理職位和少數幾個部，這已經沒有用了。對興登堡的話，一般都是深信不疑的。

與此同時，動員起來的衝鋒隊員們這時已經感到焦躁不安。希特勒當天晚上召見了他們的領袖，同他們談了話。戈培爾在日記裡寫道：「這是一件困難的任務。誰知道他們是否能夠保持原來的陣容。要對勝利在望的軍隊說，這次勝利已被剝奪，沒有比這更困難的事了。」那天深夜，這個矮小的博士閱讀腓特烈大帝的信札，尋找安慰。第二天，他匆匆趕到波羅的海海濱去度假。他寫道：「絕望的情緒彌漫在黨內同志中間。」他甚至不願出自己的房門同他們交談。「至少在一星期之內，我不想聽到關於政治的談論。我只要陽光、空氣、寧靜。」

希特勒也回上薩爾斯堡去享受這些東西，考慮未來。正如戈培爾所說的：「第一個大好機會給錯過了。」當時但澤的納粹領袖赫爾曼·勞施寧（Hermann Rauschning）發現元首在山頂上愁眉不展，默默沉思。希特勒告訴他，「我們必須毫不留情」，然後大罵了巴本一通。但是他並沒有喪失信心。他說話的口氣，不時流露出彷彿已經當了總理一樣。他說：「我的任務比俾斯麥的任務還困難。我必須先創建國家，然後才能開始處理我們所面臨的國家任務。」但是，要是巴本和施萊歇爾組織軍事獨裁，鎮壓納粹黨，那怎麼辦？希特勒猝然問勞施寧，當時在國際聯盟保護下的獨立的自由城市但澤是否同德國訂有引渡協定？勞施寧起初摸不著頭腦，不知這個問題的意思，後來才明白，希特勒是想找個地方，在萬一出事以後可以避難[10]。戈培爾在日記中說：「有謠言說要逮捕元首。」但是即使到現在，在遭到共和國總統和巴本─施萊歇爾政府的拒絕以後，而且儘管他擔心他的黨可能被宣布為非法，他仍舊決心要堅持走他的「合法」道路。他壓制了關於衝鋒隊舉行政變的一切談論。除了偶爾情緒消沉的片刻以外，他仍頗有信心，相信他總能達到目的──不是靠武力，也很少可能靠在議會取得多數，而是靠曾經把施萊歇爾和巴本送到最高地位的那種手段：靠幕後詭計，一種兩個人就可以玩弄的把戲。

過不了很久，他就做了一個榜樣。八月二十五日，戈培爾在貝希特斯加登同希特勒會談，然後記道：「我們已同中央黨進行聯繫，即使只是為了要對我們的對手施加壓力也罷。」第二天，戈培爾回到柏林，發現施萊歇爾已經發覺「我們向中央黨進行了試探」。次日，他去見這位將軍，想弄清楚是不是那樣。他覺得施萊歇爾似乎擔心希特勒同天主教中央黨的聯合，因為如果他們一聯合，他們就可以在國會裡形成絕對多數。至於施萊歇爾，戈培爾寫道：「我不知道這個人究竟有多少是真的，有多少是假的。」

正如戈培爾所說，同中央黨的聯繫，只不過是作為對巴本政府施加壓力的手段，但是結果卻大爲成功，這表現在國會中發生的如滑稽戲一般的事件裡，這個事件成了這個騎兵出身的總理末日的開端。原來，國會在八月三十日開會時，中央黨同納粹黨一起選戈林爲國會議長。因此，國會在九月十二日復會後開始它的工作會議時，將第一次由一個國社黨人擔任主席。戈林充分利用了他的機會。巴本總理事前從總統那裡弄來了一項解散國會的命令——在國會還沒有開會著手工作以前就簽發了它的死刑判決書，這還是第一次。但是在第一次工作會議上，巴本沒有把命令帶來。他帶來的是一篇概述政府工作計畫的報告，因爲事前獲得保證，如果共產黨提出彈劾政府的動議，就會有一個民族黨議員在大多數其他政黨同意下出來反對進行表決。對於這種動議，六百多個議員中只要有一個議員反對就可以推遲表決。

但是當共產黨議會黨團領袖恩斯特·托格勒（Ernst Torgler）把他的彈劾動議作爲程序修正案提出的時候，沒有一個民族黨議員或任何其他議員起來反對。最後弗立克代表納粹黨要求休會半小時。

巴本後來在他的回憶錄中說：「現在情況變得很嚴重了，完全出乎我的意料。」他派了一個信差火速前往總理府去取解散令。

這時候，希特勒在國會對街的國會議長府同他的黨團開會。納粹黨處在進退維谷的境地，他們很感爲難。他們覺得民族黨不建議推遲表決是欺騙了他們。現在希特勒的黨爲了要推翻巴本政府，不得不在共產黨的動議上投共產黨的票了。希特勒決定硬著頭皮這麼做，雖然同共產黨這樣合作不是味兒。他命令他的議員投票贊成共產黨的修正案，在巴本還沒有來得及解散國會之前就把他推翻掉。當然，爲了達到這個目的，戈林作爲議長，必須在議會程序上玩弄一些巧妙的詭計和手段。這個前空軍英雄是個多才多藝、英勇大膽的人物，這在以後其他更大的場面中也得到了證明，他果然未辱使命。

國會休會半小時後復會時，巴本夾著那個按照傳統裝有他匆匆取來的解散令的紅色公事皮包來了。但是當他要求發言時，國會議長假裝沒有看見他，雖然巴本這時已漲紅了臉，站起了身子，手中舉著那張紙，讓全場議員都看到。人人都看到了，就只有戈林一人沒有看到。他微笑著的臉轉向另外一邊。他宣布立即舉行表決。據目擊者的敘述，這時巴本的臉色已氣得發白，他大步走向議長席，把解散令扔在他的桌上。但是戈林仍舊裝著沒看見，宣布進行表決。巴本在部長們（他們都不是議員）的跟隨下大步走出會場。議員們進行了表決，結果是以五百一十三票對三十二票，彈劾了政府。到這時戈林才看到了這張憤怒地扔在他桌上的紙。他向國會宣讀了上面的內容，隨後做出裁決說，由於這是一個被合乎憲法的多數表決撤除職務的總理副署的，它沒有任何效力。

由於這場滑稽戲，德國究竟哪些方面得到了勝利，哪些方面遭到了失敗，他們的勝敗程度如何，在當時都不是很清楚的。花花公子巴本讓人給開了一個玩笑，這一點是沒有疑問的；但是他當時一直是被人當作笑話來談的，正如弗朗索瓦—龐賽所說，即使在他朋友看來也是如此。同樣清楚的是，國會這一次行動表明了絕大多數德國人反對興登堡一手挑選的總統政府。但是採取這種做法，豈不是進一步破壞了人民對議會制度的信任嗎？至於納粹黨人，他們豈不是再一次表明他們不僅是隨便胡來的，而且爲了要達到目的，不惜同共產黨勾結嗎？此外，人民不是已經厭倦了選舉，納粹黨在一年以內第四次不可避免的新選舉中不是可能喪失選票嗎？施特拉塞，甚至是弗立克，都認爲如此，並且認爲，喪失選票對黨來說可能會帶來很嚴重的後果。

但是，據戈培爾那天晚上的記載，希特勒「樂極忘形。他又一次做了一個明確的、毫不含糊的決定」。

國會後來很快地承認了解散令，新選舉定在十一月六日舉行。對納粹黨來說，新選舉造成了一定的困難。因為，戈培爾指出，人民對於政治演說和宣傳已經感到厭倦了。他在十月十五日的日記裡承認，甚至納粹黨內的工作人員也「由於這些永無休止的選舉而弄得神經緊張不安。他們疲勞過度……」，另外也有經濟上的困難。大企業和大金融轉而支持巴本了，因為他對他們做了一定的讓步。正如馮克所警告的一樣，他們對於希特勒拒絕同興登堡合作，在他們看來，他日益發展的激進主義和不惜同共產黨合作的傾向（國會事件證明了這一點），越來越感到不能信任。戈培爾在他十月十五日的日記中提到了這一點：「錢非常難弄。有『財產和教育』的先生們都支持政府。」

選舉前幾天，納粹黨同共產黨一起在柏林舉行了一次運輸工人的罷工，而工會和社會黨都沒有支持這次罷工。正當納粹黨亟需經費在競選運動的尾聲中最後加一把勁的時候，這個行動使得企業界的人士更不願意慷慨解囊了。戈培爾在十一月一日的日記中陰鬱地寫道：「經費短缺成了我們的長期病。我們沒有足夠的經費來進行一次眞正大規模的競選運動。許多資產階級人士被我們參加罷工所嚇退。甚至我們黨內的許多同志也開始有懷疑了。」十一月五日，選舉前夕的日記寫道：「最後進攻。全黨為避免失敗，進行了拼命的努力。我們終於在最後一分鐘弄到了一萬馬克。這筆錢星期六下午就要投入競選運動。我們已經盡了最大的努力。現在讓命運來做出決定吧。」

命運，還有德國選民，十一月六日在好些事情上做出了決定，但是其中沒有一件事情對於崩潰中的共和國前途是有決定意義的。納粹黨喪失了兩百萬張選票，在國會中喪失了三十四個席位，一共只有一百九十六個席位。共產黨增加七十五萬張選票，而社會民主黨卻喪失了這個數目，結果共產黨在國會中的議席從八十九席增加到了一百席，而社會黨從一百三十三席減少到了一百二十一席。支持政府的唯一政黨德意志民族黨增加了將近一百萬張選票——顯然得自納粹黨，議席從三十七席增加到了五十二席。國家社會黨雖然仍是全國第一大黨，但是喪失兩百萬張選票卻是個很大的挫折。納粹狂瀾第一次退潮了，而且是從遠遠未達多數選票的那一點開始退潮的。不可戰勝的神話破滅了。希特勒要爭奪政權，現在所處的地位七月以來的任何時候都要軟弱。

巴本意識到這一點，於是撇開他自稱的對希特勒的「個人厭憎」，在十一月十三日寫了一封信給他，邀他前來「討論局勢」。但是希特勒在回信中提出了許多條件，使巴本終於放棄了要想同他達成和解的一切希望。納粹領袖頑固不化的態度並沒有使態度隨和、庸碌無能的總理感到意外，使他感到意外的是他的朋友和軍師施萊歇爾現在提出的一個新建議。原來這個詭計多端的幕後操縱者已經得出這樣的結論：巴本像前任布呂寧一樣，現在已經不再有什麼用處了。他計謀無窮的頭腦中現在醞釀著新的計畫。他的好朋友巴本必須下臺。總統必須不受任何牽制，可以自由地同各政黨，特別是同最大的政黨打交道。他要求巴本辭職，巴本和他的內閣就在十一月十七日辭職了。興登堡立刻派人去請希特勒。

他們在十一月十九日的這次會見，氣氛就不像八月十三日那次那麼冷冰冰的了。這次總統請他的客人坐了下來，並且同他談了一個小時以上。興登堡向希特勒提出兩個辦法，供他選擇：如果他能夠提出一個具體的政綱並能在國會中爭取到足夠多數的支持，就讓他當總理，否則就在巴本手下當副總理，而這個內閣又是靠緊急法令維持的總統內閣。希特勒在二十一日再度晉見了總統，他並且同梅斯納通了幾封信。但是沒有達成任何協議。希特勒要在議會中獲得足夠的多數是辦不到的。雖然中央黨同意在他不搞獨裁的條件下支持他，但是胡根堡不讓民族黨同他合作。因此希特勒只好恢復他原來的要求：擔任總統內閣的總理，但是這個要求總統不肯答應。如果要成立一個靠總統命令施政的內閣，興登堡寧可讓他的朋友巴本來領導。他在梅斯納代表他發出的一封信中說，不能把這樣一個職位給希特勒，「因爲這樣一個內閣一定會發展成爲一黨獨裁……在我的誓言和良心前面，我不能承擔這個責任」[11]。

老元帥在前一點上做的預言比後一點更爲應驗。至於希特勒，他再一次敲了總理府的大門，大門雖然開了一個縫，結果卻又砰地關上了，教他碰了一鼻子灰。

巴本所希望的就是這個結果。他和施萊歇爾在十二月一日晚上去見興登堡時，頗有信心地認爲，他仍舊將被任命爲總理。他根本沒有懷疑到這個詭計多端的將軍在玩弄什麼把戲。原來施萊歇爾曾同施特拉塞聯繫，他探問如果納粹黨不願參加巴本內閣，是否願意參加他本人擔任總理的內閣。這位將軍請希特勒到柏林來會商，據德國報紙廣泛流傳的一種說法，也是後來大多數歷史學家信以爲眞的說法，元首眞的從慕尼黑搭了夜車前來柏林，但是半夜裡在耶拿被戈林接走，到威瑪參加納粹高級領導人的會談去了。納粹黨關於這次事件的說法，可能比較確實一些，雖然這一點不免使人感到奇怪。戈培爾十一月三十日的日記說，柏林來了一封電報，要希特勒趕緊去，但是他決定不妨讓施萊歇爾等一等。他要先去威瑪同他的同志們開會，還要在那裡主持圖林根選舉的競選運動。在這次五大領袖戈林、戈培爾、施特拉塞、弗立克和希特勒在十二月一日舉行的會議上，意見相當分歧。施特拉塞在弗立克的支持下主張，納粹黨至少要容忍施萊歇爾內閣，而他本人是主張參加這個內閣的。戈林和戈培爾竭力反對這個方針，希特勒站在他們一邊。第二天，希特勒見了施萊歇爾派來見他的名叫奧特少校的人，叫後者去告訴將軍，不要擔任總理，但是這已經太遲了。

巴本天眞地一直不知道施萊歇爾在他背後玩弄什麼把戲。十二月一日晉見總統時，他一開始就蠻有自信地概述了他的計畫。由他繼續擔任總理，根據總統命令行施政府職權，暫時不去理睬國會，等他「修改了憲法」以後再說。事實上，巴本所要作的「修改」，將使德國回到帝國時代，恢復保守階級的統治。他在紐倫堡審判和回憶錄中都承認，而且他當時向興登堡也承認，他的建議如果付諸實行，就需要「總統違反現行憲法」，但是他向元帥保證，「他把全國人民的福利放在他維護憲法的誓言之上，應該是有理由的」，因爲——他又說——俾斯麥「爲了國家的緣故」[12]，一度也曾這樣做過。

使巴本驚訝的是，施萊歇爾插言進來表示反對。他利用了老總統顯然不願違反維護憲法的誓言的心情。老總統的態度是，能夠避免的話，最好避免。而這位將軍認爲是能夠避免的。他相信，如果由他來領導，那是有可能組成一個在國會中爭取到多數支持的政府。他有把握能夠使施特拉塞以及至少另外六十名納粹黨議員脫離希特勒。除了這批納粹黨人以外，他還能夠取得中產階級政黨和社會民主黨的支持。他甚至認爲工會也會支持他。

對於這樣一個主意，興登堡大吃一驚，他於是當即回過頭來要求巴本著手組織新政府。巴本後來說：「施萊歇爾顯然呆住了。」他們向總統告辭了以後，發生了長時間的爭論，但是沒有達成任何協議。分手的時候，施萊歇爾對巴本說：「小僧侶，你挑了一條困難的道路。」這句話是馬丁・路德出發到決定命運的沃木斯議會時，別人對他說的名言（譯注：路德在沃木斯會議上被宣告爲異端）。

這條道路究竟多麼困難，巴本在第二天早上九點鐘舉行內閣會議時就領教到了，巴本說：

施萊歇爾站起來宣稱，沒有辦法執行總統給我的指示。任何這樣的嘗試都將使國家陷於混亂。一旦發生總罷工，警察和軍隊不能保證維持交通和供應工作，一旦發生內戰，他們也不能確保治安。參謀總部在這方面已經進行了研究，他已經命令奧特少校（報告起草人）等候內閣的指示，以便提出報告[13]。

這時，這位將軍就讓奧特少校進來。如果說，施萊歇爾的發言使巴本感到震驚的話，那麼歐根・奧特少校（Eugen Ott，希特勒後來任命他為駐東京大使）在時機上安排得很巧妙的報告使巴本完全垮了。奧特說的不過是：「守衛邊境的任務和對付納粹黨與共產黨的治安任務，是聯邦政府和各邦政府現有軍隊力量所不能勝任的。因此建議聯邦政府避免宣布緊急狀態。」[14]

德國陸軍一度曾經打發過德皇捲舖蓋，最近在施萊歇爾的教唆下把格勒納將軍和布呂寧總理趕下了台，如今開刀開到巴本頭上來了，這使他感到又痛心又驚訝。他立刻帶了這個消息去見興登堡，希望總統會撤換國防部長施萊歇爾而挽留他任總理，而且他的確是這麼建議的。

「我親愛的巴本，」態度堅決的老總統答道：「如果我改變主意，你會瞧不起我的。但是我年紀太大了，經歷也太多了，我不能承擔內戰的責任。我們唯一的希望是讓施萊歇爾試一試他的運氣。」

據巴本說，「兩顆大淚珠」滾下了興登堡的臉頰。幾小時後，下臺的總理在清理他的辦公桌時，有人送來了總統的一幀相片，上面寫著「我曾有個好戰友！」（Ich hatt' einen Kameraden，編按：這也是德國傳統陸軍輓歌的題名）第二天，總統親筆寫信給他，表示免除他的職務，「心情頗為沉重」，並且重申對他的信任「仍未有絲毫動搖」。這倒是眞話，不久就會得到證明。

十二月二日，庫特·馮·施萊歇爾擔任了總理，這是一八九〇年卡普里維伯爵（Count Georg Leo von Caprivi de Caprara de Montecuccoli）將軍接替俾斯麥以來第一個將軍擔任這個職務。施萊歇爾的陰謀詭計終於在他對此是一竅不通的經濟蕭條達到了頂點的時候，在他竭力破壞的威瑪共和國已經崩潰的時候，在沒有人再信任他、甚至他擺布了這麼久的總統也不信任他的時候，把他送到了最高的職位。但是除了他以外，幾乎人人都很明顯地看到，他在這個高峰上的日子是屈指可數的。納粹黨對此深信不疑。戈培爾十二月二日的日記中有這麼一句話：「施萊歇爾被任命爲總理。他不會待得很久。」

巴本也這麼想。他由於自尊心受了傷害，深感不快，渴望對他的「朋友和繼任人」（他在回憶錄裡這麼稱呼施萊歇爾）復仇。施萊歇爾爲了要巴本走開，讓他擔任駐巴黎大使，但是巴本謝絕了。巴本說，總統希望他留在柏林，「近在身邊」。要對這個陰謀大師布置他自己的陰謀網，柏林是個最有戰略意義的地方。巴本像蜘蛛一樣忙忙碌碌地織起陰謀網來。隨著多難的一九三二年接近尾聲，柏林到處都是陰謀集團，而且集團內部還有集團。除了巴本集團和施萊歇爾集團以外，總統府也有一個集團，在那裡，興登堡的兒子奧斯卡和他的國務祕書梅斯納操縱著幕後的實權。凱撒霍夫飯店也有一個集團，在那裡，希特勒和他周圍的人不僅在搞陰謀奪取政權，而且在搞陰謀幹掉對方。不久，這種陰謀網越來越錯綜複雜，到一九三三年元旦時，這些陰謀家已經弄不清楚到底是誰在暗害誰了。不過，過不了很久，他們就會弄清楚的。

施萊歇爾：共和國的最後一任總理

「我執政只有五十七天，」施萊歇爾有一次在留神傾聽的法國大使聽得到的地方說：「而且每一天都給背叛了五十七次。以後別跟我說什麼『德國式的忠誠』了。」[15]憑他自己的生涯和作爲，他當然是這個問題的權威。

他一開始當總理，就邀施特拉塞當德國副總理兼普魯士總理。施萊歇爾由於邀希特勒參加他的政府失敗，現在打算向施特拉塞放下這個釣餌來分裂納粹黨。有理由相信他是可能成功的。施特拉塞在黨內是第二號人物，在黨內左派分子中間，由於他們當眞相信國家社會主義，他比希特勒更有人望。他是黨的組織部門領導人，同地方各級黨領袖有直接聯繫，看來頗得他們的擁護。他現在相信，希特勒已使他們的運動走到了絕路。比較激進的一些黨徒已經開始投向共產黨一邊。黨本身在經費上已陷於破產的境地。十一月間，弗里茨・蒂森曾經提出警告說，他已無法爲他們的運動募到捐款。現在根本沒有經費來付成千上萬的黨內工作人員的薪水或者維持衝鋒隊，僅僅後者，一個星期就需要兩百五十萬馬克。納粹許多報刊的承印商也揚言要拒印他們的出版物，除非償清欠賬。戈培爾在十一月十一日的日記中談到了這一點：「柏林組織的財務情況已經毫無希望。除了債務以外沒有別的東西。」十二月間，他擔心黨內工作人員必須減薪。最後，十二月三日施萊歇爾會見施特拉塞那一天，圖林根選舉結果，納粹黨丟了百分之四十的選票。顯然，至少在施特拉塞看來是如此，納粹黨要靠選票取得政權，一輩子休想了。

他因此要求希特勒放棄他「毫無還價」的政策，能撈到什麼就是什麼，參加施萊歇爾的聯合政府。他擔心，否則的話，黨會垮臺。他這麼主張已經有好幾個月了，戈培爾的日記從仲夏開始一直到十二月爲止，充滿了不滿施特拉塞「不忠」於希特勒的話。

十二月五日黨領袖們在柏林凱撒霍夫飯店開會的時候，終於攤了牌。施特拉塞要求納粹黨至少「容忍」施萊歇爾政府，支持他的意見的有弗立克，後者是國會納粹黨團主席，他所以支持施特拉塞是因爲議員中間有不少人擔心，如果希特勒惹起任何新的選舉，他們可能喪失議席和議員薪俸。戈林和戈培爾則堅決反對施特拉塞，把希特勒爭取到他們一邊。希特勒決定不「容忍」施萊歇爾政府，但是後來情況表明，他仍舊願意同這個政府「談判」。不過，他任命戈林來擔任這個任務，據戈培爾的日記透露，希特勒已經風聞施特拉塞兩天前同總理舉行了一次祕密談話。十二月七日那一天，希特勒和施特拉塞在凱撒霍夫飯店進行了一次談話，結果發生激烈爭吵。希特勒指責他的主要副手背後下他的毒手，要把他轟下黨內領導地位，分裂納粹運動。施特拉塞矢口否認，賭咒說他一直是忠心耿耿的，反而指責希特勒把黨引向毀滅的道路。顯然，他還有一些話沒有說，那些話是一九二五年以來一直梗在他的喉嚨中的。但是他回到艾克西爾西亞飯店的房間裡以後，把它們都寫在一封給希特勒的信中，最後提出辭去黨內一切職務的要求。

這封信在八日送到希特勒那裡，據戈培爾的日記說，「像一顆炸彈」。凱撒霍夫飯店的氣氛頓時彷彿墓地一般。「我們都感到很沮喪失望。」戈培爾這麼記載。這是希特勒自一九二五年重建黨以來所遭受到的最大打擊。現在，正當他快要取得政權之際，他的主要黨徒背棄了他，揚言要粉碎他七年來的一切建樹。戈培爾寫道：

晚上元首到我們家中來。很難強顏歡笑。我們都很沮喪，尤其是因爲整個黨有分裂的危險，我們過去的一切努力都要付諸東流了……萊伊博士來電話。黨內形勢時刻在惡化中。元首必須立刻回凱撒霍夫。

深夜兩點鐘的時候，希特勒打電話叫戈培爾去見他。施特拉塞已向各晨報發表了他的消息，當時街頭剛剛開始在叫賣晨報。希特勒的反應，據戈培爾的描述如下：

背叛！背叛！背叛！

元首在旅館房間內來回踱步，有幾小時之久。這種背叛行爲，使他深感痛心。最後他停下步來說：如果黨一旦垮臺，我就用手槍在三分鐘之內一了百了。

黨沒有垮臺，希特勒也沒有自殺。施特拉塞本來是可以達到這兩重目的，這樣就會大大地改變歷史的發展，但是在關鍵的時刻，他放棄他的努力了。弗立克在希特勒的同意下，在柏林到處找他，因爲他們一致認爲，爲了拯救黨不致陷於不可收拾的結局，必須想法補救這次爭吵。但是施特拉塞嘗夠了這一切滋味，已經搭了火車南下，到陽光明媚的義大利去度假了。希特勒在瞅到敵手的弱點時最有辦法，他馬上狠狠還擊。施特拉塞建立起來的政治組織由元首親自接管，科隆區黨組織領袖萊伊博士擔任他的主要助手。施特拉塞的朋友都遭到整肅，黨內各級領導人物都被召到柏林，在一份向希特勒宣誓效忠的宣言上簽名，這他們都做了。

這個狡猾的奧地利人再一次擺脫了本來很可能會造成極其不利的結局的困境。至於施特拉塞，過去曾有不少人認爲他比希特勒了不起，如今一下子給毀了。「一個死了的人」，戈培爾在十二月九日的日記中這麼稱呼他。兩年後希特勒決定清算老帳時，這句話分毫不錯。

十二月十日，也就是被施萊歇爾將軍絆倒了腳跟栽了一個筋斗後一星期，巴本開始布置他自己的陰謀網。那天晚上，他在貴族俱樂部發表了一篇演講，他那短命的內閣班子就是從這個俱樂部的有錢貴族裡頭挑出來的。演講之後，他同曾經向國家社會黨捐款的科隆銀行家庫特·馮·施羅德男爵進行了一次密談。他建議這位銀行家給他安排一下，讓他祕密會見希特勒。巴本在他的回憶錄中說，提出這個建議的，是施羅德，但是承認他同意了這個建議。說也湊巧，希特勒的經濟顧問，他同企業界的聯繫人之一威廉·凱普勒代表納粹黨領袖，也提出了同樣的建議。

在幾個星期之前還是寃家對頭的這兩個人於一月四日上午在施羅德的科隆寓所會晤，他們希望這次會晤能嚴守祕密。但是當巴本剛到門口時就有一個攝影記者拍了他一張照，他雖然感到意外，但是直到第二天以前也還沒有在意。希特勒由赫斯、希姆萊和凱普勒陪同前來，但是在進入施羅德的書房以前，把他的助手留在客廳裡等候。他在書房裡同巴本和他們兩人的主人密談了兩個鐘頭。會談開始時氣氛並不太妙，希特勒悻悻地抱怨巴本在當總理時對待納粹黨的做法，但是，不久就有了轉折，這個轉折後來證明對這兩個人來說也好，對他們的國家來說也好，都是有決定性意義的。對於這個納粹領袖來說，當時是個關鍵性的時刻。他做了超人的努力，在施特拉塞叛黨以後，好容易仍保持了黨的團結。他在全國各地奔走，一天要在三四次集會上講話，爭取黨領袖們仍舊團結一致支持他。但是納粹黨人的情緒仍舊低落，黨在經費上處在破產的境地。許多人說，黨已經完蛋了。戈培爾在這一年最後一星期的日記中反映了這種普遍的感覺：「一九三二年給我們帶來了永恆的噩運……過去情況困難，前途黯淡莫測；一切希望都已化爲泡影。」

因此，希特勒要取得政權，他討價還價的地位已不如上一年的夏天和秋天時那麼有利。但是巴本也是如此；他已經下了台。兩人都處在逆境，因此想法倒一致了。

他們到底在哪些條件上取得了一致意見，各人的說法不一樣。巴本在紐倫堡審判中和回憶錄中都毫無愧色地說：他一直忠於施萊歇爾，因此僅僅向希特勒建議參加這位將軍的內閣。但是鑒於巴本有長期弄虛作假的歷史，鑒於他想在紐倫堡和回憶錄中洗雪自己，以及鑒於後來的事實，似乎可以肯定，施羅德在紐倫堡提出的另一種完全不同的說法是比較可信的。這位銀行家說，巴本的建議是由一個希特勒—巴本內閣來代替施萊歇爾內閣，在這個內閣中，兩人地位平等。但是：

> 希特勒……說，如果他擔任總理，他必須是政府的首腦，巴本的支持者可以參加他的政府，擔任部長，只要他們同意他的要改變許多情況的政策。這類改變包括：在德國的領導地位上驅逐社會民主黨人、共產黨人和猶太人，恢復社會生活中的秩序。馮·巴本和希特勒在原則上達成了協議……他們同意，必須擬出進一步的細節，這可以在柏林或某個其他方便的地方來進行[16]。

當然，這要在嚴守祕密的情況下進行。但是使希特勒和巴本大吃一驚的是，柏林報紙在一月五日早晨以大字標題報導了科隆會談，並且發表社論攻擊巴本對施萊歇爾不忠實。原來這位狡猾的將軍眞是足智多謀，他早已布置了密探，巴本後來獲悉，在他進入施羅德寓所前給他拍照的記者就是施萊歇爾派出的一個密探。

除了達成同巴本的協議以外，希特勒在科隆會談中還得到了兩件對他來說很有價值的東西。他從前任總理那裡獲悉，興登堡沒有授權施萊歇爾解散國會。這就是說，納粹黨在共產黨協助下可以隨時推翻這個將軍。其次是，這次會談中取得了諒解，西德企業界願意承擔納粹黨的債務。科隆會談後兩天，戈培爾的日記中提到了「政治方面的可喜發展」，但是仍舊抱怨「財務情況不好」。十天以後，在一月十六日，他談到黨的財務情況「一夜之間有了根本好轉」。

另外一方面，施萊歇爾著手努力建立一個穩定的政府，他的樂觀態度，退一萬步說，也未免太近視了。十二月十五日，他向全國人民發表了一篇爐邊廣播演說，要求他的聽眾忘掉他是一個將軍，並且向他們保證，他「既不是資本主義也不是社會主義」的擁護者，在他看來「像私營經濟或計畫經濟之類的概念已經失去了它們的恐怖意義」。他說，他的主要任務是：爲失業者找到工作，使國家在經濟上能自立。捐稅不會再增加，工資不會再降低。事實上，他還取消了巴本宣布的最近一次減低工資和救濟金的決定。此外，他還停止實行巴本爲了大地主的利益而實行的農產品限額，而實行另外一個計畫，從東部破產了的容克莊園中沒收了八十萬英畝的土地，分給兩萬五千戶農民。此外，像煤和肉這種必需品的價格也將用嚴格的管制辦法來加以壓低。

這無疑是呼籲那些他迄今爲止一直反對的和冷落的群眾支持他，施萊歇爾繼此以後還同工會領袖會談，給了他們這種印象：在他設想中的將來，有組織的勞工和陸軍是國家的兩大支柱。但是勞工界並沒有相信一個他們極端不信任的人，他們拒絕同他合作。

另一方面，工業家和大地主們都起來反對新總理的施政綱領，他們叫嚷說，這個綱領是不折不扣的布爾什維克主義。企業家們對於施萊歇爾突然同工會親善感到十分震驚。大莊園主則對於他取消農業保護感到非常生氣，對他沒收東部破產莊園的前途感到極爲恐懼。一月十二日，大莊園主團體「農業聯盟」尖銳地攻擊了政府，該聯盟的領袖（其中有兩個人是納粹黨員）晉見總統，並提出抗議。興登堡自己現在也成了一個容克地主，他召見他的總理，加以責問。施萊歇爾的答覆是：威脅要公布國會關於「東部救濟」貸款的祕密報告，當時人人知道這樁醜聞牽涉到好幾百戶容克世家望族，他們從政府的無償「貸款」中得到好處，其中甚至間接牽涉到總統本人，因爲送給他的東普魯士莊園的地契在過戶時非法地使用了他兒子的名字以逃避遺產稅。

儘管工業家和地主們吵吵嚷嚷，而工會的態度又很冷淡，施萊歇爾仍莫名其妙地頗有信心，認爲一切都很順利。一九三三年元旦那一天，他偕同內閣閣員晉見老總統，後者表示頗爲快慰，因爲「最嚴重的困難已經克服，我們的面前已經打開了向上的道路」。一月四日，也就是巴本和希特勒在科隆密談的那一天，總理安排讓從義大利陽光下休假歸來的施特拉塞晉見興登堡。這個前納粹黨中第二號人物過了幾天第二次見到總統時便表示願意參加施萊歇爾內閣。這個行動在納粹黨陣營中引起了震驚，當時納粹正集中力量在小小的利普邦（Lippe）進行競選，希特勒和他所有的主要助手都在那裡活動，想在地方選舉中取得勝利，以便改善元首同巴本的談判地位。戈培爾的日記記述了戈林在一月十三日午夜帶來了施特拉塞的壞消息，當時黨的領袖們都通宵未睡，徹夜討論這個問題，大家一致認爲，如果他就職的話，對黨來說，將是一個嚴重挫折。

施萊歇爾也是這麼想，所以一月十五日，當時的奧地利司法部長庫特·馮·許士尼格（Kurt von Schuschnigg）訪問他的時候，他向許士尼格保證：「希特勒先生不再成爲一個問題了，他的運動已不再成爲一種政治上的危險了，整個問題已經解決，這已成爲過去的事情了。」[17]

但是施特拉塞並沒有參加內閣，民族黨領袖胡根堡也沒有參加內閣，胡根堡在前一天（一月十四日）本來曾經答應興登堡參加內閣的。這兩個人都投向了希特勒，不過施特拉塞遭到了冷淡，而胡根堡則比較成功。一月十五日那天，正當施萊歇爾向許士尼格興高采烈地談到希特勒的末日時，納粹黨在利普的地方選舉中取得了勝利。雖然這次勝利談不上是什麼偉大成就。全部選票只有九萬張，納粹黨得了三萬八千張選票，即佔百分之三十九，比前一次選舉增加了約百分之十七。但是，納粹黨的領袖們在戈培爾的領導下大肆宣傳他們的「勝利」，奇怪的是，這似乎對一些保守派人士造成了深刻的印象，其中包括興登堡幕後的一些人物，主要是國務祕書梅斯納和總統的兒子奧斯卡。

一月二十二日晚上，這兩位先生偷偷地溜出了總統府，坐上一輛出租汽車（據梅斯納說，這是爲了避免引起注意），到一個迄今爲止還默默無聞的納粹黨人郊外的寓所，這個人名叫約希姆·馮·里賓特洛甫（Joachim von Ribbentrip），是巴本的一個朋友，他們在大戰期間曾一起在土耳其戰線服役過。梅斯納和奧斯卡在里賓特洛甫的家中會見了巴本、希特勒、戈林和弗立克。據梅斯納的說法，在這個命運攸關的晚上以前，奧斯卡·馮·興登堡一直反對與納粹黨人有什麼來往。希特勒可能知道這一點；不管怎麼樣，他堅持要同奧斯卡舉行一次「單獨」會談，而使梅斯納感到意外的是，小興登堡居然同意了，同希特勒一起退到另外一間房中，密談了一小時。總統的兒子既不以頭腦靈敏聞名，也不以性格堅強著稱，希特勒究竟同他談了一些什麼，這一點從來沒有透露過。不過納粹黨人士中間一般都認爲，希特勒施出了威脅和利誘的手段，威脅方面包括要向公眾揭露奧斯卡與東部救濟醜聞的不清不白關係以及興登堡產業上的逃稅行爲。至於利誘，可以從這個事實中看出：幾個月後，興登堡一家在紐臺克的產業增加了五千英畝免稅的土地，還有在一九三四年八月，奧斯卡從上校擢升爲陸軍少將。

無論如何，毫無疑問，希特勒對總統的兒子起了很大的影響。梅斯納後來在紐倫堡審訊時的證詞中說：「在坐出租汽車回總統府時，奧斯卡・馮・興登堡特別沉默，他所說的唯一一句話是，這是無可奈何的事——必須讓納粹黨參加政府。我的印象是，希特勒成功地迷住了他。」

現在只待希特勒迷住做父親的了。這應該承認是比較困難的，因爲老元帥的神志無論如何糊塗，他花崗石般的性格卻並未因年老而有所軟化。比較困難，但是也不是辦不到的。巴本孜孜不倦地每天在對這位老人做工作。可以很容易地看出，施萊歇爾再狡猾也免不了要摔跤了。他既沒有能夠把納粹黨爭取過來，又沒有能夠分裂他們。他也不能取得民族黨、中央黨或社會民主黨的支持。

因此，在一月二十三日，施萊歇爾去見興登堡，承認他不能在國會中爭取到多數的支持，要求解散國會，按照憲法第四十八條，授予他緊急權力，根據總統命令行使政府職權。據梅斯納的說法，這位將軍還要求「暫時取消」國會，並且坦率地承認，他將不得不把他的政府轉入「軍事獨裁」[18]。施萊歇爾施盡了計策，到頭來仍回到巴本在十二月間所處的地位，但是現在他們兩個人所扮演的角色已經顚倒過來了。當時巴本要求授予緊急權力，而施萊歇爾加以反對，建議由他自己在納粹黨的支持下組織一個多數派政府。現在堅持要進行獨裁統治的是這位將軍了，而狡猾的狐狸巴本卻向老元帥保證，他能夠拉攏希特勒組織政府，在國會中擁有多數的支持。無賴漢和陰謀家就是這樣翻手爲雲覆手爲雨的！

興登堡提醒施萊歇爾，他自己當初在十二月二日推翻巴本政府時所提出的理由，並且告訴他說，這些理由現在仍舊有效。他吩咐施萊歇爾回去設法在國會中爭取多數的支持。這麼一下，施萊歇爾就完了，而且他自己也明白。凡是知道這個內情的人也都知道這一點。戈培爾就是少數知道內情的人之一，他在第二天的日記中說：「施萊歇爾這個使這麼許多人垮過台的人，隨時都可能垮臺。」

他垮臺的日子最後在一月二十八日正式來到了。那一天，他晉見總統，提出他政府的辭呈。興登堡對這位感到幻滅的將軍說：「我一隻腳已經踏進了棺材，我不敢說，我將來在天堂中對這個行動不會感到遺憾。」而施萊歇爾的答覆是：「在這次背信之後，先生，我不敢說你會進天堂。」從此之後，他在德國歷史中就很快地銷聲匿跡了[19]。

同一天中午，巴本受總統之托，探索「在憲法條件的範圍內」組織一個以希特勒爲首的政府的可能性。一個星期以來，這個狡猾又野心勃勃的人一直在想在最後一刻背叛希特勒，再一次擔任一個在胡根堡支持下的總統內閣的總理。戈培爾在一月二十七日的日記中說：「仍有可能，巴本將再度出任總理。」一天以前，施萊歇爾曾派陸軍總司令漢默斯汀去見總統，警告他不要選用巴本。在柏林當時彌漫著的迷魂陣般的陰謀網中，施萊歇爾在最後一分鐘突然贊成以希特勒來代替他了。興登堡卻向陸軍總司令保證，他無意任用「那個奧地利下士」。

第二天，一月二十九日那個星期天，是關鍵性的一天，各個陰謀家都在拼命玩弄最後一手，使得首都充滿了各種各樣互相矛盾的驚人謠言，不過並不是所有謠言都是毫無根據的。施萊歇爾再次派遣忠實的漢默斯汀去興風作浪。這位陸軍總司令找到希特勒，再一次提醒他，巴本可能把他拋棄掉，納粹領袖最好還是同已經下臺的總理和陸軍結盟。希特勒對此不感興趣。他回到凱撒霍夫飯店，同他的助手們一起喝咖啡吃蛋糕，就是在這時候，戈林帶來了消息說，元首明天將被任命爲總理。

那天晚上，納粹的首領們都在帝國總理廣場戈培爾寓所慶祝這個重要的消息，這時施萊歇爾又派了一個使者，帶來了驚人的消息。這個使者是瓦爾納・馮・阿爾文斯勒本（Werner von Alvensleben），他對陰謀的興趣之大竟到了這樣的程度：如果一時沒有陰謀，他自己就製造一個。他告訴正在慶祝的人們說，施萊歇爾和漢默斯汀已命波茨坦衛戍部隊進入戒備狀態，準備劫持老總統到紐臺克去，建立軍事獨裁。這種說法大大地誇大了實際情況。這兩位將軍可能有此想法，但是可以肯定他們還沒有採取任何行動。但是，納粹黨人一驚之下，變得歇斯底里起來。戈林急急忙忙拖著他那肥大的身軀，穿過廣場，去向總統和巴本報警。至於希特勒做了什麼，他自己後來是這麼描述的：

> 我對這一（軍事）政變計畫的第一個反應是：派人去找柏林衝鋒隊長馮・赫爾道夫伯爵，透過他把柏林的全部衝鋒隊員都動員起來。同時我指示能夠信託的警察局方面的韋克少校，準備派遣六營警察突然佔領威廉街……最後，我指示馮・布倫堡將軍（他已被選定爲未來的國防部長）在一月三十日上午八時抵達柏林時立即前去見老頭子，向他宣誓就職，這樣，就可以處在國防軍總司令的地位上去鎮壓掉任何可能的政變嘗試[20]。

布倫堡將軍當時正代表德國在日內瓦參加裁軍會議，背著施萊歇爾和陸軍總司令——在這個瘋狂的時期裡，一切事情都是背著某一個人做的——把他召回來在希特勒—巴本內閣中擔任國防部長的，並不是希特勒，因爲他還沒有當權，而是興登堡和巴本。正如希特勒後來所說的，布倫堡將軍是早已得到希特勒信任的一個人，受到他在東普魯士的參謀長、一個直言不諱的納粹同情者瓦爾特・馮・賴歇瑙（Walter von Reichenau）上校的很大影響。當布倫堡在一月三十日一早到達柏林的時候，車站上有兩個軍官帶著兩個互相矛盾的命令來接他。一個是孔茨恩（von Kuntzen）少校，他是漢默斯汀的副官，命令他去向陸軍總司令報到。一個是奧斯卡・馮・興登堡上校，他是自己父親的副官，命令他去向共和國總統報到。布倫堡給弄得莫名其妙，結果去見了總統，立即宣誓就任國防部長之職，因此不僅有權鎮壓陸軍方面的任何政變嘗試，而且有權強使軍方支持幾小時後即將任命的新政府。陸軍在這個關鍵性時刻終於接受了希特勒，對於這一點，希特勒一直是感激的。他不久就在一次黨的集會上說：「要是在革命的日子裡，陸軍沒有站在我們一邊，我們就不會有今天了。」在未來的日子裡，對於軍官團來說，這是一個沉重的責任，到最後，他們將後悔不已。

在一九三三年一月三十日這個冬天的早晨，威瑪共和國的悲劇、德國人十四年來徒勞無益地要想實行民主制度的笨拙努力的悲劇，終於告終了。但是，在最後一分鐘，在閉幕以前，在那些想要埋葬共和政體的形形色色的陰謀家中間，還發生了一出小小的滑稽戲。巴本後來是這樣描述的：

> 大約十點半的時候，新內閣人員在我的家中會齊，然後穿過花園到總統府，在梅斯納的辦公室中等著。希特勒馬上又提出了他對沒有被任命爲普魯士長官的不滿。他認爲這嚴重地限制了他的權力。我告訴他……這項任命可以放到以後再說。對此，希特勒答稱，如果他的權力因此受到限制，他就要堅持國會舉行新選舉。

這樣一來，形勢又完全改變了，討論又激烈起來。胡根堡特別反對這個主張，希特勒為了要使他安心，便說，不論（選舉）結果如何，他不會改變內閣的成員……這時已經早過了十一點了，而我們預定要在十一點晉見總統。梅斯納叫我們結束討論，因為興登堡不願久等。

突然發生意見衝突使我擔心，新聯合政府還沒有產生就可能破裂……最後，我們被帶去見總統，我做了必要的正式介紹。興登堡講了短短的一段話，談到為了國家利益進行充分合作的必要性，然後就監督我們宣誓就職。希特勒內閣就此成立[21]。

這樣，透過走後門，透過同他私下厭憎的老派反動分子，他在政治上做一筆不能見人的交易，這個從維也納來的前流浪漢、第一次世界大戰的棄兒、激烈的革命分子，就成了這個偉大國家的總理。

毫無疑問，國家社會黨在政府中肯定是處於少數的地位；在內閣十一個職位中，他們只佔了三個，而且除了總理一職以外，他們所佔的都不是重要職位。弗立克擔任內政部長，但並沒有像歐洲大多數國家的內政部長那樣控制著警察，德國的警察是由各邦自己控制的。第三個納粹閣員是戈林，但是沒有適當的部可以給他，於是他就被任命為不管部長，其默契的條件是，一旦德國有了空軍後，就任命他為航空部長。很少有人注意到，戈林同時兼任普魯士的內政部長，這個職務控制著普魯士的警察；而在當時，大家的注意力都集中在聯邦內閣上。使許多人感到奇怪的是，內閣名單中沒有戈培爾的名字；他暫時給置在腦後了。

幾個重要的部都給了保守分子，他們頗有把握地以為已經把希特勒籠絡住，可以為他們的目的服務了。紐拉特繼續任外交部長，布倫堡任國防部長，胡根堡任經濟與農業部長，鋼盔隊頭子賽爾特

（Fraz Seldte）任勞工部長；其他各部仍由巴本在八個月以前任命的非黨「專家」擔任。巴本本人是聯邦副總理兼普魯士總理，而且興登堡向巴本保證，除非由副總理伴同前來，他不會接見總理。巴本認爲，這種獨特的地位，使他能夠對激進的納粹領袖增加一重牽制。而且還有一層：這個內閣出自巴本的構思，是巴本的產物，他相信，在堅決的老總統（老總統是他的朋友、仰慕者和保護者）的幫助下，在他的保守派同僚（他們在人數上以八對三勝過難以駕馭的納粹黨人）的明確支持下，他能夠掌握這個內閣。

但是這個浮誇輕薄、姑息養奸的政客並不瞭解希特勒——實際上也沒有人眞正瞭解希特勒——他也不瞭解支持他的勢力有多大力量。巴本也不瞭解——除了希特勒以外也沒有別人能瞭解——既有的有勢力機構：陸軍、教會、工會、政黨，或者廣大的非納粹黨中產階級和高度有組織的無產階級，他們的難以解釋的軟弱已經到了近乎癱瘓的程度。正如後來巴本悲哀地所說的，他們都會「不經一戰就投降」。

對於民主共和國的放棄和希特勒的得勢，德國任何階級、集團、政黨都不能逃避其應負的一份責任。凡是反對納粹主義的德國人，他們的致命錯誤是沒有團結起來反對它。國家社會黨一九三二年七月最受群眾擁護的時候，也不過贏得了百分之三十七的選票。但是，表示反對希特勒的百分之六十三的德國人民，當時陷於四分五裂的狀態，而且目光也過於短淺，不能聯合起來對付共同危險。他們當時一定知道如果他們不團結起來（不論多麼暫時）加以撲滅，這個共同危險就會壓倒他們的。共產黨在莫斯科的指示下到最後還堅持這種愚蠢的主張：先要摧毀社會民主黨，摧毀社會民主黨的工會，摧毀不論什麼樣的中產階級民主力量。他們所根據的是這種頗可懷疑的理論：雖然這樣做會導致建立納粹政權，但是這個政權將是暫時的，最後必然會促成資本主義的崩潰，而在資本主義崩潰後，共產黨就可以掌握政權，建立無產階級專政。在布爾什維克派馬克思主義者看來，法西斯主義是垂死的資本主義的最後階段；在這個階段以後，就是共產黨的世界了！

社會民主黨人則由於十四年來同其他政黨分享共和國的政治權力，為了維持聯合政府做盡了一切必要的妥協，它的力量和熱情已經消耗殆盡，他們的黨已經僅僅成了一個機會主義的施加壓力集團，只求為他們的力量的主要靠山工會爭取到一些讓步。有些社會黨人說，幸運沒有降臨到他們的頭上，因為不擇手段和不講民主的共產黨分裂了工人階級；經濟蕭條進一步打擊了社會民主黨，削弱了工會，使他們的黨失去了幾百萬失業者的支持，後者在絕望之下不是轉向共產黨就是轉向納粹黨。這話可能不錯。但是社會民主黨的悲劇是不能僅僅用運氣不好來解釋的。他們在一九一八年十一月的時候曾經有過掌握德國政權的機會，按照他們一向宣傳的社會民主主義來建立一個國家。但是，他們缺乏這麼做的果斷決心。現在到三〇年代開始的時候，他們已經成了一個精疲力竭的失敗主義的黨，佔支配地位的是一些心地善良而大多數能力平庸的老人。雖然他們忠於共和國到底，但是在最後過於慌張膽怯，不敢承當為了保衛共和國就必須承當的風險，當巴本派出一班士兵去摧毀普魯士的合憲政府時，他們沒有能夠行動起來，這就是一個明證。

在左派與右派之間，德國缺少一個政治上有力量的中產階級，而這種中產階級在其他國家如法國、英國、美國已證明是民主制度的中流砥柱。在民主共和國成立後的第一年中，中產階級政黨民主黨、人民黨、中央黨一共獲得了一千兩百萬張選票，僅僅比兩個社會黨派別少兩百萬張選票。但是從這個時候起，由於他們的擁護者轉向希特勒和民族黨，他們的力量日趨衰退。在一九一九年，民主黨還有七十四名議員當選參加國會，到一九三二年時，他們就只剩下兩個議席了。人民黨的議席在一九二〇年是六十二個，到一九三二年只剩下十一個。只有天主教中央黨自始至終保持了他們的投票實力。在一九一九年共和國第一次選舉中，中央黨在國會中獲得了七十一個席位，到一九三二年仍舊有七十個席位。但是中央黨從俾斯麥時代起在很大程度上就是一個機會主義的政黨，較之社會民主黨有過之無不及，對於任何政府，只要向它的特殊利益有所讓步，它就一律加以支持。雖然它似乎是忠於共和國，忠於共和國的民主制度的，但是，我們前面已談到，它的領導人，在巴本和民族黨人還沒有搶過他們之前，就已經在同納粹黨談判要把總理一職送給希特勒了。

如果說，德意志共和國缺少一個政治上走中間路線的階級的話，它也缺少一個眞正保守的政黨在許多其他國家所起的穩定作用。德意志民族黨在一九二四年最發展的時候獲得了六百萬張選票，有一百零三人當選國會議員，成了國會中第二大黨。但是在當時——在威瑪共和國時期的幾乎所有其他時候也是這樣——他們不論在朝或在野都不願擔負責任，唯一例外是他們在二〇年代所參加過的兩次短命內閣。大部分把選票投給民族黨的德國右派所希望的是推翻共和國，恢復德意志帝國，恢復他們在帝國中的一切原有特權。事實上，不論作爲個人來說也好，或者作爲階級來說也好，共和國對右派是極其寬大的，而且考慮到右派夢寐以求的目的，可以說是格外容忍。我們已經談到，共和國允許陸軍可以保持一個國中之國，企業家和銀行家可以牟取巨額利潤，容克地主可以用政府貸款來維持他們經營不善的莊園，而這種貸款從來沒有償還過，也很少用來改良他們的土地。然而共和國這樣寬大相待，並沒有博得他們的感激或忠誠。他們竭力破壞共和國的基礎，一直到最後同希特勒結盟把共和國徹底推翻，其心胸之狹隘，偏見之深固，眼光之短淺，即使在今日回顧起來，也不免使筆者感到不可想像。

在這個前維也納流浪漢身上，保守的階級認爲他們找到了一個能乖乖聽話幫助他們實現自己目標的人。毀滅共和國只不過是第一步。他們所希望的目標是建立一個極權主義的德國，這個德國在國內能夠不再搞什麼民主的「無聊玩意兒」，剝奪工會的權力，對外能夠廢除一九一八年的判決，掙脫《凡爾賽和約》的枷鎖，重建一支強大的陸軍，以其軍事力量恢復德國在世界上的地位。這也是希特勒的目標。雖然他有著保守派所缺少的東西——群眾的擁護，右派仍以爲他將仍舊在他們的股掌之上。在聯邦內閣中他不是居於三對八的劣勢嗎？保守派有這樣優勢的地位就能夠（至少他們自己這麼想）實現自己的目標而又不至於讓納粹黨實現其地道納粹主義的暴政。按照他們的實際情況來說，他們的確是規矩正派、敬畏上帝的一些人。

霍亨佐倫帝國是靠普魯士的軍事勝利建立的，而德意志共和國所賴以建立的基礎卻是經過一場大戰在協約國手中遭到的軍事失敗。至於第三帝國，既不靠軍事的勝負，也不靠外國的影響。它成立於和平的時期，是由德國人自己用和平的手段建立的，既產自他們的軟弱，也產自他們的力量。把納粹黨的暴政加在自己身上的，是德國人自己。這一點，在一九三三年一月三十日中午，當興登堡總統按照完全合乎憲法的方式把總理一職的重任委諸阿道夫・希特勒的時候，很多德國人，也許可以說大多數德國人，都是沒有意識到的。

但是，他們不久就要體會到這一點了。

第七章　德國的納粹化：一九三三至一九三四年

希特勒在維也納流浪時代所形成而從來沒有忘記的理論是：革命運動取得政權的道路是同國家中某些有勢力的機構結成聯盟，這現在在實踐中完全按照他預計的那樣實現了。總統在陸軍和保守分子的支持下，任命了他爲總理。他的政治權力雖大，但仍舊是不完全的。同他分享這個政治權力的，有上述三方面的勢力，正是靠這三個方面，他才得以上臺，而這三方面卻都置身於國家社會主義運動之外，而且在某種程度上對這個運動還是不信任的。

因此，希特勒的當前任務是迅速地剝奪他們的駕馭地位，使自己的黨成爲國家的唯一主宰，然後以極權主義政府及其警察的力量，實行納粹革命。他上任還沒有滿二十四小時，就採取了第一個果斷行動，把自以爲已經「掌握」他的、老實可欺的保守分子誘進一個圈套，發動了一系列不是由他主使的就是由他控制的事件，在六個月之後終於使得德國完全納粹化，他自己也成爲德國歷史上第一次實現了統一和取消了聯邦的國家獨裁者。

一九三三年一月三十日下午五點鐘，也就是宣誓就職五小時後，希特勒召集了他的第一次內閣會議。這次會議的記錄，後來在紐倫堡同其他成百上千噸繳獲的祕密文件一起出現。它透露了希特勒在狡猾的戈林幫助下如何馬上巧妙地愚弄了他的保守派同僚（當然，這次內閣會議是祕密進行的，像希特勒和他的軍政領袖在第三帝國時期在極端保密的情況下舉行的大多數其他會議一樣，在紐倫堡審訊時宣讀被繳獲的德國文件以前，它的進行情況和決定一直沒有爲外人所得知。從本章開始，本書將摘錄這些高度機密的會議和會上所做出的很大一部分的決定。所有這一切，過去都被視爲國家機密。本書自始至終所依據的，大部分是當時記錄這些會議的文件。爲了注明來源，各頁引文後都將添上注解號碼，版面不免混亂。但是我相信，沒有任何其他國家的某一時期歷史有如第三帝國那樣有充分的文件作爲根據的，因此作者認爲，如果不引證文件，不免大大減少本書作爲信史所可能具有的價值）[1]。興登堡任命希特勒領導的並不是一個總統內閣，而是一個依靠國會內多數支持的內閣。但是參加內閣的納粹黨和民族黨在國會五百八十三個席位中只佔有兩百四十七個席位，不足以構成多數。爲了取得多數，他們需要中央黨的七十票的支持。在新政府成立後的頭幾個小時中，希特勒就派了戈林去同中央黨領袖談判，現在戈林回來向內閣報告，中央黨堅持要求「一定的讓步」。戈林因此建議解散國會，舉行新的選舉，希特勒立即表示同意。但是在做生意上儘管很成功而頭腦仍舊像木頭一般的胡根堡，既不贊成讓中央黨參加內閣，又反對舉行選舉，因爲他知道，納粹黨有國家力量作爲後盾，在選舉中可能贏得絕對多數，那樣就可以不用他自己和他的保守朋友們的幫忙了。因此他只建議取締共產黨，把他們的一百個席位取消後，納粹黨和民族黨在國會中就佔多數了。但是希特勒暫時還不打算走得這麼遠，最後，他們商定，由總理本人在第二天上午同中央黨領袖會談，如果談判沒有結果，內閣就要求舉行新的選舉。

希特勒很容易地使談判沒有什麼結果。他請中央黨領袖卡斯（Ludwig Kass）主教提出了一張問題清單，作爲談判的基礎，結果卡斯主教提出的等於是要求希特勒保證按憲法來進行統治。但是希特勒卻矇騙卡斯和他的內閣閣員，向後者僞稱，中央黨提出了非分的要求，沒有達成協議的可能。他因此建議，要求總統解散國會，舉行新的選舉。這樣一來，胡根堡和巴本就落入了圈套而不能脫身，他們只好同意他，雖然在同意之前迫使這個納粹黨領袖做了莊嚴的保證，不論選舉結果如何，內閣組成依舊不變。新的選舉定在三月五日舉行。

現在納粹黨第一次——也是德國最後一次比較自由的選舉——能夠利用政府所擁有的一切力量來贏取選票。戈培爾興高采烈。他在二月三日的日記中記道：「現在繼續鬥爭就容易了，因爲我們能夠利用國家的一切力量。電臺和報紙都可供我們使用。我們要給大家看看一個宣傳傑作。而且這一次，當然不愁沒有經費了。」[2]

大企業界人士對於新政府要叫有組織的勞工安分守己、讓資方隨心所欲地去管理自己的企業這一點感到很高興，因此二月二十日在戈林的國會議長府舉行的一次會議上，要他們踴躍捐輸時，他們很樂意慷慨解囊。這次會議是由沙赫特博士出面召集的，會上，希特勒和戈林向二三十個德國工業巨頭說明了他們的方針。這些巨頭中有一夜之間變成了熱烈的納粹黨人的克魯伯・馮・波倫—哈爾巴赫，法本企業的包許（Carl Bosch）和施尼茨勒（Georg von Schnitzler），聯合鋼鐵公司的艾伯特・伏格勒。這次祕密會議的記錄後來保存了下來。

希特勒在開始他的長篇講話的時候，先給工業家嘗了一點甜頭。他說：「私人企業在民主的時代裡不可能維持；只有在人民對權威和個人有正確的認識時才有可能……我們今天所有的一切財富物資都是上帝選民努力的結果……我們絕不能忘記，任何文化的好處，都必須或多或少地用鐵拳來傳播。」他向企業家們保證，他將「消滅」馬克思主義者，恢復國防軍。後者同克魯伯、聯合鋼鐵公司和法本企業這種工業關係特別大，如果重整軍備，它們是肯定有好處的。希特勒最後說：「現在我們面臨的是最後一次選舉了。」他並且向他的聽眾保證：「不管（選舉的）結果如何，決不會有任何讓步」。如果他在選舉中不能獲勝，他也要「以其他手段……用其他武器」，「如果企業界認識到，三月五日的選舉將肯定的是今後十年中最後一次選舉，也很可能甚至是今後一百年中最後一次選舉，他們承擔（這種犧牲）一定會容易得多了。」

所有這些話，在場的工業家是聽得很明白的，對於討厭透頂的選舉、民主和解除武裝將告一結束的諾言，他們的反應很熱烈。軍火大王克魯伯這時馬上站了起來，代表企業家們表示：「感激總理給我們看到這麼清楚的一幅圖景」；諷刺的是，據蒂森的材料，克魯伯在一月二十九日還曾要求興登堡不要任命希特勒。沙赫特博士接著就開始請他們認捐。他在紐倫堡回憶說：「我募集到了三百萬馬克。」[3]

一九三三年一月三十一日，即希特勒被任命爲總理的次日，戈培爾在他的日記中寫道：「同元首一起開會時，我們定下了對赤色恐怖進行鬥爭的方針。目前我們暫不採取直接的對抗行動。必須先讓布爾什維克的革命爆發出來。在適當的時候，我們就要採取行動。」

在競選運動逐步展開的時候，儘管納粹黨當局的挑釁行動越來越多，但是仍然沒有爆發革命的跡象，不論這一革命是共產黨的革命還是社會黨的革命。到二月初時，希特勒政府已經取締了共產黨的集會，封閉了共產黨的報紙。社會民主黨的集會不是被禁止舉行，就是受到了衝鋒隊打手的搗亂阻撓。社會黨的一些主要報紙一次又一次不斷被勒令暫停出版。即使天主教中央黨也沒有逃脫納粹恐怖。天主教工會領袖施特格瓦爾德（Adam Stegerwald）想要在一次集會上講話，遭到了褐衫隊員的毆打。在另外一次集會上，衝鋒隊員打傷了好幾個人，布呂寧不得不要求警察保護。在競選運動中總共有五十一名反納粹分子被謀殺，納粹黨方面聲稱他們也有十八人被打死。

戈林兼任普魯士內政部長一職的重要性現在開始爲人所注意到了。他不管他名義上的上級普魯士總理巴本的約束，解除了普魯士的好幾百名共和派官員的職務，而代之以納粹黨人，其中大部分是衝鋒隊長和黨衛隊長。他命令警察要「不惜一切代價」避免同衝鋒隊、黨衛隊、鋼盔隊爲難，但是在另一方面卻要無情對付那些「敵視國家」的人。他要求警察「使用武器」，並且警告說，違令者將受到懲處。這等於公開號召占德國三分之二面積的一邦（普魯士）的警察開槍打一切反對希特勒的人。爲了保證無情地完成這項工作，戈林在二月二十二日成立了一支輔助警察部隊，總共五萬人，其中四萬人來自衝鋒隊和黨衛隊，一萬人來自鋼盔隊。因此，普魯士的警察力量就基本上操在納粹打手的手中了。只有沒有頭腦的德國人才會向這種「警察」要求保護，抵禦納粹恐怖分子。

但是，儘管這種種恐怖，戈培爾、希特勒和戈林所等待的「布爾什維克革命」卻沒有「爆發出來」。要是挑釁的辦法不能奏效，難道不能用捏造的辦法嗎？

二月二十四日，戈林的警察搜查了共產黨在柏林的辦事處李卜克內希大廈。共產黨領袖在幾個星期以前已經放棄這個地方了，他們有些人已轉入地下，有些人已悄悄地溜到俄國。但是地下室裡還有成堆的宣傳小冊子，這就足夠讓戈林在一份官方公報中宣稱，搜獲的「文件」表明共產黨要發動一場革命。但是公眾的反應，甚至政府中某些保守分子的反應，是持懷疑的態度。看來很明顯，在三月五日舉行選舉之前，必須找到一些更加聳人聽聞的東西來驚動公眾一下。

國會縱火案

二月二十七日晚上，德國四個最有權勢的人分聚在柏林兩處晚宴席上。在伏斯街的外人不得進入的貴族俱樂部裡，副總理巴本在款待總統興登堡。在郊外戈培爾的家中，總理希特勒來吃便飯。據戈培爾的記載，他們當時沒有談公事，只是聽聽音樂，聊聊天。「突然，」他後來在日記中說：「漢夫施丹格爾博士來了電話：『國會起火了！』我想他一定是說假話，所以連提也沒有向元首提起。」[4]

但是在貴族俱樂部進餐的人距離國會卻只有一個拐角。後來巴本寫道：

> 突然我們看到窗外有一道紅光，並且聽到街上有人在喊叫。有一個僕人匆匆到我身邊低聲說：「國會起火了！」我馬上轉告總統。他站了起來。我們從窗口可以看到國會的圓尖頂，彷彿被探照燈照亮了一般。隔一會兒就冒出一道火舌和一團濃煙，使你瞧不清輪廓[5]。

副總理用自己的汽車把老總統送回家以後就匆匆趕到起火的國會。與此同時，戈培爾（根據他的日記）對漢夫施丹格爾的「假話」又想了一想，覺得有點不妙，打了幾個電話以後知道，國會的確起火了。在幾秒鐘之內，他和元首就「以一小時六十英里的速度從夏洛登堡公路馳赴犯罪地點」。

他們一到火災地點就馬上宣稱，這是一件罪行，這是一件共產黨犯的罪行。戈林比他們早到了那裏，頭上冒汗，嘴裡喘氣，興奮得有點失常。據巴本後來說，戈林還賭咒發誓地說「這是共產黨反對新政府的罪行」。戈林對新任的祕密警察頭子魯道夫・狄爾斯（Rudolf Diels）大聲說：「共產黨的革命開始了！我們一分鐘也不能坐待。我們要毫不留情地對付他們。共產黨幹部一經查獲，當場格殺勿論。今天晚上就把共產黨議員統統吊死。」6

國會縱火案的全部眞相究竟如何，也許永遠不能見諸天日了。凡是知道眞相的人，今天幾乎都已死絕了，大多數是在事後幾個月中被希特勒害死的。甚至在紐倫堡審訊的時候，這個案件的眞相也不能完全大白，雖然有足夠的證據無疑地可以確定，布置縱火以圖達到自己政治目的的，正是納粹黨人自己。

在戈林的國會議長府下面，有一條地下暖氣管通道，通到國會大廈。一個以前在旅館中擔任過侍者的柏林衝鋒隊長卡爾・恩斯特（Karl Ernst）在二月二十七日晚上帶領一小隊衝鋒隊員經過這條地下通道到國會大廈，在那裏灑了汽油和易燃化學品，然後很快地沿著原路回到議長府。與此同時，一個頭腦愚鈍的縱火狂、荷蘭共產黨人馬里努斯・范・德・盧伯（Marinus van der Lubbe）也偷偷地潛入了這所黑黝黝的陌生大廈，放了幾把火。這個沒有頭腦的縱火狂眞是上帝給納粹黨人送來的。衝鋒隊在前幾天發現他，他們聽到他在一家酒館裡吹牛，說是曾經在好幾所政府大廈中放過火，下一個打算要燒國會了。

納粹黨人居然發現了有一個神經錯亂的共產黨縱火犯決心要幹他們自己決定要幹的勾當，這樣的巧合似乎是令人難以置信的，但是卻有事實爲證。放火這個念頭，最初肯定是戈培爾和戈林想出來的。當時在普魯士內政部供職的漢斯・吉斯維烏斯（Hans Gisevius）在紐倫堡作證說：「最初想到放火燒國會的是戈培爾。」祕密警察頭子狄爾斯在供詞中還說：「戈林事先完全知道火是怎樣起的」，因此命令他「在起火之前就準備好一張名單，在起火後馬上要加以逮捕一批人」。在第二次世界大戰初期擔任德軍參謀總長的弗朗茲・哈爾德在紐倫堡追述，有一次，戈林曾經吹噓過他的業績。

在一九四二年元首生日的午宴席上，談話的話題轉到了國會大廈的建築及其藝術價值。我親耳聽到戈林打斷大家的話，大聲地說：「眞正瞭解國會大廈的，只有我一個人，因爲是我放火把它燒了！」說完，他還用他的手掌拍著大腿（戈林在紐倫堡審訊時，矢口否認他同國會縱火案有任何關係）。

看來很清楚，范・德・盧伯是受納粹黨人利用的。他們鼓勵他去國會大廈放火。但是主要的工作是由衝鋒隊員幹的，當然他完全被蒙在鼓裡。事實上，後來在萊比錫舉行審訊時就確定，這個荷蘭傻瓜並沒有足夠的引火物可以在這麼快的時間內把這座這麼大的建築物燒掉。在他潛入大廈以後兩分半鐘，中央大廳就劇烈地燃燒起來了。而他只有自己的襯衫當作引火物。根據專家們在審訊時提供的證詞，幾處大火都是大量化學品和汽油所引起的。顯然，這些東西不可能由一個人帶進大廈，這一個人也不可能在這麼短促的時間內分身到這麼多的地方，放起這麼多處的火來。

范・德・盧伯當場被逮，據戈林後來在法庭上說，他當時想立即把范・德・盧伯絞死。第二天，共產黨議會黨團領袖恩斯特・托格勒聽說戈林把他株連在內，就自行向警察局投案，幾天以後，後來擔任了保加利亞總理的一個保加利亞共產黨人格奧爾基・季米特洛夫（Georgi Dimitroff）和另外兩個保加利亞共產黨人波波夫和泰涅夫被警察局拘押起來。他們後來在萊比錫最高法院受審，結果使得納粹黨人狼狽不堪，特別使戈林狼狽不堪，季米特洛夫自任辯護律師，在一連串的鋒利的反詰中，很輕易地使戈林窘相畢露。根據法庭記錄，戈林有一次大聲向這個保加利亞人咆哮：「滾出去，你這個混蛋！」

法官（向警官）：把他帶下去。

季米特洛夫（被警官帶下去）：你害怕我的問題嗎，總理先生？（這時戈林已是普魯士邦政府總理。）

戈林：等我們在法庭外面抓到你，給你點顏色看看，你這個混蛋！

托格勒和這三個保加利亞人被判無罪釋放，但是這個德國共產黨領袖卻立即被加以「保護性拘留」，終於在第二次大戰時病死獄中。盧伯被判有罪，當即處決[7]。

儘管法庭屈從於納粹當局，但是這次審訊使戈林和納粹黨人受到了很大的懷疑，只是爲時已晚，起不了什麼實際作用了。因爲希特勒絲毫沒有錯過時機，已經充分利用了國會縱火案。

在起火後的次日（二月二十八日），他使興登堡總統簽署了一項「保護人民和國家」法令，這項法令暫時停止執行憲法中保障個人和公民自由的七項條款。這項法令自稱是「防止共產黨以暴力行爲危害國家的預防措施」，它規定：

除非有相反規定，否則得以在法律限度以外，限制個人自由，限制表達意見的自由，包括出版自由；限制結社和集會自由；對郵件、電報、電話進行檢查；對搜查住宅發給許可證件；發出沒收以及限制財產的命令。

此外，這項法令還授權全國政府在必要時接管各邦的全部權力，對某些罪行，包括持有武器等「嚴重擾亂治安的行爲」判處死刑[8]。

這樣一來，希特勒不僅能夠合法地任意箝制和逮捕他的反對者，而且由於他揑造的共產黨威脅得到「公認」，也能夠使千百萬德國中產階級和農民陷於恐懼之中，生怕如果他們在一星期後的選舉中不投國家社會黨的票，布爾什維克就可能掌握政權。大約有四千名共產黨幹部和許多社會民主黨的及自由主義的領袖遭到了逮捕，其中包括一些國會議員，而根據法律，後者有豁免權，是不能逮捕的。這是德國人第一次嘗到在政府支持下的納粹恐怖滋味。滿車滿車的衝鋒隊員在德國各個城市的街道中隆隆駛過，未經許可，破門而入，進行搜查，把受害者帶走，投入衝鋒隊營房中，嚴刑拷打。共產黨報紙和政治集會固然遭到了取締，社會民主黨報紙和許多自由主義報刊也被勒令停刊，民主黨派的集會不是遭到禁止就是遭到破壞。只有納粹黨人和他們的民族黨盟友可以毫無阻攔地進行競選。

納粹黨人現在手頭掌握了全國政府和普魯士政府的一切力量，財庫裡有著大企業方面來的充分經費，因此他們這次競選宣傳是德國歷史上空前未有的。國營電臺第一次把希特勒、戈林和戈培爾的聲音傳送到全國每一角落。裝飾著萬字旗的街道上，衝鋒隊員列隊而過的皮靴聲不絕於耳。還有數不盡的群眾大會，火炬遊行，廣場裡的擴音器。廣告牌上盡是納粹黨的觸目的海報，入晚山頂上燃起了篝火。對選民威脅利誘，雙管齊下，一會兒以德國天堂來引誘，一會兒以街頭的褐色恐怖來威脅，一會兒又以「揭露」共產黨「革命」來恐嚇。在國會起火後第二天，普魯士政府發表了一項長篇聲明，宣稱它搜獲的共產黨「文件」證明：

要焚毀政府大廈、博物館、宅邸、重要工廠……要把婦女兒童送到恐怖團體面前處死……焚毀國會是流血暴動和內戰的信號……已經確定，今天要在德國全國對個人、對私有財產、對和平居民的生活採取恐怖行動，發動全面內戰。

它保證發表「證明共產黨陰謀的文件」，但是這個諾言從來沒有兌現過。不過，普魯士政府既然保證這種文件確實存在，這一點已經足夠使許多德國人深信不疑了。

如果再不相信的話，戈林的威脅也許起了作用。他在三月三日即選舉的前夕在法蘭克福大聲叫嚷說：

德國同胞們，任何司法上的考慮，都不能妨礙我的行動……我不必擔心法律；我的任務就是斬草除根，別無其他！……當然，我要充分利用國家和警察的力量，因此，親愛的共產黨朋友，不要得出任何錯誤的結論。而且要明白，我要同台下這些人——褐衫隊員——一起領導這場殊死的鬥爭，在這場鬥爭中，我要掐住你們的脖子[9]。

前總理布呂寧在那一天也講了話，但是他的聲音幾乎沒有人聽到。布呂寧宣稱，他的中央黨將反對任何推翻憲法的嘗試，要求調查可疑的國會縱火案，呼籲興登堡總統「保護被壓迫者抵抗壓迫者」。這一呼籲毫無效果。年老的總統繼續保持沉默。人民已經受到了驚動，現在是他們出來說話的時候了。

在一九三三年三月五日，他們在希特勒一生中最後一次民主選舉的那天，用他們所投的票說話了。儘管這種種恐怖和威脅，他們大多數人仍反對希特勒。納粹黨人在選舉中雖然以一千七百二十七萬七千一百八十票領先——比上次選舉增加了大約五百五十萬票，但是在全部選票中仍然只佔百分之四十四。希特勒仍舊沒有能獲得絕對多數。過去幾星期的迫害和鎮壓並不能夠阻止中央黨的選票得到實際的增加——從原來的四百二十三萬六百票增加到四百四十二萬四千九百票；把它的盟友天主教巴伐利亞人民黨的票數加在一起，它一共得到五百五十萬票。甚至社會民主黨也保持了它第二大黨的地位，共得七百一十八萬一千六百二十九票，較前只少了七萬票。共產黨減少了一百萬支持者，但是仍有四百八十四萬八千零五十八票。巴本和胡根堡領導的民族黨成績使他們極感失望，一共只得到三百一十三萬六千七百六十票，在全部票數中只佔百分之八，比以前只增加了二十萬票不到。

儘管如此，民族黨的五十二席加在納粹黨的二百八十八席上面以後，政府在國會中就有了十六席的多數。要執行日常的政府工作，這也許已經夠了，但是要達到三分之二的多數，那還相差很遠，而希特勒爲了要實現他的大膽新計畫，在議會同意下確立他的獨裁地位，是需要三分之二的多數。

國家的「一體化」（Gleichschaltung）

這個計畫極其簡單，而且還有一項優點，能用合法外衣攫奪絕對權力。它的辦法是，先要求國會通過一項「授權法」，在四年之內授予希特勒內閣全部立法權。說得再簡單一些，也就是要求德國國會把憲法規定的職責移交給希特勒，而國會則開始長期休會。但是，由於這需要修改憲法，因此需要有三分之二的多數才能通過。

怎樣取得三分之二的多數，在一九三三年三月十五日的內閣會議上，就成了一個主要的議事項目。這次內閣會議的記錄後來在紐倫堡公開了[10]。只要國會八十一個共產黨議員「缺席」，就可以部分解決這個問題。戈林認爲，剩下來的問題就可以用「不讓一些社會民主黨人入場」的辦法輕而易舉地處理掉。希特勒情緒很高，自信頗大。因爲，根據他在國會起火後第二天誘使興登堡簽署的「二月二十八日法令」，他可以逮捕任何數量的反對黨議員，以保證三分之二的多數。天主教中央黨方面還有一些問題，因爲他們要求提供某種保證，但是總理相信，這個黨是會同意他的。民族黨領袖胡根堡並不想把全部權力交給希特勒一人，他要求授權總統也參與起草內閣根據授權法頒布的法律。但是總統府國務祕書梅斯納博士已經把自己的前途寄託在納粹黨，他卻答覆說：「聯邦總統沒有必要參加。」他很明白，希特勒不想像過去歷任共和國總理那樣，受到頑固的老總統的掣肘。

但是在目前，希特勒希望向老元帥，同時也是向陸軍方面和民族主義保守派做一個漂亮的姿態，通過這個姿態，把他的流氓革命政權同興登堡的威望和普魯士過去的一切軍事榮譽聯繫起來。爲了實現這個目的，他和三月十三日就任宣傳部長的戈培爾想出了一條妙計，由希特勒在波茨坦的衛戍部隊教堂（Garrison Church）主持新國會的開幕式，雖然他心中已打算消滅國會。這個教堂是普魯士主義的聖地，在許多德國人的心中能夠喚起對於帝國光榮偉大的回憶，因爲腓特烈大帝的遺體就埋葬在這裡，霍亨佐倫王朝的歷代先王都曾在這裡做過禮拜，興登堡曾在一八六六年到這裡來做過第一次朝聖，當時他還是一個年輕的禁衛軍軍官，剛參加了給德國帶來了第一次統一的奧普戰爭歸來。

第三帝國第一屆國會選了三月二十一日作爲隆重的開幕日期是大有深意的，因爲這一天正好是俾斯麥在一八七一年主持第二帝國第一屆國會開幕的日子。當身穿金光閃閃的制服的帝國時代遺留下來的老元帥們、海陸軍將領們在前皇儲與頭戴骷髏驃騎兵的頭盔、身穿威武制服的馬肯森（August von Mackensen）陸軍元帥帶領下進入會場時，腓特烈大帝和鐵血宰相的威靈赫然如臨。

興登堡顯然大爲感動，布置這次演出並且指導向全國廣播的戈培爾在儀式進行時一度注意到——他並且記在日記中——老元帥熱淚盈眶。總統身穿著灰色軍服，胸佩黑鷹綬章，一手捧著尖頂頭盔，一手執著元帥節杖，在穿著正式禮服顯得有點拘謹的希特勒陪同下，慢步進入會場，中途停下來向皇室旁聽席上空著的德皇威廉二世的座位敬禮，然後到祭壇前宣讀了一篇簡短的講話，表示支持希特勒新政府。

> 願這個著名聖地的傳統精神貫徹到今天的年輕一輩中去，願這種傳統精神把我們從自私自利和黨爭中解脫出來，在民族自覺中團結起來，建立一個自豪的自由的統一的德國。

希特勒的答詞極其狡猾，旨在打動濟濟一堂的舊秩序代表的同情心和騙取他們的信任。

無論皇帝、政府或人民都不要戰爭。只是由於國家的崩潰才迫使一個備受淩辱的民族違反它極其神聖的信念，承擔了這次戰爭的罪過。

說到這裡，他轉身向巍然坐在前面不遠的興登堡說：

由於過去幾星期中發生了一個獨特的變化，我國民族榮譽得以恢復，而且由於您，陸軍大元帥閣下，往日偉大的象徵和新力量的象徵聯合起來了。我們向您致敬。感謝上帝的保佑：我國新的力量能有您領導[11]。

希特勒為了要表示他對總統——也就是對這位總統，他在這個星期還沒有結束之前，就要剝奪其全部政治權力——的敬意，走下講臺，到興登堡面前深深一鞠躬，緊緊地同他握手。這時，戈培爾布置的照相機、攝影機、錄音機都同時活動起來，鎂光閃閃，機聲軋軋，把德國陸軍元帥和奧地利下士象徵著新德國和老德國團結的莊嚴握手場面記錄下來，讓全國和全世界都能看到聽到。

「在希特勒在波茨坦做了令人眼花繚亂的保證以後，」當時在場的法國大使後來寫道：「這種人，像興登堡和他的朋友，容克地主和保皇派貴族，胡根堡和他的德意志民族黨人，國防軍軍官們這種人，怎麼還會再有他們當初在看到他的黨的違法亂紀行為時所懷有的疑懼呢？他們現在還能夠不痛快地給予他完全信任，滿足他的一切要求，授予他所要求的全部權力嗎？」[12]

兩天以後，在三月二十三日，當國會在柏林的克羅爾歌劇院復會時，答案就出來了。國會要討論所謂授權法——正式名稱叫《消除人民和國家痛苦法》（*Gesetz zur Behebung der Not von Volk und Reich*）。它一共只有短短的五節，把立法權（包括國家預算的控制權）、批准同外國締結條約權、憲法修正權都從國會手中拿過來移交給內閣，爲期四年。此外，這項法律還規定，內閣制定的法律由總理起草，並且「可以不同於憲法」。但是任何法律不得「影響國會的地位」——這肯定是世界上最殘酷的嘲弄了——總統的權力依舊「未變」[13]。

希特勒向聚集在這所華麗的歌劇院中的議員們發表了一篇特別有節制的講話，著重指出了最後這兩點。這所歌劇院一向專門演出輕鬆歌劇，它的旁聽席上現在都坐滿了身穿褐衫的衝鋒隊員，他們的滿臉橫肉和傷疤向人表明，不能允許人民代表在這裡胡鬧。希特勒保證：

> 政府將只有在爲執行極其必要的措施而必需的範圍內使用這種權力。這並不威脅到國會或參議院的存在。總統的地位和權力依然未變……各邦的獨立地位也不改變。教會的權利不會受到限制，它們同國家的關係不會受到影響。非實行這種法律不可的國內情況是很有限的。

這個脾氣暴躁的納粹領袖的講話聽起來相當溫和，幾乎到了謙恭的程度；即使是反對黨議員，要在當時第三帝國生命的初期完全識破希特勒的保證，爲時還太早。儘管如此，在外面的衝鋒隊員的「交出全部權力」的鼓噪聲中還是有一位反對黨議員站了起來，反對這個未來的獨裁者。這位議員是社會民主黨領袖奧托・威爾斯（Otto Wells），他的十幾位同僚已被警方「拘留」。他態度鎮靜，昂然不屈地宣稱，政府可以剝奪社會黨人的權力，但是剝奪不了他們的榮譽。

在這有著歷史意義的時刻，我們德意志社會民主黨人莊嚴地保證要維護人道和正義、自由和社會主義的原則。任何授權法都不能給予你權力去摧毀永恆的、不可摧毀的思想。

希特勒盛怒之下，跳了起來，現在議員們眞正看到了這個人的顏色。他叫道：

你們來得晚了，但是你們還是來了！……你們已不再有什麼用處了……德國的命運將會上升，而你們的命運將會下降。你們的喪鐘已經響了……我不需要你們的投票。德國會得到自由，但不是靠你們！（熱烈掌聲）

對共和國的削弱負有沉重責任的社會民主黨人雖然將要失敗，但是至少這一次，願意堅持原則並且堅決反抗。但是天主教中央黨卻不願意，而他們在政教鬥爭時卻曾經成功地反抗過鐵血宰相。該黨領袖卡斯主教曾經要求過希特勒書面保證他將尊重總統的否決權。但是希特勒雖然在選舉以前答應做出這個保證，卻從來沒有交出過這個保證。儘管如此，這位中央黨領袖還是站起來宣布，他的黨將投票贊成授權法。布呂寧繼續保持沉默。投票馬上舉行，結果是四百四十一票贊成，八十四票（全部社會民主黨人）反對。納粹黨議員們跳了起來呼叫，興高采烈地跺著腳，然後同衝鋒隊員們一起高唱

〈霍爾斯特・威瑟爾之歌〉，這支歌不久就有了〈德意志高於一切〉一樣的地位，成了德國兩首國歌之一：

> 旗幟高高飄揚，隊伍整整堂堂，
> 衝鋒隊員們齊步向前……。

這樣，議會民主制度在德國終於被埋葬了。除了逮捕共產黨人和一些社會民主黨議員以外，一切都是在相當合法的情況下做到的，雖然同時也存在著恐怖。議會把它的憲法權力交給了希特勒，從而實行了自殺，雖然如此，它的屍體卻抹上了防腐的油膏，一直擺在那裡，到第三帝國的末日爲止，偶然拿來充當希特勒大聲咆哮的傳聲筒，它的議員以後都是由納粹黨一手挑選出來的，因爲以後就再也沒有眞正的選舉了。這一項授權法就是希特勒獨裁政權的全部法律基礎。從一九三三年三月二十三日起，希特勒成了全國的獨裁者，不受議會的任何約束，在實際上也不受年老多病的總統的任何約束。當然，要使整個國家和它的全部制度都置於納粹的鐵蹄之下，還有許多工作要做。不過，我們不久就可以看到，這也是在極其迅速的情況下用殘酷無情的手段和陰謀詭譎的方法做到的。

「街頭流氓，」用亞倫・布洛克（Alan Bullock）的話來說：「攫奪了一個偉大的現代化國家的力量的控制權，流浪漢上臺執了政。」不過是——正如希特勒從來沒有停止誇口的那樣——「合法地」用議會的壓倒多數來達到這個目的。德國人只能怪自己。

德國的最有權勢的機構現在一個接著一個向希特勒投降，一聲不吭、毫無反抗地自行消失。

在德國歷史中始終堅持自己單獨權力的各邦被開頭刀。在三月九日晚上，也就是通過授權法以前兩個星期，埃普將軍奉希特勒和弗立克之命，在少數衝鋒隊員的協助下，趕走了巴伐利亞政府，成立了一個納粹政權。不到一星期，希特勒就派出了國家專員去接管其他各邦，只有普魯士例外，因爲在這裡戈林早已牢牢地處在控制地位了。三月三十一日，希特勒和弗立克第一次援用授權法，宣布了一項法律，解散普魯士以外各邦的議會，命令它們按照最近一次國會選舉結果的比例重新組織。共產黨的議席則予以虛懸。不過這個辦法只實行了一個星期。性急如火的總理在四月七日又頒布一項法律，任命了各邦的邦長（Reichsstaathälter），他們有權任命和撤換地方政府，解散議會，任命和撤換各邦的官員和法官。新任的邦長無一不是納粹黨人，他們「必須」執行「國家總理所制定的總政策」。

這樣，從國會得到全部權力還不滿兩個星期，希特勒就完成了俾斯麥、威廉二世和威瑪共和國所從來不敢嘗試的事情：他廢除了歷史性各邦的單獨權力，使它們歸屬於掌握在他自己手中的國家中央權力之下。他在德國歷史上第一次眞正統一了德國，摧毀了它的歷史悠久的聯邦性質。在一九三四年一月三十日，希特勒就任總理的一周年紀念日，他頒布了一項《國家重建法》，就正式完成了這個任務。這項法律取消了各邦的「人民議會」，各邦的主權移交給國家，邦政府隸屬於全國政府，邦長受全國政府內政部長管轄[14]。正如內政部長弗立克所說：「邦政府現在不過是國家的行政機構而已」。

一九三四年一月三十日法律的前言宣稱，這項法律是「國會一致表決通過的」。這話並不錯，因爲到這個時候，除了納粹黨以外，德國的所有政黨都已被消滅殆盡了。

不能說它們在被消滅的時候是反抗過的。一九三三年五月十九日，國會中所有沒有被捕或流亡的社會民主黨人都毫無異議地一致投票贊成希特勒的外交政策。在此以前九天，戈林的警察還佔據了該黨的辦公大樓，沒收了它的報紙和財產。但是，社會黨人還想依順希特勒。他們譴責在國外攻擊元首的同志。六月十九日，他們選舉出一個新的黨委員會，但是三天後，弗立克解散了社會民主黨，認爲它「顚覆和敵視國家」，這就使他們的妥協嘗試告一結束。倖存下來的領袖保羅・洛伯（Paul Lobe）和該黨一些國會議員遭到了逮捕。至於共產黨人，當然早已遭到鎮壓了。

剩下來的就只有中產階級政黨了，但是，它們的壽命也並不長。天主教巴伐利亞人民黨政府在三月九日的納粹黨政變中被趕下臺，到七月四日就宣布自行解散；它的盟友中央黨在過去曾經堅決地反抗過俾斯麥，一向是共和國的中流砥柱，但是在第二天也宣布解散，這樣，在德國現代史上第一次沒有了天主教的政黨——不過，這個事實並沒有妨礙梵蒂岡在兩星期後同希特勒政府達成一項協議。史特雷斯曼的老黨人民黨在七月四日自殺，民主黨則在一個星期前就自殺了。

希特勒聯合政府中的盟友德意志民族黨怎樣呢？沒有民族黨的支持，這個前奧地利下士是絕不可能合法地掌握政權的。民族黨儘管接近興登堡、陸軍、容克地主和大企業，儘管對希特勒上臺有功，它還是同樣乖乖地走上了所有其他政黨所走過的道路。六月二十一日，警察和衝鋒隊佔領了它在全國各地的辦事處，六月二十九日，該黨的態度強硬的領袖胡根堡，在六個月以前還曾經幫助希特勒進入總理府，現在則退出政府，他的手下人員「自動地」解散了民族黨。

剩下來的只有納粹黨了，七月十四日，一項法律規定：

> 國家社會主義德意志工人黨是德國的唯一政黨。

凡維持另外一個政黨的組織機構或組織一個新政黨者，如其罪行不觸犯其他規定而須受到更大的懲罰，則處以三年以下的徒刑，或六個月到三年的拘禁[15]。

這種一黨極權的國家，是國會放棄了它的民主職責後四個月內在幾乎未受絲毫反抗的情況下建立的。

我們曾經談到，自由的工會曾經用宣布總罷工這樣一個簡單辦法，一度擊潰過法西斯卡普政變，現在它們也像各政黨和各邦一樣，被輕而易舉地結束了生命，雖然在這以前還對它們施了一個巧妙的詭計。半個世紀以來，五一勞動節一直是德國——和歐洲——工人的傳統紀念日。納粹黨政府在下手之前為了麻痹工人和他們的領袖，宣布一九三三年勞動節為全國性紀念日，正式命名為全國勞動節，準備空前地大肆慶祝。納粹黨這種對工人階級表示特別友好的舉動，使工會領袖們上了鉤，他們熱情地同政府和納粹黨合作來籌備慶祝。各地勞工界領袖都坐飛機到柏林來，成千上萬的旗幟上寫著納粹政權同工人團結一致的口號，在柏林郊外的坦貝爾霍夫（Tempelhof）機場，戈培爾準備舉行德國有史以來最盛大的一次群眾遊行。在群眾大會之前，希特勒親自接見工人代表，他宣稱：「你們可以看到，說（納粹）革命的對象是工人，是多麼不真實和不公正。情況恰好相反。」後來在飛機場對十萬工人發表演說時，希特勒宣布了這句口號：「尊重勞動，尊重工人！」並且保證，要「世世代代」慶祝勞動節來對德國工人表示敬意。

那天夜裡，戈培爾在他的日記中用最華麗的辭藻描述了工人們參加他籌備得極其出色的勞動節慶祝活動的熱情後，加上了這麼一句古怪的話：「明天我們將要佔領工會辦公處。他們將不會有什麼抵抗。」[16]（紐倫堡公布出來的一份文件表明，納粹策畫摧毀工會已有一個時期了。萊伊博士在四月二十一日簽發的一項祕密命令中有在五月二日使工會「一體化」的詳細指示。由衝鋒隊和黨衛隊「佔領工會產業」，將所有工會領袖「置於保護性拘留下」。工會經費要予以沒收。基督教〔天主教〕工會在五月二日沒有受到侵犯。它們的末日是在六月二十四日）。

事實就是如此。五月二日，全國各地的工會辦公處都被佔領，工會經費被沒收，工會被勒令解散，領袖被逮捕。許多人遭到了毒打，關進了集中營。工會聯合會兩位主席西奧多・萊巴特（Theodor Leipart）和彼得・格拉斯曼（Peter Grassmann）曾經公開保證同納粹政權合作，然而也不能倖免。希特勒派去接管工會和建立德國勞工陣線的科隆納粹黨頭子、嗜酒如命的萊伊博士這麼說：「萊巴特和格拉斯曼之流可以高興怎麼樣就怎麼樣虛偽地宣布他們忠於元首——但是他們最好還是坐監牢。」這就是他們被送去的地方。

雖然在開始的時候，希特勒和萊伊企圖讓工人們放心，他們的權利會得到保護。萊伊在他的第一次宣言中說：「工人們！你們的組織對我們國家社會黨人來說是神聖的。我本人是個貧農的兒子，知道貧困的滋味……我知道無形的資本主義剝削是怎麼一回事。工人們！我向你們起誓，我們不僅將保持現有的一切，而且要進一步保護工人，擴大他們的權利。」[17]

三星期後，納粹的諾言再一次證明是騙人的空話，那時希特勒頒布了一項法律，停止實行集體談判的辦法，並且規定今後將由他任命的「勞工代表」來「調整勞資合約」和維持「勞資和平」[18]。由於勞工代表的決定在法律上有約束力，人人必須遵守，這項法律實際上就是取締罷工。萊伊保證「要把絕對領導權交還給一個工廠的當然領袖——那就是雇主……只有雇主有權決定一切。許多雇主多年來必須到外面去請人來當『一家之主』。現在他們又恢復作『一家之主』了」。

暫時來說，企業界感到高興了。許多雇主對國家社會主義德意志工人黨所做的慷慨捐助現在收到了效果。但是，企業要繁榮，社會必須要有一定程度的穩定。而在整個春天和初夏，德國的治安情況每況愈下，狂熱的褐衫隊匪幫在街上橫衝直撞，任意逮人、打人，甚至殺人，而警察卻站在一邊袖手旁觀。街頭恐怖，並不像在法國大革命時期那樣，是國家權威垮臺的結果，相反，它是在國家鼓勵、甚至常常是在國家的命令下進行的，而這種國家的權威在德國從未達到過這麼強大和集中的地步。法官受到了威脅，他們不敢判處一個衝鋒隊員，即使他犯了殺人罪行，因爲這樣做，自己的性命就要不保。正如戈林所說，如今希特勒就是法律，到一九三三五月至六月間，元首還在宣布「國家社會主義革命還沒有完成，只有在新德意志民族受到了教育以後才會勝利完成」。在納粹黨的辭典裡，「教育」意即——「恫嚇」，使人人都馴順地接受納粹黨獨裁和它的野蠻暴行。在希特勒看來——他已經不止一次地公開宣稱過——猶太人不是德國人，雖然他並沒有馬上就消滅他們（在他上臺後頭幾個月裡，只有少數人——那是說，少數幾千人——被剝奪了財產，受到了毒打，遭到了殺害），但是他頒布命令，不許他們擔任公職、在大學裡教書、從事自由職業。一九三三年四月一日，他下令全國抵制猶太人的商店。

在納粹黨解散討厭的工會時一度過早感到高興的企業家們，現在發現納粹黨中左翼分子當眞相信該黨的社會主義主張，企圖控制雇主協會，解散大百貨商店，把工業收歸國有。成千上萬的粗暴的納粹官員到過去不支持希特勒的企業登門拜訪，有的揚言要沒收這些企業，有的要求在企業中擔任薪金優厚的職位。經濟學怪物費德爾博士現在堅持要實現黨的綱領——把大企業收歸國有、國家分享利潤、取消不勞而獲的收入和「利息奴役制」。好像這還不足以嚇壞企業家似的，剛剛上任的農業部長瓦爾特·達里答應農民把他們所欠的債務本金勾銷一大筆並且把未勾銷部分的利息降低到百分之二，這使銀行家們提心吊膽，惶惶不安。

為什麼不這樣？希特勒到一九三三年仲夏時已是全德國的主人。他現在完全可以實行他的綱領。巴本儘管狡詐，這時已完全無能為力，他原來以為他和胡根堡以及舊秩序的其他保衛者在內閣中對納粹黨保有八對三的優勢，能夠控制希特勒，利用他來達到他們自己的保守目的，如今他的打算完全落空了。他自己就被轟出了普魯士總理的職位，而由戈林來接替。他在全國政府中仍舊擔任副總理一職，但是正如他後來悻悻然承認的那樣：「這個職位是徒有虛名」。企業界和金融界的辯護士胡根堡已經辭職，他的黨已經解散。納粹黨中第三號人物戈培爾已在三月十三日參加內閣，擔任國民教育與宣傳部長。像戈培爾一樣，被認為是個「激進分子」的達里則擔任了農業部長。

在德國經濟系統中佔據關鍵地位的國家銀行總裁、保守分子漢斯·路德（Hans Luther）博士被希特勒免了職，捲起鋪蓋到華盛頓去當大使了。認識到納粹主義的「眞理和必要性」的前總裁、希特勒的忠實信徒沙赫特博士趾高氣揚地在一九三三年三月十七日繼任了這個職位。在建設第三帝國的經濟實力和為第二次世界大戰準備軍備方面，整個德國沒有別人比沙赫特對希特勒的功勞更大了。他後來還兼任了經濟部長和戰時經濟全權總代表。不錯，在第二次世界大戰前不久，他開始反對他所崇拜的偶像，終於辭去了或者說被解除了他的一切職務，甚至參加了那些密謀要暗殺希特勒的人一夥。他悔不該長期輸誠效忠，以自己的聲望為之助威，把自己的過人才能供其驅策。但是到那個時候，要在納粹黨領袖面前獨挽狂瀾，為時已經晚了。

「不許有第二次革命！」

希特勒輕而易舉地征服了德國，但是當一九三三年夏天來臨的時候，他還是有一些問題需要解決。主要的問題至少有五個：防止出現第二次革命；解決衝鋒隊與陸軍之間令人不安的關係；使國家擺脫經濟困境，為六百萬失業者尋找工作；在日內瓦裁軍會議上為德國取得平等的擴軍權利和加速德國在共和國末期開始的祕密重整軍備工作；最後是決定由誰在年老多病的興登堡去世後繼承他的位置。

「第二次革命」這句話是衝鋒隊頭子羅姆造出來的，他堅決主張要實現第二次革命。戈培爾後來也這麼主張，他在一九三三年四月十八日的日記中寫道：「人民中間個個都在談論一定要進行的第二次革命。這是說一次革命沒有完。現在我們要同反動派算帳了。革命絕不能停下來。」[19]

納粹黨摧毀了左派，但是右派仍舊存在：大企業界和金融界，貴族，容克地主，牢牢地控制著陸軍的普魯士將軍。羅姆、戈培爾和納粹運動中的其他「激進分子」要把他們也清算掉。手下衝鋒隊已達兩百萬左右——幾乎是陸軍的二十倍——的羅姆在六月間發出警告：

德國革命的道路上已經贏得了一個勝利……對推動德國革命起了很大作用的衝鋒隊和黨衛隊絕不允許革命在半途被出賣……如果有市儈認為民族革命的時間已經太久了……那麼現在的確是應該結束民族革命，轉而進行一場國家社會主義革命的時候了……我們將繼續鬥爭——不論有沒有他們在一起。而且，如果必要的話，向他們鬥爭……我們是完成德國革命堅定無比的守護者[20]。

在八月間，他又在一次演講時說：「今天仍有擔任官職的人對於革命的精神毫無瞭解。如果他們膽敢把他們的反動思想付諸實踐，我們將毫不留情地把他們幹掉。」

但是，希特勒卻有不同的想法。在他看來，納粹黨的社會主義口號只不過是宣傳而已，只不過是在取得政權的道路上爭取群眾的手段而已。現在他既然已經取得了政權，對於這些口號就不再感興趣了。他現在需要時間來鞏固他的地位和國家的地位。至少在目前，必須巴結右派——企業界、陸軍和總統。他並不打算使德國陷於破產的境地，從而危及他自己的政權的生存。絕不能有什麼第二次革命。

他在七月一日對衝鋒隊及黨衛隊領袖的講話中說明了這一點。他說，德國現在需要的是秩序。「對於任何破壞現有秩序的企圖，我將同所謂第二次革命一樣加以無情的鎮壓，因爲這只會造成混亂。」七月六日，他在總理府對各邦的納粹黨邦長重新提出了這個警告：

革命並不是一種永久不斷的事情，絕不能允許它成爲這種事情。必須把革命的激流引導到逐步發展的安全河道裡去……因此，我們絕不能排斥一個好企業家，即使他還不是一個國家社會黨員，特別是，如果要接替他的位置的國家社會黨員一點都不懂得他的業務。在企業中，唯一的標準必須是能力……。

歷史判斷我們功過的時候，並不是根據我們撤換和監禁了多少經濟專家，而是根據我們是否能夠造成就業……我們並不因為綱領中的一些主張就必須幹出愚蠢的事情來，把一切都弄得七顛八倒，而是必須明智地和謹慎地實現我們的思想。從長遠來說，我們的政權越是有經濟上的支持，它越是穩固。因此，各邦邦長必須做到，任何黨組織都不得代行政府的職權，撤換或任命官員，這是全國政府的職責，至於企業方面，那是全國政府經濟部的職責[21]。

沒有比這段話更有權威地說明納粹革命是政治性的革命，而不是經濟性的革命了。為了證明他言之非虛，希特勒撤換了一些企圖奪取雇主協會控制權的納粹「激進分子」。他恢復了克魯伯・馮・波倫—哈爾巴赫和弗里茨・蒂森在這些協會中的領導地位，解散了跟大百貨商店搗蛋的中產階級商人戰鬥聯盟，任命卡爾・施密特（Karl Schmitt）繼任胡根堡為經濟部長。施密特是企業家中最正統的一個，原任德國最大的保險公司安聯保險總經理，他毫不遲疑地制止了那些把黨綱天真地信以為真的國家社會黨員們的企圖。

在普通納粹黨員中間，特別是在希特勒的群眾運動核心力量衝鋒隊員中間，失望情緒是很強烈的。他們大多數人屬於失業和不滿的大軍，由於本身經歷，生來就反對資本主義，他們相信，他們在街頭鬥毆，對革命做了貢獻，革命就一定會給他們帶來報酬，不管是在企業中，還是在政府中，應該得到優厚差使。他們在春天時由於採取了一陣過火的行動而陶醉了一個時候，如今他們的希望破滅了。原來的人，不管是否黨員，仍將保有原來的職位，並且保有任免大權。不過，這還不是衝鋒隊員中間騷動不安的唯一原因。

希特勒和羅姆過去在衝鋒隊的地位和宗旨的問題上的爭吵，如今又爆發了。納粹運動一開始的時候，希特勒就主張，衝鋒隊員應該是一支政治力量而不是軍事力量。他們應該提供納粹黨在取得政權的道路上所需要的暴力和恐怖。而在羅姆看來，衝鋒隊不僅是納粹革命的骨幹力量，而且是未來革命軍的核心，這支革命軍對希特勒的作用，正如法國大革命後法國義務軍對拿破崙的作用一樣。現在已是這樣的時候了，應該推開反動的普魯士將軍（他輕蔑地稱他們爲「老傻瓜」），組織一支革命的軍隊、一支人民的軍隊，由他和他那些征服了德國街道的強悍助手們來領導。

這種想法同希特勒的想法大相徑庭。他比羅姆或任何其他納粹黨人更加清楚，沒有陸軍將領的支持，或者至少說沒有他們的默許，他是不可能取得政權的；至少在目前，如果他要繼續執政，這在一定程度上就要取決於他們的繼續支持，因爲他們仍舊有著如果高興的話可以攆走他的實際力量。而且希特勒也預見到，在不會很久的將來，當八十六歲的總司令興登堡逝世的時候，他在這個關鍵重大的時刻，將需要陸軍對他個人的忠誠。此外，這個納粹領袖還相信，只有軍官團才能幫助他實現目標，在一個短時期內建立一支強大的紀律嚴明的軍隊的目標，因爲軍官團有著軍事傳統和人才。而衝鋒隊只不過是一群烏合的暴徒，只能在街頭毆打鬧事，很少有現代軍隊的價值。況且，它的任務現在已經完成了，從今以後，就必須很有策略地使它退出舞臺。因此，希特勒的看法和羅姆的看法是不可調和的，從一九三三年夏天開始到次年六月三十日，這兩個又是納粹運動的元老又是親密的朋友（羅姆是希特勒以親密的「你」而不是以客氣的「您」相稱呼的唯一的人）之間，一直在進行著一場簡直是你死我活的鬥爭。

羅姆在一九三三年十一月五日在柏林體育館對一萬五千名衝鋒隊長發表演講時，表達了衝鋒隊員們中深深失望的情緒。他說：「我們常常聽說……衝鋒隊已經失去了存在的理由。」但是他警告說，事實並非如此。可是，希特勒的態度很堅決。他於八月十九日在戈德斯堡浴場曾經警告說：「衝鋒隊同陸軍的關係必須是同政治領導的關係一樣的關係。」九月二十三日，他在紐倫堡講話時說得還要清楚：

今天，我們應該特別記得我國陸軍所起的作用，因爲我們大家都很清楚，在我們革命的日子裡，要不是陸軍站在我們一邊，我們今天就不會在這裡開會了。我們可以向陸軍保證，我們將永遠不會忘掉這一點，我們認爲，他們是我國軍隊光榮而歷史悠久的傳統的繼承者，我們將全心全意地、竭盡全力地來支持陸軍的這一精神。

在這以前，希特勒曾祕密地向軍隊作了保證，因此爭取到許多高級軍官倒向他的一邊。在一九三三年二月二日，即他就職後兩天，他在陸軍總司令漢默斯坦將軍的家中向陸海軍高級將領講了兩小時的話。埃里希·雷德爾（Erich Räder）海軍上將在紐倫堡審訊時透露了納粹總理同軍官團第一次會談的大意[22]。他說，希特勒消除了高級將領們原來以爲可能要軍隊從事內戰的擔心，他還保證，陸軍和海軍現在可以放手致力於迅速重新武裝新德國的這項主要任務。雷德爾海軍上將承認，他對於建立一支新海軍的前景是極爲高興的。布倫堡將軍後來在他未出版的回憶錄中也說，元首打開了「一個使將來有無窮機會的活動餘地」。布倫堡於一九三三年一月三十日匆忙就任國防部長一職，也就消除了陸軍方面要想反對希特勒出任總理的任何打算。

爲了要進一步鼓起軍方領袖們的熱情，希特勒在四月四日設立了國防會議，來加緊執行一項重整軍備的祕密新計畫。三個月以後，在七月二十日那天，總理頒布了一項新的陸軍法，廢除了民政法庭對軍人的司法管轄權，取消了士兵的選舉代表制，從而恢復了軍官團歷史悠久的軍事特權。許多陸海軍將領開始從另外一個比較贊成的角度來看待納粹革命了。

爲了要給羅姆吃些甜頭作爲安慰，希特勒在十二月一日任命他——與副黨魁赫斯一起——爲內閣閣員，在一九三四年元旦又寫了一封友好熱情的信給這個衝鋒隊頭子。他一方面重申「陸軍有責任保衛國家，抵禦境外敵人」，同時又承認「衝鋒隊的任務是確保國家社會主義革命的勝利和國家社會主義國家的存在」，並且承認，衝鋒隊的成績「主要應歸功」於羅姆。這封信最後說：

> 因此，在國家社會主義革命頭一年結束的時候，我覺得必須向你，我親愛的恩斯特．羅姆，對你爲國家社會主義運動和德國人民所做出的不可磨滅的貢獻，表示感謝，並且向你保證，能夠有你這樣的人當我的朋友和戰友，我對命運是多麼感激。
>
> 懷著眞誠友誼與感激之情的阿道夫．希特勒23

這封用親密的「你」來稱呼的信，刊登在一九三四年一月二日納粹黨的主要日報《人民觀察家報》上，對於暫時緩和衝鋒隊中存在的不滿情緒，起了很大作用。在聖誕節和新年的友善氣氛中，衝鋒隊和陸軍的鬥爭，激進的納粹黨分子要求進行第二次革命的叫囂暫時平息下去了。

納粹外交政策的發端

《西方的沒落》的作者史賓格勒在評論希特勒輕而易舉地在一九三三年征服了德國和把德國納粹化的時候說過這麼一句話：「這不是勝利，因爲沒有敵手。」他在那年年初就寫道：「這次攫奪政權——我是懷著憂懼的心情看著他們那麼大張旗鼓地每天慶祝。如果到取得眞正的肯定的勝利時再這樣，會更好些，也就是在外交方面取得勝利的時候。別的都不是勝利。」[24]

這位哲學家兼歷史學家一度是納粹黨人的偶像，不過爲時不長，最後雙方都失卻了魅力。他當時這種急躁態度未免過分。因爲希特勒要著手征服全世界之前必先征服德國。一旦他消滅了國內的反對者——或者說他們自行消滅了——以後，他就馬上轉到了一直最使他感到興趣的方面：外交事務方面了。

一九三三年春季，德國在世界上的地位不可能更糟糕了。第三帝國在外交上處於孤立、軍事上陷於無力的地位。整個世界對於納粹的暴行，特別是迫害猶太人，感到憎惡。德國的鄰邦，特別是法國和波蘭，態度是敵對的和多疑的，早在一九三三年三月，波蘭在但澤舉行了一次軍事示威之後，畢蘇斯基（Józef Pilsudski）元帥向法國人表示最好聯合起來對德國進行一次預防性的戰爭。甚至墨索里尼對於希特勒上臺執政，事實上也並不熱心，儘管在表面上他裝出歡迎第二個法西斯國家出現的姿態。一個在潛力上大大地強於義大利的國家元首，很可能不久就使墨索里尼這位領袖（Duce）黯然失色。一個狂熱的泛日耳曼德國對奧地利和巴爾幹各國會有野心，而在這些地方，那位義大利獨裁者也已經提出過他的領土要求了。蘇聯對納粹德國的敵意是很顯然的，因為它是一九二一年以來共和制德國的唯一友人。這樣，在一個充滿敵意的世界中，第三帝國的確是孤立無友的。而且，它又沒有武裝，或者說，同它高度武裝的鄰邦對比之下，相對地來說是如此。

因此，希特勒外交政策的當前戰略和策略，是由德國的軟弱和孤立處境這個殘酷現實所決定。但是，矛盾的是，這種處境又符合他自己和大多數德國人民最強烈的希望：在不致引起制裁的情況下擺脫《凡爾賽和約》的束縛，在不致引起戰爭的情況下重新武裝。只有在他完成了這雙重的短期目標以後，他才有軍事力量，能毫無牽制地實現既定的長期外交目的，他早在《我的奮鬥》中就十分坦率和十分詳盡地描述了外交具體目標與方法。

第一件要做的事情，顯然是以宣傳裁軍和和平的方法來迷惑德國在歐洲的敵手，同時張大眼睛尋找他們集體甲冑中的弱點。一九三三年五月十七日，希特勒在國會發表了「和平演說」，這是他一生中最漂亮的演說之一，是欺騙宣傳的傑作，它不僅深深地打動了德國人民的心，使他們團結在他的背後，而且在國外造成了一個深刻的、使人有好感的印象。就在前一天，羅斯福總統剛剛向四十四個國家的元首發出了一封動人的信件，概述了美國在裁軍和和平方面的計畫和希望，呼籲廢除一切攻擊型武器——轟炸機、坦克、機動重炮。希特勒很快地響應了總統的呼籲，並且加以充分的利用。

我在昨天晚上獲悉羅斯福總統提出的建議，德國政府對他的建議表示最熱烈的感謝。德國政府願意同意這個克服國際危機的方法……對於那些希望合作起來維持和平的人來說，總統的建議是一件令人高興的事情……德國完全願意放棄一切攻擊型武器，如果有武裝的國家也銷毀它們的攻擊型武器的話……德國也完全願意解散它的全部軍隊，銷毀它現有的少量武器，如果鄰國也這樣做的話……德國願意同意任何莊嚴的互不侵犯條約，因爲它並不想進攻別國，而只想謀求安全。

這篇演說，還有不少溫和的詞句和熱愛和平的表白，使得憂心忡忡的世界感到又驚又喜。德國不要戰爭。戰爭是「瘋狂透頂的事」。它會「造成現有社會和政治秩序的崩潰」。納粹德國並不希望把其他國家的人民「德國化」。「上一世紀的心理狀態使人們認爲他們要把波蘭人和法國人變成德國人，這種心理狀態同我們是格格不入的……法國人、波蘭人和其他國家的人民都是我們的鄰人，我們知道，任何事情都不可能改變這一客觀現實，否則，這種事情在歷史上是不可想像的」。

但是其中有一個警告。德國要求同所有其他國家享有平等待遇，特別是在軍備方面。如果不能得到平等待遇，德國寧可退出裁軍會議和國際聯盟。

但是在西方世界同聲慶賀希特勒出乎意料的講道理的時候，這個警告沒有得到注意。倫敦《泰晤士報》也認爲，希特勒的平等待遇要求是「駁不倒的」。工黨機關報倫敦《每日先鋒報》（*Daily Herald*）要求相信希特勒的話。保守的倫敦《旁觀者》（*Spectator*）週刊認爲希特勒已響應了羅斯福的呼籲，這個姿態使惶惶不安的世界有了新的希望。在華盛頓，據德國官方通訊社引述總統祕書的話說：「總統對於希特勒接受他的建議感到很鼓舞。」

從這個性格暴躁的納粹獨裁者口中出來的，竟不是如許多人所預料的強橫威脅，而是甜言蜜語，全世界都給迷住了。而在國會中，甚至社會黨議員，那些還沒有被投入牢中或自行逃亡的議員，也沒有一個表示異議，都投票贊成希特勒的外交政策演說，使得國會能夠一致地予以通過。

但是，希特勒的警告並不是空口說說的，當十月初看到協約國堅持要在八年之後才肯把它們的軍備降低到德國水平的時候，他就在十月十四日突然宣布，由於其他大國在日內瓦不肯給予德國平等待遇，德國立即退出裁軍會議和國際聯盟。與此同時，他採取了其他三個步驟：解散國會，宣布他將把退出日內瓦會議的決定交付全國公民投票來認可，最後命令國防部長布倫堡將軍向軍隊發出祕密指示，如果國際聯盟採取制裁行動，就要抵抗武裝進攻[25]。

這個輕率的行動表明，希特勒在春天的和解演說是多麼虛僞。這是他在外交方面的第一次公開賭博。它意味著從此以後，納粹德國打算不顧任何裁軍協定和《凡爾賽和約》而重新武裝。這是有意的冒險——也是許多次有意冒險中的第一次。後來在紐倫堡公布出來的布倫堡發給陸海軍的祕密指示，不僅說明希特勒冒了可能受到制裁的風險，而且也說明，如果當初眞的受到制裁，德國的處境是毫無希望的（早幾個月，在五月十一日，英國陸軍大臣霍格〔Douglas Hogg〕公開警告說，德國如重新武裝，就是破壞和約，將受到和約規定的制裁。在德國，一般都認爲，制裁意味著武裝進攻）。這項指示規定了德軍在西方對付法國和在東方對付波蘭、捷克斯洛伐克的具體防線，命令它們要「盡可能久地守住」這些防線。從布倫堡的命令中可以看出，至少德國的將軍們對於德國防線是否能守住片刻是不抱任何幻想的。

在以後持續三年的時期中，直到德國一九三六年重新佔領了已經被解除武裝的萊茵河左岸，曾經發生了許多次危機，目前這次危機只是其中的第一次而已。當時，協約國本來是可以實行制裁的，倒不是因爲希特勒退出裁軍會議和國際聯盟，而是因爲違反《凡爾賽和約》中解除武裝的條款，這種違約行爲在德國存在至少已有兩年了，甚至在希特勒上臺以前就已經存在了。可以肯定地說，協約國在當時的軍力是很容易壓倒德國的，同樣也可以肯定地說，如果採取這樣一個行動，在第三帝國誕生的頭一年就可以把它掐死。但是，這個前奧地利流浪漢的過人之處在於，在一個很長時期裡，他對國外對手有多少膽略就像他當年對國內對手的估計一樣，瞭解得極其到家，簡直不可思議。在這次危機中，正如在以後一直到一九三九年連續不斷出現的更大的危機中一樣，勝利的協約國由於分歧太深刻、感覺太遲鈍、眼光太短淺，以致不能瞭解萊茵河對岸所發生的事情的性質或者方向，因此沒有採取任何行動。在這一點上，希特勒的估計是很正確的，正如過去和以後他對本國人民所作的估計一樣。他很知道，在公民投票中，德國人民會表示什麼意見。所以公民投票和清一色納粹黨議員的國會新選舉的日期，訂在十一月十二日，這就是一九一八年停戰紀念日的後一天，在德國人記憶中仍會引起怨恨情緒的國恥日。

十一月四日，他布雷斯勞（Breslau）在舉行的一次競選大會上說：「我們一定要使這一天在我國人民的歷史上成為得救的一天——歷史將這麼記載：在十一月十一日，德國人民正式喪失了它的榮譽，而在十五年後的十一月十二日，德國人民又恢復了它的榮譽。」在投票的前夕十一月十一日，德高望重的興登堡向全國發表廣播演說，支持希特勒：「明天你們要表現出堅決的民族團結和對政府的支持。同我和國家總理一起擁護權利平等和光榮和平的原則，讓全世界看到，我們已恢復了德國的統一，而且在上帝的幫助下能夠維持德國的統一！」

經過了十五年的挫折失望和對戰敗後果懷了十五年的憤懣不平，德國人民的反應幾乎是一致的。合格選民之中約有百分之九十六參加了投票，其中有百分之九十五贊成德國退出日內瓦會議。至於贊成國會的單一納粹黨候選人名單（其中包括胡根堡和寥寥幾個非納粹黨人）的則有百分之九十二。甚至在達豪集中營中，被拘的兩千兩百四十二人中有兩千一百五十四人投票贊成那個把他們拘禁起來的政府！話也不錯，在不少地方，對於沒有出來投票或者票投得不對的人，曾經進行過威脅；而且在有些情況下，也曾經有人擔心，如果投票反對這個政權，可能被偵察出來而受到報復。但是，即使把這種種保留計算在內，這次選舉（至少其計算是誠實的）是希特勒的一次驚人勝利。毫無疑問，他那樣反抗外面世界，是得到德國人民壓倒多數的擁護。

在舉行了公民投票和選舉後三天，希特勒邀見波蘭新任大使約瑟夫・利普斯基（Josef Lipski）。在會談結束時發表了一份聯合公報，這一公報不僅使德國公眾而且使外面世界都感到驚異。波蘭政府和德國政府一致同意「用直接談判的手段來解決兩國共同有關的問題，並且為了鞏固歐洲和平在相互的關係中放棄使用武力」。

在德國人的心中，波蘭是甚至比法國更爲可恨和更受鄙視的敵人。他們認爲，《凡爾賽和約》締造者的最不可饒恕的罪過是用一條波蘭走廊把東普魯士同德國隔絕，成立但澤自由市和把波茲南省及一部分西里西亞割讓給波蘭。割讓部分的居民雖然是波蘭人佔優勢，但是自從瓜分波蘭以來一直是德國的領土。在共和國時期沒有一個德國政治家願意把波蘭的佔領看成是永久不變的事情。史特雷斯曼甚至不願考慮同波蘭簽訂東方羅加諾條約來補充同西方簽訂的羅加諾條約。國防軍之父和共和國初期外交政策的決定者塞克特將軍早在一九二二年就告訴政府：「波蘭的存在是不可容忍的，與德國生存的基本條件不能並存。波蘭必須消滅而且一定是會消滅的。」他又說：「消滅波蘭必須是德國政策的基本動力之一……波蘭滅亡以後，《凡爾賽和約》的最堅強支柱之一法國的霸權也將完蛋」[26]。

希特勒看到，在滅亡波蘭之前，必須先使它脫離同法國的聯盟。他現在所採取的方針，除了最後的長遠利益以外，還可以取得好幾次眼前利益。由於宣布放棄用武力來對付波蘭，他就能夠加強他的和平宣傳並且減輕由於他突然退出日內瓦會議而在西歐和東歐所造成的疑懼。由於誘使波蘭人同他進行直接談判，他就能夠繞過國聯並且削弱它的權威。此外，他不僅能夠打擊國聯的「集體安全」概念，而且也能夠破壞法國在東歐的聯盟關係，在這種聯盟關係中，波蘭是個重要的堡壘。德國人民向來仇視波蘭人，對此可能不瞭解，但是在希特勒看來，獨裁政權所以優於民主政體，有一點就是，不得民心的政策，如果長遠來說能得到重要的結果，是可以暫時執行而不致引起內部吵鬧的。

一九三四年一月二十六日，也就是希特勒在他執政第一周年紀念日出席國會開幕式的前四天，德國和波蘭宣布了簽訂為期十年的互不侵犯條約。從這一天起，波蘭——在畢蘇斯基元帥的獨裁下，它自己也剛剛肅清了議會民主的最後殘餘——開始逐步脫離自從一九一九年復國以來的保護人法國，而越來越接近納粹德國。這是一條導致它在「友好和互不侵犯條約」遠遠沒有滿期之前就亡國的道路。

當希特勒在一九三四年一月三十日向國會發表的演說中回顧過去一年的情況時，他可以自豪地說，這是在德國歷史上獲得空前成就的一年。在十二個月之內，他推翻了威瑪共和國，以他的個人獨裁來代替共和國的民主，消滅了一切其他黨派，只留下自己的政黨，摧毀了邦政府和它們的議會，統一了德國，取消了聯邦制，清除了工會，取締了任何民主結社，把猶太人驅出了政治生活和一般職業，取消了言論和出版自由，扼殺了司法獨立，在納粹黨統治下使一個歷史悠久、文化發達的國家其人民的政治、經濟、文化、社會生活「一體化」。他的這一切成就和他在外交事務上的堅決行動——使德國退出日內瓦國際聯盟和宣布德國堅持享有大國平等待遇——都得到德國人民壓倒多數的支持，秋天的公民投票和選舉說明了這一點。

儘管如此，當他的獨裁政權進入第二年的時候，納粹黨的頭上出現了一些烏雲。

一九三四年六月三十日的血腥整肅

天際出現烏雲是由於三個互相有關的問題沒有得到解決：黨和衝鋒隊中的激進派領袖繼續叫嚷「第二次革命」；衝鋒隊和陸軍之間的衝突；興登堡總統的繼承問題。隨著春天的到來，興登堡的壽命終於快到盡頭了。

衝鋒隊現在已經擴大到了兩百五十萬人，它的參謀長羅姆並沒有因為希特勒任命他為內閣閣員或元首在元旦給他友好的親筆信而就此罷休。他在二月間向內閣上了一份長篇條呈，建議以衝鋒隊基礎建立一支新的人民軍，而將軍隊、衝鋒隊、黨衛隊以及一切退伍軍人團體都置於一個單一的國防部指揮之下。其含意很清楚，這個國防部要由他來擔任部長。在軍官團看來，再也想像不出有比這更令人反感的主張了，軍官團的高級成員們不但一致反對這個建議，而且要求興登堡支持他們。如果粗漢羅姆和他喧囂的褐衫隊員控制了陸軍，軍官階層的整個傳統就要毀掉了。此外，這些將軍們聽到廣泛流傳的謠言後不免大為震驚，據說這個衝鋒隊頭子周圍一批有腐化墮落的同性戀者。正如布勞希契（Walther von Brauchitsch）將軍後來在作證時所說：「重整軍備這件事情是太重要太困難了，不能允許盜用公款者、酗酒鬧事者和同性戀者參與其事。」

當時，希特勒還不能得罪陸軍，因此他對羅姆的建議未予支持。事實也的確如此，他在二月二十一日還祕密告訴前來柏林討論裁軍僵局的英國外相安東尼・艾登（Anthony Eden），他願意把衝鋒隊裁減三分之二，同意實行視察制度以保證留下來的人不受軍事訓練，也不武裝。這個建議洩露以後更加促進了羅姆和衝鋒隊的怨恨。隨著一九三四年夏天的來臨，衝鋒隊參謀長和陸軍總司令部之間的關係繼續惡化。在內閣中，羅姆和布倫堡將軍之間常常發生激烈爭吵，三月間，這位國防部長向希特勒抗議說，衝鋒隊正在用重機槍祕密武裝一支大規模的特別警衛隊，布倫堡將軍指出，這不僅是對陸軍的威脅，而且由於它做得過分公開，也威脅到德國在國防軍主持下進行的祕密擴軍。

顯然，在這個時候，不像頭腦簡單的羅姆和他的部下，希特勒考慮到了年老多病的興登堡萬一去世後的情況。他知道，老總統本人和陸軍以及德國其他保守勢力都贊成在總統去世後立即讓霍亨佐倫王室復辟。而他自己卻另有打算。早在四月間，當紐臺克方面向他和布倫堡傳來祕密的但是權威的消息說總統命在旦夕時，他就意識到必須採取大膽的行動。爲了確保這一行動的成功，他需要軍官團的支持；而爲了要取得這一支持，他準備做幾乎任何讓步。

同陸軍進行祕密商談的機會不久就自動出現了。四月十一日，總理在國防部長布倫堡將軍、陸軍總司令弗立契（Werner von Fritsch）將軍和海軍總司令雷德爾海軍上將的伴同下，乘巡洋艦「德意志」號從基爾出發前往柯尼斯堡參加在東普魯士舉行的春季演習。希特勒把興登堡病危的消息告訴了陸海軍司令後，他在唯命是從的布倫堡的支持下直率地提出，在國防軍的支持下，由他來繼任興登堡爲總統。爲了報答軍方的支持，他答應壓制羅姆的野心，大大裁減衝鋒隊人數，保證陸海軍繼續做第三帝國唯一擁有武器的組織。據說希特勒還向弗立契和雷德爾指出了陸海軍大事擴充的前景，只要他們願意支持他。對於一味討好奉承的雷德爾來說，他願意支持希特勒是沒有問題的，但是弗立契是個比較難辦的人，他先要徵求一下他的高級將領們的意見。

這次意見徵求會是五月十六日在瑙海姆浴場（Bad Nauheim）舉行的。在把「德意志號協議」告訴他們以後，德國陸軍高級軍官們一致贊成支持希特勒為興登堡總統的繼承人[27]。對陸軍來說，這個政治決定不久就會證明是具有歷史意義的。由於自願地把自己交給一個自大狂的獨裁者其不受拘束之手，陸軍這一行動就決定了它本身的最後命運。至於對希特勒來說，這筆交易將使他的獨裁統治升到至高無上的地位。在頑固的老元帥去世以後，在霍亨佐倫王室復辟的可能性被消除了以後，一旦他身兼國家元首和政府首腦之時，他就可以毫無忌憚地愛怎麼幹就怎麼幹了。他為了取得這個至高無上的權力所付的代價是微不足道的，不過是犧牲衝鋒隊而已。現在他有了一切權力，他就不再需要衝鋒隊了。衝鋒隊是一群亂哄哄的烏合之眾，它的存在只會使他感到難堪。希特勒對將軍們那種心胸狹隘的輕視，在這一年春天一定大大增加了。他一定這麼想，只要付出少得驚人的代價就可以把他們收買過來。這就是他，除了六月間曾有一段情況不妙的時刻以外，一直到末日——他自己的末日和他們的末日——都沒有改變的看法。

但是，夏天來臨後，希特勒的困難還遠遠沒有克服。柏林籠罩在一陣不祥的緊張氣氛中。第二次革命的叫喊更響亮了，不僅是羅姆和衝鋒隊的領袖們，甚至戈培爾本人，在演講中和他控制的報紙中，也發出了這種叫喊。而保守的右派、巴本和興登堡周圍的容克地主和大工業家，則要求停止革命，要求停止任意捕人、迫害猶太人、攻擊教會，要求限制衝鋒隊員們的專橫行為，要求消除納粹黨在社會上所製造的恐怖。

在納粹黨內部，當時也正在進行著一場無情的爭奪權力的新鬥爭。羅姆的兩個最有勢力的敵人戈林和希姆萊聯合起來反對他。四月一日，戈林任命當時尚在羅姆指揮下的、屬於衝鋒隊的一個分支機構的黑衫黨衛隊頭目希姆萊爲普魯士祕密警察的頭子，希姆萊立即開始建立一個他自己的祕密警察帝國。戈林在上一年八月經興登堡晉升爲步兵將軍（雖然他是航空部長），他當然很樂意地脫下他那敝舊的褐色衝鋒隊制服而換上他那新軍階給他帶來的比較漂亮的新軍服，這次換裝是有象徵意義的：作爲一個將軍和軍官階層的一個成員，他在陸軍反對羅姆和衝鋒隊的鬥爭中，立刻站到陸軍一邊。爲了在這場目前正在進行的弱肉強食的鬥爭中保護自己，戈林組織了他個人的警衛隊「戈林將軍邦警察隊」，一共有好幾千人，駐紮在他當年入伍的地方利希特菲爾德（Lichterfelde）的前士官學校舊址，這個學校位於柏林郊外的戰略要衝。

由於陰謀和反陰謀的謠諑紛紜，柏林的氣氛更加緊張了。施萊歇爾將軍不甘寂寞，也不甘心默認他已不再享有興登堡、將軍們和保守分子的信任，因而已成了無足輕重的人物，他又開始參加了政治。他同羅姆和施特拉塞保持著聯繫，當時有謠言（這些謠言有的傳到了希特勒的耳中）說，他正忙著想達成協議，由他來代替老寃家巴本爲副總理，由羅姆擔任國防部長，衝鋒隊與陸軍合併。當時柏林流傳的內閣「名單」不可勝數，有的把布呂寧列爲外交部長，施特拉塞爲經濟部長。這些消息都是沒有什麼根據的，但是對戈林和希姆萊來說卻是求之不得的。他們因爲各有自己的理由，要打倒羅姆和衝鋒隊，同時與施萊歇爾和不滿的保守分子算帳，所以就把這些消息加油添醋地傳到希特勒那裡。而希特勒本來就是多疑，在任何時候都不需要別人進什麼讒言。戈林和他的祕密警察頭子的目的不僅是要整肅衝鋒隊，而且要清算左右兩邊的其他敵人，包括那些過去曾經反對過希特勒而現在在政治上不再活躍的人。五月底，布呂寧和施萊歇爾得到警告說，有人已預定要暗殺他們。布呂寧悄悄地喬裝逃亡國外，施萊歇爾則到巴伐利亞去度假，但是在六月底又回到柏林。

在六月初的時候，希特勒同羅姆攤了牌。據希特勒後來在國會所做的報告，這次攤牌持續了幾近五個小時，「一直拖到午夜」。希特勒說，這是他想要同他的運動中最親密的友人達成諒解的「最後一次嘗試」。

> 我告訴他，我從無數謠言和許多忠實的老黨員及衝鋒隊長的報告獲得這樣的印象，沒有良心的人正在策畫一個全國性的布爾什維克主義的行動，這種行動只會給德國帶來無窮的不幸……我最後一次懇求他自動放棄這種沒有理性的做法，協力防止發生在任何情況下只會以災難收場的事情。

據希特勒說，羅姆臨分手以前向他「保證將盡一切可能把事情好好地解決」。但是實際上，據希特勒後來說，羅姆開始「準備在肉體上消滅我」。

這種說法幾乎可以肯定是不確實的。雖然關於這次整肅的全面情況像國會縱火案一樣也是永遠弄不清了，但是一切現有的證據表明，這個衝鋒隊頭子從來沒有策畫要除掉希特勒。不幸的是，已繳獲的文件對這次整肅和對國會縱火案一樣沒有提供更多的情況，在這兩件事情上，很可能，所有有關的文件都早已奉戈林之命銷毀了。

總而言之，不論這兩個老納粹黨人之間的長談內容如何，在這次談話以後一兩天，希特勒就給了衝鋒隊七月份整整一個月的假，在假期中，衝鋒隊員不得身著制服或舉行遊行或演習。六月七日，羅姆宣布他本人也請了病假，但是同時又發出一個強硬的警告說：「如果衝鋒隊的敵人希望在假期滿後不會再召集衝鋒隊員歸隊，或者先召集其中的一部分歸隊，那麼我們就讓他們暫時去這麼希望吧。在必要的時候，在必要的方式下，他們會得到答覆的。衝鋒隊現在和將來都是德國的命脈。」

羅姆在離開柏林之前，邀請希特勒在六月三十日到慕尼黑附近的維西避暑小城會見衝鋒隊領袖們。希特勒欣然同意，而且也的確如約前往，然而其方式卻不是羅姆所能預料到的。也許也不是希特勒本人在答應前往的時候所可能想到的。因爲——據他後來向國會承認——他猶豫再三，才做了一個最後的決定：「……我仍暗中希望，我能夠使我的運動和衝鋒隊不致發生分歧這種不光彩的事，可以消除這種不幸的事而不致發生嚴重衝突。」

「必須承認，」他補充說：「在五月最後幾天裡，不斷出現了越來越多的令人不安的事情。」事實確實如此嗎？希特勒後來說，羅姆和他的同謀者做了佔據柏林和扣押他的準備。但是如果確是如此，爲什麼所有的衝鋒隊隊長都在六月初離開了柏林，而且更加重要的是，爲什麼希特勒在這個當兒離開德國，從而給衝鋒隊領袖們提供乘他不在的時候奪取國家控制權的機會呢？

因爲元首在六月十四日飛往威尼斯同他的法西斯同行墨索里尼舉行他們的第一次會談。順便提一下，這次會晤對這個德國領袖來說，進行得並不順利，他穿了一件髒雨衣，戴著一頂舊呢帽，站在身穿黑色的法西斯制服、胸前掛滿燦爛奪目的勳章、對客人頗有老前輩氣派、經驗豐富的「領袖」旁邊，顯得很不自在。希特勒回國時情緒頗爲煩躁，他召集黨內領袖於六月十七日星期日在圖林根的吉拉小城開會，由他報告同墨索里尼晤談的情況，研究國內日益惡化的局勢。好像是命運擺布的一樣，就在那一個星期日，在馬堡大學城開了另外一個會，它在德國甚至在全世界引起了更多的注意，而且也促成了危急的局勢發展到高潮。

政治外行的巴本，雖然被希特勒和戈林粗暴地推到了一邊，但是他名義上仍舊是副總理，仍舊享有興登堡的信任。這時他忽然鼓起了足夠的勇氣，公開出來發言，反對當前政權的暴行；儘管他自己曾經盡了很大力氣促成它的成立。他在五月間把病倒的總統送到紐臺克，這是他最後一次看到他的保護者。當時衰弱的老元帥對他說：「事情搞得很糟糕，巴本，你來想點辦法整頓整頓吧！」

受到了這樣的鼓勵，巴本接受了邀請，於六月十七日到馬堡大學發表演講。這篇演講基本上是他的一個私人顧問艾德加・榮格（Edgar Jung）寫的。榮格是慕尼黑一位傑出的律師和作家，信奉新教。不過演講中的有些思想是副總理的一位祕書赫伯特・馮・包斯（Herbert von Bose）和天主教行動組織的領袖埃里希・克勞斯納（Erich von Klausener）提供的。這次合作後來把這三個人都送了命。這次演講是一次大無畏的表現，由於榮格的才華，言辭雄辯，語調莊嚴。它要求停止革命，結束納粹恐怖，恢復正常秩序和某種程度的自由，特別是新聞自由。巴本指名對宣傳部長戈培爾博士說：

> 公開而光明正大的討論比——譬如說——目前德國的新聞界狀況對德國人民更有益處。政府（必須）記住這句老話：「只有弱者才怕批評。」……偉大人物不是靠宣傳製造出來的……如果我們不想同人民失去聯繫和團結，我們就不能低估他們的瞭解能力。我們不能老是牽著他們的鼻子走……任何組織，任何宣傳，不論如何出色，光靠本身是不能長期維持人民的信任的……不能靠煽動……也不能靠對全國人民中無所憑藉的一部分人進行威脅，而只有靠向人民開誠布公，才能維持人民的信任和忠誠。你把人民當笨伯，人民就不會信任你……我國全體同胞現在應該互相友愛，彼此尊重，團結起來，避免擾亂正直之士的嚴肅工作，制止狂熱之徒的胡言亂語[28]。

這篇演說傳開以後，在德國受到普遍的歡迎，但是在吉拉開會的一小批納粹黨人中間，卻像爆炸了一顆炸彈一樣。戈培爾立即採取行動，盡可能封鎖這篇演講。他禁止電臺按原定計畫在當天晚上廣播這篇演講的錄音，並且禁止報上提到這篇演講。他還命令警察到街頭去沒收已經刊載了這篇演講摘要的《法蘭克福日報》。但是，即使這位宣傳部長的絕對權力也不足以防止德國人民和外界知道這篇反抗性演講的內容。狡猾的巴本事先已把講稿印發給駐柏林的外國記者和外交官，他自己的報紙《日耳曼尼亞報》也匆匆趕印了好幾千份，祕密散發出去。

希特勒聽到馬堡演講後，不禁勃然大怒。他在同一天下午在吉拉發表的講話中，譴責「自以為靠幾句話就能夠使一個國家人民生活的復興大業停頓下來的侏儒」。巴本因為演講被封鎖，也很氣惱。他於六月二十日趕去見希特勒，表示不能容忍「一個下級部長所採取的」這種封鎖措施，堅稱他是「作為總統的委託者」說話的，接著便提出了辭呈，並且警告說，他「將把此事立即報告興登堡」[29]。

這個威脅顯然使希特勒感到擔心，因為他聽說總統對目前局勢感到很不高興，正在考慮宣布戒嚴令而把權力移交給陸軍。為了要估量這傳言的嚴重程度，避免危及納粹政權的繼續存在，他在第二天即六月二十一日飛到了紐臺克去見興登堡。他所受到的接待只有使他更加擔心。接見他的是布倫堡將軍，他立刻看出，他的這位國防部長平常對他的卑躬屈膝態度已突然變了。相反，布倫堡現在成了個嚴厲的普魯士將軍，他硬邦邦地告訴希特勒，他奉老元帥之命轉達，除非德國目前的緊張狀態迅速過去，總統將宣布戒嚴令而把國家的控制權交給陸軍。當希特勒獲准在布倫堡陪同下見到了興登堡，老總統在短短幾分鐘裡也只證實了布倫堡傳達的最後通牒。

對於納粹總理來說，這是一個極其不利的轉折。不僅他繼任總統的計畫受到了威脅，而且如果陸軍接管國家的話，他個人和納粹黨政府也將完蛋。他在當天飛返柏林時，一定考慮到，如果要生存，只有一個辦法。他必須履行對陸軍的諾言，鎮壓衝鋒隊，停止衝鋒隊長們所要求的繼續革命。顯然，有著德高望重的老總統的支持，陸軍是不肯接受比這個還低的讓步。

儘管如此，在關係重大六月最後的一個星期，希特勒還在猶豫不決——至少在這一點上猶豫不決：究竟對那些幫了他很大的忙的衝鋒隊頭子們採取怎樣激烈措施。不過，戈林和希姆萊幫助他做了決定。他們已經開列了他們要算的帳，他們要消滅的過去和現在的敵人。他們只要使元首相信反對他的「陰謀」的嚴重性和迅速採取無情行動的必要性就行了。據希特勒最忠實的信徒之一內政部長弗立克在紐倫堡的證詞，最後使希特勒相信「羅姆要發動政變」的是希姆萊。弗立克又說：「元首就命令希姆萊制止政變。」他說，希姆萊被派在巴伐利亞，戈林被派在柏林制止政變[30]。

陸軍也在慫恿希特勒，因此對不久就要發生的野蠻暴行也負有一份責任。六月二十五日，陸軍總司令弗立契將軍命令陸軍處於戒備狀態，取消一切休假，軍隊不得離營外出。六月二十八日，羅姆被開除出德國軍官聯合會——這等於是清楚地預告這個衝鋒隊參謀長要倒楣了。爲了要使得沒有人——尤其是羅姆——對陸軍的立場抱有任何錯覺，布倫堡採取了一個前所未有的行動，他於六月二十九日在《人民觀察家報》上發表了一篇署名文章，表示「陸軍……站在阿道夫·希特勒的背後……他始終是我們中間的一分子」。

因此，陸軍是在要求進行整肅，但是它又不想弄髒自己的手。這件事必須由希特勒、戈林、希姆萊用他們的黑衫黨衛隊和戈林的特別警察來進行。

希特勒於六月二十八日星期四離開柏林前往埃森，去參加當地一個納粹黨領袖特波文（Josef Terboven）的婚禮。這次旅行及其目的很難看出他當時是感到有場嚴重危機迫在眉睫。同一天，戈林和希姆萊命令黨衛隊的特遣隊和「戈林警察」處在準備狀態。由於希特勒不在柏林，他們顯然認爲可以放手自由行動了。第二天六月二十九日，元首視察了西伐利亞的勞動服役營，下午回到萊茵河畔的戈德斯堡，下榻在一個戰時老戰友德萊森在河畔開設的旅社。那天晚上，戈培爾到了戈德斯堡，在這以前，他似乎一直在猶豫不決，不知投向哪一邊好，事實上，他一直與羅姆保持著祕密聯繫。這時他終於打定了主意，向希特勒報告了希特勒後來稱之爲來自柏林的「逼人情報」。卡爾・恩斯特已經動員了衝鋒隊。恩斯特原來是旅館茶房，後來又在一家同性戀者時常光顧的咖啡館中當保鏢，羅姆看中了他，讓他當了柏林衝鋒隊長。他雖然長得俊秀，但並不是一個聰明的年輕人。他當時相信，而且在二十四小時左右內死去以前也相信，他遇到了右派的政變，他要高呼「希特勒萬歲」而死去。

希特勒後來說，直到這個時候——六月二十九日爲止——他只決定要「剝奪參謀長羅姆的職務，暫時把他看管起來，逮捕一部分罪證確鑿的衝鋒隊長……而且要向其他隊長發出誠摯的呼籲，命令他們回來值勤」。他在七月十三日在國會中說：

但是……在夜裡一點鐘，我接到柏林和慕尼黑來的兩份關於緊急集合的急電：第一份電報說，在柏林方面，已下令在下午四點緊急集合，五點鐘要採取行動，先是進行突擊，佔領政府各部……第二份電報說，在慕尼黑方面已經向衝鋒隊發出緊急集合令，在晚上九點鐘集合……這是造反！……在這種情況下，我只能做出一個決定……只有無情的流血鎮壓也許還能防止反叛的擴大……。

清晨二點鐘，我飛往慕尼黑。

希特勒從來沒有透露過這兩份「急電」是從誰那裡發來的，但是不言而喻，急電是戈林和希姆萊發出的。可以肯定的是，其中情況是過於誇大了。在柏林方面，衝鋒隊長恩斯特所想到的最激烈措施不過是在那個星期六同他的新娘驅車前往不來梅，以便搭船到馬德拉度蜜月。至於在南方，衝鋒隊「陰謀家」集中在哪裡呢？

六月三十日清晨二時，當希特勒在戈培爾伴同下從波恩附近的漢格拉機場起飛的時候，羅姆上尉和他的衝鋒隊部下還在格泰根湖畔維西小城的漢斯爾包爾旅館房間中高枕酣睡。西里西亞衝鋒隊長艾德蒙・海因斯是個判過刑的殺人兇犯，著名的同性戀，身體魁梧，像個鋼琴搬運工人，但是卻有一張女孩子氣的臉。他正摟著一個小夥子睡在一張床上。從羅姆把他的衛隊留在慕尼黑這一點就可以看出，這些衝鋒隊頭子們一點也沒有準備舉行反叛。看來，他們尋歡作樂的跡象不少，陰謀叛亂的證據卻沒有。

希特勒和他的幾個隨行人員（包括他的新聞祕書狄特里希，平庸但是忠誠的漢諾威衝鋒隊長維克多・盧策〔Viktor Lutze〕這時也參加進來了）於六月三十日星期日上午四時在慕尼黑著陸，發現已經採取了行動。原來納粹黨黨內法庭調查解決委員會負責人瓦爾特・布赫少校和巴伐利亞邦內政部長阿道夫・華格納（Adolf Wagner）在希特勒老同伴——從前被判過刑的、同希特勒爭奪過吉莉・拉包爾的艾米爾・莫里斯和馬販子出身、前舞場保鏢克里斯蒂安・韋伯——協助下，已經逮捕了慕尼黑的衝鋒隊頭子，包括衝鋒隊邦隊長施奈德休伯（August Schneidhuber），後者又兼任慕尼黑的警察局長。希特勒的怒氣發作到歇斯底里的狀態，他在內政部看到了這些囚犯。他大步走到前陸軍上校施奈德休伯前面，撕下他的納粹肩章，責罵他「叛國」。

天剛濛濛亮，希特勒一行就坐了一長列汽車離開慕尼黑到維西去。他們發現羅姆和他的朋友們在漢斯爾包爾旅館還高臥未起。他們粗暴地弄醒了他們。海因斯和他那年輕的男友被拉下床來，押到旅館外面，按照希特勒的命令就地槍決。據狄特里希的記述，元首單獨走進羅姆的房間，把他痛罵了一頓，下令把他帶到慕尼黑，關在施塔德爾海姆監獄，這個衝鋒隊頭子在一九二三年參加希特勒的啤酒館政變失敗後曾在這裡服過刑。這兩個朋友對於第三帝國的建立，對於第三帝國的恐怖和墮落，比任何其他人起的作用都大，他們雖然經常意見相左，但是在發生危機、遭到失敗、感到失望的時候卻總是站在一起的。在歷經十四年的艱辛患難之後，他們現在終於分手了。爲希特勒和納粹主義效勞的這個滿臉傷疤、性格暴躁的打手，就這樣結束了他惹是生非的一生。

希特勒吩咐手下把一支手槍留在他老同志的桌上，他顯然認爲這個最後的舉動是夠朋友的。但是羅姆不願用這支手槍。據說他這麼說：「如果要殺死我，讓阿道夫自己來殺吧。」據二十三年後一九五七年五月在慕尼黑戰後審判中一個警官的目擊證詞說，兩個黨衛隊軍官進了牢房，對準羅姆開槍。這個證人說：「羅姆當時想說話，但是黨衛隊軍官禁止他開口。於是羅姆就站得筆直——他上身給脫光了——露出滿臉輕蔑的神色。」（直到一九五七年五月的慕尼黑審判，目擊者和參與者才第一次有機會公開談到一九三四年六月三十日的這次整肅。在第三帝國時期，這是不可能的。據筆者的記憶，一九三四年時希特勒的黨衛隊長塞普・狄特里希〔Sepp Dietrich〕是第三帝國最殘暴的人之一，施塔德爾海姆監獄的處決就是他指揮的。後來在戰時他曾任武裝黨衛隊上將。由於縱容殺害一九四四年突出部戰役〔Battle of Burge〕中被俘的美軍戰俘，被判處二十五年徒刑。十年後獲釋，但在一九五七年又被帶到慕尼黑，由於參與一九三四年六月三十日的處決，於該年五月十四日被判處十八個月徒刑。他的判決和邁戈爾・利伯特〔Michael Lippert〕的判決〔後者是開槍殺害羅姆的兩個黨衛隊軍官之一〕）是參與整肅的納粹劊子手第一次受到的判決）。他就這樣死去了，死況之暴烈不下於他生前的作爲，他曾經出了很大力氣幫助他的朋友達到任何其他德國人從未企及的崇高地位，但那個人只有輕蔑的份兒。而且幾乎可以肯定地說，像那一天橫遭殺戮的好幾百個人一樣——比如施奈德休伯，據說他當時大聲說：「各位先生，我不知道這到底是怎麼一回事，可是請對準開槍吧。」——他一點也不清楚，到底發生了什麼事；也不清楚，爲什麼發生這件事，唯一清楚的是，這是一樁背叛朋友的行爲，但是他萬萬想不到居然是希特勒幹的，雖然他一生之中一直是生活在這種行爲的中間，而且自己也經常幹這種勾當。

與此同時，在柏林，戈林和希姆萊也忙得夠嗆。他們一共搜捕了一百五十名左右衝鋒隊隊長，排在利希特菲爾德士官學校的一道牆前，由希姆萊黨衛隊和戈林特別警察所組成的行刑隊槍決。

被槍決的人中有卡爾・恩斯特，他的汽車駛近不來梅時，他的蜜月旅行就被持槍的黨衛隊人員打斷了。他的新娘和司機受了傷；他本人被打得失去知覺，用飛機送回柏林就刑。

在這個血腥的夏天週末橫遭非命的不僅僅有衝鋒隊人員。在六月三十日早晨，在柏林郊外施萊歇爾將軍的別墅門口，有一小隊穿便衣的黨衛隊人員在按門鈴。當將軍聞聲前來開門時，就當場被擊斃了，他新婚只有十八個月的妻子——他以前一直獨身未娶——也當場被殺。施萊歇爾的好友庫特・馮・布萊多夫（Kurt von Bredow）將軍那天晚上也遭到了同樣的命運。施特拉塞是星期六中午在他的柏林寓所被捕的，幾小時後根據戈林的親自命令在艾伯萊希特親王大街祕密警察獄中被殺。

巴本比較幸運。他僥倖躲過了一死。但是他的辦公室被黨衛隊搜查，他的主要祕書包斯在辦公桌旁被擊斃，他的祕密合作者榮格先幾天前已被祕密警察逮捕，被殺死在獄中，另一個合作者天主教行動組織領袖克勞斯納在交通部辦公室中被殺。巴本的其餘工作人員，包括私人祕書斯托青根（Maria-Claudia von Stotzingen）男爵夫人在內，都被投入集中營。當巴本前去向當時已沒有功夫說廢話的戈林表示抗議時，據巴本後來追述，戈林「多少可以說」是向巴本下了逐客令，把他軟禁在他的別墅中，外面有武裝的黨衛隊重兵把守，割斷了電話線，並且禁止巴本同外界有任何聯繫——這眞是辱上加辱，但是，這位德國副總理居然厚著臉皮受了下來。因爲在不到一個月的時間內，他竟再次屈尊，從殺死他朋友的納粹黨人手中接受了德國駐維也納公使的新職。當時納粹黨人剛剛在那裡暗殺了奧地利總理陶爾斐斯（Engelburt Dollfuss）。

在這次整肅中到底有多少人被殺，這個數字一直沒有確定過。希特勒七月十三日在國會發言時宣布槍決了六十一人，其中包括十九名「衝鋒隊高級領袖」，還有十三人因「拒捕」被殺，三人「自殺」——總共七十七人。德國流亡者在巴黎出版的《整肅白皮書》（*The White Book of the Purge*）中說有四百零一人被殺，但它只舉出了其中一百一十六人的姓名。一九五七年在慕尼黑審判時，提出的數字是「一千多人」。

許多人純粹是由於過去反對過希特勒因而受到報復被害的，有的人則顯然是因爲知道內幕情況太多因而被殺滅口的，至少還有一個人是因爲被弄錯了人而冤枉死去的。我們在前章已經講到過古斯塔夫·馮·卡爾鎭壓一九二三年啤酒館政變的事情，卡爾從此以後就一直退隱不問政治。但是他的屍體卻被發現在達豪附近的一個沼澤中，顯然是用利斧砍死的。希特勒沒有忘記他，也沒有原諒他。希羅尼摩斯派神父施丹佛爾曾經幫助編寫《我的奮鬥》，後來大概把他所知道的希特勒情人吉莉如何自殺的內情傳布得太廣了，他的屍體出現在慕尼黑附近的哈拉青森林中，脖子折斷，心房中了三顆子彈。海登說，殺他的一幫兇手是由曾經向吉莉求過愛的老犯人艾米爾·莫里斯帶領的。其他「知道內情太多」的人，還包括三個衝鋒隊員，據信他們是恩斯特火燒國會案中的同謀犯。他們同恩斯特一起被殺。

還有一個被殺的人值得一提。慕尼黑著名大報《慕尼黑新消息報》（*Muenchener neueste Nachrichten*）的著名音樂批評家維利·施密德（Willie Schmid）博士六月三十日晚上七點二十分在慕尼黑沙克街他的寓所書房中拉大提琴，他的妻子在準備晚餐，他們的九歲、八歲和兩歲的三個孩子在客廳裡玩著。門鈴剛響，就有四個黨衛隊員出現，他們不問情由就把施密德博士架走。四天以後，他的屍體放在棺材中抬回來，同時帶來了祕密警察頭子的命令，在任何情況下都不得打開棺材。原來黨衛隊暴徒把從來不過問政治的施密德博士誤認爲當地一個衝鋒隊長維利·施密德（Willie Schmidt）了，而後者也由另外一隊黨衛隊逮捕槍決了（施密德博士的妻子霍爾林〔Kate Eva Hörlin〕一九四五年七月七日在紐約州平漢頓提供的一份證詞中談到了她以前的丈夫被殺的經過。她在一九四四年成爲美國公民。爲了掩飾這次暴行，赫斯本人親自來見這個寡婦，對於這次「誤會」表示歉意，並且爲她從德國政府那裡弄到了一份撫恤金。證詞見紐倫堡文件L-135，《納粹的陰謀與侵略》，第七卷，頁八八三至八八九〇）。

究竟有沒有反對希特勒的陰謀活動？關於這一點，只有他的片面之詞，見諸官方公報和七月三十日他在國會的演說。他從來沒有提出過任何證據。羅姆生前從來沒有隱諱過他要想使衝鋒隊成爲新軍隊的核心和由他領導新軍隊的野心。關於這一點，他肯定同施萊歇爾是有聯繫的，這最初是在後者擔任總理的時候討論過的。據希特勒的說法，施特拉塞也許也「被拉進來了」。但是這種談論肯定不能構成叛國大罪。希特勒本人同施特拉塞也有聯繫，據施特拉塞的哥哥奧托說，希特勒在六月初還向施特拉塞表示願意讓他當經濟部長。

起先，希特勒指責羅姆和施萊歇爾想尋找某個「外國」——顯然指法國——的支持，並且指責布萊多夫將軍是「外國政策」的中間人。這是控訴他們是「賣國賊」的一部分罪狀。雖然希特勒在國會演說中又提出這些指責，並且用譏刺的口氣談到「一個外國外交官（不可能不是法國大使弗朗索瓦—龐賽）辯稱同羅姆和施萊歇爾的會見是完全沒有不良企圖的」，他還是提不出證據來證實他的指責。他強詞奪理地說，第三帝國中任何一個負責的德國人，在他不知情的情況下，即使去看看外國的外交官，就足以構成罪行。

如果德國有三個賣國賊安排……同一個外國政治家會晤……並且囑咐別人不要讓我知道這次會晤的消息，那麼我就要把這種人槍決，即使他們能夠證明，在這次對我保守祕密的會晤中他們所談的不過是氣候、古錢之類的話題。

當弗朗索瓦—龐賽強烈抗議那種說他也參與了羅姆「陰謀」的暗示時，德國外交部正式通知法國政府說，這種指責是完全沒有根據的，德國政府希望大使依然留任。事實也的確如此，筆者本人可以作證，弗朗索瓦—龐賽以後同希特勒的個人關係，依然比任何其他民主國家使節爲好。

在開頭發表的一些公報中，特別是在元首的新聞祕書奧狄特里希提供給公眾的一份令人心驚膽戰的目擊者記述中，甚至在希特勒的國會演講中，對於羅姆和其他被殺的衝鋒隊領袖的道德墮落情況談得很多。狄特里希說，在維西的旅館床上逮捕海因斯和一個小夥子時的場面是「不堪描述的」，希特勒進行了頭一批處決後，六月三十日中午在慕尼黑向剩餘的衝鋒隊長們講話時也說，這些人僅僅從道德墮落這一點來說就罪該一死了。

但是希特勒從納粹黨成立之初起就一直知道，他的最親信和最重要的跟隨者之中有很大一批人是性變態者，是判過罪的殺人犯。例如，海因斯常常派衝鋒隊到德國各處爲他尋找合意的男友，是家喻戶曉的事情。這種事情，希特勒過去不僅容忍下來，而且還爲他們辯護；他曾經不止一次告誡他的黨內同志對於一個人的個人道德不要過分挑剔，只要他是納粹運動的狂熱戰士就行了。而現在，一九三四年六月三十日，他卻表示：他一些老部下的道德墮落情況使他大吃一驚。

到七月一日星期日下午，人已經殺得差不多了。希特勒在前一天晚上已經從慕尼黑飛返柏林，這時在總理府花園中舉行茶會。星期一，興登堡總統對希特勒的「及時撲滅叛國案和拯救德國人民免於大難的堅決行動和個人的豪俠表現」表示感謝。他並且對戈林在鎮壓「叛國案」中的「有力的和成功的行動」表示祝賀。星期二，布倫堡將軍代表內閣向總理表示祝賀，使這次殺戮「合法化」，說這是「保衛國家」的必要措施。布倫堡並且向全軍發布命令，表示陸軍總司令部對於時局趨向感到滿意，並且保證建立「與新衝鋒隊的融洽關係」。

沒有疑問，陸軍對它的敵手衝鋒隊被消滅，當然是感到高興的，但是一個軍官團竟然默許而且公開讚揚政府進行德國歷史上空前的一場屠殺，而在這場屠殺中，軍官團自己的兩名領導軍官施萊歇爾將軍和布萊多夫將軍被誣爲賣國賊而被悍然殺害，那麼它還有什麼榮譽可言呢？——更不用說面子了。只有八十五歲的陸軍元帥馬肯森和前陸軍總司令漢默斯汀將軍出來抗議這次對他們兩個袍澤的殺害和對他們兩人提出的叛國罪名（這兩位老將軍繼續努力爲施萊歇爾和布萊多夫洗雪，終於使希特勒在一九三五年一月三日在柏林舉行的一次黨、軍領袖祕密會議上承認，殺這兩位將軍是「弄錯了」，並且宣布他們原屬團隊的光榮冊上要恢復他們的名字。這次「恢復名譽」的消息在德國報上從來沒有發表過，但是軍官團把它當作了既成事實。見惠勒—班奈特：《權力的報應》〔*The Nemesis of Power*〕，頁三三七）。軍官團的這一行爲是德國陸軍史上的一個極大污點；也可看出陸軍目光短淺到令人難以置信的程度。

這些將軍們同希特勒在一九三四年六月三十日的違法亂紀行爲沆瀣一氣，甚至可以說是同殺人匪徒的行爲沆瀣一氣，就使自己處於這樣一種地位：他們以後就永遠不能反對納粹黨將來在國內的恐怖行爲，不僅如此，即使這種行爲是針對國境以外，甚至是針對他們自己人時，他們也無法反對。因爲陸軍支持了希特勒的這一狂妄要求：他就是法律。或者按照他在七月十三日的國會演講中的說法：「如果有人責備我，問我爲什麼不透過正常的法庭，那麼我只能說：在這個時刻，我要對德國人民的命運負責，因此我就是德國人民的最高法官（oberster Gerichtsherr）。而且希特勒還另外補充了一句：「將來人人都必須知道，如果有人竟敢舉起手來打擊國家，那麼他的下場肯定是死路一條。」這個警告在以後整整十年中幾乎一直伴隨著這些將軍們，直到他們之中終於有人奮不顧身，膽敢舉起手來打擊他們的「最高法官」。

此外，軍官團以爲，在六月三十日那一天，他們終於一勞永逸地除去了納粹運動對他們的傳統特權和權力的威脅，這種想法也是自欺欺人的。因爲除去了一個衝鋒隊，又來了一個黨衛隊。七月二十六日，黨衛隊因爲執行處決有功，脫離衝鋒隊而獨立，由希姆萊擔任全國領袖，只聽命於希特勒一人。沒有多久，這支紀律嚴明得多的忠實部隊的力量就大大超過了當初衝鋒隊的力量，而且作爲陸軍的對頭，羅姆的褐衫隊所做不到的，它卻做到了。

但是在目前這個時刻，將軍們卻躊躇滿志，頗爲自信。因爲希特勒在七月十三日的國會演說中重申，陸軍將繼續是「武器的唯一持有者」。在陸軍總司令部的要求下，總理終於除掉了竟敢不服從這一金科玉律的衝鋒隊。現在是陸軍方面來履行「德意志號協議」的時候了。

興登堡之死

在整個夏天，似乎長生不老的興登堡身體一天比一天壞，八月二日上午九點，他終於逝世了，享年八十七歲。三小時後，中午時分宣布，根據內閣前一天制訂的法律，總理的職務和總統的職務已經合併爲一，希特勒已接管國家元首和武裝部隊總司令的權力。總統的職銜已予取消；希特勒的頭銜將是元首兼國家總理（Reichskanzler）。他的獨裁大權至此就完全實現了。爲了堵塞漏洞，他要軍隊全體官兵宣誓效忠——不是對德國，不是對憲法（他在興登堡死後不舉行繼任選舉就已違反了憲法），而是對他個人宣誓效忠。誓詞如下：

我在上帝面前作此神聖的宣誓：我將無條件服從德國國家和人民的元首、武裝部隊最高統帥阿道夫・希特勒；作爲一個勇敢的軍人，願意在任何時候爲實行此誓言不惜犧牲生命。

到一九三四年八月爲止，將軍們如果要推翻納粹政權，本來是可以不費吹灰之力的，但是他們沒有這麼做，反而承認他是國內最高的合法當局，做了這樣的效忠宣誓，從此以後使他們自己對希特勒個人承擔了義務，而這樣的誓言，不論對他們個人或國家多麼不光彩，他們出於軍人的榮譽感，在任何情況下都是一定要忠實遵守的。但是這個誓言在不少高級軍官中也引起良心的不安，尤其是當他們公認的領袖走上了一條他們所反對的道路，並且可能導致國家滅亡的時候。但是這個誓言也使更多軍官有了藉口來開脫他們的責任，他們聲稱是根據最高統帥的命令而犯下難以名狀的罪行，而這個最高統帥的本性已在六月三十日的大屠殺中表露無遺。德國軍官團的驚人錯誤之一，從這個時候起，就是這種「榮譽」衝突所產生的。筆者根據親身經驗可以證明，所謂榮譽是經常掛在他們嘴邊的一個字眼，他們對此可以說有一種古怪的看法。在以後，他們常常爲了忠於誓言這種榮譽感，而忘掉了自己作爲人類的榮譽感，把他們軍官團的道德準則踐踏在污泥之中。

興登堡死後，宣傳部長戈培爾博士正式宣布，沒有發現老元帥的遺囑，因此必須斷定他沒有留有遺囑。但是在八月十五日，也就是德國人民舉行公民投票批准希特勒接管總統職務的前四天，不是別人，竟是巴本找到了興登堡的政治遺囑，送去給了希特勒。遺囑中讚揚希特勒的話爲戈培爾在公民投票最後四天的宣傳運動中提供了大好的材料，而在投票前夕又有奧斯卡・馮・興登堡上校在電臺發表廣播講話：

我父親本人把阿道夫．希特勒視爲他作爲德國元首的直接繼承人，我現在根據我父親的意願，呼籲德國全體男女同胞投票贊成把我父親的職務移交給元首兼國家總理（現在希特勒擢升奧斯卡上校爲少將，這件事是令人感到興味的，其中可瞧見某些端倪。見本書第五章）。

這幾乎可以肯定說是不確實的。因爲根據最可靠的現有材料，興登堡建議在他死後讓王室復辟，作爲臨終希望。但是遺囑的這一部分內容，希特勒卻沒有公開。

戰後在紐倫堡訊問巴本的時候，以及後來他在回憶錄中，終於弄清楚了一些——也許不是全部——老總統遺囑的眞相。雖然巴本不是一個絕對可靠的證人，他也許沒有把他所知道的全部情況都說出來，但是他的證詞是不能等閒視之的。興登堡的遺囑就是由他親筆起草的，據他說，這是應老元帥自己的要求。巴本在回憶錄中說：

我的草稿建議，在他死後實行立憲君主政體，我特別提到合併總統和總理職務是不適宜的。爲了避免得罪希特勒，當然也得說些話嘉許納粹政權的正面成就。

巴本說，他在一九三四年四月間把草稿交給興登堡。

幾天後，他要我再去見他，他對我說，他決定不採用我的草稿。他覺得……應該由全國人民來決定他們希望國家採取什麼形式。因此他打算把關於他爲國服務的敘述作爲遺囑，而把他關於王室復辟的建議作爲一個臨終希望，寫在一封給希特勒的私人信中。當然，這說明我原來建議的全部意義都取消了，因爲關於復辟的建議已不再向全國人民提出了；希特勒後來曾對這一點充分加以利用。

要看到希特勒如何利用這一點，沒有別的德國人比巴本處在更有利的地位了。

興登堡在坦能堡下葬以後，我一回到柏林，希特勒就打電話給我。他問我興登堡是否有政治遺囑，如果有的話，我是否知道在哪裡。我說，我要問問奧斯卡·馮·興登堡。希特勒說：「要是你能夠儘快把這個文件送到我這裡來，我將十分感謝你。」因此，我囑咐我的私人祕書卡根奈克到紐臺克去問興登堡的兒子，遺囑是否仍在，是否可以讓我把它轉交給希特勒。因爲我在五月底興登堡離開柏林後就一直沒有見過他，我不知道他有沒有銷毀那份遺囑。

奧斯卡在他父親死後沒有能夠馬上找到這個重要的文件，這時突然找到了。這不可能是一件十分困難的事情，興登堡的副官舒倫堡（Herr von der Schulenburg）伯爵後來在解除巴本納粹罪嫌的審判時所提供的證詞，證明了這一點。據他透露，總統在五月十一日簽署了兩個文件——他的遺囑和臨終希望。前者致「德國人民」，後者致「國家總理」。興登堡最後一次離柏林去紐臺克時，舒倫堡是帶了文件同他一起走的。巴本說，他當時不知道這件事。但是，他的祕書不久就從紐臺克回來，帶來了奧斯卡·馮·興登堡給他的兩個密封信封。

八月十五日，巴本把它們帶到貝希特斯加登交給希特勒。

希特勒極其仔細地讀了這兩個文件，並且同我們討論了其中的內容。顯然，在那個表示他臨終希望的文件中，與登堡的建議同希特勒的打算是有矛盾的。他因此利用了信封上寫的致「國家總理阿道夫·希特勒」這一點。他說：「故總統的這些建議是向我個人提出。是否發表它們，我以後再作決定。」我要求他把這兩個文件一起發表，但是沒有結果。交給他的新聞祕書發表的只有興登堡敘述他爲國服務經過的一個文件，其中就寫有嘉許希特勒的話[31]。

另外一個建議由霍亨佐倫王室一個成員而不是由希特勒來擔任國家元首的文件，後來下落如何，巴本並沒有說起，也許他也根本不知道。在繳獲的成千噸重的納粹黨祕密文件中並沒有發掘出這個文件，因此很可能已被希特勒馬上銷毀了。

如果希特勒當初足夠大膽地和正直地發表了這個文件，結果也許不會有什麼不同。早在興登堡去世以前，他就在內閣通過一項法律，授予他總統權力。那是在八月一日，也就是老元帥死前一天。如果說這項「法律」是非法的，這一點在前奧地利下士已成爲法律本身的德國也是不會造成什麼不同結果的。這項法律之不合法，是十分明顯的事。一九三二年十二月十七日，在施萊歇爾執政期間，國會曾經以三分之二的必要多數通過一項憲法修正案，規定在舉行新選舉之前應由最高法院院長而不是總理代行總統職務。雖然授權法（這是希特勒獨裁的「法律」基礎）授權總理可以制定與憲法相違背的法律，但是它明確禁止他竄改總統制度。

但是，事到如今，法律又有什麼意義呢？在巴本看來，是沒有意義的，因爲他欣然從命，到維也納去擔任希特勒的公使，收拾納粹黨人刺殺陶爾斐斯總理後所造成的混亂局面去了。在將軍們看來，也是沒有意義的，他們急於努力加強希特勒的軍隊。在工業家們看來，也是沒有意義的，他們已經熱心地轉向有利可圖的重整軍備的生意。老派的保守分子，像外交部的紐拉特男爵和國家銀行的沙赫特博士這樣「正直的」德國人都並沒有辭職。沒有一個人辭職。事實上，沙赫特博士在八月二日，也就是希特勒篡奪將死的總統的權力的那一天，還兼任了經濟部長的職務。

那麼德國人民呢？在八月十九日，合格選民中約有百分之九十五去投了票，其中有百分之九十——三千八百多萬人——投票贊成希特勒篡奪大權。只有四百二十五萬德國人有勇氣——或者說有願望——投反對票。難怪九月四日納粹黨在紐倫堡舉行黨代表大會的時候，希特勒信心百倍。筆者在第二天早晨看到他在掛滿旗幟的盧特波爾德（Luitpold）大廳像一個戰勝的皇帝一樣，邁步進入會場，當時樂隊高奏〈巴登威略進行曲〉（Badenweiler March），三萬隻手臂一齊舉起，行納粹式的敬禮。幾分鐘以後，他驕傲地坐在大講臺的中央，雙臂交叉在胸前，兩眼炯炯發光，當時巴伐利亞黨組織領袖阿道夫·華格納宣讀了元首的文告。

今後一千年中，德國的生活方式已經確定了。十九世紀的神經緊張時代已與我們告別。在今後一千年中，德國將沒有其他革命！

他是個凡人，不免一死，無法活到一千歲，但是只要他還活著，他將作爲這個偉大民族歷史上最有權力、最無忌憚的專制魔王來統治他們。德高望重的興登堡已不在人世，沒有人可以非議他的權威，陸軍已處在他的股掌之中，立下了任何德國軍人都不敢輕易違反的誓言，惟他之命是從。的確可以說，現在整個德國和全體德國人民都已在他的血腥手掌之中，因爲最後一批反抗者已經被消滅了，或者說永遠消失了。

「眞是好極了！」在舉行了一個星期令人精疲力竭的遊行、演講、盛大場面的活動，對一個政界人物進行了筆者所看到的最狂熱的頌揚以後，他在紐倫堡對外國記者們這麼讚歎道。希特勒做了很大的努力從維也納的街頭爬到今天的地位。他現在只有四十五歲，今天的成就還僅僅是個開端。甚至在共和國覆亡後第一次回到德國的人也可以看出，不論希特勒對人類犯下了多大的罪行，他已經把德國人民身上長期壓抑著的無可計量的動力發揮了出來。至於是爲了什麼目標，他在《我的奮鬥》一書中和成百上千篇演講中已經說得很明白，然而第三帝國國內的許多人，尤其是國外的許多人——幾乎每一個人——都沒有注意到，或者沒有理睬，或者只是覺得好笑。

第八章　第三帝國的生活：一九三三至一九三七年

就在這個時候，一九三四年夏末，我到第三帝國來生活和工作。新德國有許多事情使外國觀察家獲得深刻印象，使他們感到迷惑不解，甚至感到不安。絕大多數德國人似乎並不在乎他們的個人自由遭到剝奪，並不在乎他們的大量文化被摧殘，被沒有思想的野蠻狀態所代替，也不在乎他們的生活和工作已經被管制到了即使是一個世世代代以來習慣於嚴格管制的民族也從未經歷過的程度。

在那些不聽話的人，以前的共產黨人或者社會黨人，過於自由主義或者過於和平主義的人和猶太人的頭頂上，無疑籠罩著祕密警察的恐怖和對集中營的恐懼。一九三四年六月三十日的血腥整肅，是一個警告，它表明這幫新領袖會多麼殘酷無情。然而，初期的納粹恐怖只影響到比較少德國人的生命，而一個新來到的觀察家多少有些意外地發現，這個國家的人民似乎並不感到他們在受著一個放肆而殘忍的獨裁政權的威嚇和壓制。相反，他們還懷著眞正的熱情支持這個政權。這個政權不知怎麼使他們具有了一種新的希望和新的信心，使他們對國家前途具有一種驚人的信念。

希特勒正在清算過去，清算過去的一切挫折和失望。我們以後將詳細地看到，他正在一步一步地，而且迅速地使德國擺脫《凡爾賽和約》的束縛，使勝利的協約國陷於狼狽的境地，並且使德國在軍事上重新強大起來。這正是大多數德國人所希望的，爲了達到這一目標，他們願意做出這位領袖要求他們做出的犧牲：喪失個人自由，斯巴達式的飲食（「大炮先於牛油」）和艱苦的工作。到一九三六年秋天，失業問題已大體上解決，差不多人人都又有了工作（從一九三三年二月到一九三七年春天，登過記的失業者人數從六百萬減少到一百萬以下。人們可以聽到被剝奪了工會權利的工人們對著裝著豐盛午餐的飯盒子，一邊吃著一邊開玩笑說，至少在希特勒的統治下已不再有挨餓的自由）。「先公後私！」（Gemeinnutz vor Eigennutz）是那時候納粹的一個流行口號，雖然有許多黨領袖，尤其是戈林，正在祕密地營私肥己，而且企業的利潤也正在增長，但是，群眾無疑已被表面上把社會福利放在私人利益之上的新「國家社會主義」所籠絡住了。

把猶太人排除在德國社會以外的種族法律，在一個外國觀察家看來，是一種驚人的倒退到原始時代的做法，但是，既然納粹的種族理論把德國人捧成是社會中堅和主宰種族，這些法律絕不是不得人心的。有時遇到很少數德國人——前社會民主黨人或者自由主義者，或者是出身舊保守階級的虔誠基督教徒——對迫害猶太人的行爲感到嫌惡甚至反對，雖然他們曾幫忙減輕了一些個別猶太人的困難，但是在挽回狂瀾方面卻沒有出什麼力。他們又能做什麼呢？他們常會這樣問你，而這卻是一個不容易回答的問題。

德國人從受過檢查的報刊和廣播中含糊地聽到一些國外的強烈反感，但是他們發現，這並不妨礙外國人大批地到第三帝國來，而且看來仍然對它的款待感到滿意。因爲納粹德國，遠較蘇俄爲大方，是聽任全世界來觀察的（而且，跟蘇聯形成對照，納粹德國允許全體公民都可以到國外去旅行，只有列入祕密警察黑名單上的少數幾千人除外。雖然由於國家缺乏外匯，嚴格的貨幣限制條例使這樣做的人大爲減少。但是，這些貨幣限制條例並不比一九四五年以後對英國公民所實施的貨幣限制條例更爲嚴格。關鍵是納粹統治者們似乎並不擔心一般德國人在訪問民主國家後會受到反納粹主義的感染）。遊覽事業生意興隆，收進了大量亟需的外匯。納粹領袖們似乎是沒有什麼要隱瞞的。一個外國人，不管他多麼反納粹，可以到德國來觀察和研究他所希望瞭解的情況——只有集中營和軍事設施除外，後者在所有國家都是如此。許多人都來觀光。而許多人在回去時，如果說沒有改變信仰，至少已變得能夠容忍「新德國」了，相信他們看到了他們所說的「肯定的成就」。甚至像勞合·喬治那樣一個觀察力敏銳的人，他曾經領導英國在一九一八年戰勝德國，並且在那一年用「吊死德皇」的口號參加競選，如今也可以在一九三六年到上薩爾斯堡訪問希特勒。他在離別時帶回去對這位元首大爲傾倒的印象，並且公開稱讚這位元首是「一個偉人」，有眼光有決心解決現代國家的社會問題——尤其是失業問題，而這是英國仍在潰爛的一個創傷，在這個問題上，這位偉大的戰時自由黨領袖和他（我們可以征服失業）的綱領在國內都沒有引起人們的什麼興趣。

一九三六年八月在柏林舉行的奧林匹克運動會，使納粹黨有了一個極好的機會，來讓全世界對第三帝國的成就留下印象，而且他們充分利用了這個機會。「猶太人恕不招待」的牌子悄悄地從店鋪、旅館、啤酒館和公共遊宴場所取了下來，對猶太人和兩個基督教會的迫害也暫時停止了，全國都裝出最規矩的態度。以前任何運動會都沒有過那麼出色的組織工作，也沒有過那麼不惜工本的款待。戈林、里賓特洛甫和戈培爾爲外國客人們舉行了豪華無比的宴會——這位宣傳部長在汪西湖（Wannsee）附近孔雀島（Pfaueninsel）舉行了「義大利之夜」的宴會，招待了一千多賓客，場面之盛大簡直像《天方夜譚》中的故事。客人們，特別是從英國和美國來的那些客人們，對所看到的情況印象非常深刻：這顯然是在希特勒領導下團結一致的一個快樂、健康和友善的民族。他們說，這跟他們在報上讀到柏林電訊時所得到的印象截然不同。

然而，在這種外表的下面，在柏林舉行奧林匹克運動會那些興高采烈的夏末日子裡，爲遊客們所看不到的，而且確實爲大多數德國人所忽視或者以一種令人驚奇的默默服從的態度來接受的，德國的生活似乎在退化過中，至少在一個外國人看來是如此。

當然，關於希特勒所頒布的對付猶太人的法律，或者關於政府所發起的對這些不幸的人的迫害，是沒有什麼隱瞞的。所謂一九三五年九月十五日的紐倫堡法律，剝奪了猶太人的德國公民籍，使他們淪爲「屬民」的地位。這個法律還禁止猶太人和亞利安人通婚，禁止他們有婚姻以外的性關係，並且禁止猶太人雇用三十五歲以下的亞利安女僕。在以後幾年裡，補充紐倫堡法律的大約十三項法令，使猶太人遭到完全的取締。但是到一九三六年夏天，也就是德國充當奧林匹克運動會東道主使西方遊客們十分愜意的時候，猶太人由於法律或者納粹的恐怖手段——後者往往先於前者——而不能得到公私就業機會已到了至少其中有一半人生計無著的程度。在第三帝國的第一年即一九三三年，他們不得競選公職，不得擔任文官職務，不得在新聞界、廣播業、農業、教育界、戲劇界、電影界工作；一九三四年他們被攆出交易所，雖然直到一九三八年才頒布禁令，不准他們當律師，從事醫藥業和商業，但是，實際上在納粹統治頭四年結束以前，他們就從這些行業中被排除出來了。

此外，他們不僅得不到大部分生活上的享受，而且常常得不到日用必需品。在許多地方，猶太人要買食物都感到困難，如果說不是不可能的話。在副食雜貨鋪、肉鋪、麵包鋪和牛奶站的門上，掛著「猶太人不得入內」的牌子。在許多地方，猶太人甚至不能爲他們的孩子購買牛奶。藥房不賣藥給他們。旅館不讓他們投宿。常常是，不論他們到哪裡，總有「本市嚴禁猶太人入境」或者「猶太人進入此處安全自行負責」的侮辱性牌子。在路德維希港附近公路上的一個急轉彎處，有一塊牌子，上面寫著「小心駕駛！急轉彎！猶太人每小時七十五英里！」筆者因為發了一條電訊，說這些反猶牌子中有一些在舉行奧林匹克運動會期間被除掉了，因而遭到了德國報刊和電臺的猛烈攻擊，並且幾乎被驅逐出境。

這就是大約在德國舉行奧林匹克運動會前後猶太人所處的困境。而這不過是一條道路的開端，很快他們就會遭到屠殺和滅種。

對基督教會的迫害

納粹對基督教會的戰爭開始得較為溫和。希特勒名義上是一個天主教徒，雖然他曾在《我的奮鬥》中痛罵天主教過問政治，並且因天主教與新教教會不能認識到種族問題而對它們加以攻擊，但是，我們前已看到，他曾在書中警告說「一個政黨……不應該……忽視這樣一個事實：在以往的全部歷史經驗中，一個純粹政治性的黨派要進行宗教改革是從來沒有成功過的」。黨的綱領第二十四條要求給予「國內一切宗教派別的自由，只要它們對……德國民族的道德感情沒有危險。黨贊成積極性的基督教信仰」。一九三三年三月二十三日國會把自己作為立法機構的職權讓給這位獨裁者那天，希特勒對這個德國立法機構發表講演，讚揚基督教信仰是「保障德國民族靈魂的要素」，答應尊重這些信仰的權利，宣稱他的政府「其志向是謀求教會和國家之間的融洽協調」，而且說：「我們希望改善我們和羅馬教廷的友好關係」——最後這一句話顯然是爲了要獲得天主教中央黨的選票，結果如願以償。

過了差不多四個月不到，在七月二十日，納粹政府和梵蒂岡簽訂了一個契約，保證天主教的自由和該教會「管理它自己事務」的權利。這個協定由巴本代表德國，由當時的羅馬教皇國務大臣巴西利主教，就是後來的羅馬教皇庇護十二世，代表羅馬教廷簽署。這個契約墨汁未乾，就被納粹政府破壞了。但是，由於這個契約簽訂的時候正是這個新政權在德國的初期放肆行爲引起全世界強烈反感的時候，它無疑使希特勒政府獲得了非常需要的威望（羅馬教皇庇護十二世在一九四五年六月二日向羅馬教廷樞密院發表訓諭時，爲他所簽訂的這個契約辯護，但是把國家社會主義（因爲他後來終於知道）說成是「對耶穌基督的狂妄背棄，對他的教義和他的贖罪事業的否定，對暴力的迷信，對種族和血統的盲目崇拜，對人類自由和尊嚴的傾覆」）。

七月二十五日，也就是批准這個契約後五天，德國政府頒布了一個淨化法令，特別使天主教會感到憤怒。五天後，開始採取了步驟來解散天主教青年聯盟。在以後幾年裡，數以千計的天主教教士、修女和教徒中的著名人士遭到逮捕，其中許多人是由於「不道德」或者「外幣走私」等等捏造出來的罪名而被捕。我們已經談到，天主教行動組織的領導人埃里希·克勞斯納在一九三四年六月三十日的整肅中被殺害。數十種天主教出版物被禁止發行，甚至神聖的懺悔室也遭到祕密警察人員的破壞。德國天主教的各級教士，像大多數基督新教牧師一樣，起先曾力圖和新政權合作，但是到了一九三七年春天，他們的幻想完全破滅了。在一九三七年三月十四日，羅馬教皇庇護十一世發出了一個通諭〈痛心已疾〉（Mit Brennender sorge），指責納粹政府「規避」和「破壞」契約，播種「懷疑、不睦、仇恨、中傷的莠草，播種公開和祕密的根本敵視基督和基督教會的莠草」。這位羅馬教皇在「德國的天際」看到了「摧殘性宗教戰爭的險惡烏雲……這種戰爭除了……滅絕人類以外沒有其他目的」。

馬丁・尼莫拉（Martin Niemöller）牧師曾親自歡迎納粹在一九三三年當政。這一年他的自傳《從潛艇到教壇》（*From U-Boat to Pulpit*）已經出版。這位第一次世界大戰中的潛艇艇長如何成爲一個卓越的新教牧師的故事，受到納粹報刊的青睞，得到了特別的頌揚，成爲一本暢銷書。尼莫拉牧師像許多新教牧師一樣，認爲共和國的十四年是「黑暗的年代」[1]。在他的自傳的結尾，他以一種滿意的口氣說，納粹的革命終於勝利，它帶來了他自己曾經爲之奮鬥已久的「民族復興」。他的奮鬥有一個時期是在自由團中進行的，許多納粹領袖都是該團出身。

他很快就嘗到了幻想破滅的可怕滋味。

德國的新教徒，像在美國的一樣，分成許多教派。只有極少數——四千五百萬新教徒中的約十五萬人——屬於浸信會和衛理會之類的各種獨立教會。其餘的人都屬於二十八個路德教派和改革教派的教會，其中最大的是老普魯士聯盟教會，共有一千八百萬教徒。隨著國家社會主義的興起，新教徒又發生了進一步的分裂。其中較爲狂熱的納粹分子在一九三二年組織了「德國基督教徒信仰運動」，它最狂熱的領袖是一個叫做路德維希・繆勒（Ludwig Müller）的東普魯士軍區隨軍牧師。他是希特勒的虔誠信徒，當初就是他從中拉線，促成元首在布倫堡將軍擔任該軍區司令的時候和後者相會的。「德國基督教徒信仰運動」熱烈擁護納粹的種族學說和領袖原則，並且要把它們運用在一個全國性的教會中，這一教會將把全部基督教新教徒都吸收進來，成爲一個全面組織。一九三三年，德國基督教徒信仰運動在總數一萬一千名牧師中擁有約三千名，雖然他們在一般信徒中的會員所佔比例大概要大一些。

跟它對立的是另一個少數派集團，自稱爲「認信教會」（Confessional Church）。這個教會有差不多同樣數目的牧師，後來由尼莫拉擔任領導。這個教會反對使新教教會納粹化，不接受納粹的種族理論，並指斥羅森堡和其他納粹領袖的反基督教主張。大多數新教徒則介於二者之間，他們似乎很膽小，不敢參加這兩個敵對集團中的任何一個。他們採取騎牆態度，大多數人最後終於都落入了希特勒的懷抱，承認他有權干預教會事務，服從他的命令而沒有公開反對的表示。

除非人們知道德國新教徒的歷史和馬丁・路德的影響，否則是不容易瞭解大多數德國新教徒在納粹執政初期的行爲（爲了避免誤解，不妨在這裡指出，筆者本人是個新教徒）。這位基督教新教派的偉大創立者，是一個熱烈的反猶主義者，相信絕對服從政治權威。他希望德國清除掉猶太人，把他們打發走並沒收掉他們的全部現款、珠寶和金銀，還要「放火焚燒猶太人的會堂和學校，拆毀他們的房屋……讓他們寄宿在棚子裡或馬廄裡，像吉普賽人那樣……處於痛苦和監禁中，因爲他們不斷向上帝哭訴我們的不好」[2]——這種主張在四個世紀後被希特勒、戈林和希姆萊不折不扣地加以奉行了。

一五二五年的農民暴動也許是德國歷史上唯一的人民起義，在這次暴動中，路德勸告王公們採取最殘酷無情的措施來對付這些「瘋狗」——這是他對這些鋌而走險的、被蹂躪的農民的稱呼。在這裡，像他關於猶太人的言論一樣，路德使用了直到納粹當政時爲止德國歷史上沒有可與相比的粗暴野蠻的言語。這位巨人的影響在德國世代流傳，特別是在新教徒中間。他還留下了另外一些後果，其中一個是，從十六世紀起直到一九一八年王公貴族們被推翻時爲止，德國基督教新教派輕易地成爲專制主義的工具。世襲國君和小邦諸侯們成了他們領地裡的新教教會的最高主教。例如在普魯士，霍亨佐倫國王是教會的首腦。除了沙皇俄國外，沒有一個國家的教士們在傳統上是那麼完全屈從於國家的政治權威。教士們幾乎毫無例外地一致支持國王、容克地主和軍隊，在十九世紀時他們竭盡本分地反對自由和民主運動的興起。在大多數新教牧師看來，甚至威瑪共和國也是該詛咒的，不僅因爲威瑪共和國廢黜了國王和諸侯，而且因爲它的主要支持來自天主教徒和社會黨人。在國會選舉期間，人們不能不注意到，新教牧師們——其中尼莫拉是個典型——相當公開地支持共和國的敵人民族黨甚至納粹分子。像尼莫拉一樣，大多數牧師對希特勒在一九三三年崛起當總理表示歡迎。

他們很快就領教了希特勒獲得政權所依靠的納粹暴力手段。一九三三年七月，新教教會的代表們擬就了成立一個新的「全國教會」的組織法，七月十四日得到了國會的正式認可。在選舉第一任全國主教問題上立即發生了一場熱烈競爭。希特勒堅持要讓他的朋友隨軍牧師繆勒獲得這個最高位置，在這以前希特勒已委任他爲筆者的新教教會事務顧問。教會聯合會的領袖們則提出了著名的牧師弗雷德里希・馮・包德史溫（Friedrich von Bodelschwingh）。但是他們未免太天眞了。納粹政府出來干預，解散了若干地方教會組織，把新教教會幾個德高望重的牧師停職，縱容衝鋒隊和祕密警察來對付不聽話的牧師——事實上，對所有支持包德史溫的人進行威嚇。全國主教將由教議會選出，在選舉教議會的代表前夕，希特勒親自發表廣播演說，「敦促」選舉「德國基督教徒信仰運動」的代表，而繆勒就是他們的候選人。這種威脅很有效果。同時包德史溫已被迫退出競選，「選舉」結果是大多數「德國基督教徒信仰運動」的代表當選，他們於九月間在維騰堡（Wittenberg）——路德就是在這裡首先公開反抗羅馬的——教議會上選舉了繆勒爲全國主教。

但是這位教會新頭子是一個不中用的人，沒有能力來建立一個統一的教會，或者把新教的會眾完全納粹化。在一九三三年十一月十三日，也就是德國人民在一次全國公民投票中以壓倒的多數支持希特勒的第二天，「德國基督教徒信仰運動」在柏林的體育館舉行了一個盛大的集會。這個教派的柏林教區領袖萊因哈特・克勞斯（Reinhardt Krause）博士建議捨棄舊約全書「和它的牲畜販子和拉皮條者的故事」，修訂新約全書，使耶穌的教導「完全符合於國家社會主義的需要」。會上擬訂了不少決議，主張「一個民族、一個國家、一個信仰」，要求全部牧師宣誓效忠於希特勒，堅持所有教會都實行亞利安化而排除改宗的猶太人。甚至對那些不肯參加教會戰爭的膽小新教徒來說，這也使他們覺得太過分了，因此繆勒主教被迫停止克勞斯博士的職務並表示不同意他的意見。

實際上，納粹政府和教會之間的鬥爭，是一個由來已久的什麼權限歸君主和什麼權限歸上帝的鬥爭。就新教徒而言，希特勒堅決主張，如果納粹黨的「德國基督教徒信仰運動」不能使各新教教會在全國主教繆勒領導下趨於一致的話，政府自己就不得不來接管教會的指導工作。他始終對新教徒有一些輕視，新教徒雖然在他信奉天主教的祖國奧地利只佔極少數，在德國公民中卻佔了三分之二。他曾向他的助手們說過：「對他們，你可以愛怎麼辦就怎麼辦。他們會屈服的……他們是不足道的小人物，像狗一樣順從，當你對他們講話時，他們惶恐得汗流浹背。」[3]他知道得很清楚，反對新教教會納粹化的只是少數牧師和爲數更少的教徒。

到一九三四年年初，幻想破滅了的尼莫拉牧師已經成爲認信教會和牧師緊急聯盟中少數反對者的精神導師。在一九三四年五月在巴門舉行的教議會全體大會上，以及在尼莫拉的耶穌基督教會十一月間在柏林郊外達倫姆舉行的一次特別會議上，認信教會宣稱自己是嫡派德國新教，並設了一個臨時的教會管理機構。這樣，現在就有了兩派，全國主教繆勒派和尼莫拉派，都自稱是合法的嫡派新教教會。

很明顯，這位前隨軍牧師儘管和希特勒很接近，卻沒有能夠使各新教教會統一起來。一九三五年年底，祕密警察逮捕了七百名認信教會的牧師後，他辭去了他的職務，從此銷聲匿跡。早在一九三五年七月，希特勒就已經任命一個納粹黨在法律界的朋友漢斯・凱爾博士爲宗教事務部部長，指示他做第二次努力，使新教徒統一起來。凱爾是一個比較溫和的納粹分子，而且是個多少還比較謹慎的人，他在開頭取得了相當的成功。他不僅爭取到了佔多數的保守派牧師，而且還以德高望重的佐爾納博士爲首，設立一個教會委員會來搞出一個總體的解決辦法，後者是一個受到各教派尊重的人。雖然尼莫拉的教會同這個委員會進行合作，但是仍堅持認爲自己是唯一的嫡派新教教會。一九三六年五月，它向希特勒提出了一個彬彬有禮、然而態度堅定的備忘錄，抗議這個政權的反基督教傾向，指斥政府的反猶主義，並要求國家停止干預教會事務。納粹內政部長弗立克卻報之以殘酷無情的行動。數以百計的認信教會牧師被逮捕，備忘錄的簽名者之一威斯勒博士在薩克森豪森（Sachsenhausen）集中營裡被殺害，認信教會的經費被沒收，並禁止它收集捐款。

一九三七年二月二十一日，佐爾納博士辭去教會委員會職務，因爲在這以前祕密警察不讓他到有九名新教牧師被逮捕的呂貝克（Lübeck）去。他抱怨說他的工作受到宗教事務部部長的破壞。凱爾博士第二天在向一群順從的教士發表的演說中作了答覆。他指斥這位德高望重的佐爾納不能領會納粹的種族、血統和土地的理論，他還清楚地顯示了政府對新教教會和天主教教會的敵意。凱爾說：

黨站在積極性的基督教信仰的基礎上，而積極性的基督教信仰就是國家社會主義……國家社會主義是上帝意志的實施……上帝的意志表現在德國人的血液裡……佐爾納博士和加倫伯爵（明斯特的天主教主教）力圖向我闡明，基督教信仰就是信仰上帝的兒子基督。這使我發笑……不，基督教信仰並不依靠使徒信條……眞正的基督教信仰由黨來代表，德國人民現在由於黨，特別是由於元首的號召而具有了眞正的基督教信仰……元首是新啓示的先鋒[4]。

一九三七年七月一日，尼莫拉博士遭到了逮捕，被監禁在柏林的摩亞比特監獄裡。六月二十七日他曾在達倫姆一向是座無虛席的教堂裡向他的會眾講道，這次講道終於成爲他在第三帝國的最後一次講道。好像他已預先感覺到將要發生的變故似的，他說：「我們和古時的使徒一樣，用我們自己的力量來逃避當局的權力。我們也同樣不願意在上帝要我們說話的時候，聽從凡人的命令而保持沉默。因爲情況是，而且必須繼續是，我們必須服從上帝而不是服從人。」

他在監獄裡關了八個月，一九三八年三月二日，在「特別法庭」（Sondergericht）上受審，這種特別法庭是納粹爲了審訊犯有危害國家罪的人而設立的。雖然他「暗中攻訐國家」的主要罪名是被開脫了，但還是因「濫用講壇」和在他的教堂裡收集捐款而被判罰款兩千馬克和監禁七個月。因爲他服刑已超過這個期限，所以法庭宣布把他釋放，但是他在離開法庭時立即被祕密警察帶走，置於「保護性看管下」，關在集中營裡，先是在薩克森豪森集中營，後又在達豪集中營裡，在那裡，他一直被關了七年，直到被盟軍解放。

另外還有大約八百零七名認信教會著名的牧師和教徒在一九三七年遭到逮捕，在以後的兩年內更有數以百計的人遭到逮捕。如果說尼莫拉派的反抗沒有被完全摧毀的話，它至少是受到挫折了。至於大多數新教牧師，則像德國的差不多任何人一樣，在納粹恐怖面前屈服了。到一九三七年年底，漢諾威很受人尊敬的馬拉倫斯（August Marahrens）主教經凱爾博士勸誘，發表了一篇公開聲明：「國家社會主義的生活概念，是決定和表現德國人特性的民族和政治教義。因此，德國基督徒也有義務遵守。」在像尼莫拉那樣的堅強牧師看來，這個聲明一定特別可恥。一九三八年春天，馬拉倫斯主教採取了最後的步驟，命令他主教管區內的全體牧師個個宣誓效忠於元首。在一個短時間內，極大多數新教牧師都宣誓了，這樣就使他們在法律上和道義上都得服從這位獨裁者的命令。

如果認爲納粹政權對新教徒和天主教徒的迫害使德國人民猛然驚醒，或者甚至大大地驚動了他們中間的極大多數人，那就錯了。事實上並沒有如此。一個那麼輕易放棄他們的政治、文化和經濟自由的民族，除了其中比較少數的人以外，是不會不惜犧牲生命或者冒坐牢的危險來維護信仰自由。三〇年代眞正使德國人感到驚動的事情是，希特勒在人民就業、造成繁榮、恢復德國軍事力量、外交政策方面節節勝利這些輝煌成就。很少德國人因爲逮捕幾千名牧師和教士，或者因爲各新教教派之間的爭執而睡不著覺。更少人這樣仔細地想過：在受到希特勒支持的羅森堡、鮑曼和希姆萊的領導下，如果可能的話，納粹政權打算最後摧毀德國的基督教信仰，而代之以古代日耳曼部落神祇的老異教和納粹極端分子的新異教。正如最接近希特勒的人之一鮑曼在一九四一年所公開說的一樣：「國家社會主義和基督教信仰是不能調和的。」

希特勒政府爲德國所規定的前途，清楚地規定在羅森堡在戰爭期間爲「國家總教會」所擬定的三十點綱領中。羅森堡是一個直言無諱的異教徒，他的職務中有一個是「元首指定國家社會主義黨知識與哲學教育導師」。稍舉這三十點中幾點就足以表明基本要旨：

一、德國國家總教會擁有控制國境以內全部教會的獨攬權利和權力：這些教會是德國國家的民族性教會。

五、國家總教會決心根絕在不吉的八百年來輸入德國的各種異己的外來基督教信仰。

七、國家總教會沒有書記、牧師或教士，但是國家總教會的講演者將在他們中演講。

十三、國家總教會要求立即停止在德國出版和傳播聖經……。

十四、國家總教會宣稱，對它來說，因此也是對德國民族來說，業經決定，元首的《我的奮鬥》是一切文件中最偉大的。它不僅包含了最偉大的倫理，而且體現了對我國民族目前和將來生活來說是最純粹和最正確的倫理。

十八、國家總教會將從它的祭壇上清除一切耶穌受難像、聖經和聖徒像。

十九、在祭壇上，除了《我的奮鬥》（對德國民族來說，因而也是對上帝來說，這是一本最神聖的書），不得有別的東西，在祭壇左邊則放一把劍。

三十、在它創立那一天，各大小教堂，必須除去基督十字架……必須代之以唯一不能征服的象徵——萬字[5]。

文化的納粹化

一九三三年五月十日晚上，也就是希特勒當總理後約四個半月，柏林發生了一幕西方世界自從中世紀末期以來未曾看到過的景象。在約莫午夜的時候，成千上萬名學生舉著火炬，遊行到了柏林大學對面的菩提樹下大街的廣場。火炬扔在堆集在那裡的大批書籍上，在烈焰焚燒中又丟了許多書進去，最後一共焚毀了大約兩萬冊書。在另外幾個城市裡也發生了同樣的景象。焚書開始了。

那個晚上，由興高采烈的學生在戈培爾博士的讚許眼光下丟入柏林烈焰中的許多書籍，都是舉世聞名的著作。在這些作家中，德國作家有托馬斯・曼和海因里希・曼、福希特萬格（Lion Feuchtwanger）、瓦塞爾曼（Jakob Wassermann）、阿諾德・茨威格、史蒂芬・茨威格、雷馬克、拉特瑙、愛因斯坦、阿爾弗雷德・凱爾（Alfred Kerr）和雨果・普魯斯（Hugo Preuss）等人。雨果・普魯斯是草擬威瑪憲法的學者。但是，不僅數十位德國作家的作品遭到焚毀，有許多外國作家也不能倖免，其中有：傑克・倫敦、厄普頓・辛克萊、海倫・凱勒、瑪格麗特・桑格（Margaret Sanger）、威爾斯（H. G. Wells）、靄理士（Havelock Ellis）、史尼茲勒（Arthur Schnitzler）、佛洛伊德、紀德、左拉、普魯斯特。用一份學生宣言的話說，凡是「對我們的前途起著破壞作用的，或者侵蝕德國思想、德國家庭和我國人民動力的」任何書籍，都得付之一炬。

新上任的宣傳部長戈培爾博士從現在起將使德國文化不得越出納粹思想的雷池一步。他在被焚的書籍化爲灰燼之際向學生們講了話：「德國人民的靈魂可以再度表現出來。在這火光下，不僅一個舊時代結束了；這火光還照亮了新時代」。

照亮德國文化納粹新時代的，不僅有焚書的火焰，還禁止千百種書籍在書店出售或在圖書館流通，禁止許多種新書的出版，這雖然沒有像焚書那麼有象徵性卻更加有效，任何現代西方國家都沒有經歷過的這麼大規模的文化管制。早在一九三三年九月二十二日，就在戈培爾博士的指導下根據法律設立了德國文化協會。它的目的，用該法律的話來說，規定如下：「爲了推行德國文化的政策，必須使各領域的藝術家都集合在國家領導下的統一組織中。不僅必須由國家決定思想方面和精神方面的發展路線，而且還必須由國家領導和組織各種專業。」

爲了指導和控制文化生活的各方面，在德國文化協會下面成立了七個協會：德國美術協會、德國音樂協會、德國戲劇協會、德國文學協會、德國新聞協會、德國廣播協會和德國電影協會。凡是從事這些職業的人，都必須加入有關協會，這些協會的決定和指示具有法律效力。這些協會所擁有的權力中，有一項是它們可以因「政治上不可靠」而開除或拒絕接受會員，這就意味著可以——而且事實上常常是——不讓那些對國家社會主義不太熱心的人從事他們的專業或藝術，從而剝奪了他們的生計。

凡是三〇年代在德國生活過的人，只要是關心這些事情的話，沒有一個人能夠忘記，曾經有過那麼悠久的極高文化水準的民族，竟發生這樣令人噁心的退化。不用說，一經納粹領袖們決定，藝術、文學、報刊、廣播和電影都必須專門爲新政權的宣傳目的和野蠻哲學服務，這種退化就是不可避免的。除了恩斯特·榮格爾（Ernst Jünger）和恩斯特·維查特（Ernst Wiechert）的早期作品以外，沒有一個還在人世的、比較重要的德國作家作品曾在納粹當政時期出版過。這些作家幾乎都在托馬斯·曼的帶頭下移居到國外。極少數留在國內的作家不是自動地就是被迫保持緘默。每一本書或者劇本的手稿，都必須先送宣傳部審查，經它認可後才能出版或者上演。

音樂的遭遇算是最好的了，只是因爲音樂是各種藝術中政治性最少的藝術，而且德國人在音樂方面有著從巴哈、貝多芬、莫札特到布拉姆斯的極爲豐富的遺產。但是，孟德爾頌的作品則禁止演奏，因爲他是猶太人（所有猶太作曲家的作品都是被禁止的），德國的第一流現代作曲家保羅・亨德密特（Paul Hindemith）的音樂也是如此。大交響樂團和歌劇院中的猶太人很快就被清除出去。跟作家們不一樣，德國音樂界大多數有名人物都決定留在納粹德國，讓他們的名氣和才能爲新秩序增加威望。本世紀最優秀的指揮家之一威廉・福特萬格勒（Wilhelm Furtwängler）留在德國。他因爲袒護亨德密特而在一九三四年失寵一年，但是在希特勒統治的其餘年代裡又恢復活躍。理查・史特勞斯也許是世界上還在人世的第一流作曲家了，他也留了下來，而且一度擔任德國音樂協會主席，不惜以自己的聲名幫助戈培爾糟蹋文化。卓越的鋼琴家季雪金（Walter Gieseking）有很多時間在外國作演奏旅行，這些演奏是宣傳部長爲了提高德國「文化」在國外的聲望而組織或讚許的。但是由於音樂家們沒有移居國外，由於德國古典音樂具有豐富的寶藏，所以人們可以在第三帝國時期聽到演奏和表演得極爲出色的交響樂和歌劇。柏林交響樂團和柏林國家歌劇院是其中最爲卓越的。精彩的音樂節目起了很大的作用，使人們忘掉在納粹統治下其他藝術的退化和很多生活方面的退化。

必須說，在戲劇方面，只要是上演古典劇，就仍然保持著很多原來的高超水平。不用說，馬克斯・萊因哈特（Max Reinhardt）是和所有其他猶太籍演出人、導演和演員一起走了。納粹劇作家們實在蹩腳透頂，群眾都不願看他們的作品，因此這些作品的演出日子總是不長。德國戲劇協會主席是個名叫漢斯・約斯特（Hans Johst）的失敗劇作家，他曾公開大言不慚地說，凡是有人向他提到「文化」這個字，他就想掏出左輪手槍來。但是，即使是有權決定該上演什麼劇本，該由誰來表演和由誰來導演的約斯特和戈培爾，都無法禁止歌德、席勒和莎士比亞的作品在德國舞臺上得到值得讚揚的而且常常是很感動人的演出。

說來眞是奇怪，蕭伯納的有些作品竟可以在納粹德國上演，這或許是因爲他揶揄英國人和諷刺民主吧，也許是因爲納粹黨沒有覺察到他的機智和左傾政治觀點吧。

最奇怪的是德國偉大劇作家格哈特・霍普特曼（Gerhart Hauptmann）的情況。因爲他是一個熱心的社會黨人，所以德皇威廉二世時期曾禁止他的劇本在帝國的劇場裡演出。在共和國時期，他是德國最受人歡迎的劇作家，而在第三帝國時期，他卻仍然保持著這種地位。他的劇本繼續上演。我永遠不會忘記他的最新劇本《教堂的女兒》第一夜演出結束時的景象，當時，霍普特曼，一個蒼蒼白髮飄垂在黑色斗篷上令人肅然起敬的人物，跟戈培爾博士和約斯特臂挽著臂走出戲院。他，像許多其他德國傑出人物一樣，已經跟希特勒和解了。機靈的戈培爾曾就此事做了不少有效的宣傳，不斷向德國人民和國外提起，德國尚在人世的最偉大劇作家，前社會黨人和一般民眾的利益維護者，不僅留在第三帝國而且繼續在寫作，他的劇本也在上演。

這位年邁的劇作家到底是眞誠依附，還是投機，還是僅僅善變，也許可以從戰後發生的情況中看出。美國當局認爲霍普特曼爲納粹服務得太周到了，因而禁止他的劇本在西柏林美管區上演。於是俄國人邀請他到柏林去，把他當作一個英雄來歡迎，並在東柏林安排了巡迴演出他劇本的盛大節日。一九四五年十月六日，霍普特曼向共產黨控制的「德國民主復興文化聯盟」發了一個賀電，表示希望它能帶來德國民族的「精神復興」。

德國曾給世界貢獻過杜勒和克拉那赫（Luce Cranach），但在近代美術方面卻不是非常傑出，雖然德國的表現主義繪畫和慕尼黑建築學院的建築學是引人入勝而有獨創性的藝術運動，而且德國藝術家曾參加了二十世紀以印象主義、立體主義和達達主義爲代表的藝術新潮流。

儘管早期在維也納想當藝術家而遭到失敗，希特勒仍自以爲是一個眞正的藝術家，他認爲，一切現代藝術都是退化的和無聊的。他在《我的奮鬥》中曾就這個題目發過長篇大論，在他當政後首先採取的行動之一就是「清除」德國的「頹廢」藝術，並企圖代之以新的「日耳曼」藝術。約有六千五百幅現代繪畫，不僅是像柯克西卡（Oskar Kokoschka）和格羅茲（George Grosz）這類德國畫家的作品，還有塞尚、梵古、高更、馬蒂斯、畢卡索和許多別的畫家的作品，都從德國各博物館裡拿掉了。

代替它們的作品在一九三七年夏天進行了展覽，當時希特勒在慕尼黑一個單調的擬古主義建築物裡正式主持了「德國藝術館」的開幕。這個建築物是他出主意設計的，他說它在建築藝術上是「無與倫比和無法模仿的」。在納粹藝術的這個第一次展覽中，陳列了從一萬五千幅應徵作品中選出來的九百幅作品。這是作者在任何國家中沒有看過的最蹩腳的貨色。希特勒親自做了最後的選擇。原來的評選團主席是德國藝術協會主席阿道夫・齊格勒，他是一個平凡的畫家（齊格勒由於畫了吉莉・拉包爾的肖像而幸運地獲得這個位置）。據當時跟希特勒在一起的一些黨內同志說，希特勒對評選團所選的某些畫極爲惱火，他不但命令把這些畫剔掉，而且用他的長統靴子在好幾幅畫上踢了一些洞。他在主持展覽會開幕式的長篇講演中說：「我早已下了決心，如果命運給予我們權力的話，『藝術鑒賞』這類問題是不用討論的，要做的只是做出決定。」而他的確做出了決定。

在一九三七年七月十八日發表的講演中，他規定了納粹的「德國藝術」方針：

凡是不能被人瞭解、得用大量說明才能證明它們有權利存在的藝術作品，那些愚蠢或自以爲是的神經病者所接受的無聊藝術作品，將不再能公然在德國民族之前陳列。任何人都不要存幻想！國家社會主義已著手爲德國及其人民清除所有那些危及它生存和性格的影響……隨著這個展覽會的開幕，藝術上的神經錯亂狀態及其對我國人民在藝術上的玷污就告終了……。

然而，至少還有一些德國人，特別是在德國的藝術中心慕尼黑，卻寧願受到藝術上的玷污。在這個城市的另外一個地方，在一所必須要經過狹窄的樓梯才能走到的破敗陳列室裡，有一個「退化藝術」展覽會，這是戈培爾博士爲了讓人民看看希特勒要保護他們免受玷污的那些作品而組織的。內容是些精選的現代繪畫，有柯克西卡、夏卡爾和表現主義派及印象主義派的作品。我去參觀的那一天，我曾先到德國藝術館去看了一下，因爲場地很大，走得氣喘吁吁。而這個展覽會的觀眾卻擁擠不堪，等候入場的人從嘎嘎作響的樓梯一直列隊排到街上。事實上，去看的人實在太多了，使戈培爾博士感到又是生氣又是尷尬，於是很快就停止了展覽。

對報刊、廣播和電影的控制

每天早晨，柏林各日報的編輯以及德國其他地方的報紙記者，都聚集在宣傳部裡，由戈培爾博士或者他的助手告訴他們：什麼新聞該發布，什麼新聞要扣下，什麼新聞怎麼寫和擬標題，什麼運動該取消，什麼運動要開展，當天需要什麼樣的社論。爲了防止誤解，除了口頭訓令外，每天還有一篇書面指示。對於小地方的報紙和期刊，則用電報或信件發出指示。

要在第三帝國當個編輯，首先得在政治上和種族上是「清白」的。一九三三年十月四日的德國報刊法使新聞事業成爲一種受法律管理的「公共職業」。它規定，所有編輯都必須具有德國公民資格，屬於亞利安血統，配偶不是猶太人。報刊法第十四條命令編輯們「要使報紙上不得有任何誤導群眾、假公濟私、可能削弱德國外在或內在力量、德國人民的共同意志、德國國防及其文化和經濟……或者有損德國榮譽和尊嚴的內容」。這一個命令如果在一九三三年以前實施，正好會取締每個納粹黨的編輯和出版物。它現在卻開始清除那些不是納粹黨的或者不願成爲納粹黨的報刊和記者。

最先被迫停刊的報紙之一是《伏斯日報》（*Vossische Zeitung*）。這家報紙創辦於一七〇四年，像腓特烈大帝、萊辛和拉特瑙這些有名的人物過去都曾爲該報撰過稿。它已成爲德國最主要的報紙，猶如倫敦的《泰晤士報》和《紐約時報》。但是，它是一家自由主義的報紙，而且老闆是由猶太人辦的烏爾施坦因（Ullstein）出版公司。它在連續發行了兩百三十年後，在一九三四年四月一日停刊。另一家世界馳名的自由主義報紙《柏林日報》，拖得稍微久一些，直到一九三七年才停刊；雖然它的老闆猶太人拉克曼—莫斯（Hans Lachmann-Mosse）在一九三三年春季就被迫出讓了他在該報中的股份。德國的第三家自由主義大報《法蘭克福日報》，在清除了猶太老闆和編輯後繼續出版。該報駐倫敦記者、親英分子和自由主義者魯道夫・寇歐爾（Rudolf Kircher）當了編輯，而且像保守的柏林《德意志總匯報》（*Deutsche Allgemeine*）的編輯卡爾・西萊克斯（Karl Silex）一樣——他也曾當過駐倫敦記者，獲羅德獎學金，在牛津大學求過學，是個英國的熱情崇拜者和自由主義者——爲納粹服務得很好，正像全國新聞發布官奧托・狄特里希一度說到以前的「反對派報紙」那樣，其忠心程度，甚至常常「青出於藍」。後面這三家報紙之所以能夠倖存下去，有部分原因是由於德國外交部的影響。外交部要這些國際上知名的報紙照常出版，來裝幌子，以便在國外造成一個好印象。它們使納粹德國既有體面，同時又幫它進行宣傳。

由於德國的各家報紙都受到指示，知道該發表些什麼東西以及如何寫新聞和社論，全國報刊不可避免地會顯出單調畫一。即使是一個受到那麼嚴密的管制和生性習慣於服從權威的民族，也對報紙感到厭倦。甚至像晨報《人民觀察家報》和晚報《進攻報》那樣的主要納粹報紙，銷數也下降了。隨著納粹出版人把報紙一家又一家地置於控制下或者接管過去，所有報紙的總銷售量就此一落千丈。在第三帝國的頭四年中，報紙的種類由三千六百零七種減少到兩千六百七十一種。

但是，德國報刊失去自由和減少種類卻使黨獲得好處，至少在財務方面來說是如此。馬克斯・阿曼，在第一次世界大戰期間在軍隊中曾任上士，是希特勒的頂頭上司，如今是黨的出版公司埃耶出版社社長，他成了德國報刊財務方面的獨裁者。他是全國報界領袖和德國新聞協會的主席，有合法的權力可以任意勒令出版物停刊，隨後又以極便宜的價格把它收購過來。在一個短時期內，埃耶出版社成了龐大的出版帝國，也許是世界上最大的和最賺錢的一家出版公司（根據研究過這家納粹出版公司殘存記錄的哈爾教授致作者的信，阿曼自己的收入從一九三四年的十萬八千馬克劇增到一九四二年的三百八十萬馬克）。儘管許多納粹出版物銷數下降，但是納粹黨或者黨內個人所擁有的或者控制的報紙，在第二次世界大戰爆發時，佔全部報紙銷售量兩千五百萬份中的三分之二。阿曼在紐倫堡所作的供詞中敘述他經營的情況如下：

黨於一九三三年當政後……許多像烏爾施坦因出版公司那樣的由猶太財團或者由跟納粹黨敵對的政治或宗教財團所擁有或者控制的公司，都覺得最適當的辦法是只有把他們的報紙或者資產賣給埃耶公司。買賣這種產業是沒有自由市場的，埃耶出版社總是唯一的投標者。在這件事情上，埃耶出版社和它所擁有或者控制的各出版公司擴展成爲德國報紙出版方面的壟斷事業……黨在這些出版企業中的投資大獲其利。說納粹報刊綱領的基本目的是消滅一切跟黨對立的報刊，這話是不錯的6。

在一九三四年內有一個時期，阿曼和戈培爾都要求拼命巴結的編輯們不要把他們的報紙編得那麼單調畫一。阿曼說，他很遺憾：「目前報刊完全單調畫一，這不是政府的措施所造成的，也不符合政府的意願。」一位魯莽的週刊編輯，《格魯恩郵報》（*Grüne Post*）的埃姆・韋爾克（Ehm Welke），把阿曼和戈培爾的話當了眞。他指責說，宣傳部的官僚主義和高壓手段使得報刊變得那麼乾巴巴。他的刊物立即被勒令停刊三個月，他本人則被戈培爾撤職，送到集中營去。

電臺和電影也很快被利用來爲納粹政權的宣傳服務。戈培爾一直認爲廣播（電視當時還沒有問世）是現代社會的主要宣傳工具。通過他宣傳部的廣播司和德國廣播協會，他完全控制了廣播事業，使它適合自己的目的。他的任務所以比較容易實現，是因爲在德國，像在歐洲其他國家一樣，廣播事業是由國家所擁有和經營的壟斷事業。一九三三年納粹政府一上臺，國家廣播公司就自然落在它的手中。

電影仍在私人公司手中，但是宣傳部和德國電影協會控制了這個企業的每一個方面。用一篇官方評論的話說，它們的任務是「使電影業脫出自由主義的營利思想範圍……從而使它能夠接受它在國家社會主義國家裡必須履行的那些任務」。

結果是德國人民受罪，他們所看到和聽到的廣播節目，同他們的報紙和期刊一樣空虛又令人生厭。德國的觀眾，向來是默默順從別人告訴他們應該看些什麼的，但是即使是這樣好說話的觀眾也發生反抗了。納粹電影上映時門可羅雀，而經戈培爾許可在德國放映的少數外國影片（多半是B級好萊塢影片）則門庭若市。在三〇年代中期有一個時期，德國影片老是遭到噓聲，以至於內政部長威廉・弗立克對「電影觀眾的叛逆行爲」發出嚴厲警告。廣播節目也遭到了群眾極不客氣的批評，德國廣播協會主席德萊斯勒—安德萊斯（Horst Dressler-Andress）說這種吹毛求疵是「對德國文化的侮辱」，不能予以容忍。在三〇年代的那些日子裡，德國聽眾仍可收聽許多外國電臺的廣播，而不致像戰爭爆發以後的時期那樣會有喪失生命的危險。或許有很多人曾收聽外國廣播，雖然本地觀察家的印象是，隨著一年一年地過去，戈培爾博士證明了他的看法是對的，即廣播變成了這個政權最有效的宣傳工具，在改造德國人民，使他們符合希特勒的理想這一點上，比任何別的宣傳工具都起著更大的作用。

筆者不久就有這種體會：在一個極權國家裡，一個人是多麼容易聽信說假話的和受檢查的報刊和廣播啊！雖然我不像大多數德國人，我每天可以看到外國報紙，特別是出版後第二天就到達的倫敦、巴黎和蘇黎世的報紙，我經常收聽英國廣播公司的廣播和其他外國廣播，但是由於職務關係，我每天必須花許多小時瀏覽德國報刊，收聽德國廣播，同納粹官員們談話，到黨的集會上去旁聽。我驚奇地而且往往是大吃一驚地發現，儘管我有很多機會知道事實眞相，儘管我根本就不信任從納粹方面來的消息，但是多年來一再聽到捏造的和歪曲眞相的報導，自然會使人留下一種印象而常常受其迷惑。凡是沒有在極權國家裡住過多年的人，就不可能想像，要避免一個政權不斷的、有意的宣傳的可怕影響，有多麼困難。在一個德國家庭裡，或者在辦公室裡，或者有時候在一家飯館裡、啤酒館裡、咖啡館裡，跟一個陌生人的偶然交談中，我常常會從看來是受過教育的和明白事理的人的嘴裡聽到最蠻橫武斷的主張。顯然，他們是在重複他們從廣播中聽到的或者從報紙上看到的荒唐意見。有時候聽到這種胡說八道忍不住也照樣要說說自己的意見，但是在這種情況下，就會看到一種極為懷疑的眼色，一種默然震驚的神情，好像你褻瀆了上帝一樣，於是你就會瞭解到，想要跟一個頭腦已經變了樣的人接觸，是沒有用處的，因為他認為凡事就是像希特勒和戈培爾悍然不顧事實地所說的那樣。

第三帝國的教育

一九三四年四月三十日，伯恩哈德·盧斯特被任命為科學、教育與人民文化部部長。盧斯特是衝鋒隊的大隊長，一度擔任過漢諾威黨領袖，是個納粹黨員，又是希特勒自二〇年代初期以來的朋友。在國家社會主義奇怪顛倒的世界裡，盧斯特是極為適當的人選。他原是個小地方的失業教師，在一九三〇年因有思想不穩定的表現而被共和國時代的漢諾威當局解雇。他狂熱的納粹主義思想可能是被撤職的部分原因，因為盧斯特博士宣傳納粹思想像戈培爾那樣熱情，卻像羅森堡那樣糊塗。在一九三三年二月被任命為普魯士科學、藝術與教育部部長後，他曾誇口在一夜之間「使學校不再成為一個玩弄學術的機構」。

這樣一個沒有腦筋的人現在獲得了控制德國科學、公立學校、高等教育機構和青年組織的獨裁大權。因爲第三帝國的教育，按照希特勒的規定，並不限於在擁擠的課堂裡進行，而且要在各級青年團體中進行斯巴達式的政治訓練和軍事訓練。大學和理工學院裡只能吸收很少數的人，因此這種教育不是重點，重點是在十八歲時先參加強迫勞動服役，然後應徵入伍在武裝部隊裡服役。

希特勒對「教授」，對學術生活的輕視，在《我的奮鬥》中已屢有流露。他在這本書裡表示過他對教育的一些想法。他寫道：「一個民族國家整個教育的主要目標，絕不可以只是灌輸知識，而是要造就十足強健的體魄。」但是，更重要的，他在這本書裡強調過爭取青年和訓練青年，爲「一個新的民族國家」服務的重要性，這是他在成爲德國的獨裁者以後仍舊常常談到的一個問題。他在一九三三年十一月六日的講演中說：「當一個反對者說，『我不會投向你那邊的』，我就平靜地說，『你的子女已經屬於我們了……你算什麼？你是要死的。但是，你的後代現在站在新陣營裡。在一個短時期後，他們就將不知道別的，而只知道這個新社會』。」一九三七年五月一日，他說：「這個新國家將不把它的青年交給任何人，而是自己管青年，自己進行教育和撫養。」這不是空口說白話，當時實際發生的情況確是如此。

德國學校，從小學一年級直到大學，很快就納粹化了。教科書匆忙地重新編寫過，課程也改變了，《我的奮鬥》被奉爲——用教育工作者的機關報《德意志教育家》（*Der Deutsche Erzieher*）的話說——「我們在教育方面絕對正確的指南星」，看不到這種新的星光的教師則被清除出去。大多數教師都是感情上或多或少納粹化的，如果說不完全是黨員的話。爲了加強他們的思想，他們被送到特別的學校裡去集中學習國家社會主義的原則，重點是希特勒的種族理論。

從幼稚園到大學的每一個擔任教職的人，都必須加入國家社會主義教師協會，這個協會根據法律

「有責任按照國家社會主義的理論對全體教師實行思想上和政治上的一體化」。一九三七年的公務員法案規定，教師必須是「黨所支持的國家意志的執行者」，並且準備「隨時無保留地保衛國家社會主義國家」。早些時的一項法令已把他們列為公務員，從而受到種族法律的支配。猶太人不用說是禁止任教的。所有教師都宣誓「效忠和服從阿道夫・希特勒」。後來，凡是沒有在衝鋒隊、勞動服役隊或者希特勒青年團服務過的人都不能教書了。要想在大學裡任教，必須先在觀察營裡待六個星期，在那裡，他們的見解和性格由納粹專家加以研究並報告給教育部，教育部根據申請者的政治「可靠性」發給教書憑證。

在一九三三年以前，德國公立學校是由地方當局管轄的，大學則由所屬各邦管轄。現在所有學校都置於全國教育部長的鐵腕管轄下。大學裡的校長和院長統統由他來任命，而以前是由全體教授選舉的。他還任命全體大學生都必須加入的大學生聯合會的領導人員，以及任命全體講師都參加的講師聯合會的領導人員。在老練的納粹分子嚴密控制下的國家社會主義大學講師聯合會，在選擇由誰來任教和務使所教的內容符合納粹理論方面起著決定性作用。

如此納粹化的結果，對德國教育和德國學術極其不利。在新的教科書裡，在教師們的講課中，都對歷史大加歪曲，甚至到了荒唐可笑的程度。把德國人捧成主宰種族、把猶太人說成是世界上萬惡之源的「種族學」（Rassenkunde）的講授，則尤其如此。單是在有過許多偉大學者任教的柏林大學，一個獸醫出身的衝鋒隊員新校長就在種族學方面開設了二十五種新課程，到他真把柏林大學搞得烏煙瘴氣的時候，他竟開設了八十六項與獸醫有關的課程。

德國多少年代以來一直非常傑出的自然科學教育也迅速地退化了。如像物理學方面的愛因斯坦和弗朗克（James Franck），化學方面的哈柏（Fritz Haber）、威爾史戴特（Richard Willstätter）和瓦爾堡（Emil Warburg）這樣卓越的教授，都解職了或者退休了。還在任教的人中，有許多則被納粹的邪道所腐蝕，企圖把這種邪道也運用到純粹科學上去。他們開始講授他們所謂的德國物理學、德國化學、德國數學。一九三七年還出現了一種叫做《德意志數學》的刊物，它的第一篇社論就一本正經地宣稱，凡是認爲數學是沒有種族性的任何想法，其「本身」就包含著「毀滅德國科學的胚種」。

這些納粹科學家妄幻之深，使得即使在外行看來也是難以相信的。海德堡大學教授菲利普・雷納德（Philipp Lenard）是第三帝國較有學識、在國際上受到尊重的科學家之一，他曾問題：「德國物理學？有人會回答說，『但是，科學現在是而且永遠是國際性的。』這是不對的。實際上，科學像別的每一項人類所創造的東西一樣，是具有種族性和以血統爲條件的。」德勒斯登物理研究所所長魯道夫・托馬希克（Rudolf Tomaschek）則更爲荒唐。他寫道：「現代物理學是（世界）猶太民族用來毀滅北歐科學的一種工具……純正的物理學是德國精神的產物……事實上，整個歐洲的科學是亞利安民族的成果，或者說得更確切一些，是德國思想的成果。」德國國家物理科學研究所所長施塔克（Johannes Stark）教授也認爲如此。他說：「不難發現，物理學研究的奠基者們，從伽利略到牛頓的偉大發明家一直到我們時代的物理學前驅們，差不多都是亞利安人，其中主要是屬於北歐種族」。

還有阿亨技術學院的威廉・繆勒（Wilhelm Müller）教授，他在一本叫做《猶太人和科學》的書裡認爲，有著一個要玷污科學從而毀滅文明的遍及全世界的猶太人陰謀。在他看來，發明相對論的愛因斯坦，是頭號惡棍。現代物理學有很大部分是以愛因斯坦理論作爲基礎的，但這個理論卻被這個奇怪的納粹教授認爲是，「從頭到尾都是旨在改變由大地產生的、鮮血結合的生命體的現實世界——就是非猶太世界，把它變成爲光譜式的抽象東西，一切人種和民族的差別，一切種族的本然限制，都在非現實中喪失了；只有一種幾何次元的非實體多樣性還存在著，由它無神性而服膺自然法則的強制力而產生一切事物」。繆勒教授說，全世界在愛因斯坦出版相對論時對他的讚揚，實際上只是對「猶太人統治世界局面的來臨、迫使德國人無可挽回地和永遠地淪爲無生氣的奴隸地位」表示高興。

柏林大學的路德維希・皮伯貝克（Ludwig Bieberback）教授認爲，愛因斯坦是「一個外來的江湖術士」。甚至雷納德教授也認爲：「這個猶太人顯然不瞭解眞理……在這方面，他同仔細而認眞地追求眞理的亞利安科學研究者成了鮮明對照……因此，猶太物理學是一種幻覺，是德國基本物理學的一種退化現象。」[7]

然而，從一九〇五年到一九三一年，有十位德國猶太人因爲對科學有貢獻而獲得了諾貝爾獎金。

在第二帝國時期，大學教授們，像新教牧師們一樣，曾盲目地支持保守政府和它的擴張主義。講堂成了培養有毒的民族主義和反猶主義的溫床。威瑪共和國曾堅持學術要有完全的自由，這種情況帶來的一個結果是，極大多數大學教師由於反自由主義、反民主、反猶而幫忙破壞了這個民主政體。大多數教授是狂熱的民族主義者，他們希望德國保守的君主政體復辟。雖然其中許多人在一九三三年以前還認爲納粹過於囂張殘暴，因而不願歸順，但是他們的宣教卻爲納粹主義的到來準備了條件。到一九三二年的時候，大部分學生看來都醉心於希特勒了。

有些人覺得奇怪，怎麼會有那麼多的大學教師在一九三三年後對高等教育的納粹化表示了順從。雖然按官方數字，在這個政權的頭五年中被解雇的教授和講師有兩千八百人，約佔全部人數的四分之一；但是，由於反對國家社會主義而失去職位的教師的比例，卻如一九三三年被馬堡大學解雇的威廉・羅普克（Wilhelm Röpke）教授所說的，「非常之」小。雖然人數不多，其中卻有德國學術界的知名人士：卡爾・雅斯培、古姆貝爾（E. I. Gumbel）、西奧多・利特（Theodor Litt）、卡爾・巴爾特（Karl Barth）、埃平豪斯（Julius Ebbinghaus）等十餘人。其中大多數人都移居國外了，先是到瑞士、荷蘭和英國，最後到了美國。其中一人，即逃到捷克斯洛伐克的西奧多・萊辛教授，遭到了納粹暴徒的盯梢，於一九三三年八月三十一日在馬倫巴（Marienbad）被殺害。

然而，極大多數教授仍然留任，而且早在一九三三年秋天，就有其中的大約九百六十人，在外科醫生沙爾伯魯赫（Ferdinand Sauerbruch）教授、存在主義哲學家海德格和藝術史學家平德爾（Wilhelm Pinder）這種名人的帶頭下，公開宣誓支持希特勒和國家社會主義政權。

羅普克教授後來寫道：「這一幕出賣靈魂的景象使德國學術界的光榮歷史蒙受污辱。」[8] 埃平豪斯教授在一九四五年不堪回首地說：「德國各大學在還來得及的時候沒有能夠以全力來公開反對其國家摧毀學術和民主。它們沒有能夠使自由和正義的烽火在暴政的黑夜裡燃燒」[9]。

這種錯誤的代價是巨大的。在經過了六年的納粹化以後，大學生的數目減少了一半以上，從十二萬七千九百二十人減少到五萬八千三百二十五人。爲德國培養科學家和工程師的各理工學院的入學人數減少得更多，從兩萬零四百七十四人減少到九千五百五十四人。學術水平大爲下降。到一九三七年時，不僅科學和工程界的青年感到缺乏，他們的水平也下降了。遠在戰爭爆發以前很久，正在起勁地幫助納粹重整軍備的化學工業，就曾通過它的喉舌《化學工業》刊物抱怨說，德國正在喪失它在化學方面的領先地位。它抱怨說，不僅國民經濟，而且國防本身也在受到危害，並認爲青年科學家人數的不足和才能的平庸是由於各理工學院質量的低下所造成的。

後來的結果表明，納粹德國的損失，對自由世界來說是有利益的，特別是在製造第一顆原子彈的競賽上。以希姆萊爲首的納粹領袖們怎樣妨礙原子能計畫的故事，因爲經過太長，牽涉太廣，只好按下不表。美國能夠發明原子彈，多虧兩個由於種族關係而被納粹獨裁政權和法西斯獨裁政權驅逐出來的人：來自德國的愛因斯坦和來自義大利的費米（Enrico Fermi），這眞是命運的嘲弄！

在希特勒看來，他想用來教育德國青年，以便他們爲他心中的理想服務的，不是他自己早年就退學的公立學校，而是希特勒青年團的各種組織。在納粹黨奪取政權的時期，希特勒青年團運動還沒有十分開展。在一九三二年，就是共和國的最後一年，加入希特勒青年團的全部人數還只有十萬七千九百五十六人，而屬於德國青年團體全國委員會領導下面的各種組織的青年則有一千萬人左右。當時世界上沒有一個國家曾有過像共和國德國那樣生氣勃勃和人數眾多的青年運動。希特勒意識到這一點，決心把它接管過去而加以納粹化。

他在這種工作方面的主要代理人是巴爾杜・馮・席拉赫，他是一個智力平庸然而卻幹勁很大的漂亮青年人。他因傾心於希特勒而在一九二五年十八歲時加入了納粹黨，在一九三一年被任命爲納粹的青年工作領袖。褐衫隊員大多面目猙獰，氣勢囂張，而他卻奇怪地看上去像個稚氣未脫的美國大學生，這或許是因爲，我們前面已談到，他有美國祖先的緣故（包括兩個獨立宣言簽名人）[10]。

席拉赫在一九三三年六月被任命爲「德國全國青年領袖」。他仿效年紀比他大的黨領袖們的策略，第一個行動就是派遣五十名強健的希特勒青年團人員帶著武器去佔領德國青年團體全國委員會的總辦事處，委員會負責人、普魯士老軍人伏格特將軍被趕了出去。席拉赫然後去攻擊青年團體全國委員會主席特羅塔（Aldolf von Trotha）海軍上將，後者是德國最有名的海軍英雄之一，曾在第一次世界大戰時任遠洋艦隊參謀長。這位德高望重的海軍將領也被轟跑了，他的職務被取消，組織被解散。價值幾百萬美元的財產，主要是在德國各地的幾百所青年宿舍，統統被接收。

一九三三年七月二十日同羅馬教廷簽訂的契約，曾特別規定天主教青年聯盟不受任何干擾，可以繼續存在下去。一九三六年十二月一日，希特勒卻公布了一項法令，取締天主教青年聯盟和其他一切非納粹黨的青年組織。

……全國所有德國青年統統組織在希特勒青年團的範圍內。德國青年，除了受到家庭和學校的教育外，還必須……透過希特勒青年團接受國家社會主義精神的體、智、德三方面的教育[11]。

席拉赫的職務原來是隸屬於教育部的，現在規定爲直接對希特勒負責。

這個寫傷感詩來歌頌希特勒（「這位與星星並列的天才」）、效法羅森堡那樣奇怪地信奉異教、效法施特萊歇爾那樣惡毒地反猶的二十九歲不成熟的青年，成了第三帝國青年中的獨裁者。

從六歲到十八歲（開始徵召參加勞動服役隊和軍隊以前）的青少年，不論男女都被組織在希特勒青年團的各種組織中。父母不讓他們的子女參加這種組織，要判很重的徒刑，雖然在某些情況下，他們只是反對讓他們的女兒參加某些組織的活動，因爲珠胎暗結的現象已經到了醜聲四播的程度。

從六歲到十歲，男孩子參加青年團當學齡團員，所謂學齡團員就是希特勒青年團的見習期。每個少年發給一本表現記錄簿，其中記錄他在整個納粹青年運動中的進步情況，包括他的思想發展狀態。滿十歲後，在通過了體育、野營和納粹化歷史方面的適當測驗後，升入「少年隊」，宣誓如下：

在代表我們元首的這面血旗面前，我宣誓把我的全部精力和力量貢獻給我國的救星阿道夫・希特勒。我願意而且時刻準備著爲他獻出我的生命，願上帝幫助我。

到十四歲，男孩子就正式參加希特勒青年團，一直到十八歲，然後參加勞動服役隊和軍隊。青年團是一個根據同衝鋒隊相似的準軍事方式組織起來的龐大組織。在這個組織裡，行將成人的青年們不僅受到野營、體育和納粹思想方面的系統訓練，甚至還有當兵的系統訓練。有許多個週末，筆者在柏林郊外的野餐曾爲希特勒青年團團員們所打斷，他們舉著槍，背著沉重的行軍背囊，吃力地穿過密林或者爬過灌木叢生的荒地。

有時候女青年也要受當兵的訓練，因爲希特勒青年運動並沒有放過女孩們。從十歲到十四歲，德國女孩子加入「少女隊」（Jungmädel）。她們也有制服，白襯衫，藍裙子，短襪和極不女性化的沉重軍靴。她們的訓練跟同年齡男孩子的訓練差不多，包括週末背著沉重背包長途行軍，以及灌輸納粹哲學。不過更要的是，教育她們婦女在第三帝國的角色，就是首先要當健康子女的健康母親。少女們到了十四歲成爲德意志少女聯盟的成員後，就會更加強這方面的教育。

在十八歲的時候，德意志少女聯盟的成員（她們保持這個資格直到二十一歲）到農村中去服役一年，這是她們所謂的下鄉年，同青年男子的勞動服役相當。她們的任務是幫助農民料理家務和在田地勞動。女孩們有時候住在農民家裡，不過常常是在鄉村地區的小營房裡，每天一早由卡車把她們從那裡送到田地去。道德問題就馬上產生了。美麗城市少女的光臨，常常破壞農民家庭，而父母們也開始抱怨他們的女兒在鄉下暗結珠胎。但是，這還不是唯一的問題。通常女孩們的營房就座落在小夥子們的勞動服役隊營房附近。這種情況似乎也是造成許多女孩懷孕的原因。有一對句在德國傳開了，它是模仿勞工陣線的「透過歡樂獲得力量」運動的打油詩，但特別適用於女青年們的下鄉年：

在田野裡和荒地上，
我透過歡樂失去了力量。

在女孩們的家務年裡也發生同樣的道德問題，在這個期間約有五十萬希特勒青年團的女孩在城市的家庭裡進行一年的家務服役。實際上，較爲眞誠的納粹黨人並不認爲這些是道德問題。我曾不止一次地聽到德意志少女聯盟的婦女領導人——她們總是不怎麼標緻，而且常是沒有結婚的——給她們的青年徒眾講話，教諭爲希特勒德國生兒育女的道義和愛國責任，如果可能的話，在結婚以後生育，如果必要的話，沒有結婚也不要緊。

到一九三八年年底，希特勒青年團已有團員七百七十二萬八千兩百五十九人。雖然這個數目已經異常龐大，但是顯然還有差不多四百萬青年規避了這種組織。一九三九年三月，政府發布了一項法令，按照青年徵召入伍的同樣方式強徵全部青年加入希特勒青年團。不聽話的父母受到警告：除非讓他們的子女參加，否則將把他們的子女奪走，安置在孤兒院或其他收養所裡。

在第三帝國，對教育制度進行最後徹底破壞的，是設立了三種訓練優秀分子的學校。一種是在希特勒青年團指導下的阿道夫・希特勒學校；另外兩種是在黨主辦下的全國政治教育學院和騎士團城堡。阿道夫・希特勒學校從少年隊選拔最有前途的十二歲少年，授予他們六年集中訓練，讓他們將來在黨內和公共領域擔任領導工作。學生都住在校內，受著斯巴達式的訓練，畢業後就可升入大學。在一九三七年以後共設立了十所這樣的學校，主要的一所是設在布倫瑞克的預科學校。

政治教育學院的目的是恢復以前老普魯士軍事學院的那種教育。據一篇官方評論說，這種教育培養「軍人精神和它的勇敢、責任感和簡樸的特性」。此外，還有關於納粹理論的特別訓練。這些學校是在黨衛隊監督下，由黨衛隊指派校長和大部分教師。在一九三三年設立了三所這樣的學校，到戰爭爆發時已增加到三十一所，其中三所是訓練婦女的。

在這個金字塔的頂端，是所謂騎士團城堡。在這些具有十四至十五世紀條頓騎士團城堡氣氛的訓練所裡，專門訓練納粹精英中的精英。條頓騎士團所依據的原則是絕對服從騎士團團長，並致力於使德國征服東方的斯拉夫人國家和奴役當地人民。納粹騎士團城堡有著同樣的訓練和目的。只有最狂熱的年輕國家社會主義黨人才能膺選，他們通常是從阿道夫・希特勒學校和政治教育學院的第一流畢業生中挑選出來的。一共有四個城堡，學生要到逐個城堡去受訓。六年中的第一年，是在一個專門講授種族學和其他納粹思想的城堡裡受訓。重點是在智力訓練和紀律方面，體力訓練居次。第二年又進一個城堡，那裡的情況正好相反，重點在於體育和運動，包括爬山和跳降落傘。在第三個城堡中，學生要待一年半，受政治和軍事訓練。最後，他被送往在波蘭邊界附近東普魯士馬里安堡的騎士團城堡，以一年半的時間度過其教育的第四個也就是最後一個階段。在那裡，在五個世紀前曾經是條頓騎士團要塞的城堡圍牆裡，他的政治和軍事訓練集中在東方問題，其要點是，德國在不斷尋求生存空間的過程中，需要（而且有權利！）併入斯拉夫國家。結果證明，而且無疑是原來的目的，這是一九三九年和以後的事件的一個極完善的準備工作。

青年們就是這樣在受訓練，學著如何在第三帝國生活、工作和死亡。雖然他們的頭腦被蓄意加以毒化，他們的正規學業被打斷，而且由於這種訓練，他們的天倫之樂也大體上被取消了，但是男女孩子們、男女青年們卻似乎非常快樂，懷著熱情參與希特勒青年團的生活。而且把各個階級和各種行業出身的孩子們集合在一起，使來自貧家和富室，來自工人家庭、農民家庭、商人家庭或貴族家庭的子女們分擔著共同的任務，這種做法本身無疑是好的和健全的。在大多數情況中，一個城市出身的男孩子或女孩子進行六個月的強迫勞動服役，住在戶外，學習體力勞動的價值，跟那些不同出身的男女孩子相處，對他們是沒有害處的。凡是那個時候曾在德國各地旅行過，跟住在營房裡的青年們談過話，看過他們工作、玩耍和歌唱的人，都無法不覺得，不論這種教育多麼陰險，但這的確是一種非常生氣蓬勃的青年運動。

第三帝國的青年成長起來後將有強健的體魄，對他們的國家和自己充滿信心，還要有一種不分階級和沒有經濟和社會隔閡的友誼和同志愛。我後來在一九四〇年五月間，在阿亨和布魯塞爾之間的公路上看到德國士兵和第一批英國戰俘之間的鮮明對照時又想起了這一點，前者膚色黝黑，姿勢挺拔，飽曬陽光，營養充足；後者則胸部凹陷，肩膀斜垂，面色蒼白，牙齒敗壞，這可悲地說明了，英國在兩次世界大戰之間的時期裡不負責任地忽視了青年的一代。

第三帝國的農民

當希特勒在一九三三年當政的時候，德國農民，像大多數國家的農民一樣，正陷於絕境之中。據《法蘭克福日報》上的一個作者說，自從蹂躪土地、危禍甚烈的農民戰爭（一五二四至一五二五）後，他們的處境從來沒這麼壞過。一九三二至一九三三年度的農業收入降到了新的低點，比戰後最壞的一九二四至一九二五年度還要少十億馬克。農民們所負的債務達到一百二十億馬克，差不多全部是在近八年中拖欠的。這些債務的利息約佔全部農業收入的百分之十四，此外還有相當沉重的賦稅和對各種社會服務的捐款負擔。

希特勒在當政伊始警告說：「我的黨員同志們，你們要明白一件事情：德國農民只有一個機會、也是最後一個機會了。」一九三三年十月，他說：「德國農民的毀滅就將是德國人民的毀滅」。

多年來，納粹黨一直在爲取得農民的支持下功夫。「不可變更」的黨綱第十七條向他們提出的諾言是，「將進行土地改革……頒布無償沒收土地用於公共目的的法律；取消農業貸款的利息，防止一切土地方面的投機」。像這個綱領的其他大部分項目一樣，向農民提出的這些諾言也沒有兌現，只有最後一點防止土地投機除外。在一九三八年，納粹統治了五年之後，土地分配仍然是比西方任何國家還要不均衡。在那一年的官方《統計年鑑》中公布的數字表明，兩百五十萬戶最小農戶所有的全部土地，比爲數只佔千分之一的最大農戶的土地還要少。納粹獨裁政權，像共和國的歷屆社會黨—資產階級政府一樣，不敢去分座落在易北河以東的容克地主們的龐大封建莊園。

雖然如此，納粹政權卻的確開始實行過一個全面的新農業計畫，輔之以很多動聽宣傳，大談「血統和土地」以及農民是社會中堅和第三帝國的主要希望。爲了實現這個新計畫，希特勒任命了瓦爾特・達里來負責。達里是納粹黨中爲數極少的那些雖然信奉大部分納粹神話卻對本行極爲精通的領袖之一。他是一個受過專業訓練的傑出農業專家，曾在普魯士農業部和全國政府農業部工作過。他兩次都因跟上級不合而被迫離職，在一九二九年退隱到他在萊茵的家中，寫了一本叫做《農民是北歐人種生命的源泉》（*Das Bauerntum als Lebensquell der nordischen Rasse*）的書。這樣一個書名是必然會引起納粹黨人的注意。赫斯把達里引見給希特勒，後者對他產生了很好的印象，就委託他爲黨擬定一個適當的農業計畫。

胡根堡在一九三三年六月去職後，達里就當了糧食與農業部長。到了九月，他已把他的改造德國農業計畫準備就緒。在那一個月裡，頒布了兩項基本法律，把整個生產和銷售結構重新組織過，目的是爲了確保農民獲得較高的價格，同時使德國農民處於一種新的地位——說來矛盾，辦法是使他們重新處於一種非常古老的地位：像封建時代一樣，土地是限定繼承的，農民和每代的繼承者被迫永久附屬於他們的那一片土地（如果他們是亞利安德國人的話）。

一九三三年九月二十九日的農場繼承法，是一種把農民推回到中古時期去而又保護他們在現代貨幣時代不受欺弄的混合做法。凡是佔地三百零八英畝（合一百二十五公頃）足以使一個家庭衣食溫飽的田地，一概被判定爲受到古代的限定繼承法約束的世襲地產。它們不得出售、分割、抵押或者因債務無力清償而沒收。在所有主死後，它們必須按當地的習慣傳給長子或者幼子，或者傳給最近的男性親屬。繼承人有義務照顧兄弟姊妹們的生活和教育，直到他們成年。只有一個能夠證明他血液的純潔性可以一直回溯到一八〇〇年的亞利安德國人，才能擁有這樣一片田地。這項法律規定，只有這樣的人才能獲得「農民」這個光榮稱號。如果他違反「農民慣例」，或者因爲沒有能力或其他原因而不再積極耕作的時候，他就喪失了這個稱號。這樣，負債累累的德國農民在第三帝國的開始時期得以不致因債務無力清償而喪失土地，或者眼看著他的土地逐漸減少（因爲沒有必要出賣部分土地來償債），但是在同時，他就像封建時代的農奴那樣不可改變地被限定在這塊田地上。

他的生活和工作的每一個方面，都受到德國糧食局的嚴格管理。這是達里根據一九三三年九月十三日的一項法律而設立的一個龐大的組織，對農業生產、銷售和加工處理的每一個可以想得到的方面都有權管理。達里以全國農民工作領袖的資格親自擔任這個組織的領導。這個組織的主要目的有兩個：使農民獲得穩定而有利的價格和使德國糧食自足。

它取得了多大的成功？農民很久以來一直覺得自己在一個似乎只以企業界和勞工界的利益爲懷的國家裡被忽視了，如今一旦發現受到很大的注意並被稱爲民族英雄和光榮公民，在開始的時候，當然是感到得意的。達里又任意把農產品價格定在一個有利可圖的水準上，而使農民得到較前爲高的收入，這就使他們更加高興了。在納粹統治的頭兩年中，農產品批發價格上漲了百分之二十（蔬菜、乳製品和牲畜還要漲得多一些），但是農民的必需品機械和肥料的價格也同樣上漲，所以這個政策的成效抵銷了一部分。

至於糧食自足，這是納粹領袖認爲必要的事情，因爲他們已經在策畫戰爭，這在下文將要談到。但是這個目標永遠沒有達到，而且把德國這樣的土地質量和數量跟它的人口聯繫起來看，這也是永遠不可能達到的。儘管納粹在大肆宣傳「生產戰鬥」方面所做的一切努力，這個國家所能做到的，充其量是達到百分之八十三的自足。只是在征服了外國領土後，德國人才有足夠的糧食來使他們能夠在第二次世界大戰期間支撐得那麼久。

第三帝國的經濟

希特勒在頭幾年中所以能獲得成功，其基礎不僅在於他在外交方面的許多不流血征服的勝利，而且在於德國的經濟恢復。這種經濟恢復，黨內人士甚至某些國外經濟學家都稱之爲奇蹟。而且在很多人看來，也確乎是個奇蹟。失業是二〇年代和三〇年代初期的一個令人頭痛的問題，現在已緩和了，一九三二年失業人數達六百萬人，四年以後已減少到一百萬人不到。國民生產從一九三二年到一九三七年增長了百分之一百零二，國民收入則增加了一倍。在一個觀察家看來，德國在三〇年代中期的忙忙碌碌景象很像一所龐大的蜂房。工業的機輪發出來的聲音隆隆不絕，每個人都忙碌得像個蜜蜂。

納粹的經濟政策多半是由沙赫特博士決定的，因爲希特勒討厭經濟學，而且對此幾乎一竅不通。納粹經濟政策在頭一年在很大程度上致力於大事擴充公共工程和刺激私人企業，以此來使失業人員就業。政府的經費由發行特別的失業證券來提供，對籌集資本和增雇人員的企業則慷慨地減免它們的賦稅。

但是德國復興的眞正基礎是重整軍備，納粹政權從一九三四年起就使企業界和勞工界，還有將軍們的精力都用在這個目標上。納粹的詞彙中開始稱德國的整個經濟爲「戰爭經濟」

（Wehrwirtschaft），這種戰爭經濟經過處心積慮的籌畫，不僅在戰時，而且在戰前的一段和平時期，也能有效用。魯登道夫將軍一九三五年在德國出版了一本題為《總體戰》（*Der Totale Krieg*）的著作，這個書名在英文中誤譯為《作戰中的國家》（*The Nation at War*）。他在這部著作裡強調說，動員國家的經濟，必須以一個統一的極權政權為基礎，以便恰當地準備總體戰。這種主張在德國人中間不是完全新的東西，因為在十八和十九世紀的普魯士，我們已經談到過，政府全部收入的大約七分之五都是用在軍隊上的，而且那個國家的整個經濟一向被認為主要是實現軍事政策而不是實現人民福利的一種工具。

現在就是由納粹政權來把戰爭經濟適用於二十世紀三〇年代了。其結果正如軍事經濟參謀部長官格奧爾格·托馬斯（Georg Thomas）少將所總結的：「歷史上很少有這樣的情況，一個國家，像德國在兩次世界大戰之間被迫那麼做的那樣，即使在和平時期也已有意識地和有步驟地把它的全部經濟力量都用來準備適應戰爭的需要。」[12]

德國，不用說，並不是「被迫」在這樣一種規模上準備戰爭，這是希特勒有意識地作出的決定。在一九三五年五月二十一日的祕密國防法中，他委任沙赫特為負責戰爭經濟的全權總代表，命令他「在和平時期就開始進行他的工作」，賦予他「指導經濟備戰工作」的權力。這位舉世無雙的沙赫特博士沒有等到一九三五年春天就在開始建立德國的戰爭經濟了。在一九三四年九月三十日，他出任經濟部長後不到兩個月，他向元首提出了一個〈到一九三四年九月三十日為止的戰爭經濟動員工作情況報告〉。他在這個報告中得意地強調說，他的部「已負責從事經濟備戰工作」。在一九三五年五月三日，他被任命為負責戰爭經濟的全權總代表以前四星期，他向希特勒交了一個個人的條呈，開頭的話是「迅速而充分地實現軍備計劃，是德國政治的唯一問題；因此其他一切都應當從屬於這一目標……。」沙赫特向希特勒解釋：「因爲重整軍備在一九三五年三月十六日（這是希特勒宣布徵兵三十六個師的日子）以前不得不完全僞裝起來，所以必須使用印鈔機來支付開始階段的費用」。他還頗爲高興地指出，從國家的敵人（大部分是猶太人）沒收來的款項以及從凍結的外國帳戶所取得的其他款項，對購買希特勒的槍炮很有幫助。他得意地說：「這樣，我們的軍備有一部分是用我們政治敵人的錢來支付的。」[13]

雖然他在紐倫堡受審時矢口否認他曾參加納粹發動侵略戰爭的陰謀，他自稱他所做的正好相反，然而事實仍然是，對希特勒在一九三九年發動的戰爭，沒有一個人像沙赫特那樣在德國經濟準備方面盡了那麼多的責任。這是軍方所直爽地承認的。在沙赫特的六十壽辰，一九三七年一月二十二日一期的軍方刊物《軍事週報》（*Militär-Wochenblatt*）稱頌他是「使得國防軍的重建工作在經濟上成爲可能的人」。它又說：「多虧沙赫特的手腕和巨大能力，國防軍才得不顧一切貨幣上的困難而從原來的十萬人發展到目前的兵力。」

爲了使第三帝國在進行戰爭方面做好準備，世所公認的金融奇才沙赫特把他的渾身解數都施展了出來。印鈔票只是他的絕招之一。他操縱貨幣的神通之廣大竟到了這樣的程度：據外國經濟學家的估計，有一個時期德國的貨幣竟有兩百三十七種不同的價值。他同幾十個國家談判了對德國驚人有利的物物交易，而且使正統經濟學家感到驚奇的，他竟用事實表明：你欠一個國家的錢愈多，你同它做的生意也就愈多。他爲一個沒有什麼流動資金和幾乎沒有財政準備金的國家創造信用的本領眞是一種天才的傑作，或者像某些人所說的，是一個操盤聖手的傑作。他發明的所謂「創造就業匯票」

（Mefo）就是一個極好的例子。創造就業匯票是國家銀行所發行的票據，由國家予以保證，用來支付軍火製造商。這種票據，德國各銀行都接受，最後由國家銀行予以貼現。因爲它們既不出現在這個國家銀行的公開報告裡，又不出現在政府的預算裡，所以對德國重整軍備的程度起了保守祕密的作用。從一九三五年到一九三八年，它們專門用來支付重整軍備的費用，共發行了一百二十億馬克。財政部長施維林・馮・克羅西克伯爵卻感到發愁，他有一次向希特勒解釋說，這只不過是一種「印刷鈔票」的辦法而已[14]。

在一九三六年九月，戈林代替了沙赫特成爲經濟獨裁者，雖然他對經濟幾乎像希特勒一樣無知。在他的鐵腕下，開始實行四年計畫，德國轉入了總體戰爭經濟。這個計畫的目的是要使德國在四年後能自給自足，這樣戰時的封鎖就不會使它窒息。進口減到最低限度，對物價和工資實行了嚴格的管制，紅利限定不得超出百分之六，設立了巨大的工廠，製造人造橡膠、人造織物、人造燃料和由德國自己的原料製成的其他產品，並且建立了一個龐大的「赫爾曼・戈林」工廠，從本國的低級鐵礦砂中煉出鋼來。總之，德國的經濟爲戰爭而動員起來，企業家們雖然利潤激增，卻變成了戰爭機器中的齒輪，他們的工作受到了許多限制，需要塡寫大量表單，以至於在一九三七年繼任沙赫特爲經濟部長和在一九三九年又繼任沙赫特爲國家銀行總裁的馮克博士不得不悲哀地承認：「同官方的通訊，現在佔了一個德國製造商的全部商業通訊的一半以上，德國的出口貿易每天有四萬筆交易；然而每一筆交易要塡寫多到四十種不同的表單。」

工商業家原來非常熱情地歡迎希特勒政權，因爲他們以爲它會摧毀有組織的勞工，讓一個企業家經營無拘無束的自由企業，現在被多如山積的表單文件壓得透不過氣來，政府又規定他們產品的種類、數量和價格，不斷增加的賦稅又負擔很重，加上對黨的巨額「特別捐獻」沒完沒了的剝削，所以變得大為失望了。弗里茨・蒂森就是這種感到失望的企業家之一，他原是最早對黨做過數額最大的捐獻的人之一。他在戰爭爆發時逃出了德國，承認「納粹政權毀了德國工業」。他向在國外碰到的所有人都說：「我當時眞是個笨蛋！」15

然而，在開頭的時候，企業家們自欺欺人地相信納粹的統治能滿足他們的全部希望。固然，「不可變更」的黨綱領中的一些諾言，在他們看來是種不吉之兆：把托拉斯國有化，在批發貿易中分享利潤，「把百貨商店收歸公有，並以低價租給小商人」（第十六條條文），實行土地改革和取消抵押品的利息。但是企業界和金融界人士很快就發現，希特勒毫無意思履行黨綱中任何一條經濟諾言，提出這些激進的諾言只是為了騙取選票而已。在一九三三年的頭幾個月，納粹黨裡有少數激進分子試圖控制企業協會，接管百貨商店，建立一種跟墨索里尼企圖建立的相似的統合主義國家。但是，希特勒很快就把他們趕走，而代之以保守的企業家。希特勒早期在經濟問題方面的導師、要想取消「利息奴役」的怪人戈特弗萊德・費德爾獲得了一個經濟部次長的職位，但是他的上司，一生靠貸款收息的保險業巨頭卡爾・施密特博士，不給他具體工作做，而在沙赫特繼任經濟部長後，就把費德爾免職了。

小商人們曾經是黨的主要支持者，期望希特勒總理會給他們很大好處，他們很快就發現，他們中的許多人都完蛋了，被迫淪為靠工資為生者。一九三七年十月頒布的法律乾脆解散了一切資本在四萬元以下的公司，並禁止設立資本不滿二十萬元的新公司。這很快就幹掉了全部小企業的五分之一。另一方面，甚至在共和國時期就得寵的大卡特爾，得到了納粹黨的進一步加強。事實上，根據一九三三年七月十五日的一項法律，成立卡特爾成了強制性的事了。經濟部受權組織新的強制性卡特爾，或者命令各公司加入現有的卡特爾。

在共和國時期組織起來的企業和貿易協會系統，納粹黨依然保持著，雖然根據一九三四年二月二十七日的根本法，它們在簡化的領導原則下重新組織過，而且置於國家的控制之下。各廠商都必須加入爲會員。在一個複雜得令人難以相信的結構頂上，是德國經濟協會，它的領導者是由國家任命的。它控制著七個全國性經濟團體，二十三個經濟協會，一百個工商協會和七十個手工業協會。在這個迷宮似的組織、經濟部和四年計畫的大量辦公室和機構以及無窮無盡的數以千計的命令和法律中間，即使是最機靈的企業家也常常會弄得暈頭轉向，如果他們要使一家公司的業務能夠開展，他們必須雇請特別律師。爲了要打通路子接近那些有權做出決定的負責官員，或者要在政府和貿易協會的無數規則和條例中鑽漏洞，賄賂貪污的現象就產生了，爲數之大在三〇年代末期已達到天文學的數字。一個企業家對筆者說：「這是一種經濟上的必需。」

然而，企業家們雖然不能過清靜日子，利潤卻很大。重整軍備的主要受益者重工業的利潤，從景氣最好的一九二六年的百分之二增加到開戰前的一九三八年的百分之六點五。即使法律限制紅利不得超過百分之六，對公司也沒有什麼妨礙。正好相反。在理論上，按照法律，凡是超過這個比例的數額就得投資在政府公債上——根本沒有想到要沒收。實際上，大多數公司都把未分配的利潤再度投資在它們自己的企業上，這種未分配的利潤從一九三二年的一億七千五百萬馬克增加到一九三八年的五十億馬克，而這一年在各儲蓄銀行裡的全部存款只有二十億馬克，還不及未分配利潤的一半，這一年以紅利方式經過分配的利潤，總數也只有十二億馬克。除了巨額利潤外，企業家對希特勒使工人們安分守己也感到高興。不再有不合理的工資要求了。實際上，雖然生活費用上漲了百分之二十五，工資還減少了一點。尤其是，沒有損失浩大的罷工了。其實，任何罷工都根本沒有了。這種不聽話的表現在第三帝國是禁止的。

勞工的農奴狀態

在第三帝國中，德國工人被剝奪了工會、集體談判和罷工權利，變成了一種工業農奴，差不多就像中古時期農民依附於領主一樣依附於他的雇主。所謂勞工陣線在理論上代替了過去的工會，但是它並不代表工人。按照一九三四年十月二十四日創立勞工陣線的法律，勞工陣線是「有智力和體力的創造性德國人組織」。它吸收的不僅是工薪生活者，還有雇主和專業工作者。它實際上是一個龐大的宣傳組織，而且如某些工人所說的，是一個大騙局。它的目的，正如該法律自己說的，不是保護工人，而是「創立一個由全體德國人組成的眞正社會性和生產性的社會。它的任務是務使每一個人都應該能夠……完成最大限度的工作」。勞工陣線不是一個獨立的行政組織，而是像納粹德國其他每個團體（軍隊除外）一樣，是國家社會黨的一個整體部分，或者，如它的領導者「說話結結巴巴的醉鬼」（蒂森語）萊伊博士所說，是「黨的一個工具」。的確，十月二十四日的法律規定，它的工作人員應當來自黨的隊伍、前納粹黨工會、衝鋒隊和黨衛隊，而他們果眞都是這樣的人。

在這以前，一九三四年一月二十日頒布以〈勞工憲章〉著稱的全國勞工管理法，已使工人不得輕舉妄動而把雇主提高到過去那種具有絕對權力的主人地位——當然雇主還得聽從權力無所不包的國家的干預。雇主變成了「企業的領袖」，雇員則變成了「下屬」。這項法律的第二節規定：「企業的領袖在與企業有關的一切問題上爲雇員和工人做出決定」。而且就像在古時候領主該對他臣民的福利負責一樣，根據這項納粹法律，雇主也得「對他的雇員和工人的福利負責」。反過來，這項法律說：「雇員和工人得對他忠誠」，那就是說，他們得加班加點，賣力工作，不得頂嘴和發牢騷，即使在工資問題上也不得如此。

工資是由勞工陣線所委任的所謂勞工代表來擬定。實際上，他們按雇主的願望擬定工資，根本沒有規定要在這類問題上哪怕是徵詢一下工人的意見。雖然在一九三六年以後，因爲軍備工業人手不足，有些雇主企圖用提高工資來招引工人，國家的命令仍把工資標準壓著不提高。關於把工資壓得很低這一點，希特勒是十分坦率的。他在當政初期說：「國家社會主義領導的鐵的原則，就是不允許增加計時工資，而只能用完成得多來增加收入。」[16]在一個大多數人的工資至少有一部分是以計件爲根據的國家裡，這意味著，如果工人希望得到更多的收入，他們就只有加快速度和延長時間。

同美國相比，把生活費用和社會服務方面的差別都算在裡面，德國的工資一向是比較低的。在納粹統治下，又比以前稍微低了一點。德國統計局的數字表明，熟練工人從最蕭條的一九三二年每小時二十點四降低到一九三六年年中的十九點五分。不熟練工人的工資從每小時十六點一分降低到十三分。一九三六年在紐倫堡舉行的黨代表大會上，萊伊博士說，勞工陣線中正式工人的每星期平均收入是六點九五美元。德國統計局的數字是全部德國工人的平均收入爲每星期六點二九美元。

雖然有幾百萬人獲得了職業，但是全部德國工人的收入在國民收入中的比例，卻從蕭條的一九三二年的百分之五十六點九減少到繁榮的一九三八年的百分之五十三點六。同時，資本和企業的收入卻從佔國民收入的百分之十七點四增加到百分之二十六點六。固然，由於就業人數大大增加，工資和薪水的全部收入從二百五十億馬克增加到四百二十億馬克，增加了百分之六十六。但是，資本和企業的收入增加得還要多得多，達到百分之一百四十六。在希特勒之下所有第三帝國的宣傳家們，都慣於在公開演說中痛詆資產階級和資本家，並宣稱他們自己同情工人。但是，對官方的統計數字做一番較爲清醒的研究——或許沒有什麼德國人願意傷這種腦筋——就可看出，從納粹政策中獲得好處最多的是受到痛罵的資本家，而不是工人。

最後，德國工人的淨得工資減少了。除了很高的所得稅，對疾病、失業和殘障保險的強迫扣款和勞工陣線會費以外，體力勞動者，像納粹德國的其他任何人一樣，還經常受到壓力要捐款給納粹各種各樣的慈善事業，這種慈善事業中主要的是「冬賑」。許多工人由於不對冬賑捐款，或者捐款的數目被當局認爲太少，而丟了飯碗。一個勞工法庭同意這樣立即開除工人，它說，這種不肯捐款的行爲是「敵視人民社會……要受到最強烈譴責的行爲」。據估計，在三〇年代中期，賦稅和捐獻佔去了一個工人工資總額的百分之十五到百分之三十五。每星期六點九五元的收入去掉了這樣一個比例，就剩不了多少用來支付房租、準備伙食、添置衣著和從事娛樂活動了。

像中古時代的農奴一樣，希特勒德國的工人發現他們愈來愈被束縛在勞工的地位上，雖然在這裡束縛住他們的不是雇主而是國家。我們已經看到第三帝國的農民如何被農場繼承法束縛在他的土地上。同樣，農業工人也被法律束縛在土地上而不准離開農村到城市裡去工作。實際上，必須說，這是唯一沒有人遵守的納粹法律；因爲在一九三三年和一九三九年之間，有一百多萬農業工人改行到工商業部門工作。但是對工業工人來說，這種法律卻是貫徹了的。以一九三四年五月十五日的法律爲始，各種各樣的政府法令嚴厲禁止工人自由調換工作。在一九三五年六月以後，國家就業管理處獨攬職業介紹工作；可以雇用誰擔任什麼工作和在哪裡工作，都得由它們來決定。

一九三五年二月實行了「工作簿」制度，於是一個工人若是沒有工作簿就不能就業。工作簿裡記載著他的技能和就業情況。工作簿不僅使國家和雇主對國內每個雇員的情況獲得最新材料，而且被用來限制工人不能擅自離職。如果他希望離職去找別的工作，他的雇主可以扣住他的工作簿，這就意味著他不能合法地在別處受雇。最後，在一九三八年六月二十二日，四年計畫辦公室發出了一項特別法令，實行強迫徵募工人制度。每個德國人都有義務做國家指定他去做的工作。工人沒有充分理由而擅離工作崗位的，要被罰款和服徒刑。顯然，這種做法有它的另外一面。這樣被徵召的工人，他的雇主不經政府就業管理處的同意就無法將他解雇。他得到了鐵飯碗，這是他在共和國時所享受不到的。

工資低得只能勉強口，控制又嚴得毫無自由活動之餘地，德國的工人，像羅馬的無產者一樣，由他們的統治者提供娛樂來轉移他們對困苦處境的注意。萊伊博士有一次解釋道：「我們必須把群眾的注意力從物質方面轉移到精神方面。滿足人們的精神需要比滿足他們的肚皮更為重要。」

因此，他就搞了一個叫做「透過歡樂獲得力量」（Kraft durch Freude）的組織。它所提供的東西，我們只能稱之為管制化的娛樂。在二十世紀的一個極權獨裁政體中，或許像以前的這種政體一樣，不僅有必要控制一個人的工作時間，還必須控制他的閒暇時間。這就是「透過歡樂獲得力量」所做的事情。在納粹黨當政以前，德國有成千上萬個俱樂部，從事於從下棋、踢足球到觀賞飛禽的各種娛樂活動。在納粹統治下，除了在「通過歡樂獲得力量」的控制和指導下的組織以外，不准許其他有組織的社交性團體、運動團體和娛樂團體進行活動。

對第三帝國的一般德國人來說，既然連自己去想辦法玩兒這種事都對你不放心，這個無所不包的官方娛樂組織無疑就聊勝於無了。例如，它使參加勞工陣線的人能夠花極便宜的代價參加陸地和海上假期旅行。萊伊博士建造了兩艘兩萬五千噸的船，一艘以他自己的名字命名，另外還包了十艘來供「透過歡樂獲得力量」作爲海上遊覽。筆者曾參加過一次這種遊覽，雖然船上生活被納粹黨領袖們組織到了（個人感覺）簡直難以忍受的程度，但是德國工人們卻似乎玩得很快樂。而且收費便宜之至！例如，到葡萄牙馬德拉去遊覽一次，連同到德國港口去的來回火車費在內一共只花二十五美元，別的遠足也都是很便宜的。許多海濱和湖岸都被接管過來，供數以千計的夏季度假者遊憩，在波羅的呂根海濱，要修建能容納兩萬人的旅社，到戰爭發生時還沒有竣工。在冬天，出團到巴伐利亞的阿爾卑斯山的滑雪旅行，每星期只花十一美元，包括車費、食宿、滑雪板租費和滑雪教練費在內。

體育運動的每個部門都由「透過歡樂獲得力量」所控制，它的組織規模也是龐大的，據官方數字表明，每年參加各種運動的有七百多萬人。這個組織還以極低的票價安排看話劇、歌劇和聽音樂，從而使勞動者得以欣賞比較高級的娛樂，這是納粹官員們常常自誇的。「透過歡樂獲得力量」還有它自己的由九十件樂器組成的交響樂團。這個樂團不斷在全國巡迴演奏，常常在不能常聽到好音樂的小地方演奏。最後，這個組織接管了在共和國時期辦得很發達的兩百多個成人教育機構——起源於斯堪地納維亞的一種運動——並把它們繼續辦下去，雖然在教學中夾雜了大量的納粹思想。

到頭來，不用說，這些娛樂費用還是出在工人身上。據萊伊博士說，勞工陣線每年會費收入在一九三七年達到一億六千萬美元，而在戰爭開始時已超過兩億美元大關，這筆帳是極爲含糊的，因爲不是由國家而是由黨的財務處所掌握，而後者是從來不公布它的帳目。勞工陣線會費收入中撥給「透過歡樂獲得力量」的是百分之十。但是，個人爲假期旅行和娛樂所支付的費用，雖然很便宜，在戰爭發生前的一年也達到了十二億五千萬美元。工資生活者還有一筆重大開支。勞工陣線是納粹黨在德國的最大的一個組織，擁有兩千五百萬成員，它成了一個臃腫的官僚政治機構，有數十萬領全薪的職工。事實上，據估計，它的收入中有百分之二十到二十五充作了行政費用。

希特勒對德國工人搞的騙局，還有一個値得順便提一提。這就是「福斯汽車」（Volkswagen，國民汽車之意）的騙局。福斯汽車是元首心血來潮忽發奇想的產物。他說，每個德國人，或者至少每個德國職工，都應當有一輛汽車，就像美國一樣。當時，德國人每五十個人中才有一輛汽車（而美國是每五個人有一輛汽車），職工們往返是騎自行車或者乘公共車輛代步的。現在希特勒下令要爲職工生產只售九百九十馬克（按官方匯率合三百九十六美元）的汽車。據說，他本人曾參與了在奧地利汽車工程師斐迪南・保時捷（Ferdinand Porsche）博士監督下的這種汽車的實際設計工作。

由於私營工業不能生產出只售三百九十六美元的汽車，希特勒下令由國家來製造，並叫勞工陣線來負責這個計畫。萊伊博士的這個組織很快就於一九三八年在布倫瑞克附近的法勒斯雷本（Fallersleben）著手建造「世界上最大的汽車廠」，年產一百五十萬輛汽車，納粹宣傳家們說：「比福特公司還要多」。勞工陣線撥出了五千萬馬克作爲資本。但是，這不是主要的經費來源。萊伊博士的巧妙計畫是工人們應當透過一種叫做「先付款後取貨」的分期付款計畫來自行提供資金——每星期付五馬克，如果一個工人認爲他能付得起的話，就付十馬克或十五馬克。在付了七百五十馬克時，買主收到一個訂單號碼，他可以在汽車生產出來後就得到它。可憐的工人！在第三帝國時期連一輛汽車也沒有爲任何買主生產出來。德國的工資生活者付出了幾千萬馬克，一個芬尼也沒有償還。到戰爭開始時，福斯汽車廠就去製造對軍隊更有用的設備了。

德國工人雖然在這件事情上和其他許多事情上受了欺騙，淪爲工資只足口的工業農奴，而且不像德國社會別的階層那麼輕易地就信奉納粹主義，或者爲納粹黨的不斷宣傳所惑，但是，對於他們在第三帝國的劣等地位，他們似乎並不特別不滿。這樣說是很公平的。要不是德國工人做了極爲巨大的貢獻，在一九三九年九月一日拂曉突然闖入波蘭邊境的巨大戰爭機器是絕不可能形成的。不錯，他們是受到管制的，而且還不時受到恐嚇，但是，別人也都是如此，而好幾世紀來的管制已使他們像所有別的德國人一樣習慣於服從命令了。雖然在這種事情上作籠統的概括或許是不明智的，但是筆者對柏林和魯爾的工人的印象是：雖然他們對納粹政權的諾言多少有些不大相信，但是他們並不比第三帝國的任何其他人更有進行反抗的想法。他們既沒有組織，又缺乏領導，有什麼辦法呢？一個工人常會這樣反問你。

但是，毫無疑問，他們願意接受他們在納粹德國的地位的最大原因是：他們又獲得了職業，而且確信飯碗不會敲破。一個觀察家只要略知一二他們在共和國時期飯碗朝不保夕的情況，就不難瞭解，爲什麼只要他們有全日工作在做，他們就似乎並不十分在乎喪失政治自由甚至工會了。他們的話也不錯，在過去，有那麼多人，有多到六百萬人和他們的家屬，雖然有各種自由權利，但是也伴隨著挨餓的自由。希特勒由於取消了挨餓的自由而得以穩穩地獲得了工人階級的支持（這個工人階級也許是西方世界最有技能、最勤勞和最守紀律的工人階級）。他不需要他們支持他幼稚淺薄的思想及罪惡企圖，而是最重要的事情：生產戰爭物資。

第三帝國的司法

從一九三三年的最初幾個星期，當那些當權的人開始進行大規模的任意逮捕、毆打和殺害時起，在國家社會主義統治下的德國就不再是一個法治的社會了。納粹德國的司法界名人傲然宣稱：「希特勒就是法律！」戈林強調了這點，他在一九三四年七月十二日對普魯士的檢察官們說：「法律和元首的意志是一回事。」事實確實是如此。這位獨裁者說什麼是法律，什麼就是法律，在緊急的時候，如在血腥整肅時期，他本人就宣稱他是德國人民的「最高法官」，有隨意處死任何人的權力。關於這一點，從他在這個血腥事件後向國會發表的演說中，我們已經看到了。

在共和國時期，大多數法官，像多數新教牧師和大學教授一樣，從心底不喜歡威瑪政體，許多人認爲，他們所做的判決，是爲德意志共和國生活寫下的最黑暗的一頁，從而促成了它的覆亡。但是，至少在威瑪憲法下，法官們是獨立的，只受法律的管轄，不會被任意撤職，而且至少在理論上有憲法第一百零九條限定他必須保障人人在法律面前一律平等。他們中間大部分人都同情國家社會主義，但是他們對於很快就在國家社會主義實際統治下所遭到的待遇，卻幾乎沒有什麼準備。一九三三年四月七日的公務員法適用於一切推事，很快就不僅清除了司法界中的猶太人，而且還清除了那些被認爲對納粹主義的信仰有問題的人，或者如這項法律所規定的，「那些有跡象表明不再準備在一切時候爲國家社會主義國家利益執言的人」。固然，由於這項法律而被清除的法官不算很多，但是他們受到了警告，知道了他們的職責所在。爲了保證他們眞正懂得，司法專員兼全國法律工作領袖漢斯・法朗克博士在一九三六年告訴法律工作者說：「國家社會主義思想，特別是像黨綱和元首的一些演說中所解釋的，是一切根本法律的基礎。」法朗克博士接著解釋他的意思是：

> 沒有不合國家社會主義的獨立法律。你們在做出每一次決定時都要想一想：「如果元首處在我的地位會怎樣決定？」對於每一項決定，都要自問一下：「這個決定是否符合德國人民的國家社會主義良心？」然後你們就會有一種極爲堅實的基礎，在其中感受到國家社會主義人民國家的團結一致以及阿道夫·希特勒不朽的意志，這時你們做出決定時就會具有第三帝國的權威，而且永遠都不會錯[17]。

這似乎足夠明白了，還有下一年（一九三七年一月二十六日）的一項新公務員法也是如此，這項法律規定要撤換一切「政治上不可靠」的官員，包括法官在內。此外，所有法官都被迫加入德意志國家社會主義法律工作者聯合會，在那裡他們常常聽到與法朗克的談話相似的演講。

有些法官，不論他們過去多麼反對共和國，對黨的方針卻響應得不夠熱烈。事實上，其中至少有少數人還企圖根據法律來做判斷。從納粹的觀點來說，其中最不好的例子之一，是德國的最高法院國家法院在一九三四年三月國會縱火案審判中因證據不足而開釋了四個共產黨被告中的三個。只有頭腦糊塗的荷蘭人盧伯由於招認了而被判定有罪。這事使希特勒和戈林大爲冒火，於是不出一個月，在一九三四年四月二十四日，一向只有最高法院才能審理叛國案的權力，從這個莊嚴的機構手裡轉移給新的法院「人民法庭」（Volksgerichtshof）。它很快就變成了德國最可怕的法庭。它由兩個專職法官和五個由納粹官員、黨衛隊和武裝部隊中選出的人組成，後者在表決時佔有多數。對它的判決不得上訴，而且它的審訊通常是祕密舉行的。但是，偶然為了宣傳起見，在做比較輕的判決時，也邀請外國記者去旁聽。

這樣，筆者曾於一九三五年到人民法庭去旁聽過一個案件的審判。這次審判使我覺得倒像戰地臨時軍法審判而不像民事法庭審判。審訊程序一天就結束了，被告方面的證人幾乎是沒有（如果竟有人敢於為一個被控「叛國罪」的人辯護的話），辯護律師都是「合格的」納粹黨人，他們提出的論據則軟弱得簡直達到荒謬可笑的程度。看看只報導判決結果的報紙，你所得到的印象是，大多數不幸的被告（雖然不是在我旁聽的那一天的被告）都被判死刑。沒有公布過數字，雖然在一九四〇年十二月，人人畏之如虎的人民法庭庭長羅蘭．弗萊斯勒（Roland Freisler）說：「只有百分之四的被告被處死刑。」他後來在戰爭期間因美國人的炸彈命中他正在進行審判的法庭而被炸死。

比兇險的人民法庭設立得更早的是「特別法庭」（Sondergericht），它從普通法院那裡接管了政治罪行的案件，或者如一九三三年三月二十一日設立這種新法庭的法律所描述的「陰險地攻擊政府」的案件。特別法庭由三個法官組成，他們必須是可靠的黨員，而沒有陪審團。納粹檢察官有權選擇把這種案件提交到普通法院去審還是提交到特別法庭去審，而他們總是選擇後者，其原因是顯而易見的。這個法庭的辯護律師，像人民法庭的辯護律師一樣，得由納粹官員認可。有時候即使他們已得到認可，他們的下場仍然很不幸。例如，天主教行動組織領袖克勞斯納博士在血腥整肅中被殺害後，其遺孀控告國家，而替她打官司的律師後來都被送到薩克森豪森集中營去，一直關在那裡，直到他們把控訴正式撤銷時才放出來。

希特勒有權使刑事訴訟程序中止進行，有一個時期戈林也有權這樣做。在紐倫堡文件中發現有一個案件，是司法部長竭力主張控告一個祕密警察高級官員和一批衝鋒隊員，他認爲已有證據證明他們犯了最駭人聽聞的罪行——殘酷虐待集中營的一個犯人[18]。他把證據送交給希特勒。元首卻命令停止起訴。戈林在早年也有這種權力。一九三四年四月，他曾制止了一件控告一個著名企業家的刑事訴訟。後來很快就傳出來，這個被告送了戈林約三百萬馬克。當時在柏林很著名的律師克拉默（Gerhard F. Kramer）後來說：「不能確定是戈林訛詐了這位實業家呢，還是這位實業家賄賂了這位普魯士總理。」[19]唯一確定的是戈林使這個案件作罷了。

另一方面，元首的代表赫斯則有權對他認爲被判處得太輕的被告採取「無情的措施」。犯了攻擊黨、元首或者國家的罪行的人，法院都會其審判記錄呈交給赫斯，他如果認爲懲處得太輕就可以採取「無情的」措施。這通常是把受難者送到集中營去或者把他殺害。

有時候，必須說，特別法庭的法官確是表現出一種獨立精神，甚至忠於法律。在這種情況下，或者是赫斯，或者是祕密警察，就來插手了。例如，我們已經看到，尼莫拉牧師被特別法庭開脫了他的主要罪名而只判處了短期監禁，而他在等候審訊時期已服滿了這段短期徒刑，因此本來就可以回家了，祕密警察卻在他離開法庭時把他架走而送到了一個集中營裡去。

祕密警察，像希特勒一樣，就是法律。它原來是戈林在一九三三年四月二十六日爲普魯士邦設立的，以代替普魯士邦原來的政治警察「IA」處。他起初打算只把它稱爲祕密警察處（Geheimes Polizei Amt），但是這個名稱的德文字首縮寫「GPA」發音跟俄國的「GPU」（Gosudarstvennoye Politicheskoye Upravlenie，國家政治保衛局）太相似了。一個不出名的郵局職員奉命爲這個新機構設計一種免費遞送的郵票圖樣，他提議把它叫做「祕密警察」（Geheime Staatspolizei，縮寫即爲「蓋世太保」〔GESTAPO〕），從而無意中創造了一個先是在德國後來又在國外令人談虎色變的名稱。

在開始時，祕密警察實際上還只不過是戈林用來逮捕和殺害反對政權者的一個私人恐怖工具。只是在一九三四年四月戈林任命希姆萊爲普魯士祕密警察的副首腦後，祕密警察才開始作爲黨衛隊的一支力量而擴展起來。態度溫和卻具有虐待狂的養雞農民希萊姆作爲新首腦，再加上黨衛隊保安處（Sicherheitsdienst，SD）處長萊因哈德・海德里希（Reinhard Heydrich）這個殘忍成性的青年人的天才領導[20]，祕密警察成了一個惡閻王，對每個德國人有著生殺予奪的權力。

早在一九三五年，普魯士最高行政法院就在納粹黨的壓力下裁決，祕密警察的命令和行動不必經司法復審。政府在一九三六年二月十日頒布的祕密警察根本法把這個祕密警察組織放在法律之上。法院絕對不得干涉它的活動。正如希姆萊在祕密警察中的得力助手之一瓦爾納・貝斯特（Werner Best）博士所解釋的：「只要警察是在執行領導上的意志，它的行動就是合法的。」[21]

任意逮捕和把受難者拘禁在集中營裡的做法被披上了一件「合法」的外衣。名字就是「保護性看管」（Schutzhaft），所根據的是一九三三年二月二十八日的法律。我們前已談到，這個法律停止實行憲法中保證公民自由的條款。但是這裡的保護性看管並不是像在較爲文明的國家裡那樣保護一個人使他不受到可能的傷害。它是用把他關在鐵絲網後面的辦法來處罰他。

在希特勒當權的頭一年，第一批集中營就像雨後春筍似的建立起來了。到一九三三年年底，就有了大約五十個集中營。它們主要是由衝鋒隊設立的，先給它的受難者以一頓飽打，然後向他們的親戚朋友勒索盡可能多的贖款。這基本上是強敲硬詐。不過，有時候，被拘禁者卻被殺害，通常是出於純粹的虐待狂和殘忍。在紐倫堡審訊時發現了四個這樣的案件，它們是一九三三年春天發生在慕尼黑附近的達豪黨衛隊集中營裡的。每個案件中，被拘禁者都遭到了殘酷無情的殺害，一個是被鞭笞死的，另一個是被勒死的。甚至慕尼黑的檢察官都提出了抗議。

由於在一九三四年六月的血腥整肅後已不再存在對納粹政權的反抗，所以許多德國人認爲大批的「保護性看管」逮捕和把數以千計的人關在集中營裡的做法會停止了。在一九三三年的聖誕節前夕，希特勒曾宣布釋放集中營中兩萬七千名被拘禁者，但是，戈林和希姆萊規避了他的命令，只有極少數人眞正獲釋。後來，內政部長弗立克，這個唯命是從的官僚主義者，曾在一九三四年四月發出祕密命令，對大規模「保護性看管」逮捕加些限制和減少關到集中營裡去的人數，企圖使納粹凶徒的胡作非爲收斂一些，但是希姆萊說服了他放棄這事。這位黨衛隊頭子比這位部長看得較爲清楚，知道集中營的目的不僅是處罰納粹政權的敵人，而且擺在那裡威嚇人民，使他們根本不敢想反抗納粹統治。

在羅姆遭到整肅後不久，希特勒把集中營交給黨衛隊控制，他們就以不愧爲精銳部隊的效率和冷酷無情來組織集中營。守衛的責任專門交給骷髏隊（Totenkopfverbände）。這個單位的成員是從最強悍的納粹分子中召來的，服役十二年，在黑色軍衣上佩著人所熟見的骷髏和骨頭的肩章。最早的骷髏隊隊長和達豪集中營首任長官西奧多·艾克（Theodor Eicke），被任命負責管理全部集中營。臨時湊合的集中營關掉了，而更大的集中營卻建立起來了。在戰爭發生前，它們還沒有擴展到佔領區裡去的時候爲止，主要的集中營是慕尼黑附近的達豪集中營，威瑪附近的布亨瓦德（Buchenwald）集中營，代替了柏林附近初期出過名的奧蘭寧堡（Oranienburg）集中營的薩克森豪森集中營，專門拘禁婦女的梅克倫堡的拉文斯布魯克（Ravensbrück）集中營，還有，在一九三八年佔領了奧地利以後，在林茨附近的毛特豪森（Mauthausen）集中營——這些名字，同以後在波蘭設立的奧斯威辛（Auschwitz）、貝爾澤克（Belzec）和特雷布林卡（Treblinka）一起，後來成爲世界上大部分地方無人不知的名字。

在這些集中營裡，在它們的末日慈悲地來到以前，千百萬無辜的人被殺害，另有千百萬人受到了簡直令人無法想像的殘忍折磨和酷刑。但是在開頭，在三〇年代德國的納粹集中營裡的被拘禁者大概從沒有超過兩萬到三萬，後來由希姆萊的人員所發明和執行的許多恐怖措施當時也還不知道。滅絕營、奴隸勞動營、把被拘禁者作爲白老鼠供納粹做「醫藥研究」的營房，都要等到戰爭發生後才出現。

但是早期的集中營也並不完全是人道的。我這裡有一份達豪集中營第一任長官西奧多・艾克在一九三三年十一月一日爲達豪集中營擬訂的條例的抄本，他在成爲全部集中營的主管者後把這些條例在各集中營中推廣施行。

第十一條　犯有下列罪行者以煽動者論處，一律絞死：凡……談論政治，發表煽動言論，舉行煽動集會，組織小集團，與人廝混盤桓；爲了將暴行傳聞供反對派宣傳而收集集中營眞假情報；接受、隱藏、傳播、外遞此類情報給外國客人等等者。

第十二條　犯有下列罪行者以聚衆鬧事者論處，當場格殺或以後絞死：凡襲擊守衛或黨衛隊人員，奉派值勤時拒絕服從或工作……或在途中或工作時大聲咆哮、囂叫、煽動或發表演說者。

「凡是在信函或其他文件中有毀謗國家社會主義領袖、國家和政府言論……或者頌揚馬克思主義領袖或舊民主黨派自由主義領袖者」則予以隔離禁閉兩星期或鞭笞二十五下，這種處罰算是較輕的。

同祕密警察相連的是黨衛隊保安處，其名稱縮寫為「SD」。這也是使所有德國人，後來又使佔領區人民望而生畏的字母。保安處原來是由希姆萊在一九三二年設立的一個黨衛隊的情報組織，並由他任命萊因哈德．海德里希來領導，此人後來以「劊子手海德里希」的外號聞名國際。保安處起初的任務是暗中監視黨員和報告任何可疑的活動。在一九三四年它也成了祕密警察的情報單位，到了一九三八年，一項新法律賦予它在全國搞情報工作的任務。

海德里希以前是海軍中的一個情報官員，在一九三一年二十六歲的時候因為不願跟被他姦污的一個造船商的女兒結婚，被海軍上將雷德爾所撤職。在他的老練的領導下，保安處很快就在全國遍布羅網，雇用了約十萬名兼職告密者，他們奉命窺察國內的每一個公民，只要發現有被認為是不利於納粹統治的最輕微的言論和活動，他們就報告上去。除非是笨蛋，沒有人不首先看一看有沒有隱藏的保安處錄音器，或者有沒有保安處特務在偷聽，就貿然說一句可能被認為是「反納粹」的話或者做這種事情。你的兒子，你的父親，你的妻子，你的表親，你的好友，你的上司，你的祕書，都可能是海德里希的組織的告密者；你絕不會知道的，所以如果你聰明的話，對於無論什麼事情，無論什麼人都不要以為是大概沒有問題的。

保安處的專職密探在三〇年代大概從未超過三千人，他們大多數是從失意的青年知識分子中召來的，他們是找不到合適的職業或者在正常社會中找不到著落的大學畢業生。因而，在這些專職密探中間，老是有著一種奇怪的賣弄才學的風氣。他們對研究條頓族考古學、劣等種族頭顱骨和主宰種族優生學這類不是他們本行的問題有著奇怪的興趣。然而，一個外國觀察家卻很難接觸到這些怪人，雖然海德里希本人，一個狂妄自大、冷若冰霜、殘忍無情的人，倒偶爾可以在柏林的夜總會裡看到，四周圍坐著一些他的金頭髮的年輕凶徒。他們不願引人注意，不僅是因爲他們的工作性質所致，而且是因爲，至少在一九三四年和一九三五年，他們中間有若干人曾因暗中監視羅姆和他的衝鋒隊黨羽而被一個自稱「爲羅姆復仇者」的祕密集團所暗殺，這些暗殺者還把這個標籤插在屍體上。

保安處的一個令人感到興趣的、雖然是次要的任務，是查明誰在希特勒的公民投票中投了「不同意」的票。在紐倫堡的無數文件中，有一份在科切姆的保安處關於一九三八年四月十日的公民投票的祕密報告：

在卡普爾投了「不同意」的票或廢票的人的名單副本附後。這種控制是這樣實施的：選舉委員會的一些委員把全部選票都標上號碼。在投票時列了一個選民名單。選票是按號碼發出去的，因此後來有可能……找出投了不同意票或者廢票的人。號碼是用脫脂乳寫在選票背後的。

新教牧師阿爾弗雷德・沃爾弗斯所投的票也附上[22]。

一九三六年六月十六日，一支全國範圍的統一警察隊伍在德國歷史上首次建立起來，希姆萊被任命爲德國警察總監，負責領導，在此以前警察是由各邦分別設立的。這就等於把警察置於黨衛隊的手中，後者自從一九三四年鎭壓羅姆「反叛」後權力一直在迅速增加。黨衛隊已不僅是禁衛軍，不僅是黨的唯一武裝部門，不僅是新德國的未來領袖們將從中選擇其寵愛的精英，而且它現在還擁有了警察力量。第三帝國已變成一個警察國家，這是一切極權獨裁政體不可避免的發展。

第三帝國的政府

雖然威瑪共和國被摧毀了，但是威瑪憲法卻從未被希特勒正式廢除。說眞的，而且說來也好笑，希特勒還以這個遭到他輕視的共和國憲法作爲他統治的「合法」根據。數以千計的法令——第三帝國除此外沒有別的——是明白地以興登堡一九三三年二月二十八日根據憲法第四十八條所簽署的保護人民和國家這個總統緊急法令作爲根據的。我們記得，這位年邁的總統是在國會縱火案發生後第二天受了愚弄而簽署這項法令，當時希特勒竭力使他相信有發生共產黨革命的嚴重危險。這項停止一切公民權利的法令，在整個第三帝國期間一直有效，使得元首能夠以一種長期戒嚴令式的辦法進行統治。

國會在一九三三年三月二十四日通過授權法，把它的立法職能交給了納粹政府，這也是希特勒統治「合乎憲法」的第二個支柱。以後每過四年，一個橡皮圖章似的國會就恭順地再把這個法案延長四年，這位獨裁者從來沒有想到要取消這個一度民主的機構，因爲只要使它不民主就行了。到戰爭發生時爲止，它一共只舉行過十二次會議，「制定」過四項法律（一九三四年一月三十日的重建法以及一九三五年九月十五日的三項反猶的紐倫堡法）。沒有進行過辯論或表決，而且除了希特勒發表的演說外，從未聽過別的任何發言。

在一九三三年的頭幾個月以後，內閣中就不再有認眞的討論了，而在一九三四年八月興登堡逝世以後，內閣就愈來愈不經常舉行會議了，在一九三八年二月以後，內閣則從來沒有再召開過會議。然而，內閣閣員個人卻擁有很大權力，可以頒布法令，這些法令在經過元首的批准後就自動地變成了法律。在一九三八年大吹大擂地設立了祕密內閣會議（Geheimer Kabinerrsrat），實際上是空有其名，也許只是爲了討好英國首相張伯倫。它從未舉行過一次會議。德國國防會議（Reichsverteidigungsrat）是在這個政權的初期成立的，由希特勒擔任主席，作爲一個策畫戰爭的機構，它一共才正式舉行過兩次會議，雖然它的某些工作委員會倒是極度活躍的。

許多內閣職能都交給了一些特設機構，諸如元首代表（先是赫斯，後來是馬丁・鮑曼）辦公室，戰爭經濟全權代表（沙赫特）辦公室，行政全權代表（弗立克）辦公室和四年計畫代表（戈林）辦公室。此外，還有所謂「最高政府機構」和「全國行政機構」等等，其中許多都是襲用共和國的。在元首直接管轄下的全國政府執行機構，一共大約有四十二個。

德國各邦的議會和政府，我們已經知道，在納粹政權的第一年統一全國時就取消了。邦已淪爲省的性質，邦長由希特勒任命。地方自治原來是德國人在民主方面的唯一眞正進步的地方，現在也被取消了。在一九三三年和一九三五年之間發布的一連串法律剝奪了各城市的地方自治權利，把它們置於全國內政部長的直接控制下。內政部長任命它們的市長——如果它們的人口在十萬以上的話——並且根據領袖原則把它們改組過。人口不滿十萬的城市，由邦長任命它們的市長。至於柏林、漢堡和維也納（在一九三八年奧地利被佔領後），希特勒保留了任命它們的市長的權利。

希特勒自己有四個辦公室，行施他的獨裁權力：總統（雖然這個稱號在一九三四年後停止存在了）府，總理（這個稱號在一九三九年摒棄不用）府，黨部，第四個叫做元首府，後者是照料他的私人事務和執行特別任務。

老實說，希特勒對於日常政府事務是感到厭煩的，在興登堡去世而他已鞏固了他的地位後，他就把大部分例行公事交給了他的助手們去處理。像戈林、戈培爾、希姆萊、萊伊和席拉赫這樣的黨員老同志，希特勒聽任他們自由地去分割自己的權力範圍——通常也是利益範圍。沙赫特在起初可以自由地用他能想到的任何手段爲不斷增長的政府開支籌措款項。當這些人爲了爭權或分贓而發生衝突時，希特勒就出來干預。發生這些爭執，他並不在乎。說實在話，他還常常促成這些爭執，因爲這有助於他這個最高仲裁者的地位，而且可以防止他們聯合起來反對他。因此，他對於下列三個人在外交方面互相競爭的醜態似乎覺得高興，他們是外交部長紐拉特、黨的外交事務部首腦羅森堡和里賓特洛甫，後者有自己的「里賓特洛甫辦事處」來過問外交政策。三人互相傾軋，希特勒讓他們互相敵對的職位繼續存在，這樣來保持他們的不和，直到最後，他選擇了遲鈍的里賓特洛甫擔任外交部長和執行他在外交方面的命令。

這就是第三帝國的政府，它由一個龐大而臃腫的官僚系統自上至下按所謂領袖原則來管理，沒有什麼通常被認爲是德國人所特有的效率，而是貪污盛行，內訌甚劇，黨領袖們的胡亂干預只有加劇了這種混亂，黨衛隊和祕密警察的恐怖行爲更使它辦事無能。

在這一個亂哄哄的人堆頂上，站著那個奧地利前流浪漢，他現在已成了除史達林以外世界上最有權力的獨裁者。正如漢斯・法朗克博士一九三六年春天在一個律師會議上所說的：「德國今天只有一個權威，這就是元首的權威。」23

希特勒以這種權威很快地摧毀了那些反對他的勢力，把國家統一起來並且使它納粹化，控制了全國的各種制度和文化，壓制了個人自由，消滅了失業，使工商業的輪子隆隆轉動起來。在當政僅僅三四年後，這是個不小的成就。現在，他轉向了——事實上，他早就已經轉向了——他一生中兩個主要欲望：使德國的外交政策爲戰爭和征服服務，創立一個能使他實現他的目標的強大軍事機器。

現在該來談談，這位領導著一個那麼偉大而強有力的國家的異常人物，如何著手達到他的目的的事蹟了，而這個事蹟比現代史上的任何其他事蹟都有更多的文件足資佐證。

注釋

第一章

1 漢默斯汀備忘錄，引自惠勒—班奈特所著《權力的報應》（John Wheeler-Bennett, *The Nemesis of Power*），頁二八五。這個備忘錄是漢默斯汀將軍的兒子孔拉特・馮・漢默斯汀（Kunrath von Hammerstein）博士根據他父親的筆記和日記專門爲惠勒—班奈特寫的，題目是〈施萊歇爾、漢默斯汀和攫取權力〉。

2 戈培爾：《從凱撒霍夫飯店到總理府》（*Vom Kaiserhof zur Reichskanzlei*），頁二五一。

3 漢默斯汀備忘錄，引自《權力的報應》，頁二八〇。

4 戈培爾：《從凱撒霍夫飯店到總理府》，頁二五〇。

5 同前，頁二五二。

6 同前。

7 弗朗索瓦—龐賽：《決定命運的年代》（André François-Poncet, *The Fateful Years*），頁四八。他在一九三〇至一九三八年任法國駐柏林大使。

8 戈培爾：《從凱撒霍夫飯店到總理府》，頁二五一至二五四。

9 一九三四年九月五日在紐倫堡說的話。

10 邁乃克：《德國的災禍》（Friedrich Meinecke, *The German Catastrophe*），頁九六。

11 希特勒：《我的奮鬥》（Mein Kampf, *American edition*, Boston, 1943），頁三。我在引用此書時曾將英譯文略加修改，俾能比較貼近德文原文。

12 康拉德・海登：《元首》（Konrad Heiden, *Der Führer*），頁三六。凡是從事有關第三帝國的寫作的人，在希特勒早年生活方面的材料，無不得益於海登。
13 同前，頁四一。
14 同前，頁四三。
15 同前。
16 《我的奮鬥》，頁六。
17 同前，頁八。
18 同前，頁八至十。
19 同前，頁十。
20 《希特勒祕密談話錄，一九四一至一九四四年》（*Hitler's Secret Converstions*），頁二八七。
21 同前，頁三四六。
22 同前，頁五四七。
23 同前，頁五六六至五六七。
24 奧古斯特・庫比席克：《我所認識的少年希特勒》（August Kubizek, *The Young Hitler I Knew*），頁五〇。
25 同前，頁四九。
26 《我的奮鬥》，頁一四至一五。
27 庫比席克：《我所認識的少年希特勒》，頁五二。另見《希特勒祕密談話錄》，頁五六七。
28 庫比席克著上引書，頁四四。
29 《我的奮鬥》，頁一八。
30 同前，頁二一。
31 庫比席克：《我所認識的少年希特勒》，頁五九。
32 同前，頁七六。
33 同前，頁五四至五五。
34 海登：《元首》，頁五二。
35 《我的奮鬥》，頁二〇。
36 同前，頁一八。
37 同前，頁一八。

38 同前，頁二一。
39 同前，頁二一至二二。
40 同前，頁三四。
41 海登：《元首》，頁五四。
42 同前，頁六八。
43 《我的奮鬥》，頁三四。
44 同前，頁二二。
45 同前，頁三四至三七。
46 同前，頁二二，一二五。
47 同前，頁三八三九。
48 同前，頁四一。
49 同前，頁四三至四四。
50 同前，頁一一六至一一七。
51 同前，頁一一八。
52 同前，頁五五，六九，一二二。
53 史蒂芬・茨威格：《昨天的世界》（Stefan Zweig, *The World of Yesterday*），頁六三。
54 《我的奮鬥》，頁一〇〇。
55 同前，頁一〇七。
56 同前，頁五二。
57 庫比席克：《我所認識的少年希特勒》，頁七九。
58 《我的奮鬥》，頁五二。
59 同前，頁五六。
60 同前，頁五六至五七。
61 同前，頁五九。
62 同前，頁六三至六四。
63 同前，頁一二三至一二四。
64 同前，頁一六一，一六三。

第二章

1 《我的奮鬥》，頁二〇四至二〇五。
2 同上，頁二〇二。
3 海登：《元首》，頁八四。
4 魯道夫・奧爾登：《小卒希特勒》（Rudolf Olden, *Hitler, the Pawn*），頁七〇。
5 《我的奮鬥》，頁一九三。
6 同前，頁二〇五至二〇六。
7 同前，頁二〇七。
8 同前，頁二一五至二一六。
9 同前，頁二一〇，頁二一三。
10 同前，頁二一八至二一九。
11 同前，頁二二〇。
12 同前，頁二二一至二二二。
13 同前，頁二二四。
14 同前，頁六八七注釋。
15 同前，頁六八七。
16 同前，頁三五四。
17 同前，頁三五五。
18 同前，頁三六九至三七〇。
19 海登：《國家社會主義史》（*A History of National Socialism*），頁三六。
20 《我的奮鬥》，頁四九六至四九七。
21 海登：《國家社會主義史》，頁五二一至五二一。
22 海登：《元首》，頁九八至九九。
23 海登：《國家社會主義史》，頁五二一。
24 海登：《希特勒》（*Hitler*），頁九〇至九一。

第三章

1 惠勒—班奈特：《木製巨人：興登堡》（*Wooden Titan: Hindenburg*），頁二〇七至二〇八。
2 同前，頁一三一。
3 惠勒—班奈特：《權力的報應》，頁五八。
4 弗朗茲・紐曼：《巨獸》（Franz L. *Neumann, Behemoth*），頁一三。
5 海登：《元首》，頁一三一至一三三。
6 同前，頁一六四。
7 弗雷德里希・馮・拉貝瑙中將：《塞克特的一生事蹟》（Friedrich von Rabenau, Seeck, *aus seinem Leben*），第二卷，頁三四二。
8 同前，頁三七一。
9 卡爾・亞歷山大・馮・繆勒（Karl Alexander von Müller）說的話，海登在《元首》中加以引用，頁一九〇。
10 法院審訊記錄收在《希特勒案件》（*Der Hitler Prozess*）中。

第四章

1 數字取自奧朗・詹姆斯・哈爾（Oron James Hale）教授發表在《美國歷史評論》（*The American Historical Review*）一九五五年七月號上一篇關於埃耶出版社版稅申報單的分析文章，題爲〈納稅人阿道夫・希特勒〉（Adolf Hitler: Tax Payer）。
2 引文取自《我的奮鬥》，頁六一九，六七二，六七四。
3 同前，頁一三八至一三九。
4 同前，頁一四〇。
5 同前，頁六四三，六四六，六五二。
6 同前，頁六四九。
7 同前，頁六七五。
8 同前，頁六五四。
9 同前，頁一五〇至一五三。
10 《希特勒演講集》（*Adolf Hitlers Reden*），頁三二，布洛克（Alan Bullock）曾加引用，見《希特勒——暴政的研究》（*Hitler: A*

Study in Tyranny），頁六八。

11 《我的奮鬥》，頁二四七至二五三。

12 同前，頁一三四至一三五，二八五，二八九。

13 同前，頁二九〇。

14 同前，頁二九五至二九六。

15 本段引文及以前兩段引文出處同前，頁二九六。

16 同前，頁六四六。

17 同前，頁三八三至三八四。

18 同前，頁三九四。

19 同前，頁四〇二至四〇四。

20 同前，頁三九六。

21 同前，頁四四九至五〇〇。

22 泰勒：《德國史教程》（A. J. P. Taylor, *The Course of German History*），頁二四。

23 威廉・羅普克：《德國問題的解決辦法》（Wilhelm Röpke, *The Solution of the German Problem*），頁一五三。

24 《我的奮鬥》，頁一五四，二二五至二二六。

25 《希特勒祕密談話錄》，頁一九八。

26 尚・雷勒（Jean Réal）對張伯倫的研究，見包曼特等合編的《第三帝國》（The Third Reich, ed. by Baumont, *Fried and Vermeil*）一書中對張伯倫的研究。

27 上述自張伯倫一直推溯到費希特和黑格爾一節，根據各作家的作品和下列各著作中的引文和解釋——約翰・杜威：《德國哲學和政治》（John Dewey, *Philosophy and Politics*）；邁乃克：《德國的災禍》；羅普克：《德國問題的解決辦法》；伯特蘭・羅素：《西方哲學史》；柯爾和波特爾合編：《德意志如此說》（*Thus Speaks Germany*, ed. by W. W. Coole and M. F. Potter）；包曼特編：《第三帝國》；路易・史奈德：《德國民族主義：一個民族的悲劇》（Louis L. Snyder, *German History*）；漢斯・康恩編：《德國史：德國新觀點介紹》（*German History: Some New German Views*, ed. by Hans Kohn）；雅爾曼：《納粹德國興亡史》（T. L. Jarman, *The Rise and Fall of Nazi Germany*）；海登：《元首》；泰勒：《德國史教程》；艾德蒙・凡爾梅爾：《當代德意志》（Edmond Vermeil, *L' Allemagne Contemporaine*）；赫爾曼・平瑙：《德國史》（Hermann Pinnow, *History of Germany*）。艾克：《俾斯麥和德意志帝國》（E. Eyck, *Bismarck and the German Empire*）是一部極有價值的作品。

由於本書篇幅所限，其他一些德國知識分子對第三帝國的影響只得略而不談，雖然他們的著作在德國也甚爲風行和重要，這些德國知識分子有：施萊格爾（Karl Wilhelm Schlegel）、戈萊斯（J. Görres）、諾瓦利斯（Novalis）、阿倫特（Ernst Moritz Arndt）、雅恩（Friedrich Ludwig Jahn）、拉加德（Paul de Lagarde）、李斯特（Georg Friedrich List）、德羅伊森（Johann Gustav Droysen）、蘭克（Leopold von Ranke）、蒙森（Theodor Mommsen）、康斯坦丁・弗朗茨（Constantin Frantz）、施托克爾（Adolf Stöcker）、伯恩哈迪（Freidrich von Bernhardi）、克勞斯・華格納（Klaus Wagner）、蘭格比恩（Julius Langbehn）、蘭格（Freidrich Albert Lange）、史賓格勒。

28 《我的奮鬥》，頁三八一。

29 同前，頁二九三。

30 同前，頁二一二至二一三。

31 黑格爾：《歷史哲學演講集》，頁三一至三二。布洛克曾加引用，前引書頁三五一。

32 包曼特等編《第三帝國》中曾加引用，頁二〇四至二〇五，取材自尼采兩部著作《道德系譜學》和《權力意志》。

第五章

1 庫特・盧臺克：《我認識的希特勒》（Kurt Ludecke, *I Knew Hitler*），頁二一七至二一八。

2 貝恩斯編：《希特勒演講集》（*The Speeches of Adolf Hitler*, ed. by Baynes），第一卷，頁一五五至一五六。

3 庫特・里斯：《戈培爾傳》（*Curt Riess*, Joseph Göbbels），頁八。

4 本書中希特勒在一九四二年一月十六至十七日懷念上薩爾斯堡的話引自《希特勒祕密談話錄》。

5 海登和布洛克這些權威人士都說拉包爾一家是在一九二五年吉莉十七歲的時候到瓦亨菲爾德去的。但是希特勒自己卻說，他到一九二八年買了那所別墅後才「打電話給在維也納的姊姊，請她來幫助管家」。見《希特勒祕密談話錄》，頁一七七。

6 海登：《元首》，頁三八四至三八六。

7 見哈爾教授在《美國歷史評論》一九五五年七月號發表的文章對希特勒的所得稅所做的有趣分析。

8 同前。

9 同前。

10 海登：《元首》，頁四一九。

11 這篇演說沒有收到貝恩斯編的《希特勒演講集》中，也沒有收在羅賽・德・薩爾斯（Roussy de Sale）編的希特勒演講選《我的新秩序》（*My New Order*）中。這篇演說一字未易地刊在一九二九年三月二十六日《人民觀察家報》的軍中專刊上，一九四五年六月《華盛頓州立大學研究文集》（*Research Studies of the State College of Washington*）發表的〈納粹地下運動藍圖〉（Blueprint of

the Nazi Underground）中曾詳加引用。

12 引自一九三〇年九月二十六日《法蘭克福日報》。

13 《納粹的陰謀與侵略》（*Nazi Conspiracy and Aggression*），附件A，頁一一九四（紐倫堡文件〔Nuremberg Document〕EC-440）。

14 奧托・狄特里希：《與希特勒一起執政》（Otto Dietrich, *Mit Hitler in die Macht*）。

15 馮克的證詞，《納粹的陰謀與侵略》，附件A，頁一一九四至一二〇四（紐倫堡文件EC-440），另見《納粹的陰謀與侵略》，第五卷，頁四七八至四九五（紐倫堡文件2328-PS）。蒂森的話引自他所著《我爲希特勒出資》（*I Paid Hitler*），頁七九至一〇八。

16 《納粹的陰謀與侵略》，第七卷，頁五一二至五一三（紐倫堡文件EC-456）。

第六章

1 參見海登著《元首》一書頁四三三。

2 海登：《國家社會主義史》，頁一六六。

3 戈培爾：《從凱撒霍夫飯店到總理府》，頁一九至二〇。

4 同前，頁八〇至八一。

5 惠勒—班奈特：《權力的報應》，頁二四三。

6 上述引文引自戈培爾著《從凱撒霍夫飯店到總理府》一書頁八一至一〇四。

7 弗朗索瓦—龐賽：《決定命運的年代》，頁二三。

8 弗朗茲・馮・巴本：《回憶錄》（Franz von Papen, *Memoirs*），頁一六二。

9 《納粹的陰謀與侵略》，附件A，頁五〇八（紐倫堡文件3309-PS）。

10 赫爾曼・勞希寧：《毀滅的聲音》（Hermann Rauschning, *The Voice of Destruction*）。

11 這一次戈培爾沒有像八月十三日那次那樣沒有提防。他立刻把交換的信件給了報界，在十一月二十五日的晨報上發表。信件收在《公法年鑑》（*Jahrbuch des Oeffenlichen Rechts*）第二十一卷，一九三三至一九四〇年。

12 巴本：《回憶錄》，頁二一六至二一七。

13 同前，頁二二〇。

14 同前，頁二二二。

15 弗朗索瓦—龐賽：《決定命運的年代》，頁四三。他錯誤地說是「七十天」。
16 《納粹的陰謀與侵略》，第二卷，頁九二二至九二四。
17 庫特・馮・許士尼格：《再會吧，奧地利》（Kurt von Schuschnigg, *Farewell, Austria*），頁一六五至一六六。
18 梅斯納供詞，《納粹的陰謀與侵略》，附件A，頁五一一。
19 漢默斯汀備忘錄，惠勒—班奈特：《權力的報應》，頁二八〇。
20 《希特勒祕密談話錄》，頁四〇四。
21 巴本：《回憶錄》，頁二四三至二四四。

第七章

1 《納粹的陰謀與侵略》，第三卷，頁二七二至二七五（紐倫堡文件 351-PS）。
2 戈培爾：《從凱撒霍夫飯店到總理府》，頁二五六。
3 見施尼茨勒供詞，《納粹的陰謀與侵略》，第七卷，頁五〇一（紐倫堡文件EC-439）。戈林和希特勒的演講，《納粹的陰謀與侵略》，第六卷，頁一〇八〇（紐倫堡文件 D-203）。沙赫特的訊問記錄，《納粹的陰謀與侵略》，第六卷，頁四六五（紐倫堡文件 3725-PS）。馮克的訊問記錄，《納粹的陰謀與侵略》，第五卷，頁四九五（紐倫堡文件 2828-PS）。
4 戈培爾：《從凱撒霍夫飯店到總理府》，頁二六九至二七〇。
5 巴本：《回憶錄》，頁二六八。
6 魯道夫・狄爾斯：《晨星》（Rudolf Diels, *Lucifer ante Portas*），頁一九四。
7 關於國會縱火案的責任，參見哈爾德的供詞，《納粹的陰謀與侵略》，第六卷，頁六三五（紐倫堡文件 3740-PS）。一九四六年四月二十五日吉斯維烏斯受盤問的記錄，《主要戰犯的審訊》（*Trial of the Major War Criminals*），第十二卷，頁二五二至二五三。狄爾斯的供詞，戈林的否認，《主要戰犯的審訊》，第九卷，頁四三二至四三六，另見《納粹的陰謀與侵略》，第六卷，頁二九八至二九九（紐倫堡文件 3593-PS）。威利・弗里希華：《戈林的興亡》（Willy Frischauer, *The Rise and Fall of Hermann Göring*），頁八八至九五。道格拉斯・里德：《國會焚毀記》（Douglas Reed, *The Burning of the Reichstag*）。約翰・根室：《歐洲內幕》（John Gunther, *Inside Europe*），根室列席了萊比錫的審訊。有不少人自稱參與了納粹黨的縱火焚毀國會的事件，或者自稱知道其內情，提出了許多證詞，但是據我所知，都沒有得到證實。其中較爲可信的是民族黨議員恩斯特・奧伯福倫（Ernst Oberfohren）和柏林衝鋒隊長卡爾・恩斯特的備忘錄。這兩個人在起火後數月內即爲納粹黨人所暗殺。
8 《納粹的陰謀與侵略》，第三卷，頁九六八至九七〇（紐倫堡文件 1390-PS）。

9 《納粹的陰謀與侵略》，第四卷，頁四九六（紐倫堡文件 1856-PS）。
10 《納粹的陰謀與侵略》，第五卷，頁六六九（紐倫堡文件 2962-PS）。
11 《德國政治文件集》（*Dokumente der deutschen Politik*），第一卷，一九三五年，頁二〇至二四。
12 弗朗索瓦—龐賽：《決定命運的年代》，頁六一。
13 法律原文，《納粹的陰謀與侵略》，第四卷，頁六三八至六三九（紐倫堡文件 2001-PS）。
14 一九三三年三月三十一日、四月七日和一九三四年一月三十日的法律，均見《納粹的陰謀與侵略》，第四卷，頁六四〇至六四三（紐倫堡文件 2001-PS）。
15 《納粹的陰謀與侵略》，第三卷，頁九六二（紐倫堡文件 1388-PS）。
16 戈培爾：《從凱撒霍夫飯店到總理府》，頁三〇七。
17 《納粹的陰謀與侵略》，卷三，頁三八〇至三八五（紐倫堡文件 392-PS）。
18 一九三三年五月十九日法律，見《納粹的陰謀與侵略》，第三卷，頁三八七（紐倫堡文件 405-PS）。
19 戈培爾：《回憶錄》，頁三〇〇。
20 國社黨：《月報》（*Monatschefte*），第三十九期，一九三三年六月號。
21 七月一日和六日引文收在貝恩斯：《希特勒演講集》，第一卷，頁二八七和頁八六五至八六六。
22 取自雷德爾海軍元帥被俄國人俘虜後在莫斯科所寫的《我同希特勒和黨的關係》（*My Relations with Adolf Hitler and the Party*），這份材料後來在紐倫堡提出。見《納粹的陰謀與侵略》，第八卷，頁七〇七。
23 貝恩斯：《希特勒演講集》，頁二八九。
24 史賓格勒：《決定性的年代》（*Jahre der Entscheidung*），頁八。
25 布倫堡的指令，見《主要戰犯的審訊》，第三十四卷，頁四八七至四九一（紐倫堡文件 C-140）。
26 特爾福德・泰勒在《劍和萬字》（*Sword and Swastika*）一書中引用，頁四一。塞克特文件現藏在華盛頓國家檔案局。
27 「德意志號協議」的來源，見《一九三四年六月三十日槍殺事件白皮書》（*Weissbuch über die Erschiessung des 30 Juni, 1934, Paris, 1935*），頁五二至五三。赫伯特・羅辛斯基（Herbert Rosinski）在其所著《德國軍隊》（*The German Army*）一書頁二二二至二二三中證實了這一協定的條件。布洛克和惠勒—班奈特在他們所著有關這一時期的著作中相信了這一點。五月十六日與將軍們召開會議的材料來源是班諾瓦—梅辛（Jacques Bénoist-Méchin）所著《停戰以來德國軍隊史》（*Histoire de l'Armée Allemande depuis l'Armistice*）一書第二卷，頁五五三至五五四。
28 《副總理馮・巴本在一九三四年六月十七日馬堡大學學生會上的演講》（*Rede des Vizekanzlers von Papen vor dem Universitätsbund, Marburg, am 17 Juni, 1934, Berlin, Germania-Verlag*）。

29 巴本：《回憶錄》，頁三一〇。

30 《納粹的陰謀與侵略》，第五卷，頁六五四至六五五（紐倫堡文件 2950-PS）。

31 巴本：《回憶錄》，頁三三〇至三三三。

第八章

1 利奧・施坦因：《我同尼莫拉在地獄中》（Leo Stein, *I Was in Hell with Niemöller*），頁八〇。

2 紐曼：《巨獸》，頁一〇九。據他說，引文引自社會研究所的「反猶主義」研究計畫，發表在一九四〇年出版的《哲學和社會科學研究文集》（*Studies Science in Philosophy and Social Science*, 1940）中。

3 勞希寧：《毀滅的聲音》，頁五四。

4 赫爾曼：《我們要的是你們的靈魂》（Stewart W. Herman, Jr., *It's Your Soul We Want*），頁一五七至一五八。赫爾曼在一九三六至一九四一年任柏林美國教堂牧師。

5 原文收在赫爾曼前引書頁二九七至三〇〇中，又刊在一九四二年一月三日的《紐約時報》上。

6 一九四五年十一月十九日供詞，見《納粹的陰謀與侵略》，第五卷，頁七三五至七三六（紐倫堡文件 3016-PS）。

7 駐在柏林的大多數外國記者都收集了這種妙文。我自己收集的後來遺失了。引語取材於菲利普・萊納德所著《德國物理學》（Philipp Lenard, *Deutsche Physik*）序言；華萊斯・杜埃爾著《希特勒統治下的人》（Wallace Deuel, *People under Hitler*）；威廉・埃本施坦因著《納粹國家》（William Ebenstein, *The Nazi State*）。

8 威廉・羅普克：《德國問題的解決辦法》，頁六一。

9 弗雷德里克・利爾格：《褻瀆學術：德國大學的失敗》（Fredetic Lilge, *The Abuse of Learning: The Failure of the German University*），頁一七〇。

10 席拉赫祖籍是美國，見凱萊《紐倫堡監獄第二十二號牢房》（Douglas M. Kelley, *22 Cells in Nuremberg*），頁八六至八七。凱萊是在主要戰犯受審期間曾在紐倫堡監獄中工作的一個美國精神病學家。

11 《德國法令公報》（*Reichsgesetzblatt*），一九三六年第一卷，頁九三三。《納粹的陰謀與侵略》，第三卷，頁九七二至九三七曾加引用（紐倫堡文件 1392-PS）。

12 引自他的著作《德國戰爭軍備經濟史的基本事實》（*Basic Facts for a History of German War and Armament Economy*）。《納粹的陰謀與侵略》，第一卷，頁三五〇曾加引用（紐倫堡文件 2353-PS）。

13 該部一九三四年九月三十日報告，見《納粹的陰謀與侵略》，第七卷，頁三〇六至三〇九（紐倫堡文件 EC-128）。沙赫特一九三五年五月三日報告，見《納粹的陰謀與侵略》，第三卷，頁八二七至八三〇（紐倫堡文件 1168-PS）。祕密德國國防法全文，見《納粹的陰謀與侵略》，第四卷，頁九三四至九三六（紐倫堡文件 2261-PS）。

14 《納粹的陰謀與侵略》，第七卷，頁四七四（紐倫堡文件 EC-419）。

15 蒂森：《我爲希特勒出資》，第十五卷，頁一五七。

16 紐曼在《巨獸》中曾加引用，頁四三二。

17 埃本施坦因：《納粹國家》，頁八四。

18 《納粹的陰謀與侵略》，第三卷，頁五六八至五七二（紐倫堡文件 787, 788-PS）。

19 包曼特等編：《第三帝國》，頁六三〇。

20 歐根·科岡（Eugen Kogon）的話。見他所著《黨衛隊國家——德國集中營制度》（*Der SS Staat-das System der deutschen Konzentrations-larger*），英文版略有刪節，題爲《地獄的理論與實踐》（*The Theory and Practice of Hell*）。這是迄今爲止最精彩的關於納粹集中營的研究。科岡在其中待了七年。

21 《納粹的陰謀與侵略》，第二卷，頁二五八曾加引用（紐倫堡文件 1852-PS）。

22 《納粹的陰謀與侵略》，第八卷，頁二四三至二四四（紐倫堡文件 R-142）。

23 《人民觀察家報》，一九三六年五月二十日。

左岸|歷史132

第三帝國興亡史（The Rise and Fall of the Third Reich）

卷一：希特勒的崛起、勝利與鞏固

（Book 1., The Rise of Adolf Hitler ; Book 2, Triumph and Consolidation）

作　　者　威廉・夏伊勒（William L. Shirer）
譯　　者　董樂山、鄭開椿、李天爵、李奈西、周家駿、沈蘇儒、陳廷佑、趙師傅、程祁昌
總 編 輯　黃秀如
責任編輯　許越智
封面設計　鄭宇斌
電腦排版　宸遠彩藝

社　　長　郭重興
發行人暨出版總監　曾大福
出　　版　左岸文化／遠足文化事業股份有限公司
發　　行　遠足文化事業有限公司
231新北市新店區民權路108-4號8樓
電　　話　02-2218-1417
傳　　眞　02-8667-1065
客服專線　0800-221-029
E-Mail　service@bookrep.com.tw
左岸文化臉書專頁　https://www.facebook.com/RiveGauchePublishingHouse/
法律顧問　華洋國際專利商標事務所　蘇文生 律師
印　　刷　成陽印刷股份有限公司
初　　版　2010年02月
初版十刷　2020年08月

定　　價　380元
ISBN　978-986-6723-31-5

國家圖書館出版品預行編目資料

第三帝國興亡史,
卷一, 希特勒的崛起、勝利與鞏固

威廉・夏伊勒(William L. Shirer)著 ; 董樂山等譯.
-- 初版. -- 臺北縣新店市 :
左岸文化出版 : 遠足文化發行, 2010.02
面 ; 公分. -- (左岸歷史 ; 132)
譯自 : The rise and fall of the Third Reich
ISBN 978-986-6723-31-5(平裝)

1. 德國史　2. 希特勒時代

743.257　99000674